Mosaik bei
GOLDMANN

Buch

»Was habe ich bloß falsch gemacht?« – mit dieser Frage quälen viele verlassene Frauen sich selbst, ihre besten Freundinnen und ihren Therapeuten, ohne jemals eine konkrete Antwort auf diese Frage zu finden. Die Psychologin Brenda Shoshanna hat diejenigen befragt, die ihre Entscheidung am ehesten begründen können: die Männer selbst. Aus unzähligen Interviews filtert sie verschiedene Typen und ihre ganz konkreten Beziehungsängste und Erwartungen heraus. Ob nun der Schatten einer früheren Beziehung, Bindungsängste, Ärger mit den Schwiegereltern, die Midlife-Crisis oder unterdrückte Homosexualität die Ursache sind – sobald eine Frau weiß, mit welchem Typ sie es zu tun hat, kann sie gezielt auf seine Probleme eingehen und das Schlimmste verhindern.
Beziehungsexpertin Shoshanna gibt Hinweise und Empfehlungen für sie und ihn, die helfen, eine dauerhafte Beziehung aufzubauen, ohne dass er an Flucht denkt.

Autorin

Dr. Brenda Shoshanna, staatlich anerkannte Psychologin und Psychotherapeutin, ist seit über 24 Jahren in ihrer Privatpraxis tätig. Sie lehrt Zen und Psychologie am Marymount College und der Adelphi University, ist Mitglied der National Speakers Association und hält Vorträge und Workshops über die Themen Beziehung und Partnerschaft. Ihre Bücher, die sich als Wegweiser für die Bewältigung von Lebensproblemen und Krankheiten verstehen, wurden in viele Sprachen übersetzt.

www.brendashoshanna.com

Brenda Shoshanna

Warum Männer gehen

und was Frauen daraus
lernen können

Aus dem Amerikanischen
von Karin Wirth

Mosaik bei
GOLDMANN

Widmung

Dieses Buch ist meinem außergewöhnlichen Agenten,
Noah Lukeman, gewidmet, der mich mit seiner
erstaunlichen Klarheit, Güte und Weisheit begleitet,
ermutigt und inspiriert hat.

**FSC
Mix**
Produktgruppe aus vorbildlich
bewirtschafteten Wäldern und
anderen kontrollierten Herkünften

Zert.-Nr. SGS-COC-1940
www.fsc.org
© 1996 Forest Stewardship Council

Verlagsgruppe Random House FSC-DEU-0100
Das für dieses Buch verwendete FSC-zertifizierte Papier *Munken Print*
liefert Arctic Paper Munkedals AB, Schweden.

2. Auflage
Deutsche Erstausgabe März 2006
© 2005 der deutschsprachigen Ausgabe
Wilhelm Goldmann Verlag, München,
in der Verlagsgruppe Random House GmbH
© 1999 by Brenda Shoshanna
Published by Arrangement with Brenda Shoshanna Lukeman Ph. D.
Dieses Werk wurde vermittelt durch die Literarische Agentur
Thomas Schlück GmbH, 30827 Garbsen.
Originaltitel: Why Men Leave
Originalverlag: Berkley Publ. Group, New York
Umschlaggestaltung: Design Team München
Redaktion: Doris Bampi-Hautmann
Satz: Uhl + Massopust, Aalen
Druck und Bindung: GGP Media GmbH, Pößneck
WR · Herstellung: Han
Printed in Germany
ISBN: 978-3-442-16698-5

www.goldmann-verlag.de

Inhalt

Einleitung	7
Bindungsangst	11
Die Phantasiegeliebte	35
Unzufriedene Frauen	58
Ärger mit den Schwiegereltern	88
Die Geister früherer Beziehungen	109
Die Midlife-Crisis	126
Der Wiederholungszwang	147
Der Lockruf des Abenteuers	168
Die andere Frau	195
Die Suche nach der perfekten Partnerin	227
Machtfragen	253
Seelische Grausamkeit	285
Unterdrückte Homosexualität	319
Das Streben nach Freiheit	350
Glaubensfragen	378
Die Suche nach dem Paradies	399
Das Umkehrverfahren	421
Epilog: Mut zu einer neuen Liebe	435
Bibliographie	438
Danksagung	441
Register	442

Einleitung

Alle Männer wollen Liebe. Wenn sie sie bekommen, wird manchen angst und bange, und sie ergreifen die Flucht. Einerseits suchen sie Liebe und wollen eine Beziehung, andererseits sind sie erleichtert, wenn sie sich daraus befreien können.

Diesen Männern kommt es immer so vor, als ob Beziehungen schwierig seien. Schwierig zu finden, schwierig aufrechtzuerhalten und schwierig zu genießen. Die grundlegende Wahrheit ist, dass es nie einen Mangel an Beziehungen und nie einen Mangel an Liebe gibt. Liebe ist unser natürlicher Zustand. Warum sind wir nicht ständig verliebt? Was lässt uns vor der Liebe fliehen, nach der wir uns so sehnen?

Dieses Buch ist der Beantwortung dieser Fragen gewidmet. Es befasst sich damit, was Männer aus den Armen von Frauen treibt und was nötig wäre, um sie dort zu halten. Es soll beiden, Männern wie Frauen, helfen, das gesamte Spektrum männlicher Sehnsüchte zu verstehen, damit sie Beziehungen aufbauen können, die allen Stürmen widerstehen.

Erfahrungen können auf viele Arten interpretiert werden. Wir können sie psychologisch, mythologisch, metaphysisch, religiös und existenziell betrachten. In diesem Buch werden alle diese Blickwinkel zum Einsatz kommen, denn die Liebe ist eine zu große und geheimnisvolle Angelegenheit, um sich auf einen einzigen Standpunkt zu beschränken.

Wir müssen uns zunächst einfach die Geschichte anhören,

die ein Mann uns erzählt, ohne sie zu interpretieren. Wir müssen seine Erfahrung würdigen und respektieren und erfahren, wie es für *ihn* war. Wenn wir nicht aufmerksam auf die Stimmen der Männer hören, uns von ihren Problemen, Träumen und gebrochenen Herzen erzählen lassen, wird der stille Krieg, der zwischen den Geschlechtern geführt wird, nie zu einem Ende kommen, und die Wunden werden nie heilen. Es erübrigt sich fast zu sagen, dass ohne Heilung Männer, Frauen und ihre Kinder unter den Folgen dieses Krieges zu leiden haben.

Es wurden Männer aller Altersstufen und mit den unterschiedlichsten Voraussetzungen im Hinblick auf ihre wirtschaftliche Situation, Schulbildung und sozialen Hintergrund befragt. Einige waren ledig, andere geschieden. Im Verlauf dieser Interviews wurden die Männer aufgefordert, das Wesentliche ihrer Beziehung zu Frauen offen zu legen. So wurden auf ganz natürliche Weise verschiedene Themen herausgearbeitet, und jeder dieser Männer wurde aufgefordert, auf das jeweilige Thema ausführlicher einzugehen.

Anschließend wurden Therapeuten, die die unterschiedlichsten Standpunkte vertreten, darum gebeten, die Interviews zu interpretieren. Dies gibt uns die Möglichkeit, die Erfahrungen der verschiedenen Männer durch viele verschiedene Filter zu betrachten.

Die Einteilung in einzelne Kapitel ist zwar erforderlich, aber in gewisser Weise auch willkürlich. Viele Männer, die einem bestimmten Kapitel zugeordnet wurden, könnten ebenso gut in einem anderen Kapitel erscheinen. Jedes Fallbeispiel enthält Aspekte anderer Fallbeispiele, wenn auch in unterschiedlichem Maß. Letztlich ist der Mensch zu kompliziert, um in Schubladen gesteckt zu werden.

Einleitung

Während ich dieses Buch zusammenstellte, machte ich eine unglaubliche Entdeckung: Es gibt eine Technik, die sowohl Männer als auch Frauen davor bewahren kann, viele Jahre in Angst und Verwirrung auf der Suche nach der richtigen Liebesbeziehung zu verschwenden. Diese Technik, die ich das Umkehrverfahren nenne, wird am Ende dieses Buches ausführlich beschrieben. Mithilfe dieser Technik können Sie ganz leicht erkennen, wer Ihr potenzieller Partner ist, was Sie von ihm erwarten können und wie Sie sich verhalten müssen, um Gefahren zu vermeiden. Wenn das Umkehrverfahren genau befolgt wird, kann es in der Sturmnacht der Liebe als Scheinwerfer dienen.

Jedes Kapitel enthält einige Hinweise und Empfehlungen für Frauen (aus denen sie entnehmen können, was der im jeweiligen Kapitel besprochene Männertyp brauchen würde, um in einer Beziehung zu bleiben und nicht an Flucht zu denken) und ebenso für die betroffenen Männer. Diese Hinweise können auch als Warnsignale dienen, welche potenzielle Gefahren in Beziehungen existieren. Sie sollten ernst genommen werden.

Dieses Buch ist dem Wunsch gewidmet, dass Männer und Frauen durch ein tiefer gehendes Verständnis endlich in der Lage sein werden, die Waffen niederzulegen und die Freude, Nähe und gegenseitige Unterstützung zu erfahren, die ihnen bestimmt ist.

Einige Namen in diesem Buch wurden geändert. Leser, die den Wunsch haben, zu darin erwähnten Personen Kontakt aufzunehmen, können Briefe an Lukeman Literary Management, 501 Fifth Avenue, New York, NY, 10017, senden. Sie werden weitergeleitet.

Die Autorin ist über ihre Webseite (www.Brenda-Shoshanna.com) oder per E-Mail (Topspeaker@Yahoo.com) erreichbar. Sie steht auch für Workshops, Vorträge und persönliche Beratungen zur Verfügung.

Bindungsangst

*Manchmal empfangen wir die Kraft,
ja zum Leben und zu uns selbst zu sagen.
Dann erfüllt uns Frieden und macht uns vollkommen.*
Ralph Waldo Emerson

»Frauen wollen immer heiraten«, sagt Dr. Selwyn Mills, Psychotherapeut und Leiter von Männergruppen. »Frauen denken, dass ein Mann ihnen gegenüber eine Verpflichtung eingehen muss, damit sie sich sicher fühlen können. Aber das kann dem Mann das Gefühl geben, ein Objekt zu sein, das für die Sicherheit einer Frau benutzt wird. Kein Mann will benutzt werden. Wenn er das Gefühl hat, benutzt zu werden, geht er. Sich geliebt zu fühlen ist etwas anderes als sich benutzt zu fühlen. Wenn eine Frau wirklich fähig ist, einem Mann Freiheit zu geben, lässt das seine Angst, benutzt zu werden, verschwinden.«

Freiheit bedeutet für jeden Mann etwas anderes. Für manche Männer besteht die Freude an einer Beziehung in der Herausforderung, eine Partnerin zu finden. Sie umwerben eine Frau, solange sie sie nicht besitzen, doch sobald sie eine Beziehung eingegangen sind, fühlen sie sich gefangen. Sie haben das Gefühl, als ob ihnen Spontaneität und neue Möglichkeiten plötzlich verschlossen seien. Der Abenteurer, der in allen Männern steckt, hat das Gefühl, dass ihm kein Weg mehr offen steht, und das Gefühl des Eingesperrtseins in einer Beziehung kommt für diese Männer dem Tod gleich.

Scott, ledig, Ende zwanzig, recht gut aussehend, antwortete auf die Frage, warum er noch keine feste Bindung eingegangen sei: »Frauen wollen Männer unter Kontrolle bekommen. Einen Mann zu zähmen ist für sie das Spannende an einer Beziehung. Deshalb finden sie mich anziehend. Ich bin nicht der Typ, den man leicht in den Griff bekommt. Verstehen Sie mich nicht falsch – sobald ich eine Beziehung eingehen würde, wäre ich wie Wachs in ihren Händen.«

Die Angst davor, wie Wachs in den Händen einer Frau zu sein, unter ihrer Kontrolle zu stehen, die Unberechenbarkeit zu verlieren, kommt für viele Männer – ob jung oder alt, ledig oder verheiratet – der Vorstellung gleich, tot zu sein. Es ist, als ob sie sich einer Mutterfigur unterwerfen würden, als ob sie ein braver Junge würden und letztlich ihre Stärke und ihre Männlichkeit verlieren würden.

»Freiheit ist das Geburtsrecht eines Mannes«, erklärte Al. »Wenn sie dir deine Freiheit nehmen, bist du nur noch ein Waschlappen. Das spüren Frauen auch, und es gefällt ihnen nicht. Meiner Meinung nach ist alles ein Spiel um die Macht. Der Stärkere ist derjenige, der den anderen weniger braucht. Die Macht besteht darin, etwas oder jemanden nicht zu brauchen.«

Für viele Männer beruht das Gefühl der Stärke und Männlichkeit darauf, sich keiner Frau zu unterwerfen, derjenige zu sein, der die Dinge unter Kontrolle hat. Es ist nicht verwunderlich, dass solche Männer nicht lange bei einer Frau bleiben können. Früher oder später entwickeln sich die Bedürfnisse der Männer. Das Gefühl der Abhängigkeit nimmt zu. Um ihren eigenen Gefühlen zu entgehen, suchen diese Männer das Weite. Für wie stark sie sich auch halten mögen – das Tragische daran ist, dass ihre Einsamkeit und Frustration bei jeder Flucht nur noch mehr anwachsen.

Die männliche Psyche

Man kann die männliche Psyche und den Drang des Mannes nach Liebe, Macht und Erfolg von vielen Seiten betrachten. Die Jungianer und die Männerbewegung sprechen von verschiedenen inneren Anteilen des Mannes, die nach verschiedenen Formen des Ausdrucks und nach verschiedenen Arten von Partnerinnen verlangen. Bevor wir uns diesen inneren Anteilen zuwenden, wollen wir uns ansehen, was der Vater der modernen Psychologie, Sigmund Freud, über den inneren Kampf des Mannes mit Frauen und der Liebe zu sagen hat.

Laut Freud muss ein Mann im Laufe seiner Entwicklung die schwirige ödipale Aufgabe bewältigen, seine Mutter erst zu lieben und sie dann aufzugeben, um sie seinem Rivalen, dem Vater, zurückzugeben. Der junge Mann muss dann einen weiteren Schritt bewältigen, indem er mit seinem Vater Freundschaft schließt, sich mit ihm identifiziert, um selbst erfolgreich die Rolle des Mannes ausfüllen zu können. In gewissem Sinne ist das die Freudsche Version der »Reise des Helden«, von der heute so oft die Rede ist.

Auf der Reise des Helden muss ein Mann große Hindernisse überwinden, um seinen Traum wahr werden zu lassen. An einem Punkt der Reise eines jungen Mannes ist der Vater sein Gegner, sein Rivale beim Kampf um die Liebe der Mutter.

Wenn die Reise erfolgreich verläuft, gibt der Junge die Mutter auf und überwindet die Rivalität mit dem Vater zum Teil durch dieses Opfer. Er schließt Freundschaft mit dem Vater, identifiziert sich mit ihm und kann später selbst eine Partnerin finden.

Verläuft die Reise nicht erfolgreich, gibt es viele mögliche Ergebnisse. Manche Mütter halten emotional an ihren Söhnen fest und weigern sich, sie loszulassen. Andere verweigern ihren Söhnen die Liebe, die sie brauchen. Wenn das geschieht, wird die Mutter – oder Frau – zur Gegnerin. Liebe zu einer Frau wird zu etwas Gefährlichem. Männer, die darunter leiden, laufen ständig vor Frauen weg, weil sie die Liebe als eine Falle betrachten.

Evan, ein Manager in den Dreißigern, der nie verheiratet war, sagte, dass alle seine Beziehungen nach nur wenigen Monaten endeten.

»Was großartig beginnt, endet katastrophal. Kaum bin ich etwa einen Monat mit ihnen zusammen und sie glauben, dass sie mich besitzen, fangen die Klagen an. Dieses oder jenes an mir stört sie. Mal ist es die Art, wie ich mich anziehe, mal höre ich nicht aufmerksam genug zu. Ich kann die ganze Nacht zugehört haben, aber wenn ich es einmal nicht tue, hacken sie darauf herum. Was immer es ist – sie sagen es mir. Es dauert nicht lange, da fühle ich mich, als sei ich wieder in der Schule und bekäme eine Vier im Zeugnis. Also lächle ich und bin nach außen hin freundlich, aber ehe sie wissen, wie ihnen geschieht, bin ich weg.«

Wenn die Mutter den Sohn zurückgewiesen hat oder zu übermächtig war, kann bei Verabredungen mit Frauen eine ähnlich kritische Situation entstehen. Randy hat das Gefühl, in jeder Beziehung um sein Leben kämpfen zu müssen. Aber er kämpft nicht nur mit der jeweiligen Frau, sondern er kämpft auch gegen all die bitteren Jahre mit seiner Mutter an. Sobald eine Frau etwas an ihm kritisiert, hat er das Gefühl, sich nicht wehren, nicht gewinnen zu können. Seine einzige Sicherheit und Hoffnung auf den Erhalt seiner Männlichkeit liegen in der Flucht.

Dr. Mills, der Gestalttherapie praktiziert, erklärt dazu: »In der Therapie müssen wir einem solchen Mann helfen, zu bleiben und seine Gefühle auszudrücken. Wir bitten Evan, sich vorzustellen, die betreffende Freundin sitze ihm auf einem leeren Stuhl gegenüber. Dann sagt er ihr alles, was ihm durch den Kopf geht. Auf diese Weise baut er seinen aufgestauten Groll ab und drückt das aus, was er ihr vielleicht nicht direkt sagen könnte. Nachdem er so seine Gefühle geordnet und dann gelernt hat, ihr das Wesentliche direkt zu sagen, muss er nicht mehr gehen. Er fühlt sich auch nicht mehr so wehrlos.«

Eine Frau täte in einer Beziehung mit einem solchen Mann gut daran, ihn zu ermutigen, sich zu verteidigen, seine Gefühle auszudrücken. Sie sollte schweigend zuhören. Noch besser wäre es, wenn sie sich mit Kritik an ihm zurückhalten würde. Viele Männer sind viel verletzlicher, als es den Anschein hat. Harte Worte von einer Frau, mit der sie ausgehen, können tiefe Wunden hinterlassen. Wenn sie ihre Bedürfnisse und Gefühle zum Ausdruck bringt, ist es wichtig, es vorsichtig zu tun, nicht zu kritisieren, ihm immer das Gefühl zu geben, dass er ihr viel bedeutet.

Wenn ein junger Mann nicht in der Lage ist, seine Mutter als seine erste Bezugsperson aufzugeben, oder wenn die Beziehung zu ihr erfolgreicher als die zu seinem Vater ist, hat dies andere Folgen. (Manche mögen sich in Liebesbeziehungen, andere im beruflichen und finanziellen Bereich zeigen.) Die Art und Weise, wie ein Mann seine Mutter als primäres Liebesobjekt aufgibt, wirkt sich in seinem weiteren Leben auf viele Verhaltensmuster aus.

Manche Männer geben sich selbst die unbewusste Botschaft, Liebe sei gefährlich, vielleicht sogar verboten. Das primäre Liebesobjekt, die Mutter, gehört einem anderen, dem Vater. Sosehr ich sie auch begehre, sagen sie sich – ich kann die Frau meiner Träume nie für mich allein haben. Oder wenn ich sie besitze, nehme ich sie damit jemand anderem weg. Manche Männer fühlen sich außerstande, sich gegen Konkurrenz durchzusetzen. Sie sind davon überzeugt, dass andere Männer die Frau, die sie begehren, mühelos erobern können. Sie glauben, dass irgendein anderer Mann – wie damals der Vater – mehr zu bieten hat. Das ist eine eindeutige Reproduktion der Kindheitserfahrung, dem Vater niemals das Wasser reichen zu können.

Andere können bei der Frau ihrer Träume keinen Erfolg haben, weil sie damit gewissermaßen den Vater mit seinen eigenen Waffen schlagen würden. Die unbewusste Angst und Schuld, die daraus resultieren, sind dem Mann von frühester Kindheit an eingepflanzt. Wenn diese Dynamik nicht in der Kindheit oder zu einem anderen Zeitpunkt durchgearbeitet wird, werden dauerhafte Beziehungen im Leben eines Mannes mit Problemen behaftet sein.

Damit ein Mann gesunde Liebesbeziehungen führen kann, muss er letztlich an den »Tatort« zurückkehren und diese unbewältigten Dinge erledigen. Manchen gelingt dies ohne Hilfe im Laufe ihrer Entwicklung, während für andere, bei denen die Konflikte tiefer gingen, eine Beratung oder Therapie hilfreich sein kann. Wenn die Situation geklärt ist, kann ein Mann ein grundlegendes Vertrauen in sich selbst entwickeln und eine eigene Partnerin finden.

Fehlendes Vertrauen

Als Leiter mehrerer Männergruppen hat Dr. Selwyn Mills viel Zeit damit verbracht, Probleme zu diskutieren und zu analysieren. Er sprach bereitwillig über seine eigene Erfahrung mit Frauen:

»Mit neunzehn verliebte ich mich in meine Frau und war voller Illusionen in Bezug auf die Liebe und Beziehungen. Wir bekamen früh Kinder, hatten viele Freunde, und ich arbeitete hart, um beruflich voranzukommen und meine Familie zu versorgen. Ich sah mich selbst immer als Familienmensch. Das gab mir viel Befriedigung. Obwohl der Sex zwischen meiner Frau und mir funktionierte, wurde es nie mehr als das.

Die Ehe hielt 21 Jahre. Wir zogen vier Kinder auf, aber in den letzten drei Jahren verschlechterte sich unsere Beziehung zunehmend. Sie war ein pragmatischer Mensch, während ich mich spirituell weiterzuentwickeln begann und viele andere Bedürfnisse entdeckte. Mit 35 durchlebte ich eine emotionale Krise und begann Schwäche und Verletzlichkeit zu zeigen. Die starke männliche Rolle, die ich immer gespielt hatte, bekam einige Risse. Zu diesem Zeitpunkt zog sie sich zurück und gab mir keine Unterstützung. Sie war immer sehr abhängig von mir gewesen, und es machte ihr Angst, mich bedürftig und schwach zu sehen. Der Vaterersatz, den sie zu besitzen geglaubt hatte, war plötzlich nicht mehr da.

Nach dieser Krise sah ich das Leben anders. Es bot mir plötzlich eine Reihe neuer Möglichkeiten. Aber ich verlor mein Vertrauen in meine Frau. Da ich meine Familie aber nicht verlassen wollte, zog ich mich zurück und verbrachte mehr Zeit allein. Sie fragte mich immer wieder, ob ich sie liebte, bis ich eines Tages einfach nein sagte. Von da an machte sie mir das Leben unerträglich und zwang mich zu gehen.«

In diesem Fall ging er zuerst gefühlsmäßig, aber nicht physisch. Sein Rückzug zwang seine Frau, den physischen Bruch herbeizuführen. Aufgrund von Schuld- und Pflichtgefühlen *können* manche Männer nicht gehen. Sie zwingen dann die Frau, sie hinauszuwerfen, damit ihnen kein Vorwurf gemacht werden kann. Dr. Mills sagt, dass nicht die Schuldfrage wichtig für ihn war, sondern dass er die Dinge zu verstehen versuchte und danach strebte, jemand anderer zu werden.

»Ich glaube, viele Frauen können es nicht ertragen, Männer verletzlich oder schwach zu sehen. Tief drinnen wollen sie einen Mann, der immer stark ist – der ein Vater für sie sein kann. Männer spüren das und haben Angst davor, der Frau, mit der sie zusammen sind, ihr wahres Ich zu zeigen. Sie haben Angst davor, dass die Frau sie verlassen oder kritisieren wird, wenn sie es tun. Sehr wenige Männer haben genügend Vertrauen in Frauen oder in sich selbst, um sich verletzlich zu zeigen. Deshalb fühlen sie sich gezwungen zu gehen.«

Sobald manche Männer einer Frau zu nahe kommen und verletzlich werden, sobald sie echte Gefühle für eine Frau entwickeln, wird Vertrauen ein wichtiges Thema. Wenn ein Mann einer Frau nicht vertrauen kann, glaubt er, sich lächerlich zu machen, wenn er das starke männliche Selbst nicht aufrechterhält, das die Frau seiner Meinung nach von ihm erwartet. Diese Männer verlassen die Frau, ohne je überprüft zu haben, ob sie wirklich so fühlt oder ob dieses Macho-Image selbst auferlegt ist. Kann er riskieren, es herauszufinden? Kann er genug Vertrauen aufbringen, um seinen Schutzpanzer abzulegen und sie zu fragen, was sie will?

Mangelndes Vertrauen lässt sich oft zurückführen auf die frühe Beziehung eines Mannes zur Mutter, in der er sich nicht sicher fühlte. Wenn sich diese Männer einer Frau gegenüber verletzlich und offen zeigen, fühlen sie sich wieder wie Kinder, die einer starken, kritisierenden Mutter ausgeliefert sind. Häufig die Partnerin zu wechseln oder sich wie ein unverletzbarer Macho zu verhalten ist eine Verteidigungs- und Kompensationsstrategie. Viele Frauen verstehen nicht, welche enormen Anforderungen ein Mann an sich selbst stellt, um seine Gefühle zu unterdrücken und hart zu sein.

Dr. Robert Johnson, ein bekannter Jung'scher Psychologe und Analytiker, spricht sowohl von Männern als auch von Frauen, wenn er erklärt: »Wir sind von patriarchalischen Vorurteilen beherrscht – das männliche Streben nach Macht, Prestige und Erfolg macht uns ärmer und verbannt weibliche Werte aus unserem Leben. Wir beherrschen die Umwelt und einander. Nur wenige fühlen sich im Frieden mit sich selbst, sicher in Beziehungen und in der Welt zu Hause.«

Unterwerfung kann allerdings auch in einem anderen Licht gesehen werden. Wie Laotse sagte: »Was am meisten nachgibt, ist am stärksten.«

Aber viele Männer sind in Liebesbeziehungen auf Kampf programmiert. Manche haben es nie wirklich akzeptiert, dass sie die Mutter aufgeben mussten. Sie tragen das Gefühl mit sich herum, zurückgewiesen worden zu sein, und projizieren dieses Gefühl auf die Frauen, mit denen sie ausgehen. Wenn eine Beziehung sich zu entwickeln beginnt, ist es für einen Mann besonders wichtig zu wissen, dass er auf sicherem Boden ist, dass er die Möglichkeit hat, er selbst zu sein, ohne hinausgeworfen zu werden. Viele Männer weisen selbst zurück, damit sie nicht zurückgewiesen werden.

»Frauen lieben es, Männer abzuweisen«, meinte Henry, ein Vertreter Mitte zwanzig, »es gibt ihnen ein Gefühl von Macht, nein zu sagen. Kein Sex, keine Verabredungen mehr, du bist nicht mein Typ. Deshalb wechsle ich so oft. Ich verlasse sie, bevor sie mir den Laufpass geben können.«

Viele Männer empfinden Frauen gegenüber eine unterschwellige Wut; sie tragen eine offene Wunde mit sich herum. Henry hat ständig das Bedürfnis, zu siegen und die Kontrolle zu haben. Er und andere, die wie er empfinden, tun alles, um eine weitere Zurückweisung zu vermeiden. Auch wenn sie dafür selbst die Frau verlassen müssen.

Der erste Schritt zur Überwindung dieser Angst besteht darin, sich bewusst zu machen, wie sie sich im Leben eines Menschen auswirkt und welch außerordentlich hohen Preis sie fordert. Der betroffene Mann muss innehalten und sein Verhalten betrachten. Er muss sich fragen, ob es wirklich durch den Wunsch nach Freiheit motiviert ist oder ob es eine Reaktion auf die Angst vor dem Verlassenwerden oder der Zurückweisung darstellt.

Eine Frau, die mit einem solchen Mann zusammen ist, darf sein Verhalten nicht persönlich nehmen, nicht als Reaktion auf sich interpretieren. Das Beste, was sie tun kann, ist, *nicht auf seinen Rückzug zu reagieren.* Sie sollte selbst einen Schritt zurücktreten und ihm Raum lassen. Je weniger sie auf ihn reagiert, desto bessere Chancen haben beide. Wenn sie weiß, dass er einem bestimmten Verhaltensmuster folgt, weil sie seine Vergangenheit und seine Familiengeschichte kennt, sollte sie ihm sagen, dass sie ihn versteht, statt ihm Vorwürfe zu machen. Dieses Verständnis, das keinen Druck ausübt, wird sofort seine Wahrnehmung ihrer Person verändern. Sie wird kein Feind mehr sein, sondern eine Verbündete. Das bedeutet nicht notwendigerweise, dass er bleiben wird, aber sofern diese Möglichkeit besteht, wird sie dadurch erheblich verstärkt.

Viele Frauen geraten in Aufregung, wenn ihr Mann sich aus der Beziehung zurückzuziehen beginnt. Sie geben ihm und sich selbst die Schuld. Natürlich verschlimmert das die Sache nur noch.

Werden Sie seine Verbündete. Sehen Sie sich die Situation aus einer gewissen Distanz an. Machen Sie sich klar: Sein Rückzug bedeutet nicht, dass Sie nicht liebenswert sind oder dass er Sie nicht liebt. Es bedeutet nur, dass er aus Angst wegläuft. Eine mitfühlende Reaktion auf dieses Verhalten hat schon viele Männer zum Bleiben bewegt.

Wenn er sich verändert

»Ich bin bei Anna jemand anders als bei meiner Frau«, beschreibt Leonard, ein Mann in den Vierzigern, seine außereheliche Beziehung. »Die Ehe mit meiner Frau gab mir zwar Sicherheit, aber ich fühlte mich im Lauf der Jahre auch mehr und mehr eingeengt. Es gab Seiten meiner Persönlichkeit, die ich nicht spürte. Ich konnte sie mit meiner Frau nicht ausleben. Sie brachte diese Saiten in mir nicht zum Klingen. Wenn ich sie auslebte, dachte sie, ich sei verrückt. Sie zog es vor, das Leben in überschaubaren kleinen Portionen zu leben, aber ich platzte aus allen Nähten.

Dann traf ich Anna, und es brach aus mir heraus. Ich konnte nicht fassen, was mit mir geschah. Ich lachte aus dem Bauch heraus, hatte Sex wie ein Verrückter, war glücklich, am Leben zu sein. Es war ein völlig neues Leben. Meine Frau war entsetzt. Ich versuchte, damit aufzuhören. Ich versuchte, wieder der zu sein, der ich bei ihr gewesen war, aber es war nicht mehr möglich.

Ich hatte keine andere Wahl, als meine Frau wegen Anna zu verlassen. Im sorgfältig eingerichteten Haus meiner Frau war kein Platz für mein neues Ich. Ich liebe es, der zu sein, der ich bei Anna bin. Ich muss jetzt diese Person sein.«

Leonard sagte nicht, dass er Anna mehr liebte als seine Frau. Er hatte sich in den neuen Menschen verliebt, der er selbst geworden war. »Bei Anna bin ich mit mir im Reinen«, fuhr Leonard fort. »Ich habe das Gefühl, dass ein lange andauernder Kampf vorüber ist.« Welchen Kampf hatte Leonard geführt? Wie Laotse sagt: »Der wahre Kampf findet im Inneren statt und ist nichts anderes als ein Kampf zwischen dem wirklichen und dem idealen Menschen.«

Die Gewohnheiten, Erwartungen und Zwänge langjähriger Beziehungen können auf manche Männer wie eine Schraubzwinge wirken. Sie können das Gefühl entwickeln, ein falsches Leben zu führen, vorzugeben, ein anderer zu sein. Sie fühlen sich außerstande herauszufinden, was für sie die Wahrheit ist. Viele langjährige Beziehungen lassen keinen Raum für Veränderung. Damit eine Beziehung Stürme überstehen kann, müssen beide Partner genügend Zeit und Raum erhalten, um sich zu regenerieren und neue, eigene Träume auszuleben. Echte Sicherheit resultiert nie aus starrer Routine, sondern aus der Fähigkeit loszulassen.

Für einige Existenzialisten ist Monogamie nichts Natürliches, sondern das Ergebnis einer Sozialisation, der sich der Mensch unterwerfen muss. Wie erfolgreich diese Sozialisation auch gewesen sein mag oder wie gut die Beziehung auch sein mag, in der er lebt – nach einiger Zeit meldet sich das tiefere innere Wesen. Das Bedürfnis nach Abwechslung, Entdeckung von Neuem und authentischem Leben macht sich bemerkbar. Wenn eine langjährige Beziehung dies nicht überstehen kann, ist sie zum Scheitern verurteilt oder dazu, nur aus Angst aufrechterhalten zu werden.

Wenn Vögel oder Fische von ihrem Element getrennt werden, sterben sie. Wasser bedeutet Leben für Fische, der Himmel bedeutet Leben für Vögel.
Was ist das wahre Leben für den Menschen?
Dogen Zenji

Freiheitsdrang

Dr. Mills ist ein ungewöhnliches und interessantes Beispiel für jemanden, der die Gefühle und Phantasien ausgelebt hat, die die meisten Männer haben, aber nicht ausdrücken. Seit seiner zweiten Scheidung kreist sein ganzes Leben darum, seinen

Freiheitsdrang und seine Beziehung zu Frauen ausführlich zu erkunden.

»Ich war zweimal verheiratet«, erzählt Dr. Mills. »Die zweite Ehe hielt nur kurze Zeit. Meine Frau ließ mich bald keinen Schritt mehr allein machen. Wo immer ich hinging – sie musste dabei sein. Obwohl sie bei unserer Heirat viele Interessen gehabt hatte, hängte sie sich bald wie eine Klette an mich und wollte nur noch das tun, was ich tat. Ich fühlte mich, als würde mir die Luft abgeschnürt. Sie schien kein eigenes Leben zu haben – bis auf das, das ich ihr gab. Ich wollte die Beziehung beenden, aber sie weigerte sich. Schließlich stellte ich sie vor die Wahl, in eine Scheidung oder eine offene Ehe einzuwilligen. Ich musste einfach mehr Freiheit haben.

Sie entschied sich für die offene Ehe. Wir zogen in getrennte Wohnungen, und ich sah sie am Wochenende. Die Woche über führte ich mein eigenes Leben und begann mit anderen Frauen auszugehen. Das öffnete mir die Augen und war eine große Erleichterung. Ich hatte nicht das Gefühl, dass jemand von mir Besitz ergriff oder dass ich jemanden besitzen musste.

Ich wusste, dass ich Abwechslung brauchte, aber vor allem hatte ich das Gefühl, ehrlich sein zu müssen – sowohl mit anderen als auch mit mir selbst. Wenn ich ein ehrliches Leben führe, brauche ich mich wegen nichts schlecht zu fühlen. Ich lüge nicht und verstecke nicht, was ich tue oder fühle, nicht einmal vor mir selbst.«

Viele Beziehungen scheitern an den Lügen und Täuschungen, zu denen es kommt, wenn der Mann unzufrieden ist und es zu verbergen versucht. Manche Männer ziehen sich einfach in Phantasien zurück und träumen von anderen Frauen, wenn sie mit ihrer Frau zusammen sind. Andere haben heimliche Beziehungen oder kurze Affären. Normalerweise geschieht all dies im Geheimen. Die daraus resultierenden Schuldgefühle treiben einen eigenen Keil in die Beziehung, was oft dazu führt, dass der Mann bei seiner Partnerin nach Fehlern sucht, um sein eigenes Verhalten zu rechtfertigen.

Dazu Dr. Mills: »Die wahre Freiheit, die ich bei alldem hatte, war meine Ehrlichkeit. Das gab mir die Freiheit, das zu tun, woran ich glaubte, und niemanden zu belügen. Nicht einmal mich selbst. Mir war klar, dass ich nicht noch eine Beziehung haben wollte, die auf Pflicht- und Schuldgefühlen basierte.«

Wenn Männer aus Beziehungen fliehen, haben sie oft das Gefühl, nicht vor der Frau, sondern vor den Pflicht- und Schuldgefühlen wegzulaufen. Sie sehen sich selbst als Gefangene in einer Zwangsjacke aus Regeln und Forderungen.

»Warum sollte ich es mir schwer machen?«, erklärt Tom, ein lediger Ingenieur, unumwunden. »Es gibt noch viele andere Frauen. Wenn eine anfängt, mir Vorschriften zu machen, verabschiede ich mich.«

Tom möchte einfach nicht die Verantwortung dafür übernehmen, die Regeln eines anderen zu befolgen.

»Ich will keine Beziehung, in der ich jemandem Rechenschaft schuldig bin. Ich will eine Beziehung, in der ich bekomme, was ich brauche, und in der sie ebenfalls bekommt, was sie braucht. Manchmal fängt es so an, aber irgendwann schleichen sich immer Regeln ein. Wenn ich um vier statt um halb vier anrufe, ist der ganze Abend ruiniert. Ich muss wissen, dass ich niemandem Rechenschaft schuldig bin, sonst bleibe ich nicht lange.«

Tom sucht schnelle Befriedigung. Er bekommt das, was er

will, ohne etwas dafür investieren zu müssen. Auf die Bedürfnisse eines anderen Menschen einzugehen ist in seinen Augen ein zu hoher Preis. Tom hält an dem Leben fest, das er als Kind hatte, als er umsorgt wurde, ohne sich selbst um jemanden kümmern zu müssen. Offensichtlich kann er die Freiheit nicht aufgeben, die mit dem Kindsein verbunden ist.

»Wenn man will, kann man das, was ich tue, als eine Art ›Fahrerflucht‹ bezeichnen«, sagt Tom mit jungenhaftem Grinsen. »Ich weiß, dass ich kein Typ für längerfristige Beziehungen bin. Aber solange ich da bin, geht es uns gut miteinander.«

Der Wunsch, frei von Verpflichtungen und Schuldgefühlen zu sein, muss nicht immer in der Flucht vor Verantwortung wurzeln. Er kann aus dem Wunsch nach einer ganz neuen Art der Beziehung resultieren.

»Nachdem auch meine zweite Ehe in die Brüche gegangen war, änderte sich mein gesamtes Beziehungskonzept«, erklärte Dr. Mills. »Ich hatte Ehen durchlebt, die voller Pflichten verschiedenster Art waren. Ich hatte diese Pflichten lange erfüllt, aber letztlich hatte es doch nicht funktioniert. Jetzt will ich Beziehungen, die auf Wahrheit und Entdeckungsfreude basieren.«

Es ist ziemlich ungewöhnlich, dass jemand das so klar formuliert. Die meisten Männer erlauben sich selbst nicht, so zu denken. Stattdessen leben sie diese Gedanken insgeheim aus.

»Aufgrund meiner Offenheit und meiner Großzügigkeit im Denken fühlten sich viele Frauen zu mir hingezogen«, fuhr Dr. Mills fort. »Ich hatte mit vielen Frauen Sex, aber das bedeutete nicht, dass ich sie besaß oder dass sie mich besaßen. Ich sagte ihnen immer im Voraus, dass ich nur eine Liebeserfahrung suche, aus der mehr werden kann oder auch nicht. Es

Freiheitsdrang

war nie von der Zukunft die Rede. Obwohl manche Begegnungen nur eine Nacht dauerten, waren es keine *One-Night-Stands*. Nach meiner Auffassung sind One-Night-Stands voller Täuschung – man benutzt den anderen zur Befriedigung der eigenen Bedürfnisse. Bei meinen Erfahrungen wollte ich die andere Person wirklich kennen lernen, ihr liebevolle Zuwendung geben, und ich wollte, dass sie mich kennen lernt und sich mir liebevoll zuwendet.«

Für Dr. Mills und andere Männer ist es ohne weiteres möglich, sich einer Person, mit der sie nur ein oder zwei Nächte verbringen, liebevoll zuzuwenden und etwas für sie zu empfinden.

»Liebe muss für mich nicht im Laufe der Zeit wachsen«, erklärt Dr. Mills. »Es gibt verschiedene Arten von Liebe. Für mich ist es eine Erfahrung von Liebe, wenn ich einer Frau gegenüber offen bin und mich ehrlich mit ihr austausche. Das ist es, was ich suche. Nicht jemanden, der mich einzufangen versucht.«

Auf die Frage, was er an den Frauen am anziehendsten fand, antwortete er: »Wenn sie etwas Authentisches über sich zum Ausdruck brachte, regte mich das an und bedeutete mir sehr viel. Es gab mir das Gefühl, es ebenfalls tun zu können. Ich fühlte mich zugleich frei und voller Freude.«

Manchen Männern fällt es in einer Übergangssituation leichter, sich mitzuteilen und »wahrhaftig« zu sein, wenn sie wissen, dass dieses Verhalten nicht aufrechterhalten werden muss. Die Beziehung muss nicht in das soziale Umfeld aus Kollegen, Angehörigen und Freunden eingebunden werden. Erfahrungen dieser Art stellen eine sichere Zone dar, in der Teile der Persönlichkeit erforscht und zum Ausdruck gebracht werden können, die unter anderen Umständen möglicherweise nicht akzeptabel wären. Es kann recht schwierig sein, im normalen Umfeld ständig potenziell inakzeptables Verhalten zu zeigen.

Die meisten können sich nur öffnen, wenn sie wissen, dass die Erfahrung zeitlich begrenzt ist. Sie müssen keine Konsequenzen fürchten oder der Person am nächsten Tag wieder gegenübertreten.

Auf die Frage, ob die Frauen ebenfalls nur kurze Begegnungen wollten oder hofften, dass sich die Beziehung entwickeln würde, räumte Dr. Mills ein, dass die meisten Frauen mehr von ihm erwarteten.

»Viele glauben nicht, was ich ihnen sage. Sie hören nicht wirklich zu. Sie beginnen zu glauben, mich ändern zu können, dass ich mich viel zu sehr in sie verlieben würde, um noch in der Lage zu sein zu gehen. Ich gehe nicht, weil ich sie nicht genug liebe. Es ist die Freiheit, nach der ich mich sehne, die Möglichkeit, auch weiterhin die verschiedenen Teile meines Selbst zu erforschen. Wenn ich eine Frau finde, die alle meine Bedürfnisse erfüllt, dann bleibe ich bei ihr. Warum sollte ich mir andernfalls wieder Beschränkungen auferlegen?«

Wir fragten ihn, ob er glaube, mit seinem Verhalten bei Frauen falsche Hoffnungen (worauf auch immer) zu wecken, aber er verneinte dies.

»Ganz und gar nicht. Ich sage ihnen immer wieder, dass sie nicht mehr von mir zu erwarten haben. Ich bin sehr direkt, drücke mich nicht unklar aus. Diesen Sommer begegnete ich beispielsweise einer Frau, Eileen. Wir lernten uns eine Weile näher kennen, und dann wurde eine Liebesbeziehung daraus. Etwa eine Woche, bevor wir zum ersten Mal Sex hatten, sagte ich ihr unumwunden, dass ich nicht monogam sei und auch nicht die Absicht habe, es zu werden. Ich fragte sie, ob sie wirklich mit einer solchen Beziehung umgehen könne. Sie dachte eine Weile darüber nach. Die Frage schien sie zu überraschen. Sie sagte, sie sei noch nie in einer solchen Situation gewesen, aber sie denke, dass es in Ordnung sei.

Wir verlebten zusammen einen wunderbaren Sommer und genossen jeden Augenblick. Als wir im Herbst wieder in der Stadt waren, kam sie eines Abends zum Essen in meine Wohnung, und nach dem Essen kam das Thema wieder zur Sprache. Ich sagte ihr ganz ehrlich, dass ich mit einer anderen Frau ausging, und das überraschte sie. Sie stand auf, warf ihren Teller auf den Boden und begann zu schreien, dass ich sie betrüge. Ich muss sagen, ich war sehr erstaunt. Ich erinnerte sie an unsere Unterhaltung zu Beginn des Sommers. Sie sagte, dass sie gar nicht mehr daran gedacht habe und dass sie natürlich davon ausgegangen sei, dass ich niemand anderen brauchen würde, weil es so gut mit uns lief.

Ich muss daraus schließen, dass die meisten Frauen einem Mann nicht zuhören. Sie hören das, was sie hören wollen. Eileen gab mir vieles, aber vieles auch nicht. Es war nicht die Situation, in der ich bereit gewesen wäre, auf alle anderen zu verzichten. Das hatte ich bereits in beiden Ehen getan. Ich bin bereits emotionale Kompromisse eingegangen. In einer Ehe findet man sich damit ab. Aber das ist vorbei. Jetzt denke ich, dass ich niemandem mehr etwas schuldig bin. Jetzt gebe ich, weil ich es will. Wir sind jetzt zwei Erwachsene, die unter gleichen Voraussetzungen eine Beziehung eingehen. Wir müssen uns beide Erfüllung geben.«

Aus Dr. Mills' Sicht basiert sein Freiheitsdrang nicht darauf, dass er Intimität und Liebe aus dem Weg gehen will, sondern darauf, dass er seine Möglichkeiten, mit vielen Frauen Intimität zu erleben und seine zahlreichen Bedürfnisse zu erfüllen, erweitern möchte.

Nach gescheiterten Beziehungen fühlen sich viele Männer verletzt, missbraucht und bankrott. Manche weigern sich, wieder zu lieben. Für manche basieren ihre Beziehungen zu Frauen von da an auf Rachegefühlen. Sie wollen so viel wie möglich für sich selbst herausholen. Leider kann diese Phase sehr lange anhalten.

Eine Frau, die in dieser Situation eine Beziehung zu einem Mann eingeht, muss geduldig sein, ihm Zeit geben, seinen Zorn loszuwerden und zu erkennen, dass er mit jemand Neuem zusammen ist. Er muss sich darüber klar werden, dass die neue Frau nicht seine Ehefrau ist und dass er nicht genau dasselbe noch einmal erleben wird. Manche Frauen sind dazu in der Lage, viele nicht. Aber ich habe oft erlebt, dass sich Geduld auszahlt.

Dr. Mills erklärt, dass er andere Frauen nicht als seine Exehefrauen sehe und nicht wütend auf sie sei. Er sei bereit, zu lieben und alles zu geben, aber er sei nicht bereit, seine Freiheit wieder aufzugeben.

Er hat die Schuld- und Pflichtgefühle aus seinen Beziehungen eliminiert.

»Sie müssen mich so nehmen, wie ich bin. Ich kann viel geben und tue es auch. Ich finde es traurig, dass viele Frauen das, was sie bekommen, nicht schätzen und genießen können, ohne es ständig festhalten zu wollen. Sobald man anfängt, etwas festzuhalten, verändert es sich. Es stirbt ab.«

Es gibt viele Möglichkeiten, Dr. Mills' Verhalten zu interpretieren – je nach Werten, Kultur, gesellschaftlichen Wertmaßstäben und unterschiedlichen psychologischen Theorien. Und selbst innerhalb der verschiedenen psychologischen Richtungen kann sein Wunsch nach Freiheit unterschiedlich betrachtet werden.

Einige Freudianer würden sagen, dass Dr. Mills dadurch, dass er viele Partnerinnen hat, die Ängste vermeidet, die durch die ödipale Bedrohung entstehen. Unbewusst hat er sein Leben so eingerichtet, dass er sein ursprüngliches Liebesobjekt (die Mutter) nie ganz für sich allein hat. Er findet nie eine Frau, die alle seine Bedürfnisse erfüllt und somit die Rolle seiner Mutter übernimmt. In dieser Hinsicht wehrt er auf der unbewussten Ebene einerseits die Gefahr ab, die vom Vater droht, und bleibt andererseits seiner Mutter treu, indem er nie in den Armen eines anderen Menschen völlige Befriedigung findet.

Eine Gestalttherapeutin würde dieses Verhalten anders interpretieren. Bei der Analyse dieses Falls würde sie sagen: »Man könnte Dr. Mills als jemanden ansehen, der sich vielen Anteilen seiner selbst öffnet und sie zum Ausdruck bringt. Er lebt nicht nach strengen Regeln, dominiert von einem inneren Richter oder Zensor. Er unterdrückt oder verleugnet nicht den ›Abenteurer‹, ›Forscher‹ oder ›Romantiker‹ in sich. Er kommuniziert aufrichtig mit den Frauen. Er spricht nicht von der Zukunft und weckt keine unrealistischen Erwartungen, sondern bleibt ganz im Augenblick, offen für die Erfahrung, die der Augenblick bringen will. Man kann das so interpretieren, dass diese Haltung aus einer ganzheitlichen, bewussten, gesunden Einstellung zum Leben resultiert beziehungsweise dazu führt.«

Dr. Robert Johnson, ein bekannter Analytiker und Jung-Schüler, meint dazu: »Die Seele jedes Menschen fordert, dass er alle wichtigen archetypischen Rollen im kollektiven Unterbewusstsein auslebt – Verräter und Verratener, Liebhaber und Geliebter, Unterdrücker und Sieger und so weiter.«

Neben der Beschreibung aller Rollen im kollektiven Unterbewusstsein ist in der Psychologie Jungs auch von archetypischen Anteilen des Weiblichen und des Männlichen in uns allen die Rede. Aus Jung'scher Sicht muss jeder Mann in der Lage sein, sich zu seiner inneren Frau und zu seinem inneren Mann in Bezug zu setzen. Wenn er mit den weicheren, sensibleren, fürsorglicheren Anteilen in sich im Reinen ist, fühlt er sich bei den Frauen, die er findet, sicherer.

Wenn ein Mann eine Partnerin sucht, fühlt er sich am stärksten zu derjenigen Frau hingezogen, die seiner inneren Frau ähnelt. Dr. Mills' Suche kann aus seinem Bedürfnis entspringen, verschiedene Aspekte seiner weiblichen Natur zu erforschen. Er kann nicht aufhören zu suchen, bis er die Frau gefunden hat, die jedem Aspekt seiner Seele entspricht.

Dr. Robert Johnson beschreibt dieses Dilemma in seinem Buch *We*:

> *Es gibt schreckliche Spaltungen, die wir alle mit uns herumtragen. Einerseits wollen wir Stabilität und eine Beziehung zu einem normalen Menschen – andererseits fordern wir unbewusst jemanden, der die Verkörperung der Seele ist, der uns in einen Zustand der Anbetung versetzt und unser Leben mit Ekstase erfüllt.*

Indem sie eine Frau nach der anderen verlassen, suchen manche Männer mehr als ihnen bewusst ist. Sie suchen vielleicht eine Möglichkeit, mit ihrer eigenen Seele in Berührung zu kommen. Viele glauben, dass sie ein Spiegelbild sein wird, jemand, mit dem sie nie wieder Konflikte haben werden. Aber wenn Konflikte durchgearbeitet werden, sieht man Ängsten ins Auge, Rollenbilder werden fallen gelassen, und daraus kann Wachstum resultieren. Es dürfte viele Männer überraschen, dass diese wilde Suche nicht notwendig ist. Die Träume, denen sie nachgejagt sind, lassen sich vielleicht genau dort verwirklichen, wo sie gerade sind.

Empfehlungen
für den Umgang mit Männern, die Angst vor einer Bindung haben

Für Frauen:
- Hören Sie genau auf das, was er sagt. Er meint es ernst.
- Glauben Sie nicht, dass Ihre Liebe ihn verändern oder sein Verlangen nach Ihnen verstärken wird. Er begehrt Sie so sehr, wie es ihm gerade möglich ist. Er will einfach nicht ausschließlich oder für immer mit Ihnen zusammen sein.
- Je weniger Druck Sie ausüben, je weniger Schuld- und Pflichtgefühle ins Spiel kommen, desto besser. Je beschäftigter Sie sind, je erfüllter Ihr Leben ist, desto besser stehen die Chancen, dass diese Beziehung von Dauer sein wird.

Für Männer:
- Sehen Sie sich Ihre Bilder und Erwartungen in Beziehungen an. Verstehen Sie, warum Sie in Beziehungen das Gefühl haben, in der Falle zu sitzen, und nach einem Fluchtweg suchen. Wovor oder vor wem laufen Sie weg?

- Versuchen Sie, eine Beziehung aufzubauen, in der Sie sich die emotionale Freiheit geben können, der zu sein, der Sie sind. Viele Männer haben das Gefühl, für die Frau eine Rolle spielen zu müssen, und wollen deshalb nicht lange bleiben. Geben Sie sich die Erlaubnis, sich in der Beziehung treu zu bleiben. Sagen Sie nein, wenn Sie wollen. Dann können Sie auch ja sagen.
- Manche Frauen akzeptieren mehr und können auch in weniger strukturierten Beziehungen leben. Suchen Sie gezielt nach diesen Frauen. Fragen Sie sie im Voraus, was sie brauchen, um sich in einer Beziehung wohl zu fühlen. Wenn sie mehr Struktur brauchen, als Sie bieten können, oder wenn sie zu besitzergreifend sind, versuchen Sie es mit einer anderen. Seien Sie sich darüber im Klaren, dass es viele Arten von Frauen gibt. Manche haben ebenso viel Angst vor einer Bindung wie Sie.
- Eine langfristige Bindung ist ein organischer Prozess, der Zeit erfordert. Er läuft normalerweise in kleinen Schritten ab und ist eine natürliche Entwicklung des Herzens. Lassen Sie sich nicht zu einer Bindung drängen. Erkennen Sie, dass eine Bindung von allein entsteht, wenn Sie aufrichtig und sich selbst treu sind.

Suche nach deiner anderen Hälfte,
die immer neben dir geht
und meist der ist, der du nicht bist.
Machado

Die Phantasiegeliebte

*Der Romantikkult lehrt uns, dass gewöhnliche
Menschen nicht genug sind, dass wir einen Gott oder
eine Göttin suchen müssen, eine Schönheitskönigin,
eine verkörperte Anima oder einen Animus.*
Ralph Waldo Emerson

Es kann viel einfacher sein, sich in eine Phantasie zu verlieben als in einen Menschen aus Fleisch und Blut. Manche Menschen finden ihre Befriedigung hauptsächlich in der Phantasie, auch wenn sie mit einem realen Menschen zusammen sind. Anderen fällt es schwer, die Grenze zwischen Phantasie und Wirklichkeit zu erkennen. Manche Männer zwingen realen Frauen ihre Phantasien auf; andere weigern sich, dauerhaften Kontakt zu einer Frau zu haben, um ihren Status als Phantasiegeliebte aufrechterhalten zu können, die sie für immer in ihren Gedanken und in ihrem Herzen bewahren. Obwohl Männer, die auf diese Weise die Phantasie der Realität vorziehen, Frauen zu lieben scheinen, können die realen Frauen, die ihnen begegnen, für immer Fremde bleiben.
»Was ist das Leben ohne Freundin?«, fragte Jimmy, ein großer, gut aussehender, charismatischer Sizilianer, Mitte vierzig, der ein unwiderstehlicher Charmeur ist. Jimmy ist Vater von drei Kindern, die ihm sehr viel bedeuten, und er ist immer von Frauen umgeben.

Phantasiegeliebte

»Ich verabschiede mich nie von einer, ohne dass nicht schon ein paar andere auf mich warten«, sagte er. »Es hält mich auf Trab. Ist das so schlecht?«, grinste er.

Obwohl er nie lange in einer Beziehung bleibt, hat er klare Vorstellungen von der Beziehung zwischen Mann und Frau. »Wissen Sie, es ist so: Die Frau ist die Bienenkönigin. Sie denkt, Männer sollten damit zufrieden sein, immer nur zu arbeiten und sie zum Mittelpunkt ihres Lebens zu machen. Aber der Mann fragt sich, warum nicht er den ganzen Tag herumliegen und der Mittelpunkt *ihres* Lebens sein kann. Es gibt einen Rollenkonflikt, wobei keine Rolle klar definiert ist.

Das kann nicht für beide gut gehen. Frauen wollen monogame Beziehungen. Männer wollen nicht in der Falle sitzen. Aber Männer bekommen Schuldgefühle, wenn sie eine Frau verlassen. Ob Sie es glauben oder nicht – es ist schwer zu gehen. Wir Männer bekommen Schuldgefühle. Was immer wir auch tun – am Ende fühlen wir uns wie Ratten.«

Das sind einige der Probleme, mit denen sich Jimmy in seinen Beziehungen zu Frauen herumschlägt. Sein Grundgefühl ist, dass Frauen am liebsten von Männern bedient werden wollen. Aber er will, dass eine Frau auf jeden Fall auch seine Dienerin ist. Da dieses Szenario für ihn nicht akzeptabel ist, beendet er Beziehungen rasch wieder. Hinter diesem Verhalten stehen Gefühle der Abhängigkeit und Unzulänglichkeit. Jimmy glaubt, dass ein Mann neben einer Frau letztlich gar nicht bestehen kann.

»Ein Mann will, dass eine Frau das Sagen hat«, erklärte er. »Ein Mann weiß doch nicht, was Sache ist. Aber er will auch, dass die Frau ihn glauben lässt, er habe das Sagen. Wenn Frauen das nur verstehen würden. Mann, es ist ganz schön schwierig. Ein Mann kann es nicht ertragen, wenn eine Frau das Kommando übernimmt. Aber in Wirklichkeit will er, dass sie ihm den Kopf tätschelt und ihm sagt, wo's lang geht.«

Dies wurde von Dr. Robert Berk, Lehranalytiker und Supervisor am Postgraduate Center for Mental Health in New York City, folgendermaßen kommentiert: »Viele Männer können ihre eigene Abhängigkeit von Frauen nicht ertragen, weil sie sie als entmännlichend erleben. Deshalb ziehen sie sich zurück. Manche degradieren die Frau, um sie viel weniger wertvoll erscheinen zu lassen, als sie tatsächlich für sie ist.«

Da diese Gefühle für Jimmy inakzeptabel sind, kompensiert er sie, indem er sich wie ein besonders starker Macho verhält, der so viele Frauen wie möglich um sich hat. Auf diese Weise kann er nicht verlassen werden, was ein schrecklicher Schlag für sein Ego wäre.

»Männer mögen starke Frauen«, fuhr Jimmy fort, »aber sie sollten auf subtile Weise stark sein. Er muss wissen, dass er sich in ihren Augen richtig verhält. Eine wirklich tolle Frau, die er nicht würde verlassen wollen, müsste einem Mann die Gewissheit geben, dass seine Liebe stark genug für sie ist, sodass sie keinen anderen braucht. Er hat Angst, diesem Anspruch nicht gerecht werden zu können. Er müsste das Gefühl haben, der Frau ebenbürtig zu sein. Gute Frauen sind für die meisten Männer zu viel des Guten.«

Dies ist eine klare und eindeutige Aussage über Jimmys schwaches Selbstwertgefühl, sein fehlendes Bewusstsein für seine zahlreichen Talente und Fähigkeiten und sein Unvermögen, sich selbst zu schätzen. Stattdessen idealisiert er Frauen und projiziert seine beachtlichen Fähigkeiten und Vorzüge auf sie.

Das ist ein interessanter Widerspruch, mit dem viele Männer leben. Der starke männliche Panzer und die Ich-Identität basieren oft auf Kompensation, nicht auf einer echten Verbindung zu wahren Stärken.

Im Hinblick auf die Unterschiede zwischen Männern und Frauen würde Dr. Gerald Epstein, ein bekannter Psychiater, der mit Wach-Traum-Therapie, Imagination und westlicher Spiritualität arbeitet, Jimmys Aussage anders interpretieren. »Zunächst einmal muss man verstehen«, erklärt er, »dass Frauen tiefer, komplexer, stärker und menschlich weiter entwickelt sind als Männer. Daher gibt es schon eine grundlegende Ungleichheit in den Beziehungen. Andererseits werden Frauen in einer von Männern dominierten Gesellschaft dazu erzogen, nicht zu wissen, dass sie stärker, komplexer und weiter entwickelt sind. Daher wachsen sie mit dem Gefühl auf, dass sie Männern in vielerlei Hinsicht unterlegen sind, dass sie ihnen das geben müssen, was sie brauchen. Sie werden davon abhängig, von Männern geliebt zu werden.

Diese Notwendigkeit, geliebt zu werden, die auf einem großen Irrtum der Frauen beruht, veranlasst sie oft, sich im Hinblick auf Männer untreu zu werden.«

Aus Dr. Epsteins Sicht reagiert Jimmy auf seine Wahrnehmung der Unterschiede zwischen Männern und Frauen. Diese Angst davor, unterlegen zu sein, hat eine reale Grundlage. Aber indem er die Frau idealisiert und anschließend vor ihr flieht, bekommt Jimmy niemals Zugang zu seinen eigenen starken Talenten, seiner Intelligenz und seinen Fähigkeiten. Er hat auch keine Gelegenheit zu erleben, wie viel er ihr geben kann und wie viel sie ihm geben kann.

Jimmy meinte dazu: »Wenn ich eine Weile mit einer Frau zusammen bin, bekomme ich das Gefühl, dass meine Zeit mit ihr abgelaufen ist, dass ich meine Grenze erreicht habe. Ich fange an zu hoffen, dass etwas Besseres auf mich wartet. Die Glocken läuten nicht mehr. Und nachdem ich mit ihr geschlafen habe, muss ich sowieso aufstehen und wieder in mein normales Leben zurückkehren.«

Für Jimmy ist sein so genanntes normales Leben voller Aktivitäten und Verhaltensmuster, die Konflikte und vielleicht auch Langeweile mit sich bringen. Frauen sind für ihn eine Möglichkeit, aus dem Alltag heraus- und in eine magische, fast mystische Welt einzutreten. Er sieht seine kurzen Begegnungen als eine Zeit außerhalb der Normalität, eine Gelegenheit, sich zu regenerieren. Natürlich sind diese Begegnungen nur kurz und enden, wenn die Realität Einzug hält.

Mit dem Ausdruck »normales Leben« bezieht sich Jimmy auch auf sein Selbstbild eines gewöhnlichen Mannes, der keine Frau halten kann und der einer Frau, die er bewundert, nicht würdig ist. (Hier handelt es sich um eine verzerrte Wahrnehmung. Jimmy ist ein starker, begabter und faszinierender Mann, der sich dessen nicht bewusst ist.)

Der Jungianer Robert Johnson beschreibt diese Situation sehr gut in seinem Buch *We*:

> *Wenn sich die Projektionen eines Mannes auf eine*
> *Frau unerwartet in Luft auflösen, verkündet er oft,*
> *der Zauber sei verflogen, er sei enttäuscht darüber,*
> *dass sie nicht die Verkörperung seiner Phantasie,*
> *sondern ein menschliches Wesen ist. Wenn er seine*
> *Augen öffnen würde, könnte er sehen, dass sich durch*
> *die Entzauberung eine große Chance bietet, den*
> *wahren Menschen zu entdecken. Es ist auch die*

Chance, die eigenen unbekannten Anteile zu entdecken, die er auf sie projiziert und durch sie auszuleben versucht hat.

Dieser Punkt lässt sich durch Jimmys Erfahrung illustrieren: Als er endlich die Frau seiner Träume fand, traf er sie zweimal und dann nie wieder.

»Wer hätte gedacht, dass so etwas passieren würde?«, sagte Jimmy, als er über sie zu sprechen begann. »Es war Sommer, und ich war auf der Durchreise. Ich ging in einen Tanzclub auf Rhode Island. Der Club war ganz okay, aber als ich schon im Gehen war, sah ich diese schöne blonde Frau. Wir sahen uns an, und schon war es passiert. Ich nahm ihren Arm, ging mit ihr zurück zur Tanzfläche und begann, mit ihr zu tanzen.

Es war ein wirklich magisches Erlebnis. Wir tanzten sehr eng, lachten viel, sie war wunderbar. Keiner von uns beiden konnte gehen. Wir gingen zu einem nahen Strand und spazierten in der Nacht am Meer entlang, während wir uns unterhielten und den Mond betrachteten. Es war perfekt. Ich hatte schreckliche Angst. Sie war verheiratet, hatte wegen des Geldes geheiratet und war ganz zufrieden damit, aber wir wussten beide, dass wir zueinander gehörten. Am Ende der Nacht tauschten wir keine Telefonnummern aus. Wir hatten unsere Nacht gehabt und verabschiedeten uns.«

Die Möglichkeit, im »normalen Leben« mit einer solchen Frau zusammen zu sein, versetzte Jimmy in Angst und Schrecken, weil er das Gefühl hatte, sie nicht halten zu können, sie nicht zu verdienen und sie nicht genug lieben zu können. Jimmy war sofort wieder in seiner Idealisierung dieser Frau gefangen.

Dass die Begegnung nur so kurz war, erfüllte natürlich noch einen anderen Zweck. Sobald sie Teil seines »normalen Lebens« würde, wären sowohl sie als auch er nichts Besonderes und Perfektes mehr. Jimmy sehnte sich danach, zumindest eine Andeutung von Perfektion zu erleben. Dazu musste er an ihr als Traumerscheinung festhalten.

»Ich konnte nicht anders«, fuhr er fort. »Zwei Wochen später ging ich wieder in diesen Club, und da war sie wieder. Ich hatte gewusst, dass sie da sein würde, es war so ein Gefühl. Es war wie beim ersten Mal. Ich nahm ihren Arm, und wir fingen an zu tanzen. Wir gingen an den Strand und verbrachten eine weitere zauberhafte Nacht miteinander. Danach sagten wir beide, dass wir hofften, wir würden uns nie wiedersehen. Wir wollten nicht, dass diese unglaublichen Gefühle, die wir füreinander empfanden, durch das normale Leben trivialisiert würden.

Ich werde nie vergessen, wie sie aussah, wie sie sich in meinen Armen anfühlte. Wissen Sie, wir schufen diese unglaubliche Illusion für zwei Nächte, aber würden wir das noch einmal schaffen?«

Jimmy konnte nur in der Welt der Illusion glücklich sein, sich mit jemandem verbunden und in Liebe bestätigt fühlen. Er war entschlossen, an dieser Frau und den beiden Nächten, die sie miteinander verbracht hatten, genau so festzuhalten. Er wollte um keinen Preis, dass die Illusion zerstört würde. Er brauchte sie dringend.

»Wissen Sie, ich habe mein ganzes Leben lang nach so etwas gesucht. Jetzt, da ich es erlebt habe, ist die Luft raus. Mit dieser Frau habe ich den Gipfel erreicht. Nach dem, was in dieser Nacht passiert ist, kann es nicht mehr besser werden. Ich werde den Rest meines Lebens von dieser Erinnerung zehren.

Phantasiegeliebte

Die Liebe, die wir empfanden, strahlte hinauf zum Mond und wird dort gespeichert. In irgendeiner Nacht wird der Mond unsere Liebe zwei anderen Liebenden herunterschicken, die etwas Ähnliches erleben wie wir.«

Da Jimmys normales Leben sehr geprägt ist von den Konflikten zwischen ihm und den Frauen, sehnt er sich nach dieser perfekten Phantasieliebe. Sie ist ein Ort, an den er immer zurückkehren kann, wenn er das Bedürfnis hat, sich geliebt und wertgeschätzt zu fühlen. Sie erinnert ihn auch daran, dass man über das normale Leben hinauswachsen und Perfektion erreichen kann. Das ist eine Erinnerung, zu der er zurückkehrt, wenn sein Leben trist und einsam ist.

Eine Phantasieliebe kann weder bedroht noch beschädigt werden. Sie kann einem auch nicht weggenommen werden. Diese Phantasieliebe ist für Jimmy zu wichtig, als dass er riskieren würde, sie zu verlieren. Natürlich birgt diese Situation den Konflikt und Widerspruch in sich, dass das Festhalten an seiner Phantasie Jimmy daran hindert, dauerhafte, echte Liebe zu finden – eine Liebe, die ihm in seinem normalen Leben Halt geben könnte. Aber welche Frau kann es schon mit seiner Erinnerung aufnehmen – insbesondere, da seine Phantasiefrau nie in irgendeiner Weise auf die Probe gestellt wurde?

Letztlich behauptet Jimmy, dass Liebe eine Illusion ist und dass er mehr nicht erreichen kann und will. Er hatte zwei perfekte Nächte, die nicht zu übertreffen waren – die jeden Aspekt seines Traums erfüllten. In der Phantasie kann er alles haben, ohne sich weiterentwickeln zu müssen oder herausgefordert zu werden oder mit dem unglaublichen Anderssein eines echten Menschen konfrontiert zu werden. Deshalb hat diese Phantasieliebe zur Folge, dass Jimmy sich verschließt, unerreichbar wird, was sowohl für ihn selbst als auch für andere ein Verlust ist.

Dr. Harriet Field, Lehranalytikerin und Supervisorin am William Alanson White Institute und Supervisorin beim Postgraduiertenprogramm der Universität New York, die Beziehungen unter dem Gesichtspunkt der zwischenmenschlichen Interaktion betrachtet, sieht diese Situation aus einer etwas anderen Perspektive.

»Ein solcher Mensch wurde in seiner Kindheit wahrscheinlich tief enttäuscht – entweder von der Mutter oder vom Vater. Manchmal heiraten wir unsere Mütter und manchmal unsere Väter. Der Betreffende hat den Wunsch nach etwas anderem. Er geht eine Beziehung ein und erlebt sie als sehr aufregend. Wenn die Beziehung weiterbesteht und es Enttäuschungen gibt, gibt er auf. Er kann nicht erkennen, welchen Einfluss er selbst auf die Situation hat, sondern nur, dass die Person, die er gefunden hat, nicht seine Bedürfnisse erfüllt.«

Auf die Frage, wie sie mit solchen Menschen arbeite, antwortete Dr. Field: »Es ist eine schwierige Situation, weil es für die Betreffenden schwer ist, sich ihre Phantasie anzusehen. Sie wollen dem ursprünglichen Mangel, unter dem sie gelitten haben, nicht ins Auge sehen. Dieser Mangel wird jetzt durch die Phantasie ausgeglichen.

Um überhaupt mit der Arbeit daran beginnen zu können, muss der Betreffende das Gefühl haben, dass er etwas vom Analytiker bekommt, etwas, das mit der Fähigkeit des Analytikers zu tun hat, zu verstehen, nicht zu verurteilen, nicht zu beschuldigen, sondern dem Klienten etwas zu geben, sodass er beginnen kann, sich die Dinge genauer anzusehen.

All das hat mit einer sehr frühen Enttäuschung zu tun, und

da die Betreffenden nie diese ursprüngliche Situation angehen, haben sie immer die Hoffnung, dass jemand kommt und ihre Bedürfnisse erfüllt.«

Auf die Frage, ob er je versucht habe, diese Frau wiederzusehen, antwortete Jimmy: »Wissen Sie, zwei Monate später ging ich wieder in diesen Club. Ich traf eine Frau, die auch da gewesen war, als ich die andere kennen gelernt hatte. Diese Frau sagte, sie habe noch nie zwei Menschen so in Liebe verbunden gesehen. Sie hatte gedacht, wir seien inzwischen wahrscheinlich verheiratet. Ich sagte, wenn ich Glück hätte, würde ich sie nie wiedersehen.«

Jimmy schützt sich nicht nur vor der Enttäuschung, von der Dr. Field spricht, sondern für ihn ist seine Phantasie auch stark und positiv. Es ist eine Quelle der Kraft, die er sonst nirgends findet.

»Keine Realität kann es je mit dieser Phantasie aufnehmen. Was wir zusammen erlebten, gab mir so viel Bestätigung, dass es für mich jeden Tag wie eine Medizin wirkt. Selbst wenn ich sie verlasse, gehe ich nicht weg. Was wir gemeinsam erlebt haben, bleibt für immer. Ich werde diese beiden Nächte nie vergessen. Die Erinnerung daran wärmt mich in kalten Nächten. Ich zahle sie auf der Bank ein und hebe etwas davon ab, wenn ich es brauche. Wenn Sie hierher kommen und den Mond ansehen, können Sie mit jemandem, den Sie lieben, diesen Gipfel ebenfalls erreichen.

Die positive Schwingung der Liebe, die man aussendet, kommt zu einem zurück. Sie ist Teil einer Energie, die von zwei Menschen erzeugt wird, ein Energiewirbel, der immer bestehen bleibt. Man muss das nicht übertreffen. Man kann damit immer sein Leben bereichern.«

Jimmy ist ein ungewöhnlicher Mann mit einem hoch entwickelten Sinn für Romantik und Poesie, der den Kontrast zu seinem Alltagsleben bildet. Seine Liebesphantasie ist für ihn eine Quelle der Transzendenz, eine kosmische oder religiöse Erfahrung – er würde sie nicht einmal in normale Beziehungen im Alltag einbringen *wollen*.

Positiv an Jimmys Phantasieleben ist, dass es ihn kreativ und für viele Aspekte des Lebens sensibel macht, für die andere Männer unempfänglich sind. Aber was Jimmys Liebesfähigkeit angeht, so ist er nicht in die Frau verliebt, die er traf, sondern in die Phantasie, die sie nährte. In gewisser Weise ist er in die Liebe an sich verliebt.

Um Jimmys Erfahrung völlig gerecht zu werden, müssen wir sie in einem umfassenden, transpersonellen Kontext betrachten. Es gibt andere Wege, die romantische Liebe zu verstehen, Wege, die sich durch Mythen und Poesie erschließen lassen. Dazu Dr. Robert Johnson: »Wir wissen, dass romantischen Liebesbeziehungen etwas Unerklärliches innewohnt. Wenn wir verliebt sind, fühlen wir uns vervollständigt, als ob wir ein fehlendes Teil von uns wiedergefunden hätten. Wir fühlen uns beschwingt, plötzlich über das Niveau der normalen Welt emporgehoben.

Wenn wir danach streben, uns über die Enge und Unvollkommenheit des eigenen Lebens hinaus zu etwas Außergewöhnlichem aufzuschwingen, ist dies ein spirituelles Streben. Was ein Mann in diesem Zustand in einer Frau sieht, gibt ihm das Gefühl, den Sinn des Lebens zu erkennen.

Die großen romantischen Dichter verbergen diese Tatsache nicht. Sie zogen es vor, die Frau nicht mehr als Frau zu sehen, sondern als das Symbol der Seele, das ewig Weibliche, die göttliche Liebe. Die Frau wird zu einer Möglichkeit, über das eigene kleine Ich hinauszuwachsen.«

Wie es in einem mexikanischen Liebeslied heißt: ›Dich anzubeten, war für mich Religion.‹«

Die Rolle des Phantasieliebhabers

Verschiedene Männer spielen die Rolle des Phantasieliebhabers auf unterschiedliche Weise. Lewis, 48 Jahre alt, Pädagoge und Therapeut, ist ein hochgewachsener, gut aussehender Mann mit jungenhaftem Charme, der jede Frau haben kann, die er will. Ihn beflügelt schon seit langem die Phantasie, ein Liebhaber zu sein, der den Frauen alle nur erdenklichen Wünsche erfüllt.

Vor kurzem hat sich Lewis mit einer hübschen Frau in den Vierzigern zum ersten Mal verlobt, nachdem er jahrelang Frauen aller Art umworben und genossen hat.

»Oh, Mann«, sagte Lewis, »ich finde es großartig, mit einem Fotomodell an meinem Arm herumzulaufen und alle Blicke auf mich zu ziehen. Es ist so aufregend. Es lässt mich daran denken, wie schüchtern und einsam ich als Kind war und wie ich damals dachte, mich würde nie jemand beachten.«

Diese Eroberungen gaben Lewis die Selbstachtung, die ihm als Kind fehlte. Sie gaben ihm das Gefühl, dass ihm die Welt endlich zu Füßen liegt (wobei die Welt durch einen schönen Körper repräsentiert wird). Auch die Vorstellung, Frauen zu befriedigen, gab ihm ein gutes Gefühl. Als Sohn einer Mutter, die ihn ständig anschrie, sehnt sich Lewis nach weiblicher Anerkennung.

»Ich bin auch gut zu ihnen«, sagte Lewis grinsend. »Ich verlasse sie nie. Das muss ich gar nicht. Wenn es nicht so gut läuft, tue ich einfach nicht, was sie wollen. Dann verlassen sie mich. Aber ich bin nie unehrlich. Von Anfang an sage ich ihnen, woran sie mit mir sind. Wenn sie dann feststellen, dass ich die Wahrheit gesagt habe, verlassen mich viele. Das ist nicht meine Schuld.«

Lewis sehnt sich offensichtlich nach der Phantasiefrau, die ihn als tollen Hecht bestätigt und sein Selbstwertgefühl stärkt.

»Es gab da eine Frau, die ich jahrelang begehrte«, erzählte Lewis. »Sie war noch ziemlich jung, als ich sie kennen lernte. Jetzt ist sie 26. Wir hatten ein paarmal Sex, aber es hatte nichts mit Intimität zu tun. Sie war bisexuell und beängstigend attraktiv. Kürzlich sah ich sie wieder, etwa fünf Jahre nach unserer ersten Begegnung, und sagte zu ihr: ›Jetzt bist du nicht an einer Liebesbeziehung zu mir interessiert, aber wenn du 31 bist, wirst du dir über all die Dinge im Klaren sein, die du von einem tollen Mann willst, und dann wirst du erkennen, dass ich dieser Mann bin. Ich bin dieser tolle Mann! Du warst einfach zu jung, um das zu kapieren.‹

Ich sagte das nur, um witzig zu sein, aber sie rief mich am nächsten Morgen an und sagte: ›Ich will das nicht verpassen. Ich möchte deine Freundin sein, aber ich bin noch nicht zur Monogamie bereit.‹ Ich sagte: ›Ja, in Ordnung‹.«

Die Vorstellung, diese junge, schöne Frau zu besitzen, genügte Lewis, um ja zu sagen. Wer sie jetzt war, wie sie sich verändert haben mochte und was gerade in ihrem Leben passierte, war völlig irrelevant. Sie spielte die Rolle der Phantasiegeliebten und er die des Phantasieliebhabers. Spannend wurde diese Beziehung hauptsächlich durch seine Phantasierolle als Liebhaber schöner junger Frauen. Wer sie beide wirklich waren und was sie als Menschen brauchten, war unerheblich.

»Sie traf sich in der Zeit, als sie mit mir zusammen war, auch noch mit anderen«, erklärte Lewis, »aber es machte mir nichts aus. Ich fand sie derart attraktiv. Was unsere Beziehung anging, so forderte ich nur wenig von ihr – wenn sie beispielsweise etwas tun wollte und ich etwas anderes.

Nach etwa drei Wochen sagte sie mir, dass sie nicht mehr meine Freundin sein wolle. Sie wolle, dass es wieder so wie vorher zwischen uns sei.«

Phantasiebeziehungen enden oft schnell, sobald Forderungen gestellt werden, sobald einer der Beteiligten eigene Bedürfnisse zurückstellen oder Pläne aufgeben muss, um die Erwartungen des anderen zu erfüllen.

Lewis erkannte das. »Sie war nicht einmal meine Freundin«, sagte er, »denn um eine Freundin zu sein, muss man da sein. Alles was in dieser Situation geschah, war, dass ich großartigen Sex hatte, ohne etwas dafür tun zu müssen, außer ›Hallo, Liebling‹ zu sagen. Ich wusste gar nicht, wie es war, mit ihr intim zu sein. Zwischen uns passierte sonst nichts.«

Lewis trifft eine wichtige Unterscheidung zwischen Sex und Intimität. Mit der Phantasiegeliebten ist Sex meist großartig und die Intimität bestenfalls etwas Vorübergehendes. Manchmal fehlt Intimität völlig. Manchmal ist sie sehr intensiv, aber nur für kurze Zeit, solange die Szene sich so abspielt, wie sie sollte.

Lewis versteht die Ursache dieses Verhaltens. Er beschrieb es, als er über sich selbst als Jugendlicher an der High School sprach.

Rolle des Phantasieliebhabers

»Es fing mit diesem Spiel an, das ich wegen meiner Unsicherheit spielte. Ich wusste damals nicht, wie man sich einer Frau nähert oder sich mit ihr unterhält. Ich weiß noch, wie ich auf meinem Bett lag und mir vorstellte, wie es sein würde, wenn ich erwachsen wäre – wie schrecklich es sein würde? Damals schickte ich eine Botschaft an die Zukunft und stellte mir vor, dass ich haben würde, was ich wollte.

Wenn ich jetzt mit einer schönen Frau im Bett bin, sende ich eine Botschaft zurück an den Louie, der damals sechzehn war. Ich sage ihm, schau, wie gut wir jetzt sind.«

Diese jungen Frauen nährten die Phantasie, die Lewis als Jugendlicher an der High School hatte, als er sich danach sehnte, sexuell aktiv, beliebt und akzeptiert zu sein, tolle Mädchen zu haben. Auch in fortgeschrittenem Alter ist Lewis noch mit seinem sechzehnjährigen Ich in Kontakt und liefert Frauen und Erfahrungen, die sich der junge Louie damals gewünscht hätte.

Manche Psychologen würden das als eine Entwicklungsstörung bezeichnen oder als Rückkehr zu einem Trauma, das es aufzuarbeiten gilt. Die Entscheidungen, die Lewis in seinem Erwachsenenleben traf, waren größtenteils durch die schmerzliche Zeit an der High School beeinflusst. Bei der Auswahl der Frauen, mit denen er Sex hatte, ließ er sich immer von ihrer Schönheit beeindrucken – wie es jeder Sechzehnjährige tun würde.

Andererseits sagt er: »Ich liebe Frauen einfach, liebe alle Teile ihres Körpers. Ich kann nicht genug davon bekommen und wüsste auch nicht, warum ich das sollte.«

Zu diesem Problem schreibt Erich Fromm: »Wenn die männlichen Charakterzüge eines Mannes geschwächt sind, weil er gefühlsmäßig ein Kind geblieben ist, wird er diesen Mangel oft durch eine Überbetonung des Sexuellen auszugleichen versuchen.

Das Ergebnis ist Don Juan, der seine Heldentaten unter Beweis stellen muss, weil er seiner Männlichkeit nicht sicher ist.«

Lewis sagte, dass er nicht nur der große Liebhaber sei, sondern Frauen auch wirklich sehr möge. Aber als er ausführlicher über seine Beziehungen sprach, räumte er auch ein, dass es Schwierigkeiten gab.

»Sie können einem wirklich auf die Nerven gehen. Sie sind anspruchsvoll und mäkeln dauernd an einem herum. Ein Beispiel: Ich warte auf meine Verabredung. Ich habe geplant, ein Konzert im Park mit ihr zu besuchen, auf das ich mich wirklich freue. Die Frau, mit der ich verabredet bin, verspätet sich, sodass wir keine Eintrittskarten mehr bekommen. *Das nervt wirklich enorm.* Frauen sind oft so.

Man will ihnen sagen, was los ist, aber wenn man ihnen gegenüber ehrlich ist, halten einen die meisten Frauen für grob und frauenfeindlich, und wenn man unehrlich zu ihnen ist, denken sie, dass man nichts taugt.«

Hinter all der sexuellen Aktivität und dem Wunsch zu befriedigen stehen Verletztheit und fehlendes Verständnis dafür, wie Frauen so sein können. Lewis hat das Gefühl, sein Bestmögliches zu geben, und bekommt dennoch oft Klagen zu hören.

»Zum Beispiel besuchte ich einmal eine Freundin in Fire Island, die mit einer Frau zusammenwohnte, die ich überhaupt nicht physisch attraktiv fand. Ich fand sie nicht hübsch, und ihr Körper gefiel mir auch nicht. Wir vertrieben uns nur die Zeit miteinander. Ich ging mit ihr an den Strand, und plötzlich fingen wir an, zärtlich zu werden. Da sie nicht unangenehm war, konnte ich sie küssen.«

Offensichtlich muss Lewis jede Frau, die er trifft, zufrieden stellen und erobern.

»Wir gingen zurück in ihr Zimmer, und innerhalb von zehn Minuten taten wir es. Es gefiel mir wirklich, wie ich körperlich auf sie reagierte, mehr als sonst. Sehr ungewöhnlich. Bei ihr wurde es so schnell ernst. Danach war ich jederzeit bereit, wenn sie Interesse an einem Treffen hatte.

Das Ganze dauerte etwa acht Monate. Ich mochte sie. Es war sehr körperlich, aber sie war nicht besonders hübsch. Ich konnte mich nicht mit ihr zeigen. Sie konnte keine Trophäe sein. Aber sie war ein großartiger Mensch. Was fängt man mit einem großartigen Menschen an, wenn er eine Frau ist? Man hat Sex mit ihr.«

Für Lewis gibt es nichts anderes, das er tun könnte, da er die Rolle des Phantasieliebhabers spielt, die einen Großteil seiner Identität ausmacht.

»Nach einiger Zeit fragte ich sie, was für Gefühle sie für mich hätte. Sie antwortete, dass sie absolut nicht in mich verliebt sei. Ich sagte: ›Großartig, denn ich bin auch nicht in dich verliebt.‹ Sie hatte jedoch sehr gern Sex mit mir, und auch ich wollte mit ihr schlafen. Es waren die Pheromone. Diese Chemikalien, die uns auf jemanden reagieren lassen. Es ist der Duft.

Eine Weile später fragte ich sie wieder, weil einige meiner Freundinnen mir gesagt hatten, sie sei verliebt. Sie sagte immer noch: ›Hör auf damit. Ich bin nicht in dich verliebt. Geh mir nicht auf die Nerven.‹

Dann hatte sie Geburtstag, und ich sagte, ich würde mit ihr

ausgehen und mir etwas Nettes für sie einfallen lassen. Nun habe ich aber einen Neffen, der keinen Vater mehr hat und mich unangekündigt besuchen kam. Dann traf ich zufällig einen Freund, der Cheftrainer der Basketballmannschaft an der St. John's University ist und mich fragte, ob ich zu einem Spiel kommen wolle. Er bot mir Eintrittskarten für mich und meinen Neffen an. Natürlich war das Datum des Spiels ihr Geburtstag.

Ich rief sie an und sagte: ›Ich weiß, dass du an dem Tag Geburtstag hast. Wir kommen später noch vorbei, oder ich gehe am Tag vorher oder danach mit dir aus. Was hättest du denn gerne?‹

Sie flippte richtiggehend aus. Das ging mir höllisch auf die Nerven. Brauche ich so was? Ich sagte, ich würde zu dem Spiel gehen und anschließend mit ihr ausgehen. Ich sagte: ›Ich schenk dir was Schönes, ich bin nett zu dir, ich ruf dich am nächsten Tag an und sag dir, dass es wunderschön war. Was willst du? Warum schreist du mich an? Hab ich dir den Tag verdorben?‹«

Lewis will als »Guter« wahrgenommen werden, der liebevoll ist und Frauen zufrieden stellt. Er versteht es nicht, wenn sie ausrasten, wie es seine Mutter tat. Ihm ist nicht bewusst, wie er durch seine Handlungen bewirkt, dass die Frauen sich wie seine Mutter verhalten.

»Ihre Freunde organisierten eine Geburtstagsfeier für sie«, fuhr Lewis fort, »und sie lud mich dazu ein. Ich sagte, dass ich nach dem Spiel kommen würde.

Als ich dort eintraf, schauten mich alle an, als ob sie sagen wollten, da kommt der miese Typ. Sie war sehr distanziert. Wir sprachen am nächsten Tag miteinander, und ich dankte ihr

Rolle des Phantasieliebhabers

für den Abend, aber danach sprach sie fast ein Jahr lang nicht mehr mit mir. Das ist wirklich das Letzte. Frauen sind so. Sie zeigen dir plötzlich die kalte Schulter. Sie sind im Grunde nicht ehrlich. Was wollte sie von mir? Habe ich sie belogen?«

Ähnlich wie Jimmy hat Lewis das Gefühl, Frauen nicht befriedigen, nicht vollkommen lieben zu können. Er ist nicht überrascht, wenn sie sich von ihm abwenden. Er rechnet sogar damit. Man könnte sagen, er will und braucht es, da er seine Beziehung zu seiner Mutter, die er nie zufrieden stellen konnte, reproduziert.

»Hat sie also mich verlassen oder ich sie? Man könnte sagen, dass ich passiv aggressiv war und es so eingerichtet habe, dass sie mich verließ. Eine Frau könnte sagen, dass ich nie wirklich für sie da war. Aber das ist auch nicht die ganze Wahrheit. Ich war da, aber zu diesem Zeitpunkt nicht daran interessiert, eine Bindung einzugehen oder mich in sie zu verlieben.

Ich befriedige Frauen gern. Wenn ich eine Frau nicht abstoßend finde, schlafe ich mit ihr. Ich liebe es, ihnen Lust zu bereiten, auch wenn sie nerven. Ich könnte es den ganzen Tag tun. Wenn ich eine interessante Unterhaltung brauche, rufe ich meine intellektuellen Freunde an.

Aber obwohl ich alles tun würde, was eine Frau will, verlassen sie mich, weil ich nichts an dem ändere, was sie stört. Ich tue einfach das, was ich tue. Ich kümmere mich um meine eigenen Angelegenheiten. Ich versuche nicht, sie aus der Beziehung zu vertreiben.«

Der Phantasieliebhaber hat keine Vorstellung von Opferbereitschaft in einer Beziehung, von der Bereitschaft, um der Harmonie willen seine Pläne zu ändern. Deshalb können Beziehungen von Phantasieliebhabern per definitionem nur eine gewisse Zeit andauern. Nach einiger Zeit brechen Bedürfnisse und Gefühle aus der realen Welt in die Beziehung ein. Keine Beziehung kann statisch bleiben. Offensichtlich hatte die Frau, von der Lewis sprach, das Gefühl, dass er seinem Neffen an einem für sie wichtigen Tag den Vorzug gab. An der Entscheidung, die er traf, konnte sie ablesen, welche Priorität sie in seinem Leben hatte.

Nachdem er viele Jahre Beziehungen dieser Art gehabt hatte, erlebte Lewis vor kurzem etwas Neues. Es geschah Anfang dieses Sommers. Er hielt sich wieder einmal mit einer jungen Schönheit – einer Frau, nach der sich jeder Mann verzehrt hätte – in einem tollen Hotel auf.

»Ich war mit dieser wunderbaren, 25 Jahre alten Titelblattschönheit zusammen – was Besseres findet man nicht. Plötzlich sagte eine Stimme in meinem Kopf: *Das ist nicht genug.* Nun, dachte ich, wenn das nicht genug ist, was dann?«

In diesem Augenblick traten Lewis' tiefere Bedürfnisse zutage. Die Freude an der Phantasie verebbte allmählich.

»Ich wusste nicht, was genug war«, fuhr er fort, »aber ich wusste, dass es nicht genügen würde, mehr von dem zu bekommen, was ich bisher erlebt hatte. Kurz danach begegnete ich Lilly, der Frau, die ich heiraten werde.«

In dieser Geschichte sehen wir einen faszinierenden Übergang vom jahrelangen Leben in der Phantasie zur Bereitschaft, sich auf etwas Reales und Erfüllendes einzulassen.

»Bei Lilly kann ich mir nicht vorstellen zu sagen, es muss noch mehr geben. Dabei ist sie weder jung noch blond wie dieses Model. Ich weiß, es ist sehr unwahrscheinlich, dass ich je eine Frau treffen werde, die all das tun wird, was ich mit all den Frauen getan habe, mit denen ich zusammen war. Und ich bin ein Forschertyp. Ich habe nicht das Bedürfnis, den Grand Canyon zweimal zu sehen. Ich brauche Abwechslung. Aber dann treffe ich Lilly.«

Auf die Frage, wieso er denke, dass er nie genug von ihr bekommen werde, antwortete er: »Nun, es gibt niemanden, dessen Gesellschaft ich so schätze wie meine eigene. Das Beste, was ich haben kann, ist jemand, dessen Gesellschaft so angenehm wie meine ist und der mich nicht daran hindert, mich gut zu fühlen. Das ist Lilly.

Lilly lässt mir Raum. Echten Raum. Sie muss mich nicht besitzen. Wenn wir zusammen sind, will ich nirgendwo anders hin. Lillys Mutter hat früher immer zu ihr gesagt: ›Woher weißt du, wann es genug ist? Wenn der Rand der Dose weg ist und das Wasser überläuft.‹

Als ich Lilly traf, lief das Wasser über. Ich sehe das sehr Zen-mäßig. Ich habe keine andere Wahl. Zum Beispiel, was das Heiraten angeht. Ich habe keine Wahl, wenn ich den Augenblick ergreifen will. Ich will lieben, mit jemandem zusammen sein, der mich sexuell anspricht, dem ich Zuneigung schenken kann und der ein offenes Herz hat. Wo soll ich sonst noch hingehen?«

Lilly tauchte in dem Augenblick auf, als Lewis für eine dauerhafte Beziehung bereit war. Wenn ein Mann Glück hat, wird er seines Phantasielebens überdrüssig und findet Zugang zur Realität. Er wird bereit, Kompromisse zu akzeptieren, seinen Traum zu verlassen und wirklich der Frau zu begegnen, die in diesem Augenblick vor ihm steht. Er wird bereit, Verletzungen und Verluste zu riskieren und dem anderen zu zeigen, wer er wirklich ist.

Empfehlungen
für den Umgang mit Männern, die an Phantasiegeliebten hängen

Für Frauen:
- Wenn ein Mann völlig in Phantasien gefangen ist, sollten Sie es erkennen und ihn gehen lassen.
- Wenn er eine Beziehung sucht, sollten Sie ihm viel Raum lassen, damit er seine Phantasien ausleben kann.
- Bauen Sie sein Selbstwertgefühl auf. Zeigen Sie es ihm, wenn er Sie befriedigt. Lassen Sie ihn wissen, was er richtig macht.
- Nehmen Sie es nie persönlich, wenn er schönen Frauen hinterhersieht. Er wird es sein ganzes Leben lang tun. Pflanzen Sie ihm keine Schuldgefühle ein. Sobald Sie das tun, wird er gehen.
- Seien Sie vorsichtig, was Ihre Erwartungen an ihn betrifft. Phantasien sind schwer aufzugeben.
- Seien Sie sicher, dass Sie diese Situation tolerieren können. Er wird seine Rolle als Phantasieliebhaber nicht aufgeben, bevor er nicht ganz und gar dazu bereit ist. Glauben Sie nicht, dass Sie diejenige sein werden, die ihn dazu veranlassen kann. Genießen Sie die Phantasie mit ihm, oder sagen Sie ›Adieu‹.

Für Männer:
- Phantasien können zwar etwas Köstliches sein, aber Sie sollten sich darüber im Klaren sein, dass sie Sie einschränken.
- Finden Sie verschiedene liebenswerte Eigenschaften bei rea-

len Frauen, die Ihnen begegnen. Schreiben Sie sie auf, und denken Sie darüber nach.
- Versuchen Sie herauszufinden, was es Ihnen unmöglich macht, zu realen Frauen und echter Liebe Vertrauen zu fassen.
- Entdecken Sie, wo Sie in ihrem Alltag anregende und schöne Dinge finden können. Ist es immer notwendig, auf Phantasien zurückzugreifen, wenn Sie Hochgefühle erleben wollen?
- Phantasien können manchmal an die Stelle eines Bedürfnisses nach echter spiritueller Erfahrung treten. Halten Sie einen Moment inne, und denken Sie darüber nach, ob Meditation, Gebete oder andere religiöse Praktiken ein tieferes Bedürfnis erfüllen könnten.
- Der Hang zur Phantasie lässt sich auch positiv in kreatives Schaffen umlenken. Es könnte sinnvoll für Sie sein, wenn Sie versuchen, Ihr innerstes Selbst musikalisch, als Schriftsteller, künstlerisch oder in anderer Form zum Ausdruck zu bringen.

*Der Mensch kann nicht
sehr viel Realität ertragen.*
T. S. Eliot

Unzufriedene Frauen

*Goldstaub ist zwar kostbar,
aber in den Augen verursacht er Trübungen.*
Soen Roshi

Bei der Suche nach Liebe ist Geld für manche Männer die wichtigste Waffe. Ihr primäres Bild vom Mann als Versorger ist das einer Geldmaschine – mit der er schöne Frauen einfangen und halten kann, die nur so lange befriedigt sind, bis sie die nächste Zuwendung in Form von Geschenken erhalten. Teil dieses Szenarios ist die Vorstellung von der Frau als unersättlichem Vampir, der das Leben und die Ressourcen des Mannes aufzehrt.

Diese Männer arbeiten zwar hart, um den Geldstrom nicht abreißen zu lassen, aber es erfüllt sie auch mit tiefer Verbitterung. Sie haben das Gefühl, dass ihr Leben zu Staub zermahlen wird. Sie sehen nicht nur sich selbst als Objekte, sondern ihre Frauen werden ebenfalls Objekte, die man mit Wohlstand und Luxus erwirbt und unterhält – mit dem richtigen Haus, der richtigen Wohngegend, dem richtigen Club, den richtigen Juwelen und was sonst noch nötig ist, um sie bei der Stange zu halten.

Bei diesem Beziehungskonzept ist die Liebe zu einem Kuhhandel verkommen. Aufmerksamkeit und Zuneigung werden gekauft und verkauft. Wie wertvoll und begehrenswert ein Mann ist, misst sich letztendlich an seinen Finanzen.

Unzufriedene Frauen

In gewissem Sinn könnte man sagen, dass diese Einstellung kulturbedingt ist. Es gibt jedoch auch noch weiter reichende Implikationen. Für einen Mann ist es einfacher, Geschenke und Geld zu geben als sich selbst. Viele Männer wissen nicht, dass sie ein Selbst haben, das sie jemandem schenken könnten. Ihre Fixierung auf Macht, Identität und Beziehungen durch Geld hat völlig von ihnen Besitz ergriffen. Am Ende stellen sie voller Bitterkeit fest, dass die Frau unzufrieden ist, so hart sie auch arbeiten und so viel sie ihr auch geben. Tatsächlich könnte sie auch nie zufrieden sein. Geld ist nur eine weitere Form falscher Liebe.

Viele Männer geben ihren Ehefrauen und Freundinnen die Schuld an dieser Situation. Aber sie müssen auch Verantwortung dafür übernehmen, dass sie selbst diese Illusion und diese falsche Identität aufrechterhalten.

»Ich bin froh, dass mir endlich jemand die Chance gibt, meine Version der Geschichte zu erzählen«, sagte Nick, ein gut aussehender griechischer Taxifahrer von vierzig Jahren aus Atlanta, Georgia. Die Aussicht, über seine Erfahrungen mit Frauen sprechen zu dürfen, war ziemlich aufregend für ihn. Er schaute während der Fahrt immer wieder nach hinten zum Rücksitz und redete dabei ohne Unterbrechung.

»Ich bin kein ganz gewöhnlicher Typ«, sagte Nick schnell, »ich bin gerade dabei, meine Dissertation in chemischer Verfahrenstechnik abzuschließen. Aber glauben Sie, dass das meine Frau glücklich machen würde? Ganz bestimmt nicht.« Eine Ader an seinem Hals trat hervor, während er schneller und schneller sprach.

»Warum verlassen Männer Frauen? Das ist nicht die richtige Frage«, sagte er. »Die Frage sollte lauten: Warum bleiben sie? Was ist mit mir? Ich bin schon ein paarmal gegangen, aber jetzt werde ich allmählich älter. Ich kriege es mit der Angst zu tun. Und das geht allen Männern so. Warum sind Frauen nicht zufrieden? Wie ich das sehe, geht es immer nur um eines – Geld.

Es geht nur um Geld. Sie wollen all dein Geld, und dann genügt es nicht. Schauen Sie mich an. Ich ertrinke in Schulden. Ich bin seit zwanzig Jahren mit meiner Frau verheiratet, und wie ich schon sagte, habe ich sie bereits ein paarmal verlassen. Warum bin ich gegangen? Ich liebe sie unendlich, aber wenn ich ihr tausend Dollar gebe, gibt sie tausendfünfzig aus. Wie viel ich ihr auch gebe – es reicht nie. Ich bin immer verschuldet. Und das ist ja nicht nur bei mir so – das ganze Land ist verschuldet. Männer versuchen, die Liebe von Frauen zu kaufen. Sie glauben, dass sie es mit Geld hinkriegen. Aber es hält nicht lange vor. Ich kaufe ihr, was sie will, und was tut sie? Sie streitet mit mir. Sie streitet, weil die Dinge sie nicht glücklich machen. Das werden sie nie tun.«

Nick zuckte die Schultern. Seine Stimme klang hoffnungslos. »Wissen Sie, ich habe wirklich versucht, ihre Liebe zu gewinnen. Als wir heirateten, war das alles, was ich wollte – dass sie mich liebt.«

Nick hat nicht das Gefühl, dass er ihre Liebe verdient – mit oder ohne Geld. Er erkennt nicht, dass sie *ihn* lieben sollte, nicht nur die Dinge, die er ihr schenkt. Er versteht nicht, weshalb es nicht funktioniert, egal, wie viel er ihr auch gibt. Auf die Frage, ob Frauen je Männer lieben, die kein Geld haben, warf er den Kopf zurück und lachte.

»Meine Frau liebt ihre Sachen. Sie sollten ihren Schrank sehen. Voll gestopft mit Kleidern, die sie nie trägt, voll gestopft mit Schuhen, voll gestopft mit Schmuck. Und ehe man sich's versieht, ist sie wieder am Heulen. Und das ist nicht nur bei ihr so – alle Frauen sind so. Alle ihre Freundinnen sind so. Sie stacheln sich gegenseitig auf. Jede sieht sich an, was die andere hat. So beweisen sie einander, wie wichtig sie sind. So beweisen sie sich, dass sie geliebt werden.«

Nick empfindet Frauen als hohl, leer, verschlingend, als etwas, das ständig aufgefüllt werden muss. Seine Frau versucht es mit Dingen, indem sie ihre Schränke mit Kleidern und Schuhen füllt, die sie nicht braucht. Das versuchen vielleicht auch andere Frauen.

Er fragt sich nicht einen Augenblick, woher diese Leere wirklich kommt – wonach hungert sie?

Der freudsche Psychoanalytiker Dr. Robert Berk sagt dazu: »Viele Männer fürchten – sexuell und auch finanziell – von Frauen verschlungen zu werden. Die Vorstellung, dass eine Frau sie verschlingen wird, kann aber auch eine Projektion des Wunsches sein, verschlungen zu werden. Dieser Wunsch ist im Allgemeinen inakzeptabel. Es ist der Wunsch, in einer kindlichen Rolle zur Mutter zurückzukehren. Mit der Furcht vor dem Verschlungenwerden geht die Kastrationsangst einher. Es besteht die unbewusste Phantasie, dass die Mutter sie verschlingen wird, und die Angst, dass sie sie dabei kastriert.«

Nick und Männer in seiner Lage fühlen sich sicher gefühlsmäßig kastriert, da sie mit nichts von dem, was sie geben, ihr Ziel erreichen, denn die Frau ist nie lange zufrieden. In gewisser Weise macht sie das gegenüber diesen Frauen impotent.

Auf die Frage, wie er sich bei alldem als Mann fühle, wurde Nick still. »Schrecklich, was glauben Sie denn? So als ob nichts, was ich gebe, je genug sein wird.«

Unzufriedene Frauen

Nick fühlt sich als Mann machtlos, außerstande, jemals die Leere im Leben seiner Frau auszufüllen. Er hat das Gefühl, der Aufgabe nicht gewachsen zu sein, nicht das zu besitzen, was nötig wäre, um seine Frau glücklich zu machen.

Die meisten Männer macht das Wissen, eine Frau befriedigen zu können (ob sexuell, finanziell oder gefühlsmäßig – mit einem Zuhause und Kindern), sehr glücklich und stolz. Um sich erfolgreich zu fühlen, muss ein Mann das Gefühl haben, seine Frau zufrieden stellen zu können. Das gibt ihm auch die Sicherheit, dass sie bei ihm bleiben wird. Dies ist eine Genugtuung, die Nick in seiner Ehe verweigert wird.

»Es gibt keinen Ausweg«, fuhr Nick fort. »Es ist das System, das uns alle umbringt. Es sind nicht nur ihre Freundinnen, es ist das ganze System, in dem wir leben. Jeden Tag wird sie durch die Werbung im Fernsehen dazu verlockt, mehr und mehr zu wollen. Zwei Tage später kauft sie etwas. Was immer sie besitzt, ist nicht gut genug. Wenn sie dann unzufrieden ist, gibt sie verrückterweise mir die Schuld. Sie wird wütend, wenn ich ihr sage, dass sie nicht mehr braucht. Ich sage ihr, dass wir die Sklaven unserer Kreditkarten sind, aber sie lacht nur über mich. Und ehe ich weiß, wie mir geschieht, habe ich jede Menge Schulden, stecke im System fest, muss sie abbezahlen. Ich hätte nie geahnt, dass Liebe so teuer sein kann.«

Nick sieht keinen Ausweg aus dieser Situation, weil er dieses Verhaltensmuster für ein grundlegendes Merkmal aller Frauen und ihrer Beziehungen zu Männern hält. Besonders in den USA. »Hierzulande ist Liebe ein Gut, das man kaufen kann«, sagte er.

»Ich stamme aus Griechenland«, fuhr er fort, »und habe sieben Schwestern. Ihre Männer kaufen ihnen nur hin und wieder Geschenke, aber sie sind froh und dankbar, wenn sie welche bekommen. Sie wissen die Geschenke zu schätzen. Sie wissen ihre Männer zu schätzen. Aber hier ist es egal, was man schenkt – ein paar Minuten später heulen die Frauen. Und dann werden sie auch noch dick. Zu allem Überfluss werden sie dick.«

»Geld ist das bei weitem kontroverseste Thema im Leben der Amerikaner«, erklärt Dr. Gerald Epstein. »Wenn Sie sich mit Männern über ihr Liebesleben unterhalten, nehmen sie kein Blatt vor den Mund, aber wenn Sie sie nach ihrem Bankkonto fragen, ist es vorbei mit der Redseligkeit, eine eiserne Tür fällt ins Schloss, keine Diskussion. Geld hat mehr mit dem Selbstwertgefühl eines Mannes zu tun als seine Sexualität. Es herrscht immer die Sorge, Geld zu verlieren, mittellos zu werden. In einem Land des Wohlstands gibt es Angst vor der Armut.

Natürlich gibt es Männer und Frauen, die daran interessiert sind, materiell versorgt zu werden. Sie verkaufen sich für Liebe. Wer am besten materiell für sie sorgen kann, bekommt den Preis.

Männer, die glauben, dass Frauen so sind, ziehen diese Art von Frauen an. Sie *rufen* diese Art von Frauen in ihr Leben. Hier ist ein gemeinsames Wertesystem im Spiel, bei dem Geld als Lockmittel eingesetzt wird; es ist der Köder. Und dadurch wird ein bestimmter Frauentyp angelockt, dessen Interesse rein finanziell ist. Das ist der Markt. Wie viel er auch gibt – keiner ist je zufrieden.

Manche Männer sind nicht bereit, diesen wichtigsten Besitz zu teilen, mit dem sie sich identifizieren, weil für sie Geld Macht bedeutet. Es ist ein Fehler, sich mit seinen Besitztümern zu identifizieren.«

Unzufriedene Frauen

Nick versuchte, der Situation zu entkommen. Er verließ seine Frau ein- oder zweimal. Auf die Frage, warum er ging, sagte er: »Irgendwann war es zu viel. Die Rechnungen türmten sich auf, und sie wurde dick. Ich sagte ihr, sie solle damit aufhören, aber sie konnte es nicht. Also zog ich eines Morgens aus und blieb eine Woche weg. Es war eine komische Woche. Zuerst war ich froh, aber dann fing ich an, mir Sorgen zu machen, und ich fühlte mich auch einsam. Ich wollte sie auch nicht verletzen. Ich wollte sie nicht verlieren. Ich liebe sie unendlich.«

Nicks Identität beinhaltet das Bild von sich als Versorger. Auf diesem Selbstbild basiert seine Selbstachtung. Seine Frau zu verlassen kommt einem persönlichen Versagen gleich und bringt eine Einsamkeit mit sich, die er nicht ertragen konnte. Außerdem hatte er keine Hoffnung, bei einer anderen Frau etwas Besseres zu finden.

»Es ist kein Kinderspiel da draußen«, sagte Nick. »Schauen Sie, ich bin jetzt vierzig. Wenn ich jetzt gehe, frage ich mich, was wird nachkommen? Wenn man jung und gut aussehend ist, begehren einen die Frauen deswegen. Wenn man älter ist, geht es um die Brieftasche. Vielleicht würde ich eine finden, die genauso ist wie sie. Oder noch schlimmer. Wer weiß.«

Nick lebt mit der Vorstellung, ein Objekt zu sein, das benutzt wird, sei es wegen des Geldes oder wegen Sex. Er ist dazu da, eine Frau zu befriedigen – wofür sollte er sonst begehrt werden? Sich und seine Beziehungen so wahrzunehmen schwächt ihn und zehrt ihn aus. Käme die einfachste und liebevollste Frau in sein Leben, wäre er nicht in der Lage, sie zu bemerken. Durch die unentwegte Beschäftigung mit Geld sind seine Augen und sein Herz trübe geworden.

»Was ist mit der Liebe?«, wurde er sanft gefragt.

Nicks Augen füllten sich mit Tränen. »Ich habe die Liebe schon vor langer Zeit vergessen. In meiner alten Heimat bestand die Chance, Liebe zu finden. Aber hier ist jeder ein Sklave. Man arbeitet Tag und Nacht und denkt nur an Geld. Wenn man nach Hause kommt, ist man erschöpft; man denkt an all die Rechnungen, die man zu bezahlen hat. In meinem Land brauchten wir nicht so viel. Wir hatten mehr Zeit, an andere Dinge zu denken. Zum Beispiel an Liebe.«

Nick ist intelligent. Er weiß, dass er mit Geld nur das Bild der Liebe, die äußere Hülle kaufen kann. Und selbst das hat jetzt keinen Bestand mehr.

»Ich spreche jetzt über Atlanta. In Dallas ist es noch schlimmer. In dieser Stadt verlässt eine Frau einen Mann in dem Augenblick, in dem sie einen reicheren trifft. Sie wollen Macht. Sie wollen Diamanten. Niemand will wirklich Liebe. Sie haben kein Mitleid. Die Frauen da draußen haben kein Mitleid.«

Und Nick hat auch kein Mitleid mit sich selbst. Er fährt sein Taxi ohne Pause; er hat Angst davor, dieses selbst auferlegte Karussell zu verlassen.

»Ich brauche jetzt keine andere Frau. Was ich brauche, ist ein einfacheres Leben, in dem man mehr Liebe bekommen kann. Man liebt mehr, wenn man weniger erwartet. Wenn man weniger geschäftlichen Druck hat. Es ist zermürbend, all diesem Druck ausgesetzt zu sein.«

Aber obwohl er sich darüber im Klaren ist, besteht kaum eine Chance, dass dieser Mann seine Frau noch einmal verlassen und das Risiko eingehen wird, eine andere zu finden. Er glaubt einfach nicht daran, dass er in diesem Land die Möglichkeit hat, eine andere Art der Beziehung einzugehen. Diese Überzeugung ist so stark, dass er nicht einmal in der Lage ist, genau hinzusehen. Er ist auch nicht in der Lage, andere Paare zu sehen, die einen einfacheren Lebensstil haben. Ein strenges Glaubenssystem, das nicht in Frage gestellt wird, verhindert immer die Wahrnehmung anderer Möglichkeiten.

»In dieser Kultur muss man geistig stark sein«, fuhr Nick fort. Wenn man schwach ist, ist man verloren. Wenn man stark ist, kann man zu all den Produkten, die sie einem aufdrängen, nein sagen. Man kann sagen, dass man das gerade nicht braucht. Man kann nicht immer nur nehmen und später erst bezahlen. Ich sage das meiner Frau, aber sie hört mir nicht zu.«

Nick sieht seine eigene Komplizenschaft in dieser Sache nicht. Trotz seiner Klagen hält er den ganzen Prozess in Gang. Er arbeitet unablässig und erkennt nicht, dass die gnadenlose Suche seiner Frau nach Gegenständen, eine eigene Form der Abhängigkeit, ihre nagenden emotionalen Bedürfnisse überdeckt, die nie artikuliert wurden.

Diese Beziehung beinhaltet auch ein sadomasochistisches Element. Die Frau kontrolliert ihn mit ihren Forderungen, verweigert ihm Zufriedenheit oder das Gefühl, dass das, was er in die Beziehung einbringt, für sie einen Unterschied macht. Das ist besonders schmerzlich, da in Nicks Vorstellung sein Selbstwert ausschließlich auf dem basiert, was er gegeben hat. Er hat nicht die Vorstellung, dass sein Leben an sich etwas wert sein könnte.

Nick muss lernen, sich selbst zu schätzen, und erkennen, was er *als Mensch* zu geben hat. Er muss innehalten und nach innen schauen. Im Augenblick überdeckt er ein Gefühl der Leere; er glaubt wie seine Frau, immer *Dinge* geben zu müssen.

Nick war noch nicht dazu bereit, offen darüber zu sprechen. Er tröstete sich, indem er in Gedanken in seine Heimat Griechenland zurückkehrte. »In Griechenland sehe ich glücklichere Gesichter«, sagte er. »Dort lachen sie, aber hier weinen die Frauen die ganze Zeit.«

Über die Art der Bindung, in der sich Nick befindet, sagt Jeffrey Keller, Vorsitzender von ›Attitude is Everything‹: »In meinen Programmen verwende ich eine Folie, auf der steht: Es gibt keine Zufallsmuster. Damit will ich sagen, dass man die Verantwortung für die Ergebnisse, die man erzielt, und die Menschen, die man anzieht, übernehmen muss. Auf einer anderen Folie steht: Gedanken und Umstände. Ich gehe darauf ein, wie Menschen in Umständen gefangen sind. Sie stecken in einer Beziehung, die ihnen nicht gefällt, oder sie verdienen nicht so viel Geld, wie sie gern verdienen würden. Sie verstricken sich in die Umstände ihres Lebens, und ich ermutige sie, einen Schritt zurückzutreten und sich zu fragen, wodurch diese Umstände verursacht werden. Wenn man in den Umständen gefangen ist, ist es, als ob eine Katze ihren Schwanz jagt. Man gelangt nicht zur Ursache der Dinge. Was ich zu vermitteln hoffe, ist die Tatsache, dass wir durch unsere Gedanken die Menschen und Umstände anziehen.

Ich nenne als Beispiel jemanden, der neunundzwanzig Mal hintereinander mit der falschen Person ausgegangen ist, und frage meine Zuhörer, ob sie das für bloßen Zufall halten. Es ist kein Zufall. Es ist irgendetwas in diesem Menschen, etwas an der Art, wie er über sich selbst denkt, seiner Einstellung, seinem Selbstwertgefühl, durch das sich die ›Falschen‹ zu ihm hingezogen fühlen.«

Jeffrey Keller vertritt die These, dass Nicks Gedanken,

Überzeugungen und Gefühle in Bezug auf sich selbst das Verhalten seiner Frau anziehen, verstärken und auch andere Frauen in sein Leben bringen, die ein ähnliches Verhalten zeigen.

Jeffrey Keller fährt fort: »Stellen Sie nicht manchmal fest, dass jemand in Ihr Leben tritt, der wirklich in Ordnung zu sein scheint, ein richtig netter Mensch, der Sie gut behandelt und Interessen hat, die Ihnen gefallen? Was geschieht dann? Sie stoßen diesen Mensch von sich. Weshalb? Weil Sie das Gefühl haben, dass Sie es nicht verdienen, so gut behandelt zu werden.

Mir geht es darum, wie *Gedanken Umstände erschaffen*. Werden Sie aktiv. Übernehmen Sie die Kontrolle. Ändern Sie Ihre Gedanken, verbessern Sie Ihre Einstellung, und erleben Sie, wie andere Dinge in Ihrem Leben passieren.

Wenn Sie glauben, die Menschen, die in Ihr Leben treten, würden von einer äußeren Macht geschickt, dann befinden Sie sich in einer Periode der Schwäche, der Verleugnung. Wenn Sie verstehen, dass Sie etwas Bestimmtes ausstrahlen, dass Sie die Ereignisse anziehen und dass Sie sie beeinflussen können, indem Sie Ihre Einstellung und Ihre Gefühle in Bezug auf sich selbst ändern, dann durchbrechen Sie den Teufelskreis.

Wenn Sie nur die negativen Umstände betrachten, wird daraus ein negativer Teufelskreis. Werfen Sie das Steuer herum, übernehmen Sie Verantwortung, denken Sie positiv, handeln Sie positiv, und erleben Sie, wie sich die Umstände ändern.«

Dem Urteil der Frauen unterworfen

Ethan, ein attraktiver Junggeselle von fünfzig Jahren, der mehrere langjährige Beziehungen hinter sich hat, blickt auf ähnliche Erfahrungen zurück und hat jetzt genug von dem Versuch, Frauen zufrieden zu stellen.

»Die erste Frage lautet meistens: ›Was machst du beruflich?‹«, meinte Ethan. »Sie schauen mich an, sehen aber nur Dollarzeichen. Das schreckt mich ab. Diese Frauen drängen einen in die Defensive, ganz so als würden sie fragen, was man für sie zu tun gedenke. Was einige an mir auch negativ bewerten, ist die Tatsache, dass ich nie verheiratet war – als sei das ein Zeichen dafür, dass mit mir etwas nicht stimmt. Ist es denn besser, wenn jemand mit fünfzig Alimente zahlt, sich um zwei oder drei Kinder sorgt und an den Wochenenden hin- und herrennt? Warum ist er okay und ich nicht?«

Auch Ethan selbst meint, in den Frauen einfach als Objekt am Markt wahrgenommen zu werden.

»Manhattan ist wie ein Süßwarenladen«, fuhr Ethan fort. »Man bekommt dort das Beste und das Schlechteste. Viele der Frauen sind sehr verwöhnt. Sie sind mit den Besten ausgegangen, und wenn man erwähnt, dass man Lehrer ist, ist man unten durch. Ich hatte ein Blind Date mit einer Frau. Wir setzten uns zum Abendessen hin, und sie wusste zu dem Zeitpunkt noch nicht, was ich beruflich mache. Als ich ihr mitteilte, dass ich Lehrer bin, sagte sie, dass sie nicht mit mir ausgegangen wäre, wenn sie das gewusst hätte. Das tat damals ziemlich weh.«

Für Ethan werden Frauen bei Verabredungen zu Richtern. Er hat das Gefühl, verurteilt zu werden. Er ist lieber allein, als sich diesem erniedrigenden Gefühl auszusetzen.

»Nach einer Verabredung frage ich mich, wie ich mir selbst dabei gefallen habe. Ob ich mir interessiert und interessant vorkam, ob ich mich mochte. Wenn ich das Gefühl hatte, dass ich ausgefragt wurde, um meinen Nettowert zu ermitteln, bin ich aus der Sache raus, bevor sie richtig angefangen hat.«

Über dieses beunruhigende Phänomen schreibt Erich Fromm in *Die Kunst des Liebens*:

> *Unsere Gesellschaft braucht Menschen,*
> *die reibungslos kooperieren und immer mehr*
> *konsumieren wollen und deren Geschmack*
> *standardisiert ist... Wozu führt das?*
> *Der moderne Mensch ist sich selbst,*
> *seinen Mitmenschen und der Natur entfremdet.*
> *Er ist zu einer Ware geworden, erfährt seine*
> *Lebenskräfte als Investition, die ihm*
> *am Markt maximalen Gewinn bringen muss.*
> *Die zwischenmenschlichen Beziehungen sind*
> *Beziehungen zwischen entfremdeten Automaten,*
> *und Automaten können nicht lieben.*
> *Sie können ihre Persönlichkeitspakete austauschen*
> *und auf ein faires Geschäft hoffen.*

»Ich würde trotzdem gern heiraten«, sagte Ethan leise. »Es liegt nicht nur daran, dass ich noch nicht die Richtige getroffen habe. Ich glaube, es lag an der Bereitschaft auf meiner Seite, und bei den wenigen Gelegenheiten, wo ich wirklich eine Verbindung herstellen konnte, stimmte das Timing nicht. Es gab eine Frau, die ich liebte und begehrte, aber sie hatte gerade eine Scheidung hinter sich. Es war nicht der richtige

Zeitpunkt für sie. Wir waren ein Jahr lang zusammen, dann brauchte sie wieder ihre Freiheit. Das tat auch ziemlich weh.«

Auf die Frage, weshalb er einige seiner anderen Beziehungen beendet hatte, antwortete Ethan: »Ich ging aus verschiedenen Gründen – Langeweile, schlechte Kommunikation, die fehlende Möglichkeit, mich mitzuteilen. Die Frauen hörten nicht zu. Sie konnten die männliche Perspektive nicht verstehen. Nach einer Weile wächst man auseinander.«

Da er sich von Frauen verurteilt fühlte, war es nahe liegend, dass es Ethan schwer fiel, sich mitzuteilen, sich verletzlich zu zeigen oder das Gefühl zu haben, dass die Frauen wirklich zuhörten oder die Wahrheit über ihn hören wollten. Statt das Risiko einzugehen, ehrlich zu sein und dafür zurückgewiesen zu werden, war es nur natürlich, dass Ethan in Beziehungen das Bedürfnis hatte, sein Image zu bewahren.

Aber wenn Beziehungen länger bestehen, kommen unsere tieferen Gefühle für uns selbst und andere immer an die Oberfläche. Die Verhaltensmuster, die wir gegenüber unseren Eltern zeigten, sowie ihre Verhaltensmuster in Bezug auf uns tauchen wieder auf. Das, wonach wir uns immer gesehnt haben, aber nie bekamen, wird zu unserer stillen Forderung unserem Partner gegenüber. Unser Partner mag sich dessen gar nicht bewusst sein und wir selbst uns möglicherweise auch nicht. Diese Dinge sind schwer zu überwinden, besonders wenn jemand das Gefühl hat, ständig ein Image aufrechterhalten zu müssen.

Im Grunde hatte Ethan das Bedürfnis, mit diesen Frauen zu kommunizieren und gehört zu werden. Er wollte nähren und genährt werden, hatte aber das Gefühl, dass beides nicht möglich war.

»Eines der ersten Dinge, die ich tue, wenn ich mit jemandem ausgehe, ist, mir ihren Kühlschrank anzusehen«, erklärte Ethan. »Wenn er voll ist, kann man sich sicher und wie zu Hause fühlen. Aber wenn ich einen Kühlschrank öffne, der nur eine Flasche Mineralwasser, aus dem die Kohlensäure entwichen ist, und eine Flasche Nagellackentferner enthält, dann sagt das sehr viel über die betreffende Person aus. Und genährt zu werden ist mir sehr wichtig.

Ich rede auch gern und höre gern zu. Ich möchte das Gefühl haben, offen reden zu können, und auch meiner Partnerin das Gefühl geben, dass sie offen über ihre Gedanken und Gefühle reden kann. Ich rufe gern um zehn oder elf abends an, erzähle und höre zu.

Die Frauen, mit denen ich zusammen war, wollten diese Art von Intimität meistens nicht. Wenn ich das Gefühl habe, das nicht geben zu können, gehe ich.«

Nach Ethans Erfahrung taten sich die Frauen, die er kennen lernte, schwer damit, von ihm zu nehmen und selbst zu geben. Sie wollten zwar Sicherheit und alle Status- und Erfolgssymbole, aber viele konnten oder wollten die Intimität und Zuwendung nicht entgegennehmen, die er geben wollte. Das gab ihm das Gefühl des Ausgeschlossenseins – wie bei seiner Mutter, die den größten Teil seines Lebens depressiv und unkommunikativ war.

»Meine Mutter liebte mich«, sagte Ethan, »aber es fiel ihr schwer, es zu zeigen.« Diese schmerzliche Erfahrung hat er offensichtlich mit vielen anderen Frauen in seinem Leben wiederholt.

»In einigen meiner längeren Beziehungen habe ich wirklich viel gegeben, aber am Ende hat es doch nichts geholfen. In den

Vierzigern und Fünfzigern trifft man Frauen, die Scheidungen und viele andere unangenehme Erfahrungen hinter sich haben. Viele von ihnen tragen immer noch viel Schmerz mit sich herum. Sie haben etwas nicht zum Abschluss bringen können. Wie sehr man sich auch anstrengt, man kann sie nicht zufrieden stellen. Und hier kommt das Timing ins Spiel. Man muss sie zum richtigen Zeitpunkt in ihrem Leben kennen lernen.

Frauen wollen heutzutage unabhängiger sein als früher, aber ich treffe nicht viele glückliche Frauen. Es fehlt eine gewisse Lebensfreude. Wie gesagt, es heißt von Anfang an: Was kannst du mir geben? Es geht darum, *wer* man ist, *was* man ist, nicht *warum* man so ist. Es geht darum, wo man lebt, welches Auto man fährt. Man spürt es schon am Telefon, bevor man jemandem persönlich begegnet ist.«

Ethan hat feine Antennen für den Hunger einer Frau nach Sicherheit und seine Möglichkeiten, diesen Hunger zu stillen. Das gibt ihm kein gutes Gefühl in Bezug auf sich selbst und auf die Frau.

Wenn Männer sich als Objekte sehen, die eine bestimmte vorgegebene Rolle zu erfüllen haben, wird dadurch die Möglichkeit der Kommunikation, des echten Austauschs von Gedanken und Gefühlen, zerstört. Der Mann ist sich immer der Gefahr bewusst, dass echte Gefühle und Werte das ganze Paket zum Platzen bringen könnten und er dann keinen Wert mehr für die Frau hätte.

»Es gibt noch eine andere Gruppe von Frauen,« fuhr Ethan fort, »sie lernen dich kennen und finden dich nett. Und dann wollen sie sofort heiraten, weil ihre biologische Uhr tickt. Heutzutage stehen viele Frauen in dieser Hinsicht sehr unter Druck. Diese Frauen sind nicht auf Geld aus, sie sehen mich als Babymacher. Sie haben es eilig, aber ich glaube, dass sich vorher eine gute Beziehung entwickeln sollte.«

Ethan hat noch nicht die Erfahrung gemacht, um seiner *selbst* willen geschätzt zu werden, jemand zu sein, an dem man festhält und um den man kämpft, wie auch immer die Umstände sein mögen. Er hat sich immer in das Timing und die Umstände eines anderen Menschen – seien sie finanzieller, biologischer oder psychologischer Natur – einfügen müssen.

»Inzwischen treffe ich öfter eine zweite Verabredung mit derselben Person als früher«, erklärte Ethan. »Wenn eine gewisse Verbindung da ist, wenn der Funke überspringt, versuche ich es. Wenn die Frauen, mit denen ich verabredet war, hier wären, könnten sie ihre Sicht der Dinge schildern. Ich weiß nicht, ob ihnen klar ist, wie wichtig Kommunikation ist. Wenn man nach der ersten Verliebtheit und gutem Sex nicht wirklich miteinander reden kann und sich nicht mag, dann hat man gar nichts. Man bekommt nur Langeweile.

Wenn eine Beziehung zu Ende ging, war ich früher sehr selbstkritisch. Inzwischen denke ich, dass beide Verantwortung übernehmen müssen. Es hat immer mit der Nicht-Kommunikation zu tun, die stattgefunden hat.«

Ethan war selbstkritisch, weil er die Werte, die er so hasst, verinnerlicht hat. Er konnte seine eigene Identität nicht respektieren und anerkennen. Als Lehrer hat er nicht das Gefühl, im Hinblick auf Status oder Geld sehr viel bieten zu können, und es ist ihm noch nicht in den Sinn gekommen, die Qualitäten aufzuzählen und zu schätzen, die er besitzt und die er geben kann. Wie Nick identifiziert er sich mit dem System, durch das er sich so verletzt fühlt.

Ethan hat sich ebenfalls noch eindringlicher gefragt, wonach sich die Frauen wirklich sehnen. Er hat aber nicht über die offenkundigen und oberflächlichen Forderungen hinaus gesehen, die die Frauen an ihn stellen. Vielleicht hat er durch sein schwaches Selbstwertgefühl sogar diese Art von Frauen angezogen.

Als ich ihn fragte, ob er je eine Beziehung hatte, die anders war als die anderen, in der er das Gefühl hatte, dass mehr daraus werden könnte, sprach er von einer Frau, die er vor mehr als zwanzig Jahren getroffen hatte.

»Mit Anfang dreißig traf ich eine Frau aus Montreal. Sie hatte dort ein großes Unternehmen, war bereit, es zu verkaufen und nach New York zu ziehen. Sie wusste, dass ich den Lehrberuf nicht wirklich liebte. Also fuhr ich rauf und verbrachte viel Zeit mit ihr. Aber wie bei jeder Fernbeziehung gab es viele Dinge, die wir nicht wahrnahmen.

Ich fuhr hin, und ihr Vater akzeptierte mich nicht. Sie war der einzige Mensch in seinem Leben, und er klammerte sich an sie. Er hielt es für unverantwortlich, dass ich mir freinahm, um verlängerte Wochenenden mit ihr zu verbringen, und sie war sehr sensibel für seine Bedürfnisse.

Wenn es jemanden gab, der sich distanzierte, dann war sie es. Sie war meinetwegen frustriert. Sie war immer diejenige, die Pläne machte, weil ich Montreal nicht kannte, und es begann so auszusehen, als ob sie die Starke sei. Am Ende fanden wir, dass es nicht funktionierte.

Ich glaube, dass ich mich in bestimmte Situationen bringe, vielleicht nach schwierigen Situationen suche, weil ich mich schützen will und nicht wirklich will oder erwarte, dass es funktioniert.«

An diesem Punkt wirft Ethan einen Blick auf seine innersten Gefühle und die Kette der Enttäuschungen, die er erlebt hat. Man könnte sagen, dass wir uns auf viele schwierige Beziehungen einlassen, die uns einen Grund geben, allein zu bleiben, wenn wir nicht bereit oder gewillt sind, eine feste Beziehung einzugehen, oder nicht wirklich den Wunsch danach haben.

Ethan leidet unter einem schwachen Selbstwertgefühl, das nicht nur durch die Frauen verursacht wurde, die er kennen gelernt hat, sondern auch durch seinen persönlichen Mangel, durch das Gefühl, bei seiner Mutter nie die Wärme und Kommunikationsbereitschaft gefunden zu haben, nach der er sich so sehnte. Es ist fast so, als habe er sich unbewusst dafür entschieden, das Gefühl, nicht das bekommen zu können, was er braucht, aufrechtzuerhalten, indem er immer wieder Frauen und Situationen suchte, bei denen er am Ende allein zurückblieb.

»Mit fünfzig weiß ich jetzt genau, was ich brauche«, sagte er. »Das Problem ist nur, dass man ein wenig festgefahren in seinen Gewohnheiten ist. Ich würde gern mehr Frauen Mitte dreißig kennenlernen, die nicht so viel Gepäck mit sich herumtragen. Frauen in den Vierzigern haben schon ein ganzes Leben hinter sich – sie sind oft schwierig. Sie haben das Gefühl, fünfzehn bis achtzehn Jahre an jemanden vergeudet zu haben, und hegen einen Groll. Sie begegnen einem mit der Haltung: ›Hey, wer bist du denn?‹ Das macht es schwierig für Männer.«

Ethan sieht Beziehungen nicht als einen natürlichen Prozess des Gebens und Nehmens. In seinen Augen treten Frauen als Richterinnen und Konsumentinnen auf, die seinen Wert einschätzen, um dann ihn und seine Ressourcen zu benutzen. Das schadet seinem Ich und macht ihn wütend.

»Manchmal ist es angenehmer, mit einem Freund zusammen zu sein«, fuhr Ethan fort, »oder einfach Dinge zu tun, die einem Spaß machen, Musik zu hören oder Sport zu treiben, als jemandem gegenüberzusitzen, der einen ins Kreuzverhör nimmt. Ich glaube, das Schwierigste ist, optimistisch zu bleiben. Ich bin inzwischen oft nicht mehr so verfügbar, wie ich sein sollte. Gestern Abend rief ich zum Beispiel David an, und wir unterhielten uns lange Zeit prächtig am Telefon. Das tat gut. Ich mag Menschen mit scharfem Verstand und einem Sinn für Humor. Das ist wichtig in einer Beziehung. Nach einer Weile lässt die sexuelle Anziehungskraft nach. Dann bleibt einem nur die Person, mit der man zusammen ist.«

Für Ethan ist es am wichtigsten, herauszufinden, wer er wirklich ist, und sich schätzen zu lernen. Wenn ihm das gelingt, wird sich fast unweigerlich eine geeignetere Partnerin zu ihm hingezogen fühlen, die ihn ebenfalls schätzt. Wir ziehen oft in anderen Personen etwas an, das wir an uns selbst nicht akzeptieren. Ethan muss alle Aspekte seiner Persönlichkeit und auch die entsprechenden Anteile der Frauen akzeptieren lernen.

Der Druck, Frauen zufrieden zu stellen

Russ ist ein großer, dunkler, gut aussehender, nachdenklicher, mitfühlender Mann Mitte vierzig. Er übt eine beratende Tätigkeit im Schulwesen aus. Die Probleme, die dazu geführt haben, dass er die Frauen, die er liebte, nicht zufrieden stellen konnte, und dass er jetzt in einer lieblosen Ehe gefangen ist, sind bei ihm völlig andere als bei Ethan.

»Ich sah eine schöne Frau aus der Ferne und fühlte mich sofort zu ihr hingezogen«, erzählte Russ. »Toby war eine tolle Frau aus einer wunderbaren Familie, eine gute Tänzerin; sie hatte alles, was ich wollte. Wir begannen eine sehr enge Beziehung, die etwa sechs Monate andauerte. Während dieser Zeit bemerkte ich jedoch eine gewisse Ambivalenz bei ihr, die mich verunsicherte. Ich hatte das Gefühl, dass ich ihr nicht genug gab.

Zuerst wusste ich nicht genau, was es war. Wir hatten oft Sex, und ich sah sie zwei- bis viermal pro Woche, und doch sagte sie manchmal gleichzeitig ja und nein, wenn ich versuchte, mich mit ihr zu verabreden. Ich begriff nie, woran es lag.

Schließlich fuhr jeder von uns den Sommer über weg, trotzdem waren wir dem anderen treu. Als wir zurückkamen, sagten wir einander, dass wir uns liebten. Ich begann in Richtung Heirat zu denken, weil ich glaube, dass die meisten Frauen, die einen Mann lieben, heiraten wollen. Das ist eine der wichtigsten Möglichkeiten, um eine Frau zufrieden zu stellen.

Ich weiß, dass eine Frau, die einen Mann, den sie liebt, nicht heiraten kann, irgendwann sehr frustriert und unzufrieden ist. Vielen Männern misslingt es, eine Frau zufrieden zu stellen, weil sie ihr keinen Heiratsantrag machen. Frauen wollen eine endgültige Verpflichtung und die Art enger Bindung, die sie verdienen. Wenn sie sie nicht bekommen, fühlen sie sich nicht voll akzeptiert und geschätzt.

Ich bereitete mich also darauf vor, diese Verpflichtung einzugehen, und war glücklich damit, aber einige Tage später sagte Toby zu mir: ›Russ, ich will frei wie ein Vogel sein – ich will mich auch mit anderen Männern verabreden.‹

Ich war geschockt. Ich sah sie an und sagte: ›Nicht um den Preis, dass du mir das Herz brichst. Ich ertrage es nicht, wenn du Freitagnacht mit mir zusammen bist und vielleicht am nächsten Abend mit einem anderen ins Bett gehst.‹

Also traf sie eine Entscheidung. Sie verabredete sich nicht mehr mit mir. Sie war mir nicht treu. Ich hatte das Gefühl, es läge an mir, dass sie andere Männer brauchte, weil ich sie nicht befriedigt hatte.

Als ich später darüber nachdachte, wurde mir klar, dass sie mir den Laufpass gab, weil ihr letzter Freund sie verlassen hatte und sie vermeiden wollte, noch einmal verletzt zu werden, oder weil sie mir antun wollte, was er ihr angetan hatte. Aber das begriff ich erst viel später. Was ich jedoch sofort verstand, war, dass ich mich emotional nie wirklich völlig von ihr angenommen gefühlt hatte. Ich dachte, dass es an mir lag.

Einen Monat später rief Toby mich an und sagte, dass sie mich wirklich sehen müsse. Als sie ankam, weinte sie und sagte, sie habe einen Fehler gemacht, ob sie zu mir zurück kommen könne. Aber ich konnte nicht. Ich sagte ihr, sie habe mich so verletzt, dass ich ihr nicht mehr vertrauen könne. Wie konnte ich mich noch einmal auf sie einlassen? Sie fragte, ob ich die Beziehung beenden wolle, und ich sagte ja.«

Es gibt einen Punkt in einer Beziehung, an dem der Grad an Intimität und Bindung, der sich entwickelt, einem der beiden Partner Unbehagen verursacht. An diesem Punkt zieht sich der Betreffende zurück, um nicht verletzt zu werden oder weil er Angst davor hat, in eine Falle zu geraten. Das ist eine ganz natürliche Phase.

Leider enden viele Beziehungen an diesem Punkt, weil keiner der beiden versteht, was wirklich vor sich geht. Sie wissen nicht, dass an diesem Punkt ein noch größerer Grad an Geduld und Vertrauen erforderlich ist.

Russ sagte: »Wenn ich mir diese Beziehung im Nachhinein anschaue, wird mir klar, dass es die ganze Zeit keine sehr tiefe Befriedigung gab. Etwas fehlte. Wenn ich damals auf die Idee gekommen wäre, mit ihr in eine Paarberatung zu gehen, hätte sie vielleicht zu erkennen gegeben, was in ihr vor sich ging.

Als ich darüber nachdachte, fiel mir ein, dass sie mich einmal gefragt hatte, ob ich *Der kleine Prinz* kannte, besonders die Stelle, an der der kleine Prinz sagt, dass man das Tier in einem anderen Menschen zähmen müsse. Ich fragte sie, ob sie von mir gezähmt werden wolle, und sie antwortete ja. Ich sagte, dass ich das nicht tun wolle. Ich sei nicht diese Art von Mensch, und das entspräche auch nicht meiner Vorstellung von einer Beziehung.«

Möglicherweise hatte diese Frau den Wunsch, von Russ bestraft zu werden. Vielleicht verließ sie ihn gerade deshalb, um zurückkommen und von ihm bestraft werden zu können. Vielleicht fand diese Frau Strafe oder das Gezähmtwerden befriedigend. Vielleicht reproduzierte sie Beziehungsmuster aus der Kindheit, als sie von einem Elternteil diszipliniert, gezähmt und unter Kontrolle gehalten wurde.

Wenn ein tieferes Muster dieser Art zum Vorschein kommt, wird sich die Betreffende nicht befriedigt fühlen, wie gut die Beziehung auch zu sein scheint. Der Mann wird sie nicht befriedigen können. Ein Mann, der eine andere Vorstellung von einer Beziehung hat, wird eine Frau, deren Bedürfnisse sich so stark von seinen unterscheiden, nicht zufrieden stellen können.

Russ beendete diese Beziehung und suchte weiter nach einer Frau, von der er die Liebe und Zuwendung bekommen konnte, nach der er sich sehnte. Er begegnete bald einer anderen Frau, mit der es anfangs wunderschön war.

»In den ersten beiden Jahren wurde es von Tag zu Tag besser«, berichtete Russ. »An dem Tag, als wir heirateten, war ich außer mir vor Freude, aber sechs Wochen nach der Hochzeit sagte sie mir plötzlich, dass sie ein Baby wolle. Ich war völlig geschockt, weil wir über dieses Thema vor der Heirat gesprochen hatten und uns darin einig gewesen waren, dass wir keine Kinder wollten.

Ich sagte: ›Ich habe dir gesagt, dass ich keine Kinder will. Du warst damit einverstanden! Du hast gesagt, das sei kein Problem.‹ Sie sagte, sie habe ihre Meinung geändert. Aber ich hatte meine Meinung nicht geändert.

Sobald ich ihr sagte, dass ich kein Baby wolle, entzog sie mir ihre Liebe und Zuwendung. Sobald ich nein gesagt hatte, war es, als ob ich ihr einen Dolch ins Herz gestoßen hätte, den ich nicht mehr herausziehen konnte. Es war zwischen uns nie wieder so wie vorher.

Die Kälte und der Zorn hielten drei Jahre lang an, und schließlich gestand sie mir, dass sie gehofft habe, ihre Liebe würde mich ändern. Sie hatte gedacht, ich würde ihr dieses Baby schenken, sobald wir verheiratet seien.

Das ist eine große Illusion, die viele Frauen hegen – dass sie ihren Mann mit ihrer Liebe ändern werden. Sie hatte bereits eine Tochter aus einer früheren Ehe, die schon erwachsen war, und litt sehr unter dem ›Empty-Nest‹-Syndrom. Aber ich wollte einfach nur, dass sie ihre ganze Liebe mir schenkte.

Wir haben einen gemeinsamen Freund, Michael, der behauptet, dass alle Frauen ihre Männer betrügen und dass alle Männer emotionale Krüppel sind. Ich weiß nicht, ob das auf alle Frauen und Männer zutrifft, aber ich weiß, dass viele Männer bis zu einem gewissen Grad emotionale Krüppel sind und dass viele Frauen ihre Männer zu betrügen scheinen. Ich fühlte mich schrecklich betrogen.«

Offensichtlich wollte seine Frau nicht Russ, sondern das Baby, das er ihr schenken konnte. Das hätte die Leere in ihr ausgefüllt. Als sie sich dieses Geschenks beraubt fühlte, reagierte sie mit Liebesentzug. Die beiden blieben zusammen, in einen stummen Krieg verstrickt.

»Sie gab diesen Wunsch nie auf«, fuhr Russ fort. »Etwa zwei Jahre später spürte ich eines Nachts, als wir uns liebten, dass sie ihr Diaphragma nicht eingesetzt hatte. Ich stellte sie zur Rede und weigerte mich, mit ihr zu schlafen, solange ich nicht sicher war. Es stellte sich heraus, dass ich Recht gehabt hatte. Sie versuchte, mich hereinzulegen. Als die Wahrheit ans Licht kam, fing sie an zu weinen und sagte, sie wisse, dass ich mich jetzt von ihr scheiden lassen werde. Ich sagte: ›Nein, das werde ich nicht tun; ich liebe dich.‹

Vielleicht hätte ich es tun sollen. Wir sind jetzt seit elf Jahren verheiratet und leben mit dieser schrecklichen Anspannung. Es ist sehr belastend, Jahr um Jahr mit einer Frau zusammenzuleben, die es einem nie verziehen hat, dass sie kein Baby bekommen durfte. Tag für Tag sage ich mir, dass ich mich von ihr scheiden lassen werde. In den letzten sechs Monaten haben wir offener darüber geredet. Ich glaube, es ist nur noch eine Frage der Zeit.«

Russ ist in einem Beziehungsmuster gefangen, in dem er versucht, seine Frau zufrieden zu stellen, ohne ihr ein Baby geben zu müssen. Er versucht, das Glück wiederzufinden, das sie miteinander erlebten, bevor sie ihren wahren Wunsch zu erkennen gab. Es fällt ihm schwer zu gehen, weil er das Gefühl des Versagens nicht akzeptieren kann und weil er fürchtet, dass es mit einer anderen Frau wieder passieren könnte.

»Es ist schwer, völlig loszulassen«, erklärte Russ, »sie ist eine großartige Hausfrau, kocht sehr gut, erledigt alle Einkäufe, die Wäsche, die Putzarbeiten. Sie tut alles – außer mir volle Aufmerksamkeit zu schenken, außer mir ein Zuhause zu schenken, in dem ich mich wohl fühlen kann.

Ich sagte zu ihr, sie solle mit dem Kochen und Putzen aufhören, eine Putzfrau kommen lassen, die Wäsche in die Reinigung geben. Ich wolle einfach nur eine liebevolle Frau. Ich sagte, lass uns Essen von außer Haus bestellen. Lass uns lieber Zeit zu zweit verbringen. Lass uns in Paartherapie gehen, irgendetwas, das uns einander näher bringt. Sie hat immer noch nicht eingewilligt. Ich bitte sie schon seit Jahren darum. Ich bekomme heißen Sex, warme Mahlzeiten, und das war's. Leider reicht das nicht.

Wissen Sie, alles, was ich will, ist Liebe. Mit dieser Liebe könnte ich ein völlig anderer Mensch sein. Sie zu entbehren macht mich verrückt. Aber ich sehe mich auch um und frage mich, wen ich sonst noch finden könnte. Ich habe solche Angst davor, es noch einmal zu versuchen.

Ich würde gern eine Frau kennen lernen, deren Kinder erwachsen sind und die mir die Liebe und Aufmerksamkeit geben kann, nach der ich mich sehne. Glauben Sie mir, sie wäre glücklich. Ich könnte ihr sehr viel zurückgeben.«

Russ lebt mit seiner Frau in einem Zustand des Zorns und der Verletzung – ähnlich wie zuvor mit seiner Mutter, die ihm nahe war und ihm Liebe gab und sie ihm dann plötzlich entzog. Da diese Situation mit seiner Frau weiterbesteht, verstärkt sich bei ihm das Gefühl der Ohnmacht und der Sehnsucht. Seine Entschlossenheit, sie glücklich zu machen und ihre Liebe zu erringen, wächst.

Um sich aus diesem Dilemma zu befreien, muss Russ erkennen, inwiefern diese Situation eine Reproduktion seiner Kindheit ist. Er versucht immer noch, die Liebe seiner Mutter zu bekommen, von der er sich so ungerecht behandelt fühlte. Er muss auch erkennen, welchen Beitrag er dazu leistet, diese Situation aufrechtzuerhalten. Was immer auch seine Frau ihm gibt – es reicht nicht. Er weigert sich, es als Liebe zu betrachten. Das ist eine ganz ähnliche Reaktion wie die seiner Frau, die sich nur geliebt fühlt, wenn sie ein Baby von ihm bekommt. Anscheinend sind beide entschlossen, sich betrogen zu fühlen, und beiden fällt es schwer, das Gute am anderen zu erkennen.

Es gibt andere Möglichkeiten, Russ' Herz zu erleichtern und die verfahrene Situation zwischen ihm und seiner Frau zu lösen.

Im so genannten »Course in Miracles«, einem Paartherapiekurs heißt es, dass ein wichtiger Schritt in allen Beziehungen darin besteht, zu verzeihen und sowohl sich selbst als auch den anderen zu befreien. Wenn wir uns dazu nicht in der Lage fühlen, besteht ein erster Schritt darin, zum Verzeihen bereit zu sein und dann um Hilfe dabei zu bitten. Darum zu bitten, ein Kanal für Gottes Liebe zu sein. Bereit zu sein, die Situation anders zu betrachten.

Obwohl Schmerz und Wut zu groß sein können, um aus eigener Kraft loszulassen, können wir immer sagen: »Ich bin bereit zu verzeihen. Bitte hilf mir dabei.«

Bei diesem Prozess kann es auch hilfreich sein, einige positive Aussagen zu treffen. Während wir an die betreffende Person denken, können wir sagen: »Ich befreie dich von allen Erwartungen und schenke dir die Freiheit. Ich entscheide mich dafür, alle Geschöpfe Gottes zu lieben und zu segnen.« Während man solche positiven Gedanken hegt, ist es unmöglich, in Schmerz und Wut gefangen zu bleiben.

Wir alle haben die Freiheit zu entscheiden, am Zorn festzuhalten oder zu vergeben. Es ist hilfreich, entweder laut oder zu sich selbst zu sagen: »Ich entscheide mich dafür, zu lieben und zu verzeihen. Ich entscheide mich dafür, nur das Gute daran zu sehen.« Dann können wir uns durch Gottes Gegenwart helfen lassen.

Dass jemand verzeiht, heißt nicht, dass er oder sie in einer negativen Situation ausharren muss. Es funktioniert andersherum. Manchmal können wir eine Beziehung nicht beenden, weil es zu viel Zorn gibt. Durch Zorn entstehen Bande aus Stahl, die die Beteiligten oft daran hindern zu gehen.

Vergebung befreit alle Betroffenen und gibt die tiefste Befriedigung. Welche Art von Beziehung Sie auch haben (und auch wenn Sie allein sind) – es geht nichts über Vergebung und positive Gedanken. Versuchen Sie es.

Empfehlungen
für den Umgang mit Männern, die das Gefühl haben, dass Frauen nicht zufrieden zu stellen sind.

Für Frauen:
- Fragen Sie nicht nach seiner beruflichen Position oder seinen finanziellen Verhältnissen. Er wird es ihnen sagen, wenn ihm danach zumute ist. Verurteilen Sie nicht.

- Seien Sie sich seiner inneren Qualitäten bewusst, und seien Sie dankbar für das, was er Ihnen gibt. Zeigen Sie es ihm!
- Erhalten Sie sich in einer Beziehung mit einem solchen Mann immer Ihre finanzielle Unabhängigkeit. Auch wenn er sehr großzügig ist, wird er ein besseres Gefühl dabei haben, wenn Sie materiell auch allein zurechtkommen.
- Seien Sie sich über Ihre eigenen Bedürfnisse und Sehnsüchte im Klaren. Erwarten Sie nicht von ihm, dass er sie erfüllt.
- Wenn Sie mit ihm eine Absprache darüber treffen, was in der Beziehung geschehen soll und was nicht, sollten Sie sich daran halten. Erwarten Sie nicht, dass Ihre Liebe etwas daran ändern wird. Glauben Sie, was er sagt. (Dies gilt auch andersherum.)
- Finden Sie Möglichkeiten, sich mit ihm auszutauschen, Möglichkeiten, nach denen er sich sehnt. Ein guter Ausgangspunkt ist immer Kommunikation.
- Finden Sie heraus, was Sie selbst vor ihm zurückhalten. Was weigern Sie sich zu geben? Finden Sie auch heraus, was Sie von ihm nicht empfangen wollen. Vielen Frauen fällt es schwer zu empfangen. Gehören Sie dazu?

Für Männer:
- Machen Sie sich klar, dass nicht alle Frauen gleich sind. Diese Art von Frauen fühlt sich wegen der Gefühle, die Sie für sich selbst empfinden, und wegen Ihrer Überzeugungen zu Ihnen hingezogen.
- Schätzen Sie sich selbst genauso, wie Sie jetzt sind. Erkennen Sie, dass der Wert eines Mannes von tief drinnen kommt, nicht von außen. (Schreiben Sie jeden Tag zehn Dinge auf, die Sie an sich respektieren.)

- Spielen Sie nicht mit, wenn Sie das Gefühl haben, dass Frauen Sie auf Ihren materiellen Wert überprüfen. Treten Sie einen Schritt zurück, und sagen Sie ihnen, wie Sie sich bei Verhören dieser Art fühlen.
- Übernehmen Sie die Verantwortung für Ihre persönlichen Überzeugungen im Hinblick auf Frauen und Ihre Rolle als Mann. Ändern Sie Ihre negativen Überzeugungen und Erwartungen. Finden Sie Beispiele für positive Beziehungen in Ihrem Freundeskreis und in Ihrer Familie. Wenn Sie dort nicht fündig werden, suchen Sie in Filmen oder der Literatur danach. Füllen Sie Ihre Phantasie mit neuen Bildern.
- Denken Sie immer daran, dass die Welt groß ist und dass es viele Arten von Frauen gibt. Treffen Sie sich mit Frauen aus unterschiedlichen Gruppen und aus unterschiedlichen sozialen Umfeldern. Verlassen Sie die ausgetretenen Pfade.

Wer das Wild jagt, sieht nicht die Berge,
wer auf der Jagd nach Gold ist,
sieht nicht den Menschen.
Kido Saito

Ärger mit den Schwiegereltern

*Darum verlässt der Mann Vater und Mutter und
bindet sich an seine Frau, und sie werden ein Fleisch.*
Genesis 2,24

Aus Schwiegereltern können erbitterte Gegner werden. Sie können der dritte Partner in einer Ehe sein, der das Gleichgewicht stört, beide Partner sehr belastet und so harte Fronten entstehen lässt, dass die Ehe keine Chance mehr hat.

Ob verbal oder nonverbal, bewusst oder unbewusst – manche Schwiegereltern stellen ständig die Frage: »Wen liebst du mehr, wem hältst du jetzt wirklich die Treue? Verlässt du mich wirklich für sie/für ihn?«

Ob die Botschaften offen formuliert oder unterschwellig übermittelt werden – sie sind ein Faktor, dem Rechnung getragen werden muss. Wenn eine Frau (oder ein Mann) den Bedürfnissen ihrer (seiner) Eltern zu viel Beachtung schenkt, kann sich der Partner ausgeschlossen fühlen und die Loyalität des Ehepartners in Frage zu stellen beginnen. Wen liebst du mehr, beginnt der Ehepartner zu fragen und fordert, dass der andere die Trennung von den Eltern vollzieht, um seine Zuneigung zu beweisen.

Was hier tatsächlich geschieht, ist ein Machtkampf, ein Neuordnen der Prioritäten, ein Versuch, angesichts der neu entstandenen Ehegemeinschaft die Grenzen neu zu definieren.

Ärger mit den Schwiegereltern

Wenn dies nicht harmonisch verläuft und der Kampf über längere Zeit anhält, kann die Selbstachtung des betroffenen Ehepartners erheblich darunter leiden. Viele erklären irgendwann, nicht nur den Ehepartner, sondern dessen gesamte Familie geheiratet zu haben. Das trifft natürlich zu. Wir heiraten nicht nur in ein Familiensystem ein, sondern müssen uns auch mit dem zugehörigen Lebensstil auseinander setzen.

Jede Heirat stellt eine Störung des ursprünglichen Familiensystems dar und bringt neben der Freude über das hinzugewonnene Familienmitglied auch Gefühle des Verlusts und der Instabilität mit sich. Rollen werden neu festgelegt. Wenn es gut läuft, versuchen die Schwiegereltern das neue Paar in ihr Leben einzubeziehen, und das Gleichgewicht wird auf einer für alle Beteiligten akzeptablen Basis wiederhergestellt. Dadurch wird der Verlust möglichst gering gehalten, und das neue Paar erhält außerdem Zuwendung und Unterstützung.

Damit dies optimal funktioniert, müssen sich die Ehepartner über ihre eigenen Bedürfnisse, Werte und Zuständigkeiten im Klaren sein. Trotz der Integration in die erweiterte Familie müssen sie auch eine gewisse Autonomie erreichen und eine eigenständige Einheit werden.

Das Streben nach Autonomie und Entwicklung der eigenen Individualität ist ein kontinuierlicher Prozess, der fast schon im Augenblick der Geburt beginnt. Im Falle eines Paares bedeutet das, dass der Wohnort, die mit den Schwiegereltern (am Telefon und bei Besuchen) verbrachte Zeit, Urlaubspläne und -vorbereitungen festgelegt werden müssen und eine Einigung darüber erzielt werden muss, inwieweit Bräuche und Wertvorstellungen der Ursprungsfamilie übernommen oder verworfen werden sollen.

Ärger mit den Schwiegereltern

Manche Männer oder Frauen haben bei der Heirat das Gefühl, einen Elternteil, der bisher viel Unterstützung von ihnen erhalten hat, im Stich zu lassen. Diese Menschen geben sich dann große Mühe, den Eltern ihre Zuneigung zu beweisen, indem sie deren Bedürfnissen viel Gewicht beimessen und sich schwer damit tun, den Ehepartner an die erste Stelle zu setzen.

Terry, ein außerordentlich erfolgreicher, vitaler junger Mann verliebte sich ebenso sehr in die Familie seiner zukünftigen Frau wie in sie selbst. Er kam selbst aus einer kleinen, etwas unterkühlten Familie und fand es am Anfang wunderbar, Teil einer großen italienischen Familie zu sein: »Sie hatte die großartigsten Brüder und den besten Vater der Welt. Ich hatte mir schon immer viele Brüder gewünscht und fand es toll, dass sie mich aufnahmen. Wir unternahmen viel zusammen, gingen zu Sportveranstaltungen, Männersachen eben. Mir gefiel das sehr. Ich bemerkte zwar, dass Margaret und ihre Mutter sich wirklich nahe standen, aber das machte mir damals nichts aus. Da sie die einzige Tochter war, schien es mir verständlich, dass sie ständig zusammen waren und über Frauenangelegenheiten sprachen. Zu diesem Zeitpunkt mochte ihre Mutter mich auch. Alle schienen froh zu sein, dass ich da war.«

In diesem Fall hatte Terrys Entscheidung, Margaret zu heiraten, fast ebenso viel mit ihrer Familie wie mit ihr selbst zu tun. Er hatte das Gefühl, dass er zu der Art von Familie gehören würde, die er sich immer gewünscht hatte.

»Allerdings mochte ihre Familie meine Familie nicht besonders«, berichtet Terry weiter. »Aber damals habe ich mir keine Gedanken darüber gemacht. Meine Familie war ganz anders, förmlicher und ordentlicher. Ich hatte keine Ahnung, was auf mich zukam.«

Ärger mit den Schwiegereltern

An dieser Stelle ist anzumerken, dass es fast immer Zeichen gibt, die auf zukünftige Probleme hinweisen, die aber selten gebührende Beachtung finden. Bei den Geschichten der meisten Männer können wir erkennen, dass sie während eines Großteils der Kennenlernphase die Realität weitgehend ausgeblendet hatten. Bei all der Aufregung und all den Hochgefühlen schien sonst nichts von Bedeutung zu sein, und es war einfach zu glauben, dass die Liebe alle Hindernisse überwinden würde. Diese Form der Liebe basiert meist nicht auf einer sorgfältigen Abwägung aller Faktoren, sondern nur auf guten Gefühlen.

»Margaret fühlte sich mit meiner Familie auch nicht so wohl«, fuhr Terry fort, »und meine Familie machte sich nichts aus ihr. Dass Margaret so still wurde, wenn meine Familie kam, führte ich darauf zurück, dass sie so unterschiedlich waren. Nach ihren Besuchen sagte sie immer Dinge über sie, wie beispielsweise, dass sie nicht glauben könne, wie kalt sie seien, und dass sie froh sei, nicht aus einer solchen Familie zu kommen. Bevor sie solche Sachen sagte, hatte ich meine Familie nie so gesehen.«

Eine Ehefrau hat oft einen großen Einfluss darauf, wie der Mann seine Herkunftsfamilie wahrnimmt. Für manche Frauen gehört es zu dem Prozess des Sich-Verbindens mit einem Mann, ihn aus anderen Bindungen – zu Angehörigen oder Freunden, denen er nahe stand – zu lösen. Damit sie sich sicher fühlen können, muss er sich ausschließlich ihnen zuwenden. Sie können es nicht ertragen, ihn mit anderen – einschließlich seiner Ursprungsfamilie – zu teilen, die sie als Konkurrenten sehen. Dies ist ein wichtiges Warnsignal, das zur Kenntnis genommen werden sollte, da es später ernste Auswirkungen auf das Leben vieler Menschen haben kann. Das Paar sollte eine Beratung aufsuchen und die Bedürfnisse beider Parteien klären. Die Beteiligten müssen verstehen lernen, dass eine Ehe, die darauf basiert, dass einer der Partner auf andere wichtige Beziehungen verzichten muss, auf lange Sicht leiden wird.

Wie viele Männer war Terry für die Feinheiten der Familiendynamik nicht empfänglich. Er hatte keine Vorstellung davon, dass die gesamte Beziehung zu seiner Familie gefährdet war.

Terrys Angehörige jedoch spürten es. Sie baten ihn, Margaret nicht zu heiraten, da sie ahnten, dass nicht nur sie, sondern ihre ganze Familie ihn ihnen wegnehmen würde. Trotz des Protestes seiner Familie und mit viel Unterstützung von Margarets Familie heirateten die beiden im Rahmen eines großen Festes, das von ihrer Familie arrangiert wurde.

»Das Problem schien in dem Augenblick akut zu werden, als wir aus den Flitterwochen zurückkehrten«, berichtete Terry. »Margaret fing an, als Erstes jeden Morgen ihre Mutter anzurufen. Und dann noch einmal, bevor wir zu Bett gingen. Ehe ich wusste, wie mir geschah, waren die beiden unzertrennlich. Wir konnten nichts tun, das nicht von ihrer Mutter genehmigt oder in irgendeiner Form kommentiert worden war. Manchmal schien es, als ob ihre Mutter ständig anrufe, um zu kontrollieren, was bei uns vor sich ging. Ich fing an, sie zu hassen. Ich hatte das Gefühl, dass sie mein Leben im Griff hatte. Manchmal hatte ich das Gefühl, verrückt zu werden.«

Margarets primäre Bezugsperson war ihre Mutter, die ihrerseits nicht im Stande war, die Tochter loszulassen. Als Margaret bei Terry einzog, forderte ihre Mutter ständige Aufmerksamkeit und die Kontrolle über ihren Haushalt. Terry hatte nun einen schlimmeren Konkurrenten, als ein Mann es je hätte sein können.

»Auch die Wochenenden waren schlimm. Margaret wollte nicht mehr im Bett bleiben, wie wir es früher immer getan hatten. Das Erste, was ihr einfiel, war, zu ihren Eltern zu fahren und mit ihrer Mutter zusammen zu sein.«

Was ihre Mutter betraf, litt Margaret offensichtlich unter heftiger Trennungsangst. Sie hatte das Gefühl, ihre Mutter im Stich zu lassen und kein Recht zu haben, ihre Liebe und Loyalität auf ihren Mann zu übertragen. Kluge und liebevolle Eltern helfen ihrem Kind, sich von ihnen zu lösen, und ermutigen das Paar, Zeit zu zweit zu verbringen. Wenn aber ein Elternteil die Liebe eines Kindes dazu benutzt, die Liebe eines Ehepartners zu ersetzen, kann die Heirat des Kindes zu einer Krise führen, in der sich der Elternteil verlassen und verraten fühlt.

Als diese Situation weiter bestand, begann sich Terry wie das fünfte Rad am Wagen zu fühlen, so als hätte er keine Frau und kein eigenes Zuhause. Seine Wohnung kam ihm vor wie ein Anbau am Haus ihrer Familie.

»Zu allem Übel beschlossen sie alle, dass sie meine Familie nicht ausstehen konnten«, fuhr Terry fort. »Sie hatten etwas dagegen, wenn ich Zeit mit meiner Familie verbrachte, und wollten nicht, dass Margaret näheren Kontakt mit ihnen hatte. Margaret reagierte zunehmend kälter auf meine Familie, und es gab heftigen Streit. Wir stritten uns oft darüber, wie viel Zeit wir mit ihrer Familie und wie viel mit meiner verbrachten. Dann fingen sie und ihre Mutter an, ständig gegen meine Familie zu hetzen. Ich war hin- und hergerissen zwischen dem Wunsch, meine Eltern zu sehen, und den schlechten Dingen, die ich jetzt an ihnen wahrnahm. Manchmal fing ich sogar an, sie zu hassen.

Bald begann meine Familie, dasselbe zu tun. Sie sagten mir immer wieder, was für eine schreckliche Frau ich geheiratet hätte. Ich fühlte mich zerrissen. Einerseits hatte ich das Bedürfnis, Margaret zu verteidigen, andererseits begann ich, sie manchmal ebenfalls zu hassen. Manchmal dachte ich, ich müsse entweder meine Frau oder meine Familie aufgeben. Ich konnte nicht beides haben. Die Spannungen wurden so heftig, dass ich ernsthaft darüber nachdachte, sie zu verlassen. Dann fand ich plötzlich heraus, dass Margaret schwanger war.«

Das ist ein extremes Beispiel dafür, wie Schwiegereltern nicht nur auf das Paar selbst, sondern auch auf die Familie des Ehemanns einen negativen Einfluss ausüben können. Wenn nicht beide Ehepartner in der Lage sind, faire Beziehungen zu den jeweiligen Ursprungsfamilien herzustellen, hat das Ungleichgewicht letztlich einen Bumerang-Effekt und wirkt sich auf alle Betroffenen aus. Der Schaden, der auf diese Weise angerichtet werden kann, ist unüberschaubar.

Aus Terrys ursprünglicher Sehnsucht nach einer großen, warmherzigen Familie wurde die Erfahrung, vereinnahmt zu werden, seine Frau nicht für sich haben zu können. Er erlebte nicht nur den Verlust seiner eigenen Macht, sondern seine gesamte Identität als Mann und Mitglied seiner Herkunftsfamilie stand auf dem Spiel.

Es erübrigt sich zu sagen, dass er nicht auf Dauer ein solches Opfer bringen konnte. Terry fühlte sich verwaist und verleumdet, und seine unvermeidlichen Ressentiments richteten sich nun gegen seine Frau. Erst als Margaret mehr Distanz zu ihrer Mutter bekam und Terry mehr Autorität in ihrer Ehe zugestand, konnte die Ehe gerettet werden. Terry und Margaret mussten dies um der Kinder willen tun, die ihnen geboren wurden.

»Ich würde es jetzt eine friedliche Koexistenz nennen«, erklärte Terry. »Ich besuche meine Familie allein mit den Kindern. Lange Zeit konnte Margaret nicht einmal das zulassen. Am Ende setzte ich mich durch.«

Die Situation zwang Terry, stark zu sein, seiner Frau und seiner Familie mit Entschlossenheit entgegenzutreten. Er griff dabei auf innere Kräfte zurück, die ihm gar nicht bewusst gewesen waren, und entwickelte mehr Selbstachtung, als er in der Vergangenheit besessen hatte.

»Ich sehe ihre Familie seltener als früher. Wenn sie zu ihnen geht, bleibe ich manchmal zu Hause und sehe mir Spiele im Fernsehen an. Manchmal komme ich auch mit, gehe aber wieder, wann es mir passt. Ich finde ihre Brüder immer noch großartig, aber ihre Mutter beherrscht alle, und das kann ich nicht ertragen. Ich habe etwas Respekt vor den Brüdern verloren, und ich werde nicht zulassen, dass Margaret sich mir gegenüber so verhält. Ich werde nicht zulassen, dass sie so wird wie ihre Mutter. Das ist manchmal ein echter Kampf, aber ich gehe es einfach Tag für Tag an.

Es ist schon komisch, aber durch all das bin ich zu einem richtigen Mann geworden. Wenn Margaret spürt, dass ich stark bin, läuft es besser mit uns. Sie und ihre Mutter fangen dann manchmal Streit an, aber ich glaube, sie wollen alle einen starken Mann, der ihnen sagt, wann es genug ist. Margarets Vater ist ein sehr netter Mensch, aber er überlässt ihrer Mutter einfach die Kontrolle. Ich glaube, er ist im Stillen froh darüber, wenn ich mich durchsetze. Manchmal glaube ich, dass ich ihm zeige, wie man das macht.

Es hat lange gedauert, aber wir schaffen es ganz allmählich. Wenn Sie die Wahrheit hören wollen – ich bleibe im Grunde wegen der Kinder. Margaret ist eine tolle Mutter – aber die Kinder sind wirklich mein Ein und Alles. Ich könnte nicht ohne sie leben.«

Leider richtet Terry sein Bedürfnis nach Liebe und Zuwendung auf seine Kinder statt auf seine Frau (ähnlich wie es Margarets Eltern getan haben). Er muss immer noch an seiner Beziehung zu Margaret arbeiten. Wenn er es nicht tut, wird die Ehe nur so lange halten, wie die Kinder noch da sind. Wenn sie aus dem Haus gehen, wird wieder ein Gefühl der Leere entstehen und sich eine neue Krise anbahnen. Dann wird er wieder für den Gedanken empfänglich sein, seine Frau zu verlassen.

Die Einmischung der Schwiegereltern

Andere Männer kämpfen auf andere Art mit den Schwiegereltern. Für Randy, einen sympathischen Unternehmer Ende dreißig, sah die Sache anders aus. Anfangs war alles wunderschön, und er ahnte nicht, welchen großen Einfluss seine zukünftigen Schwiegereltern einmal haben würden.

»Als Jody und ich uns kennen lernten und ineinander verliebten, waren wir wie eine Person. Wir waren ein Team, in den meisten Dingen einer Meinung, und ich dachte: ›Mann, das ist einfach Klasse. Wenn so die Ehe ist, bin ich dabei. Wir sind uns so nahe, es ist überwältigend.‹

Als wir dann heirateten, entstand sofort eine Distanz. Vor der Heirat war es ›Jody und ich gegen die Welt‹, danach waren wir plötzlich gegeneinander. Es war, als ob sich jeder in seine eigene Ecke zurückzog, und ich hatte nicht die leiseste Ahnung, weshalb. Ich verstand es einfach nicht.

Als ich darüber nachdachte, fragte ich mich, warum es am Anfang eine so enge Verbindung zwischen uns gegeben hatte. Zuerst legen wir erfolgreich die Latte höher, und dann vermasseln wir es in der Ehe. Ich fühlte mich richtig reingelegt. Schon eine Woche nach der Heirat fühlte es sich an, als hätte jemand einen Schalter umgelegt.

In der schönen Phase hätte ich es niemals geglaubt, wenn mir jemand gesagt hätte, dass es die Hölle sein würde. Männer denken, dass so die Liebe ist und dass es immer so sein wird.

Als wir heirateten, veränderte sie sich. Ich sagte ihr, sie habe sich verändert. Ich hätte sie auch fragen sollen, ob ich mich verändert habe. Oft ist man sich seines eigenen Zustandes nicht bewusst.

Als wir heirateten, dachte sie wahrscheinlich: ›Randy ist ein großartiger Mann, aber es gibt da ein paar Dinge, die sich hoffentlich noch ändern werden‹. Es gibt immer gegensätzliche Erwartungen. Und niemand spricht über die Schwiegereltern. Niemand. In der Phase der ersten Verliebtheit ist es so, als ob sie gar nicht existieren.

Direkt nach der Heirat gab es diesen Rückschlag, eine große Veränderung zwischen Jody und mir, zwischen ihrer Mutter und mir und in Jodys Verhalten mir gegenüber.«

In der ersten, schönen Phase vor der Heirat wurde bestimmten Signalen keine Aufmerksamkeit geschenkt. Randy ignorierte die Tatsache, dass die Familie seiner Verlobten ihn nie wirklich mochte oder als einen der Ihren akzeptierte. Er ging darüber hinweg und dachte sich, dass es sich im Laufe der Zeit von allein einrenken würde. Er hatte keine Vorstellung davon, dass ernste Probleme auf ihn warteten, dass Beziehungen Arbeit erfordern.

»Frauen heiraten Männer und denken, dass sie sich ändern werden«, erklärte Randy. »Und Männer heiraten Frauen und denken, dass sie sich nie verändern werden. Beide Aussagen sind zutreffend.

Im Laufe der Zeit – und ich spreche hier von einem Zeitraum von etwa acht Jahren – wurde mir klar, dass Jody nach unserer Heirat härter daran zu arbeiten begann, die Beziehung zu ihrer Mutter zu verbessern. Vor der Heirat hieß es einfach, na ja, sie ist meine Mutter. Nach der Heirat war es fast so, als ob sie sich zurück ins Nest gezogen fühle. Ganz plötzlich schien sie sich in einem Widerstreit der Gefühle zwischen ihrer Liebe zu mir und ihrer Liebe zu ihrer Mutter – oder der Angst, sie zu verlieren – zu befinden.«

Wenn eine große Angst besteht, die Liebe eines Elternteils zu verlieren, deutet das normalerweise darauf hin, dass die Beziehung weit davon entfernt ist, befriedigend zu sein oder ein Gefühl der Sicherheit zu vermitteln. Es gab wahrscheinlich Manipulation und das Gefühl, etwas zu entbehren. Das Kind versucht noch immer, die Liebe zu bekommen, die es nie uneingeschränkt erhielt oder die es sich immer verdienen musste.

»Interessanterweise war Jodys Mutter gegen die Heirat«, fuhr Randy fort. »Sie wollte mich nicht, und sie wollte ihre Tochter nicht verlieren. Es wäre wahrscheinlich bei jedem Mann so gewesen. Wir wissen das jetzt, da wir dreizehn Jahre verheiratet sind. Jody war das vorher auch nicht klar.«

Auf die Frage, ob die Mutter versucht habe, sich zwischen

Einmischung der Schwiegereltern

sie beide zu stellen, antwortete Randy: »Auf ihre versteckte, herabsetzende Art. Sie sagte nicht direkt etwas gegen mich, sondern weckte bei Jody Schuldgefühle, weil sie ihre Familie verlassen hatte. Als ob ihre Familie ihr nichts mehr bedeute.

Zum ersten Mal bemerkte ich es bei unserer Hochzeit. Das war eine sehr unangenehme Situation. Jodys Eltern und Verwandte unterstützten uns an diesem Tag überhaupt nicht. Sie verhielten sich, als ob gar nicht viel passiere, als ob dieser Tag überhaupt nichts Besonderes sei.

Die Hochzeit war für drei Uhr festgesetzt. Gegen Mittag sagten sie zu Jody: ›Dann sollten wir mal gehen‹, so als ob sie nichts Besonderes vorhätten, sondern einfach nur zum Supermarkt fahren wollten. Sie gaben uns keine Unterstützung und zeigten nicht die Freude, die man erwarten würde. Stellen Sie sich das einmal vor: Eine junge Frau von fünfundzwanzig ist im Begriff zu heiraten, und am Hochzeitsmorgen verlieren ihre Eltern, ihre zwei Brüder und ihre Schwestern kein Wort darüber. Gegen Mittag stellen sie dann fest, dass es Zeit ist aufzubrechen. Es ließ die ganze Sache unwirklich erscheinen.«

Diese Familie verleugnete den bevorstehenden Verlust. Sie versuchten, das Ganze aufzuhalten, indem sie so taten, als passiere es gar nicht. Sie betrachteten sie unbewusst als Verräterin, weil sie die Familie verließ. Sie waren nicht in der Lage, ein solches Ereignis zu feiern.

»Jody war die Erste in der Familie, die heiratete. Sie wusste, dass ihre Familie ein bisschen irritiert war, und akzeptierte ihr Verhalten als normal.«

Kinder, die in gestörten Familien aufwachsen, haben keine anderen Vorbilder, mit denen sie das Verhalten ihrer Angehörigen vergleichen könnten. Abwegige Verhaltensweisen erscheinen ihnen normal und gewöhnlich; sie entsprechen – traurigerweise – ihren Erwartungen.

»Auf der anderen Seite stand ich, der glückliche Bräutigam«, fuhr Randy fort. »Ich kam aus einer völlig anderen Familie, die ganz aufgeregt war. Das erwartete ich auch von ihrer Familie. Ich verstand nicht, was während der Hochzeit geschah, wie ihre Familie sich so benehmen konnte.«

Für jemanden, der aus einer gesunden Familie stammt, ist es wirklich ungewöhnlich, in eine solche Situation einzuheiraten. Normalerweise suchen wir in unserem Partner jemanden, der dieselben Verhaltensmuster zeigt, die wir aus unserer eigenen Familie kennen.

»Meine Familie kam zur Hochzeit und war begeistert«, erzählte Randy. »Sie akzeptierten Jody von dem Augenblick an, als sie durch die Tür trat. Das Ganze beunruhigte Jody sehr, und um ehrlich zu sein – mich auch.

Wir heirateten also, und dann fingen die Probleme an. Ich hatte nicht damit gerechnet. Für einen jungen Mann, der nicht viel von Beziehungen versteht und gleichzeitig denkt, dass er alles im Griff hat, ist es schrecklich, ganz unerwartet eine Phase von etwa acht Jahren durchleben zu müssen, die voller Kämpfe und Konflikte ist. Man kann den Schmerz, den Zweifel oder den Mangel an Vertrauen, der an die Oberfläche kommen kann, einfach nicht begreifen.

Ich glaube, ein Mann denkt sich, wenn das ›Ehe‹ ist, will ich hier raus. Man denkt, alle diese Witze entsprechen den Tatsachen. Man ist für dumm verkauft worden. Wenn ein Mann zum ersten Mal heiratet, erfährt er Dinge von anderen Männern – zum Beispiel, na ja, dass man in der Falle sitzt oder unter dem Pantoffel steht, solche Dinge eben.

Vor der Heirat, wenn alles so gut läuft, denkt man, vielleicht ist es dir so ergangen, mein Junge, aber bei mir wird es anders sein. Dann passiert es ganz automatisch, und man weiß nicht einmal, wie einem geschieht. Es ist ein Schock. Man ist völlig verwirrt.«

Manchmal ist es eine starke unbewusste Überzeugung oder Erwartung eines Menschen, die eine Situation förmlich anzieht. Auf diese Weise wird die Überzeugung oder Erwartung Realität. Falls Randy *unbewusst* das glaubte, was er von anderen Männern gehört hatte, nämlich dass er nach der Heirat in der Falle sitzen und unter den Pantoffel geraten würde, dann könnte diese starke Überzeugung genau diese Situation ausgelöst haben.

Manche Leute empfehlen, vorsichtig mit dem zu sein, was man denkt oder glaubt. Das, was man glaubt, wird einem geschehen. Man sollte auf seine Gedanken und Überzeugungen achten, insbesondere auf diejenigen, die man insgeheim hegt. Wenn sie negativ sind, sollte man nicht zulassen, dass sie vor sich hin gären, sondern sollte sie verändern.

Auf die Frage, ob Jody sich nach der Heirat verwirrt fühlte, sagte er: »Auf jeden Fall. Ich glaube, es ist für Männer einfach, Frauen die Schuld zu geben. Es ist für Männer einfacher, ihre Frauen anzuschauen und zu sagen: ›Du hast dich verändert.‹ Sie hatte sich verändert. Und ich sagte es ihr. Ich sagte: ›Sag es mir, wenn *ich* mich verändert habe.‹ Aber dass ich das hätte, glaubte ich nicht wirklich. Zuerst zeigte ich nur mit dem Finger auf sie. Heute ist mir klar, dass ich mich verändert *hatte*, aber damals war ich nicht offen dafür, das zu erkennen.«

Auf die Frage, ob er während der Zeit vor der Heirat keine

Reibungen mit der Familie bemerkt habe, sagte Randy erneut: »Nein, sie schienen ganz in Ordnung zu sein. Ich war davor mit einer anderen Frau zusammen, die ich heiraten wollte und deren Mutter ihr damals erklärte, sie werde nie wieder einen Mann wie mich finden. Ich wurde in anderen Familien mit offenen Armen aufgenommen, aber hier war es anders. Es machte mich traurig, ich dachte, es wäre schön, von den Schwiegereltern, Schwägern und Schwägerinnen wirklich akzeptiert zu werden. An der Oberfläche waren sie neutral und darunter ablehnend.«

Es folgte ein langjähriger Kampf mit den Schwiegereltern und Geschwistern seiner Frau und gegen den Einfluss, den sie auf seine Frau hatten. Auf die Frage, ob sie jetzt immer noch so seien, antwortete Randy: »Ja, wir haben keinen Kontakt mehr zu ihnen. Um unsere Ehe zu retten, mussten wir uns völlig von ihnen lossagen.«

Das ist ein seltenes und schmerzliches Beispiel für Probleme mit Schwiegereltern und Geschwistern des Ehepartners, die extreme Formen annehmen. Ein völliger Bruch mit der Familie läuft dem Bedürfnis des Paares zuwider, mit der Ursprungsfamilie Frieden zu schließen und von ihr Unterstützung zu bekommen.

»Es ist nicht so, dass wir es nicht versucht hätten«, bemerkte Randy, »aber so etwa im achten Jahr sagte ich zu meiner Frau: ›Wir müssen herausfinden, was hier los ist.‹ Es war ein richtiges Ultimatum. Ich konnte die Situation nicht mehr ertragen. Sie hassten mich immer noch und versuchten, sie von mir wegzuziehen.«

In der Familientherapie gibt es ein Grundprinzip, wonach nicht notwendigerweise eine Person »der Patient«, »der Kranke« oder »der Sündenbock« ist. Das ganze System ist gestört und muss repariert werden. In Jodys Familie bestand ein geheimes Zusammenspiel, das dazu diente, das nach außen abgegrenzte, destruktive Familiensystem zu erhalten. In diesem System gab es keinen Raum für ein neues Mitglied, insbesondere nicht für ein Mitglied, das das Gleichgewicht der Macht und Loyalität ändern und unter Umständen den gesamten Lebensstil der Familie in Frage stellen würde. In den Augen aller Familienmitglieder musste Randy eliminiert werden.

Dank seiner Stärke ließ er das nicht zu, sondern kämpfte um seine Frau und seine Rolle. Die Fähigkeit dazu hatte er in seiner eigenen Herkunftsfamilie erworben, die positiv und unterstützend war und über andere Rollenmodelle verfügte.

»Wir kamen von entgegengesetzten Enden des Spektrums. In meiner Familie bestand eine große Nähe, in ihrer ist es das genaue Gegenteil. Das war auch interessant. Als wir uns kennen lernten, war meine Familie ihr gegenüber sehr herzlich und hieß sie willkommen. Nach unserer Heirat änderte sich auch ihre Wahrnehmung meiner Familie. Ganz plötzlich spürte sie, obwohl sie dankbar war, auch so etwas wie Zorn und Eifersucht. Wieso war ich in einer solchen Familie gelandet, und sie hatte überhaupt nichts von alldem? Das war für sie schwer zu akzeptieren. Es öffnete ihr die Augen dafür, was sie hatte entbehren müssen. Sie empfand Zorn und Ärger, den sie an mir ausließ.«

Oft haben Menschen das Gefühl, unloyal gegenüber ihrer Herkunftsfamilie zu sein, wenn sie zulassen, dass sie von der Familie des Ehepartners mehr Liebe und Unterstützung erhalten, als sie es von der eigenen Familie bekamen. Sie haben das Gefühl, ihre Eltern zu verleugnen, und außerdem wird ihnen bewusst, was ihnen fehlte. Das kann sehr schmerzlich sein, weil es aus einem Bewusstsein kommt, das sehr lange unterdrückt wurde.

»Obwohl es so schwer für uns war, wollte Jody an unserer Ehe festhalten und ich auch. Wir gingen in eine Beratung, die etwas half. Wir wurden uns der Dynamik mehr bewusst, und es wurde besser. Aber erst etwa zwei Jahre später, als Jody sich wirklich von ihrer Familie zu distanzieren begann, kam es zum totalen Krieg. Wir mussten Position beziehen, uns völlig von ihnen lossagen. Es war sehr traurig und sehr schwer.«

Diese Art von Bruch kann sich wie eine Art Tod anfühlen. Als Jody ihrer eigenen Unabhängigkeit und ihrer Verbindung zu ihrem Ehemann mehr Wert beizumessen begann, brach die latente Wut, das Besitz- und Konkurrenzdenken in ihrer Familie mit aller Macht über sie herein. Das Familiensystem konnte eine Trennung oder Herausforderung nicht tolerieren. Ihre Verkettung miteinander kannte fast keine Grenzen.

Randy schilderte es so: »Es war fast wie ein Tod. Aber es war für mich und für Jody auch sehr befreiend. Ich glaube nicht, dass wir ohne diesen Bruch noch zusammen wären. Das heißt, eigentlich *weiß* ich, dass wir es nicht mehr wären. Und dann gibt es noch einen interessanten Nachtrag: Jodys ältere Schwester heiratete zwei oder drei Jahre später, und bei ihr passierte dasselbe. Jetzt versteht Jodys Schwester, was wir durchgemacht haben, und sie versteht sogar, welche Rolle sie dabei spielte, weil sie sowohl damals als auch während der ersten acht Jahre unserer Ehe daran beteiligt war.

Ein Psychologe, den wir aufsuchten, machte eine interessante Aussage. Er sagte: ›Der Feind deines Feindes wird dein Verbündeter.‹ Und so haben Jody und ihre Schwester zum ers-

Einmischung der Schwiegereltern

ten Mal seit vierzig Jahren begriffen, dass zwischen ihnen nie eine Freundschaft bestand, und jetzt bemühen sie sich darum, Freundinnen zu werden, eine Art geschwisterlicher Beziehung aufzubauen.

Wir haben an unserer Ehe hart gearbeitet und tun es immer noch. Für mich war es wichtig zu erkennen, dass eine Ehe Arbeit erfordert, gleich viel Arbeit auf beiden Seiten. Es führt zu nichts, sich mit Schuldzuweisungen zu begnügen.

Manchmal treten die negativen Verhaltensmuster oder Hindernisse zwischen uns wieder zu Tage. Sobald man sich des Musters bewusst ist, ist man nicht mehr so sehr darin gefangen und kann sich besser auf den Wellen halten. Wenn es wieder auftaucht, sagt man, ach, da ist es wieder, und man entwickelt Strategien für den Umgang damit, sodass die Zeiten der Entmutigung kürzer werden. Sie wirken sich nicht mehr auf andere Bereiche des Lebens aus. Vor allem betet man darum, die Dinge annehmen zu können und geführt zu werden.«

Diese Ehe stand mehrmals kurz vor dem Scheitern und Randy wollte seine Frau verlassen. Er suchte nach Gründen, zu gehen, weil er eine Bestätigung dafür bekommen wollte, dass es in Ordnung war, zu gehen. Aber als er kurz davor war, unternahm er noch einmal eine Anstrengung und erkannte, wie sehr er seine Frau liebte und sich wünschte, dass die Ehe funktionierte.

Dieses Maß an Durchhaltevermögen und Mut ist ungewöhnlich. Es beruhte zum Teil auf Randys Wunsch, sich weiterzuentwickeln, besser zu verstehen, was ihm passiert war. Als er zu begreifen begann, dass alle Beziehungen Arbeit bedeuten, beschloss er, sich der Herausforderung zu stellen und auf vorausschauende Weise die Änderungen herbeizuführen, die er sich erhoffte.

»Meistens gehen Männer, weil sie ihren Handlungen einen anderen Wert beimessen als Frauen«, erklärte Randy. »Sie glauben, dass ihre Frau glücklich und zufrieden sein sollte, nachdem sie ein oder zwei Dinge für sie getan haben. Dann fühlen sie sich entmutigt, wenn es nicht der Fall ist. Wenn ein Mann seiner Frau zum Beispiel schönen Schmuck schenkt, hofft er, dass die Freude darüber noch eine lange Zeit vorhalten wird. Er denkt, dass er einige Zeit nichts anderes mehr tun muss. Aber so funktioniert das nicht – er muss schon am nächsten Tag wieder etwas tun. Manchmal ist es wichtiger, sie jeden Tag zu küssen als einen zweitausend Dollar teuren Ring zu kaufen. Es ist wichtiger, sich zusammen hinzusetzen und zu überlegen, was vor sich geht. Durch äußerliche Aktivitäten kann er sich nicht aus der Verantwortung stehlen.

Meiner Meinung nach muss ein Mann sich fragen, was er dafür tun kann, eine bessere Beziehung zu haben. Statt seiner Frau Vorwürfe zu machen, muss er sich fragen, was *er* dazu beitragen kann. Wenn man sich diese beiden Fragen jeden Tag stellt und dann entsprechend handelt, eröffnet man sich wirklich neue Möglichkeiten. Zu wenige Menschen tun das, was für eine großartige Beziehung nötig ist. Es scheint, als ob sie lieber an den Verletzungen und Klagen festhalten.«

Empfehlungen
für den Umgang mit Männern, die Probleme mit den Schwiegereltern haben.

Empfehlungen

Für Frauen:

- Falls die Trennung von Ihrer Familie droht schwierig zu werden, sollten Sie vor der Heirat mit Ihren Angehörigen darüber sprechen. Sprechen Sie über die Veränderungen, die die Heirat bringen wird. Legen Sie die Grundregeln fest. Helfen Sie allen Beteiligten, damit klarzukommen. Ziehen Sie gegebenenfalls einen Familientherapeuten hinzu.
- Werden Sie sich darüber klar, dass Sie und Ihr Mann nach der Heirat eine neue Familieneinheit und zuerst einmal einander verpflichtet sein werden.
- Ehren Sie Ihre Eltern und auch seine.
- Kommunizieren Sie, kommunizieren Sie, kommunizieren Sie – mit allen Betroffenen.

Für Männer:

- Berücksichtigen Sie die Beziehung Ihrer Frau zu ihrer Familie und auch ihre Beziehung zu Ihrer Familie. Je mehr Sie vor der Heirat klären, desto besser.
- Sprechen Sie vor der Heirat darüber, wie viel Zeit mit der jeweiligen Herkunftsfamilie verbracht werden sollte, sowie über Urlaubspläne und die gewünschte Beziehung der Kinder zu den Herkunftsfamilien der Eltern. Klären Sie es im Voraus, falls es echte Differenzen gibt.
- Falls es Ihrer zukünftigen Frau schwer fällt, sich von ihren Eltern zu trennen oder Ihnen Vorrang einzuräumen (oder falls Sie dieses Problem haben), sollten Sie beide eine entsprechende Beratung in Anspruch nehmen.
- Seien Sie darauf gefasst, dass es nach der Heirat trotz aller Vorbereitung eine Anpassungs- und Übergangsphase geben wird. Veränderungen sind normal und zu erwarten. Geduld

ist sehr von Vorteil. Wichtiger als alles andere ist liebevolle Kommunikation. Übernehmen Sie die Verantwortung für einige der Veränderungen. Es ist nie hilfreich, Vorwürfe zu machen.

Liebhaben von Mensch zu Mensch:
das ist vielleicht das Schwerste, was uns aufgegeben
ist, das Äußerste, die letzte Probe und Prüfung,
die Arbeit, für die alle andere Arbeit
nur Vorbereitung ist.
Rainer Maria Rilke

Die Geister früherer Beziehungen

*Was hinter uns liegt und was vor uns liegt,
sind geringfügige Angelegenheiten im Vergleich
zu dem, was in uns liegt.*
Anonym

Manche Männer werden von den Geistern früherer Partnerschaften heimgesucht. Sie können sie nicht aus ihren Gedanken und aus ihrem Herzen vertreiben. Obwohl sie neue Bekanntschaften schließen, verhindert das Gespenst einer früheren Geliebten, dass sie ihr Herz öffnen und sich ganz auf eine Frau einlassen. Jede neue Frau wird bewusst oder unbewusst mit der vorherigen Freundin verglichen. Diese beendete Beziehung kann in der Erinnerung völlig verklärt werden, sodass keine gegenwärtige oder zukünftige Partnerschaft ihr gleichkommen kann.

Für manche Männer ist diese frühere Liebe eine junge, erste Liebe aus der Schul- oder Studienzeit. In allen nachfolgenden Beziehungen suchen sie den Zauber dieser ersten Liebe. Für andere ist es eine frühere Ehefrau oder Verlobte, die sie verfolgt. Tief verletzt durch die Trennung oder den Tod der Geliebten suchen sie jemanden, der ihre Stelle einnehmen kann.

Für andere Männer geht diese frühere Beziehung bis in die Kindheit, zur Mutter, zurück, die ihnen vermeintlich ihrer Erinnerung nach bedingungslose Liebe gegeben hat. Sie fordern unterschwellig diese bedingungslose Liebe und Annahme wieder ein. Alles andere genügt nicht. Diese Suche geht oft mit Enttäuschung und Schmerz einher, da in der Gegenwart keine Frau so bedingungslos lieben kann, wie eine Mutter ihr kleines Kind liebt.

Für andere Männer ist der Geist, der sie heimsucht, nicht positiv besetzt. Manche Männer haben ihre Mutter als destruktiv und herabsetzend erlebt, und diese Erinnerung beherrscht ihre gegenwärtige Suche nach einer Partnerin. Entweder suchen sie eine Frau, die das Gegenteil der Mutter ist, oder eine Frau, die ihr ähnelt, um ihre Macht zurückzugewinnen oder sich zu rächen.

Für Frederick, einen gut aussehenden, redegewandten Architekten Ende dreißig, stellte sich die Situation wiederum anders dar. Nachdem er jahrelang mit Frauen ausgegangen war, für die er wenig empfand, verliebte er sich schließlich. Aber es war eine ziemlich turbulente Situation.

»Ich hatte eine Freundin namens Fern, in die ich drei Jahre lang verliebt war«, berichtete er. »Ich verließ sie dreimal, und jedes Mal kam sie wieder zu mir, weil sie mit mir zusammen sein wollte. Sie war interessant, aber sehr neurotisch. Neurotische Menschen können sehr faszinierend sein, weil man nie weiß, was sie als Nächstes durchmachen werden. Sie kennen sich selbst nicht, was sie sehr anziehend macht, besonders wenn es sich um eine zarte, sensible Frau handelt.«

Manche Männer empfinden fehlende psychische Stabilität bei Frauen als eine Herausforderung; sie finden es aufregend und erotisch. Durch die Unberechenbarkeit entsteht eine Situation, in der ständig Gefahr (auch die Gefahr des Verlustes) droht. Diese Männer müssen ständig auf der Hut sein, sodass es nie langweilig oder eintönig wird. Es kann ständig zu dramatischen Szenen mit Weinkrämpfen, Betteln und Provokationen kommen, und viele verwechseln dramatische Auseinandersetzungen mit Liebe. Aufregung wird mit Leidenschaft verwechselt. Wegen all der Turbulenzen haben sie das Gefühl, dass etwas *Reales* geschieht; sie fühlen sich endlich lebendig.

»Ich traf mich drei Jahre lang mit Fern und verließ sie dreimal. Es lag nicht nur an ihr. Ich war an diesem Punkt in meinem Leben mit allem unglaublich unzufrieden und fragte mich ständig, was ich tun oder sein sollte.«

Es ist nicht ungewöhnlich, dass sich zu einem Mann eine Partnerin hingezogen fühlt, die offen zum Ausdruck bringt, was er selbst innerlich durchmacht. Wenn ein Mann innerlich in Aufruhr ist, kann es eine Bestätigung für ihn sein, eine Frau zu haben, die ebenfalls diesen Konflikt erlebt und zum Ausdruck bringt. Sie agiert vielleicht das aus, was er fühlt und was er möglicherweise nicht ausdrücken kann oder will. Wenn er der Frau Vorwürfe macht oder wütend auf sie wird, ist er in Wirklichkeit wütend auf den entsprechenden Anteil seiner eigenen Persönlichkeit. Was wir an einem anderen nicht akzeptieren können, ist immer etwas, das wir in uns selbst nicht erkannt, verstanden oder integriert haben.

»Ich suchte nach etwas, das mein ganzes Leben perfekt machen würde, und ich dachte, sie könne das für mich erledigen«, fuhr Frederick fort. »Aber ich war zu dieser Zeit sehr verletzlich. Die ganze Umgebung, in der ich mich befand, passte nicht zu mir. Ich hatte nie das Gefühl der Erfüllung, in keiner Weise. Vielleicht für Augenblicke, aber es hielt nie an.«

Wenn ein Mann sich verloren oder unglücklich fühlt, wählt er oft eine Frau, die psychisch labil ist. Wenn er in seinem Leben keine dauerhafte Befriedigung findet oder nicht das Gefühl hat, etwas Sinnvolles zu tun, hat er in der Beziehung zu einer labilen Frau die Möglichkeit, ihr die Schuld zu geben. (Er hat das Gefühl, dass *ihre* Labilität die Probleme verursacht.) Oder die Beziehung intensiviert seine Probleme bis zu dem Punkt, an dem er gezwungen ist, nach innen zu sehen und seit langem nötige Änderungen vorzunehmen.

»Natürlich war es in dieser Beziehung schwierig für mich«, fuhr Frederick fort. »Aber ich liebte sie trotzdem, und sie machte viel mit mir durch. Ich glaube, dass sie mich liebte. Obwohl sie neurotisch und labil war, kam sie immer wieder zurück. Dann verließ ich sie zum dritten Mal.«

Offensichtlich waren an diesem Punkt beide labil und spiegelten sich gegenseitig. Solange Frederick nicht selbst psychisch stabil wurde, würde sich keine stabile Frau zu ihm hingezogen fühlen.

»Danach hatte ich eine Reihe von Freundinnen, von denen mich aber keine tief berührte. Ich dachte immer wieder, dass Fern doch die Richtige für mich sei. Vielleicht war sie diejenige, die mir vorbestimmt war. Der Gedanke erschreckte mich.

Schließlich zog ich in einen anderen Teil des Landes und fing an, mit einer anderen Frau auszugehen. Acht Jahre vergingen, aber ich hielt Fern während all dieser Zeit in mir lebendig. Wenn ich mit einer Frau zusammen war, dachte ich an Fern und fragte mich, wie sie sich an ihrer Stelle verhalten würde.«

Indem er auf diese Weise an Fern festhielt, wehrte sich Frederick offensichtlich dagegen, mit jemand anders eine Beziehung einzugehen. Er konnte die neue Frau, mit der er zusammen war, nicht einmal wahrnehmen. Davon abgesehen, hatte er die Beziehung zu Fern nie abgeschlossen. Sie hatten sich zwar getrennt, aber nicht Lebewohl gesagt.

In ihrer Beziehung gab es sowohl eine starke Anziehungskraft als auch eine starke Abneigung. Für Frederick bestand zwischen Liebe und Instabilität ein Zusammenhang. Er sehnte sich nach der Leidenschaft und Aufregung, fürchtete aber die wechselhaften Konsequenzen. Er konnte sich nicht auf eine neue Frau einlassen, solange er sich seiner Gefühle für Fern nicht sicher war.

Der Freud'sche Psychoanalytiker Dr. Robert Berk vermutet, dass diese Wechselhaftigkeit für Frederick sexuell sehr erregend war, obwohl er sie vielleicht nicht tolerieren konnte. Sie war möglicherweise zu inzestuös oder zu ursprünglich. Er versuchte sich daher durch andere, weniger emotionale Beziehungen davon zu distanzieren. Aber der archaische ödipale Wunsch bestand weiterhin; ihm musste früher oder später Rechnung getragen werden.

»Kurz nachdem ich umgezogen war, fand Fern heraus, dass ich weg war«, fuhr Frederick fort. »Sie beschloss, mich an meinem neuen Wohnort zu besuchen.«

Obwohl sie sich nicht mehr gesehen hatten, hatten die beiden offensichtlich ihre Beziehung lebendig erhalten. Es ist nicht ungewöhnlich, dass sich zwei Menschen noch lange nach dem Ende ihrer äußerlichen Beziehung und obwohl sie andere Bekanntschaften schließen, in Gedanken miteinander befassen. Dieses Miteinander-Befassen ist schädlicher, als es den Anschein hat. Es lässt ein feines, aber haltbares Band entstehen, das eine Barriere zwischen ihnen und einem neuen Partner darstellt.

Offensichtlich war sowohl für Fern als auch für Frederick

etwas Wichtiges nicht abgeschlossen worden, um das sie sich schließlich kümmern mussten. Manche Menschen brauchen Jahre, um eine Beziehung abschließen zu können. Viele schaffen es nie – sie halten die Beziehung in ihrem Innern lebendig.

»Fern suchte und fand mich. Ich war begeistert. Ich hatte mich nie ganz von ihr befreit. Ich hatte immer diese Vorstellung, dass es zwischen uns noch etwas gab, das darauf wartete zu geschehen. Ich war mit einer Französin befreundet, als Fern Kontakt zu mir aufnahm. Diese Französin war sehr nett, aber ich hatte keinerlei Absicht, sie zu heiraten. Ich betrachtete sie nur als meine Freundin. Heutzutage heiraten Männer später, und ich hatte viele Freunde, die noch Junggesellen waren. Es tat gut, mit der Französin zusammen zu sein, aber es ging nicht sehr tief.

Als Fern zurückkam, verführte sie mich richtiggehend. Ich ließ mich völlig rückhaltlos darauf ein. Nicht nur das – ihr Vater rief mich an und warnte mich: Sie sei noch labiler geworden, seit sie mich kenne. Er sagte, sie sei laut ärztlicher Diagnose manisch-depressiv und verfalle immer wieder in einen hemmungslosen Kaufrausch. Er war sehr reich und hatte sie finanziell unterstützt. Ich sagte ihm, dass es mich nicht störe, dass ich sie verstünde. Ihr Vater war ein herrischer, tyrannischer Mann und befahl mir, mich von ihr fernzuhalten, aber ich war so glücklich darüber, wieder mit ihr zusammen zu sein, dass mir alles, was er sagte, völlig gleichgültig war.

Ich muss richtig ausgeflippt sein, als wir unsere Beziehung wieder aufnahmen. Innerhalb von zwei Wochen war ich drauf und dran, sie zu heiraten. Obwohl meine Eltern besorgt waren, erklärte ich, dass ich vollkommen dazu bereit sei und mich nicht darum schere, was andere dazu sagten. Ich war

Geister früherer Beziehungen

völlig weggetreten, mein Verstand hatte ausgesetzt. Ich sagte ihrem Vater, dass ich keinen einzigen Dollar von ihm wolle. Zu diesem Zeitpunkt verließ ich auch meine französische Freundin. Ich sagte ihr: ›Es tut mir leid. Ich weiß, dass es schrecklich ist, dass es einfach so passiert, aber ich habe es nicht unter Kontrolle.‹«

Wenn ein Geist zurückkehrt, ist es oft unmöglich, die dabei entstehenden Gefühle unter Kontrolle zu halten. Es können enorme Hochgefühle auftreten, als ob endlich das Schicksal seinen Lauf nehme.

Jung würde das eine Anima-Attacke nennen, eine Aufblähung des Bewusstseins, bei der das kollektive Unbewusste und alle tiefsten Sehnsüchte und Bilder des Mannes in Bezug auf die Frau und das Schicksal an die Oberfläche kommen, um ausagiert zu werden. Ein Mann ist diesen Sehnsüchten hoffnungslos ausgeliefert. Es ist, als würde er sich dem Heiligen Gral nähern.

Freud würde sagen, dass das unbewusste Verlangen des Mannes nach seiner idealisierten Mutter und seine tiefsten ödipalen Wünsche freigesetzt wurden. Die Ich-Funktion und die normalen Verteidigungsmechanismen, die die Phantasie von der Wirklichkeit trennen, sind nicht mehr voll wirksam, wenn libidinöse Sehnsüchte so stark sind. Die Realität ist kaum noch von Belang. Es spielt keine Rolle, ob die Frau psychisch stabil ist oder nicht, verfügbar oder nicht, passend oder nicht. Der Mann hat das Gefühl, dass seine Zeit endlich gekommen ist.

Eine andere Betrachtungsweise ergibt sich aus der östlichen Karma-Lehre. Karma basiert auf Ursache und Wirkung. Karmische Samen – Handlungen, Gedanken und Gefühle – werden in die Erde des Bewusstseins gepflanzt und früher oder später, wenn die Bedingungen günstig sind, zeigen sich die Wirkungen vergangener Gedanken, Taten und Handlungen. Wenn sie negativ waren, entstehen unglückliche Situationen. Waren sie positiv, dann ergeben sich freudigere Bedingungen daraus. Was wir säen, werden wir ernten. Die Samen, die wir gepflanzt haben, kommen in unserem Leben zur Blüte. Aus dieser Perspektive können uns manche karmischen Beziehungen durch viele Leben hindurch verfolgen.

Man könnte sagen, dass Frederick und Fern eine starke karmische Beziehung hatten, die zur Reife gelangte. Ursachen und Umstände kamen zusammen, und die Zeit für die Erfüllung des Karmas war gekommen.

»Also verließ ich die Französin und sah sie nie wieder«, berichtete Frederick weiter. »Das geschah nur *einen* Tag, nachdem Fern mich verführt hatte, einen Tag, nachdem sie zurückgekommen war. Die Französin rief zwei- oder dreimal an. Sie tat mir sehr leid, aber für mich war die Sache beendet. Sie muss mich für einen absoluten Schweinehund gehalten oder gedacht haben, ich sei verrückt geworden. Dieses Verhalten sah mir gar nicht ähnlich. Ich hatte später deswegen ein schlechtes Gewissen. Ich hatte das Gefühl, ein großes Unglück verursacht zu haben.«

Für realistische Überlegungen ist kein Raum mehr, wenn derartige Kräfte freigesetzt werden. Manche würden es eine Zeit des temporären Wahnsinns nennen. Andere würden es eine Zeit ihrer größten Leidenschaft und Freiheit nennen. Wieder andere würden sagen, dass eine solche Begegnung wie keine je zuvor sie von inneren und äußeren Einschränkungen und Zwängen in ihrem Leben befreit habe. Manche würden es vielleicht sogar eine religiöse Erfahrung nennen. Wie auch immer eine solche Erfahrung genutzt oder missbraucht wird – sie setzt Kräfte und ein großes Veränderungspotenzial im Leben eines Menschen frei.

»Es war wie ein Feuer zwischen uns«, sagte Frederick. »Es dauerte zwei Wochen. Es war die größtmögliche Leidenschaft und Berauschung.«

Fredericks Gefühle hatten sich jahrelang aufgestaut und waren unbewusst immer noch auf Fern gerichtet gewesen. Jetzt war die Zeit gekommen, um sie freizusetzen und auszuleben.

»Während dieser Zeit dachte ich, dass es entweder wirklich funktionieren oder ein für alle Mal zu Ende sein würde«, sagte Frederick, der selbst zu diesem Zeitpunkt das Bedürfnis nach einem Abschluss hatte. Dieses Feuer zwischen ihnen zehrte alles auf, was noch erhalten geblieben war und zum Ausdruck gebracht werden musste.

»Nach zwei Wochen verließ sie mich plötzlich. Sie ging an die Westküste, um einen anderen Exfreund zu besuchen. Später sagte sie mir, dass sie geplant hatte, drei Exfreunde zu besuchen, um zu sehen, was zwischen ihr und ihnen noch übrig war.«

Fern wurde von den Geistern mehrerer früherer Beziehungen verfolgt – und war entschlossen, sie auszutreiben. In diesem Fall bestand die Austreibung darin, mit jedem Einzelnen wieder Verbindung aufzunehmen und herauszufinden, was jetzt Realität war.

»Sie ging nach Kalifornien, besuchte ihn und hatte offensichtlich eine ebenso leidenschaftliche Beziehung«, erzählte Frederick. »Ich wusste damals nicht, dass sie ihn besuchen würde, aber ich ging trotzdem durch die Hölle, nachdem sie mich verlassen hatte. Irgendwann erkannte ich, dass es zwischen uns nicht funktionieren würde. Ich ging über die Brooklyn Bridge und fing plötzlich an, wie verrückt zu weinen – zwei Stunden lang. Eine Springflut – dann war es vorbei. Ich fühlte mich ausgetrocknet. Es fühlte sich an, als sei eine Last von mir genommen. Es war weg, vorbei, das Ende. Katharsis.«

Frederick war zwar nicht bewusst, was vor sich ging, aber er erkannte unbewusst, was geschah. In dem schicksalhaften Augenblick, als er über die Brücke ging, begriff er, dass es vorbei war – Jahre des Träumens, Zweifelns und Hoffens, Jahre des Wartens auf sie und des Sich-Verschließens für andere Möglichkeiten.

Das anschließende intensive Weinen war wunderbar. Frederick erlaubte sich, um die Beziehung zu trauern. Wenn man so tief trauern kann, ist man normalerweise auch in der Lage, loszulassen und neu anzufangen.

Frederick sah seine Situation ungewöhnlich klar. »Es fühlte sich an, als ob ich all die Jahre beschlossen hätte, dass diese Frau zu mir gehörte. Ich wartete immer auf sie, ohne es zu wissen. Ich sagte ihr sogar: ›Wenn das nicht funktioniert, bin ich wenigstens fertig mit dir‹. Dann kam sie, und ich konnte einen letzten Blick auf sie werfen. Alle diese Gefühle waren dadurch angeheizt, dass ich jahrelang gedacht hatte, sie sei die Frau für mich. Nach der Erkenntnis und der Explosion kehrte Frieden ein.«

Interessanterweise sprach er von Frieden, nicht von Verlust. Er sagte auch, dass eine große Last von ihm genommen worden sei. Auch wenn ein Teil von ihm sich nach dieser Frau sehnte, so wusste doch ein anderer Teil von ihm, dass dies keine gesunde Beziehung war. Ein weiterer Teil von ihm wollte etwas Ausgegliceneres und Fruchtbareres, etwas, mit dem er im Lauf der Jahre wachsen konnte.

»Fern ging also an die Westküste und traf diesen anderen Exfreund von ihr. Er heiratete sie, und sie haben inzwischen drei Kinder. Was sie und mich betraf, so fühlte es sich an, als ob etwas ausgebrannt worden sei.«

In der östlichen Psychologie spricht man davon, das Karma »auszubrennen«. Dies kann auf vielfältige Weise geschehen – unter anderem auch durch das vollkommene Ausleben einer Situation oder einer Beziehung bis zum Endpunkt, sodass nichts verborgen, unausgedrückt oder unverstanden bleibt. Der Antrieb, das Verlangen, die Sehnsucht, die die Beziehung nährten, sind gestillt.

Karmische Beziehungen werden aus vielen Gründen eingegangen – um alte Schulden zu begleichen, ein Unrecht wiedergutzumachen, ein Gleichgewicht wiederherzustellen oder ein Versprechen einzulösen. Wenn sich eine Beziehung schicksalhaft, getrieben oder außer Kontrolle anfühlt, ist es interessant, sich diesen Aspekt anzusehen. Im Westen nennen wir es Schicksal.

Natürlich ist es nicht ganz einfach, das Karma zu erfüllen, indem man eine Situation auslebt. Oft entwickeln sich mehr Verlangen, Frustration oder Verbundenheit, wenn wir Situationen ausleben. Es entsteht mehr Entschlossenheit, es beim nächsten Versuch richtig zu machen. Das Karma verdichtet sich und bringt uns auf die eine oder andere Weise dazu, dieselbe oder ähnliche Situationen immer wieder zu durchleben. Andererseits können wir, wenn es uns gelingt, eine Beziehung völlig auszuschöpfen und sie so anzunehmen, wie sie ist, vielleicht Frieden finden, verzeihen und an einen Punkt gelangen, an dem keine Rechnungen mehr offen sind. Manchmal gelingt uns das sogar, ohne ein Trauma durchleben zu müssen.

Andere Möglichkeiten, das Karma zu erfüllen, bestehen darin, zu vergeben und Vergebung zu empfangen und den Wunsch nach Kontrolle über sich selbst oder die andere Person völlig loszulassen. Auch Meditation, Gebet und Kontemplation können dazu beitragen, diesen Frieden zu finden. Manche Menschen legen die Beziehung in die Hände einer höheren Macht und bitten um Heilung, sodass sie sich nicht mehr damit quälen müssen und in ihrem Leben zu etwas Neuem übergehen können.

»Ein paar Monate später lernte ich meine jetzige Frau kennen«, fuhr Frederick fort. »Es war keine Gegenreaktion auf die Erfahrung mit Fern. Es war etwas völlig Neues.«

Natürlich können wir nicht etwas völlig Neues empfangen oder offen dafür sein, solange wir nicht mit der Vergangenheit abgeschlossen und unsere Sehnsucht nach etwas, das hätte sein können, aufgegeben haben.

»Von dem Augenblick an, als ich meine Frau traf, verbrachten wir jeden Augenblick, jeden Abend miteinander. Wir gingen jeden Abend aus und redeten. Ich verliebte mich sehr in sie. Es war völlig anders als alles, was ich bisher mit Frauen erlebt hatte. Ich war wirklich da und sie auch.«

Natürlich hatte Frederick vorher, als noch ein großer Anteil seiner Gedanken, Gefühle und Phantasien auf eine andere Frau gerichtet war, die er nicht einmal mehr sah, nicht völlig da sein können.

»Der Hauptunterschied bestand darin, dass es weniger mit verrückten, romantischen Szenen, mit Schreien und Weinen und all diesen Dingen zu tun hatte. Es war ganz natürlich und einfach. Nach drei Monaten sagte meine Frau zu mir, sie gebe mir genau ein Jahr, um herauszufinden, ob dies irgendwo hinführe oder nicht. Falls nicht, würden wir uns trennen. Sie sagte: ›Ich mag dich sehr gern, und ich habe Paare gesehen, die zwei, drei oder vier Jahre lang immer nur miteinander ausgingen. Das will ich nicht.‹ Sie dachte, dass man nach einer gewissen Zeit wissen müsse, was man wolle, und dass man sonst seine Zeit verschwende.

Als sie mir das sagte, dachte ich ›Okay‹. Ich empfand es nicht als Drohung. Es erschien mir fair. Ich respektierte ihre klaren Vorstellungen. Davor hätte ich so etwas nicht hören können. Die Frauen taten mir leid, wenn ich sie verließ, aber nicht leid genug, um mein egomanisches Verhalten zu ändern.«

Offensichtlich war Frederick ein ganzes Stück erwachsener geworden. Er konnte die gesamte Situation überblicken und die Fairness, die für beide darin lag. Sein Herz war jetzt offen, bereit und verfügbar, sodass er den Vorschlag seiner Frau in Erwägung ziehen konnte.

»Anscheinend besteht der Unterschied zwischen den anderen Frauen, die ich verlassen habe, und meiner Frau, mit der ich für immer zusammen bleiben werde, in der Tiefe der Gefühle und des Vertrauens. Ich muss wissen, dass meine Frau auch dann zu mir stehen wird, wenn jemand daherkommt, der doppelt so viel Geld hat wie ich und doppelt so gut aussieht, und die Dinge zwischen uns gerade nicht so gut laufen. In der Vergangenheit hatte ich das Gefühl gehabt, dass viele Frauen in vielen Dingen zu unklare Vorstellungen hatten, nicht genug Integrität besaßen. Meine Frau ist nicht so. Sie ist zentriert, stark und hat Prinzipien. Ich kann ihr vollkommen vertrauen.«

Das ist eine besonders interessante Bemerkung von Frederick, denn der Geist, an dem er so lange festgehalten hatte, war eine Frau, die ständig hin und her schwankte. Er hatte jemanden geliebt, auf den er sich nicht verlassen konnte, was ein großes Dilemma dargestellt hatte.

»Ich konnte jemandem, der ständig schwankte, kein Vertrauen schenken«, wiederholte Frederick. »Aber das wurde mir erst klar, als ich jemanden traf, dem ich vertrauen konnte, meine Frau. Sie war besser für mich. Ich wusste sofort, dass das etwas völlig anderes war als meine bisherigen Beziehungen. Und alles, was sie verlangte, schien so einfach zu geben und so logisch zu sein.

Ich kann niemandem einen Rat geben, wie man so etwas erreicht, weil ich selbst nicht weiß, wie es mir passiert ist. Aber ich weiß, dass sich alles ändert, sobald man sich berührt fühlt.«

Die Ereignisse, die Fredericks Begegnung mit seiner Frau vorausgingen, entzogen sich seiner Kontrolle; sie waren wie ein Wirbelsturm. Deshalb sagt er, er wisse nicht, wie es passiert sei. Vielleicht ist es ihm nur nicht bewusst.

Unbewusst aber hatte er den Wunsch nach einem Abschluss, den Wunsch, mit einer Frau zusammen zu sein, von der er sich wirklich berührt fühlte, der er vertrauen und die er respektieren konnte. In gewisser Weise hatte er all die Jahre darauf gewartet, dass Fern zurückkommen würde, damit sie herausfinden konnten, ob beide mit den Gefühlen leben konnten, die zwischen ihnen gegärt hatten.

Fredericks Bereitschaft, sich ganz auf die Situation einzulassen, seinen Gefühlen freien Lauf zu lassen, obwohl er wusste, dass er verletzt werden konnte, setzte ungewöhnlich viel Mut voraus. Er war auch bereit, seinen Verlust zu betrauern, und konnte als Folge davon diese Beziehung hinter sich lassen.

Um tief lieben zu können, muss ein Mann auch bereit sein, tief zu leiden. Er darf keine Angst vor der ganzen Bandbreite der Gefühle haben, darf nicht denken, dass sie ihn zerstören werden.

Die meisten Männer sind dazu erzogen worden, Gefühle zu unterdrücken und sich auf einer oberflächlichen Ebene männlich zu verhalten. Ein Mann braucht den Geist eines Kriegers, um Gefühle voll auszuleben, tief zu lieben und alle Erfahrungen in sich hinein zu lassen, sodass er zu einem ganzen, neuen Menschen werden kann.

Vergiss das, was du im Kopf hast.
Gib das, was du in der Hand hältst.
Stelle dich dem, was dein Schicksal ist.
Abu Said Ibn Abi-L Khayr

Empfehlungen
für den Umgang mit Männern, die mit Geistern aus früheren Beziehungen kämpfen.

Für Frauen:
- Schauen Sie sich seinen seelischen Zustand genau an. Fragen Sie ihn nach früheren Beziehungen, und vergewissern Sie sich, dass sie für ihn alle abgeschlossen sind. Finden Sie

heraus, ob er noch nicht aufgelöste Gefühle und unerfüllte Hoffnungen in Bezug auf eine seiner Exfrauen hegt.
- Lassen Sie nicht zu, dass längerfristig eine unklare Situation besteht. Ziehen Sie Grenzen, formulieren Sie Erwartungen, und legen Sie einen Zeitrahmen fest, innerhalb dessen Sie beide entscheiden, wohin die Beziehung führt.
- Halten Sie sich an Ihre Prinzipien. Ändern Sie sie nicht seinetwegen.
- Bleiben Sie sich selbst und ihm gegenüber wahrhaftig.

Für Männer:
- Seien Sie sich darüber im Klaren, dass Sie eine frühere Beziehung noch nicht abgeschlossen haben und dass Sie noch nicht für eine neue Beziehung offen sind.
- Vergleichen Sie die Frau, mit der Sie zusammen sind, nicht bewusst oder unbewusst mit der Frau, die einmal Ihr Herz für sich gewonnen hat.
- Bemühen Sie sich zu verstehen, warum Sie diese frühere Beziehung nicht loslassen können. Müssen Sie noch für etwas um Verzeihung bitten? Falls ja, tun Sie es jetzt.
- Gibt es sonst noch etwas, das zwischen Ihnen und Ihrer früheren Partnerin nicht ausgesprochen wurde? Verbringen Sie Zeit miteinander, und sprechen Sie darüber. Hören Sie genau zu, was sie zu sagen hat, und antworten Sie ehrlich.
- Falls Sie darauf warten, dass sich äußere Bedingungen ändern, damit Sie eines Tages mit dieser Frau zusammen sein können, sollten Sie sich selbst ein Zeitlimit setzen. Äußere Bedingungen haben ihr eigenes Timing. Aus Monaten können leicht Jahre werden. Ehe Sie wissen, wie Ihnen geschieht, ist Ihr Leben vorbei.

- Machen Sie sich klar, ob Sie diese Beziehung nicht als Vorwand dafür benutzen, um Intimität und einer Bindung aus dem Weg zu gehen. Vielleicht wollen Sie keine enge persönliche Beziehung. Falls ja, sollten Sie es sich eingestehen. Gestehen Sie es auch Ihrer Partnerin ein. Die Wahrheit ist für alle hilfreich.

Die Midlife-Crisis

*Wer glaubt, dass alle Früchte zur gleichen Zeit reifen
wie Erdbeeren, weiß nichts über Trauben.*
Paracelsus

Die Midlife-Crisis erzeugt wie die Pubertät große seelische Verwerfungen, Selbstzweifel, Unruhe und Unzufriedenheit. Geister früherer Beziehungen können in der Lebensmitte besonders aktiv werden.

Die Midlife-Crisis ist eine Art Weckruf. Sie stört das seelische Gleichgewicht und erinnert den Einzelnen daran, dass die Zeit vergeht, dass Jugend, Kraft und das Leben selbst nicht ewig andauern werden. Jetzt ist die Zeit, um Träume auszuleben, die vielleicht lange begraben waren, den Wert des Lebens, das man geführt hat, in Frage zu stellen. Wie der große Lehrmeister Hillel sagte: »Wann, wenn nicht jetzt?«

Aus jungscher Sicht ruft den Mann das kollektive Unbewusste, Archetypen kommen an die Oberfläche, und er spürt das Bedürfnis, sein Erleben zu vertiefen, mit seiner ganzen Seele in Berührung zu kommen.

Aus spiritueller Sicht erkennt die Seele jetzt genau ihren Platz auf der Reise des Lebens und beginnt, ihre Zielsetzungen zu überprüfen, bevor sie den Weg nach Hause einschlägt, dorthin, woher sie gekommen ist.

Manche nutzen diese Phase als eine Zeit der Innenschau. Sie

Midlife-Crisis

schauen sich an, wer sie geworden sind, welchen Beitrag sie in der Welt leisten und welche Art von Beziehungen sie haben. Nicht alle haben das Bedürfnis, die Beziehungen zu beenden, in denen sie sich befinden. Für manche kann die Selbstprüfung sogar zu einer Vertiefung der Beziehung führen und sie kostbarer werden lassen.

Andere fühlen sich hilflos oder ängstlich und beginnen, alte Sehnsüchte auszuleben, statt nach innen zu schauen. Aspekte ihres Lebens, die nicht vollkommen ausgelebt oder zum Abschluss gebracht wurden, kehren zurück. Die Toleranz gegenüber lange bestehenden, unbefriedigenden Beziehungen sinkt. Es kann eine Regression stattfinden. Statt sich weiterzuentwickeln, gehen einige Männer zurück und versuchen, die Welt so zu erleben, wie sie es während der Pubertät taten.

Manche brechen abrupt aus langjährigen Ehen aus, um nach der verlorenen Jugend oder jüngeren Frauen zu suchen, Verantwortung abzuschütteln oder an dem festzuhalten, was sie als ihre nachlassenden Kräfte empfinden. Andere verlassen ihre Partnerinnen, um sich selbst treu zu sein und ein wertvolles Leben zu führen.

Dazu Dr. Gerald Epstein: »Die meisten Männer haben heftige Schuldgefühle, wenn sie ihre Ehefrauen verlassen, und mancher wäre bereit, auf seine eigene spirituelle Reise zu verzichten, um die Ehe zu retten. Manche empfinden Feindseligkeit und Bitterkeit und versuchen in der Beziehung zu bleiben, können es aber nicht.«

Während der Midlife-Crisis lässt die Fähigkeit auszuharren nach. Es ist eine Zeit der Gefahren – und auch der Chancen. Viele Männer vollführen während der Midlife-Crisis einen schwierigen Balanceakt.

Midlife-Crisis

Wenn die Identität eines Mannes hauptsächlich auf der Fähigkeit basiert, Besitz zu erwerben, Erfolge zu erzielen und Konkurrenten zu besiegen, dann kann die Aussicht, alt zu werden, erschreckend sein. Es stellen sich Fragen wie »Wer bin ich, wenn ich nicht mehr jung, gut aussehend, stark und leistungsfähig bin? Werde ich dann immer noch geschätzt und geliebt, oder werde ich weggeworfen? Dieser Verlust des Selbst, ein seelischer Tod, kann für manche noch furchteinflößender sein als der Verlust des physischen Lebens.

Renee, Ende vierzig, gut aussehend und erfolgreicher Besitzer eines bekannten Schönheitssalons, berichtete: »Ich habe das durchgemacht – Angst vor dem Älterwerden, Angst davor, nicht mehr so attraktiv zu sein wie früher. Jetzt habe ich eine Frau, die etwa vierzehn Jahre jünger ist als ich. Wir sind seit sechs Jahren verheiratet. Es ist gut für uns beide. Aber ich habe meine erste Frau nicht nur deswegen verlassen. Niemand geht, wenn er glücklich ist. Wenn man älter wird, hat man das Gefühl, dass einem die Zeit davonläuft, und man ist der schlechten Dinge überdrüssig. Man hat das Gefühl, dass man sie nicht mehr braucht. Man hat seine Schuldigkeit getan. Man ist müde.

Manchmal bleibt ein Partner gleich, und der andere fängt an, sich nach anderen Möglichkeiten umzusehen oder sich weiterzuentwickeln. Man macht sich auf zu etwas Neuem. Man wird müde und sagt: ›Das ist nichts mehr für mich.‹ Es passiert oft, und mir ist es auch passiert.

Ich habe jung geheiratet, und es gab viele Probleme mit der Familie. Sie mischten sich in unsere Beziehung ein, und meine Frau war immer unglücklich. Nichts machte sie glücklich. Und natürlich wird man manchmal beschuldigt, Dinge zu tun, die man nicht getan hat, bis man schließlich sagt: ›Okay, wenn ich sowieso dafür bestraft werde, kann ich es auch tun‹. Es ist nicht besonders lustig, zu jemandem nach Hause zu kommen, der nicht glücklich ist. Man kann sich nicht bei jemandem zu Hause fühlen, der ständig deprimiert ist.«

Die Midlife-Crisis ist ein Punkt der Sättigung. Viele Männer haben das Gefühl, dass sie eine schwierige Situation nicht länger ertragen können. Wenn sie sich vorstellen, dass der Rest ihres Lebens, der ihnen jetzt kürzer vorkommt, genauso verlaufen wird wie bisher, erscheint ihnen das unerträglich. Sie haben keine andere Wahl, als sich zu verabschieden.

»Wenn eine Frau die Möglichkeit hat, zu arbeiten«, fuhr Renee fort, »und wenn es nur ein paar Stunden am Tag sind, die sie außer Haus verbringt, dann ist das die beste Medizin für eine Ehe. Meine Exfrau und ich verlebten unsere glücklichste Zeit während der drei Jahre, als sie bei mir arbeitete. Das war gut. Aber danach fielen wir wieder in dieselbe Routine zurück.

Wir entfernten uns zu sehr voneinander. Ich war mit anderen Menschen, einer anderen Umgebung konfrontiert. So lernte ich dazu. Eine Frau, die zu Hause bleibt und nur über die Kinder spricht, wird langweilig. Früher oder später sollte die Frau rausgehen und sehen, was da draußen los ist, andere Menschen kennen lernen, ihre Persönlichkeit entwickeln, sodass sie Gesprächsthemen hat, wenn der Mann abends nach Hause kommt. Sonst funktioniert es nicht. Es ist wie Mineralwasser, aus dem die Kohlensäure entwichen ist. Die sexuelle Anziehungskraft lässt ebenfalls nach, sei es, weil sie dick wird oder sich vernachlässigt. Ich denke, Frauen sollten immer auf ihr Äußeres achten. Das ist sehr wichtig.

Midlife-Crisis

In meinem Geschäft sehe ich, dass die glücklichsten Paare die sind, bei denen die Frauen hierher kommen und sich zurechtmachen lassen. Wenn ein Mann nach Hause kommt und sagen kann: ›Meine Frau sieht toll aus‹, dann wird er sich nicht nach anderen umsehen. Ganz bestimmt nicht. Aber wenn er zu einer Frau nach Hause kommt, die sich vernachlässigt oder zu dick ist, sodass er bei ihrem Anblick sagt: ›Du lieber Gott‹, dann wird er nach anderen Frauen Ausschau halten. Wir sind, was wir sind. So viel Mühe kostet es ja auch nicht, ein bisschen Make-up aufzulegen und Parfum zu verwenden, bevor der Mann nach Hause kommt. Auch der Mann kann sich frisch machen. Es macht einen Unterschied. Es ist wichtig für eine Beziehung. Es zeigt, dass der andere einem etwas bedeutet.«

Renee spricht von der Notwendigkeit, in einer Beziehung an Aussehen, erotischer Ausstrahlung, persönlichem Wert und Identität zu arbeiten. Wenn diese Dinge zu sehr vernachlässigt werden, spüren es beide Partner. In der Midlife-Crisis, wenn Männer ein größeres Bedürfnis nach Aufregung und nach etwas Neuem haben, kann Nachlässigkeit einen hohen Preis fordern.

»Ich bin jetzt zum zweiten Mal verheiratet. Es ist sehr gut, sehr angenehm. Meine Frau nimmt alles sehr locker. Es ist wichtig für mich, abkühlen zu können. Sie nimmt den Druck von mir, statt mir Druck zu machen. Wenn ich etwas kaufen will, tue ich es einfach, und sie sagt: ›Oh, gut‹. Das gefällt mir. Sie wirft mir nicht vor, dass ich Geld ausgebe und dass ich es nicht für sie ausgebe.«

Glücklicherweise hat Renee eine Frau gefunden, die ihm erlaubt, er selbst zu sein. Er fühlt sich nicht eingeengt und hat auch nicht mehr das Bedürfnis, sich nach anderen Frauen umzusehen.

Auf die Frage, warum er sich zu einer jüngeren Frau hingezogen fühlte, antwortete Renee: »Ich denke, es hat ganz einfach mit Schönheit zu tun. Eine junge Frau ist frisch, aufregend, und ich glaube auch, dass viele jüngere Frauen sich zu älteren Männern hingezogen fühlen, weil sie nicht von jungen Männern, die im Grunde egoistisch sind, schlecht behandelt werden wollen. Männer sind an sich schon egoistisch, aber sie sind es besonders zwischen fünfzehn und Mitte dreißig, da sind sie wirklich wie losgelassene junge Hengste. Jüngere Frauen sind reifer als gleichaltrige Männer und lassen sich lieber mit einem älteren Mann ein, der sich um sie kümmert und finanziell besser dasteht. Er kauft ihr schönere Geschenke, führt sie in die besten Restaurants aus, gibt ihr Sicherheit.

Sie betet ihn an, weil er älter ist und all diese Dinge für sie tun kann, und er betet sie an, weil sie jung und hübsch ist, ihn gut aussehen lässt, ihm ein gutes Gefühl gibt und ihn stolz macht.«

Dabei schwingt das tiefe Bedürfnis mit, nicht nur von anderen Männern, sondern auch von der Frau, mit der er zusammen ist, verehrt und bewundert, geschätzt, respektiert und anerkannt zu werden. Besonders in einer Phase seines Lebens, in der ein Mann seiner selbst unsicher ist, bestärkt es ihn sehr, wenn eine Frau zu ihm aufsieht und ihn für das, was er erreicht hat, bewundert. Leider sehen manche Ehefrauen in dieser Phase nur die Defizite eines Mannes und erinnern ihn tagtäglich daran. Das ist mehr, als sein Ego verkraften kann.

Auf die Frage, wie die Ehe mit einer jüngeren Frau sei, antwortete Renee: »Ich bin 48 Jahre alt, meine Kinder schließen gerade das College ab, und ich will jetzt das Leben genießen. Natürlich gibt es mit einer jüngeren Frau auch Probleme. Man ist in unterschiedlichen Lebensphasen, und ich will jetzt zum Beispiel nicht noch einmal eine Familie. Ich habe eine Scheidung hinter mir, habe viel Geld verloren. Kinder sind teuer. Ich will mit meiner Frau ein schöne Zeit erleben – schließlich werde ich ja nicht jünger.

Sie will auch eine schöne Zeit erleben, aber wenn ein Mann in ein bestimmtes Alter kommt, will er manchmal nicht das tun, wonach einer 34-jährigen Frau der Sinn steht. Wenn meine Frau bestimmte Dinge vorhat, die ihr Spaß machen, halte ich sie nicht davon ab, in Clubs zu gehen und zu tanzen oder so was. Ich gehe da nicht hin, weil es so verraucht ist. Ich tanze zwar gern, aber der Rauch ist mir unangenehm, und bis morgens um vier aufzubleiben ist auch nicht das Wahre. Also sage ich zu ihr: ›Geh mit einer Freundin, mit deiner Cousine, mit wem immer du willst, amüsier dich.‹ Man muss loslassen können.«

Renee ist in der seltenen Lage, zu seiner jungen Frau ein solches Maß an Vertrauen zu haben, dass er ihr die Freiheit geben kann zu tun, was sie will, und die zu sein, die sie sein will.

»Ich habe es schon erlebt, dass Leute zu eifersüchtig und besitzergreifend waren«, meinte Renee. »Das hat keinen Sinn. Ich glaube, Leute, die sehr eifersüchtig sind, tun selber die falschen Dinge und fürchten deshalb, dass der andere sie auch tun könnte.

Ich vertraue meiner Frau. Sie kann tun, was sie will. Sie kann allein Urlaub machen und kommt zurück und liebt mich noch mehr, weil sie sich nicht eingeengt fühlt. Man muss Menschen Raum geben.«

Diese Freiheit, eigenen Aktivitäten nachzugehen und eigene

Freundschaften zu pflegen, erklärt Dr. Gerald Epstein, ist für Frauen in jeder Art von Partnerschaft zwischen Mann und Frau sehr wichtig, wenn die Beziehung funktionieren soll.

»Frauen bürden einem Mann eine große Last auf, wenn er sie in allen Bereichen zufrieden stellen soll. Ein einziger Mann kann das nicht erfüllen, und die Last wird sehr groß, wenn es von ihm erwartet wird. Es geht beiden viel besser, wenn die Frau ihre Bedürfnisse in bestimmten Bereichen anderweitig befriedigt, ohne natürlich sexuell Grenzen zu überschreiten.«

Es ist sehr wichtig für eine Frau, Beziehungen zu vielen anderen Menschen zu haben«, erklärt Dr. Epstein weiter, »auch Freundschaften mit Männern, das entlastet den Ehemann sehr. Ohne das kann eine Frau einen Mann sehr unter Druck setzen, den er dann möglicherweise nicht ertragen kann und sie verlässt oder sich nach einer anderen umsieht, weil die Belastung zu groß ist.«

»In meiner ersten Ehe«, fuhr Renee fort, »konnte ich zum Beispiel nicht allein oder mit Freunden für ein oder zwei Tage zum Angeln wegfahren. Da fühlt man sich wie im Gefängnis. Wenn ich jetzt sage, ich gehe mit ein paar Freunden abends aus, fragt meine Frau mich bei meiner Rückkehr, ob ich einen schönen Abend hatte. Sie freut sich für mich. Das ist großartig.«

Renee hat eine wunderbare Lösung gefunden, die sein Bedürfnis, jung, vital und glücklich zu sein, erfüllt. Er hat aus seiner vorherigen Ehe gelernt und seine neue Ehe damit verbessert. Er gibt seiner Partnerin Raum, sich zu entfalten, und respektiert sie und bekommt von ihr dasselbe. Seine Veränderungen haben zu einem positiven Ergebnis geführt. In anderen Fällen geht es nicht so gut aus.

Die Midlife-Crisis als Suche nach der verlorenen Freiheit

Carl, ein sehr talentierter, gut aussehender, sensibler Künstler, steckte mit Anfang vierzig ebenfalls sehr tief in der Midlife-Crisis.

»Als Heranwachsender war ich sehr introvertiert«, sagte Carl. »Das ging fast bis zu einer Art Lähmung. Ich konnte meine Sexualität nicht ausleben, sie war unterdrückt, und auch meine soziale Kompetenz war nicht sehr ausgeprägt. Ich war extrem schüchtern und machte keine der Erfahrungen, die junge Menschen normalerweise machen. Und plötzlich war ich zweiundvierzig und beschloss, wieder an die Universität zu gehen und Malerei zu studieren. Ich wusste, dass ich in der Zeit zurückging, aber ich musste es einfach tun.

Ich ging an eine der besten Schulen des Landes und war plötzlich von all diesen jungen Menschen umgeben. Zu dieser Zeit hatte ich meine zweite Frau verlassen und war Single, hatte aber eine Freundin. Während des ersten Jahres an der Uni lebte ich mit ihr zusammen. Sie zog zu mir und musste dafür jeden Tag nach New York pendeln. Sie musste also einiges investieren, um mit mir zusammen sein zu können. Sie war eine wunderbare, schöne Frau, und wir sprachen von Heirat – aber ich spürte eine Unruhe und machte eine Therapie, um herauszufinden, was mit mir los war. Mein Therapeut sagte mir, dass ich wohl vorhätte, zu heiraten, weil ich ein netter Mensch sei – ich würde dem Muster folgen. Ich war schon zweimal verheiratet gewesen. Da diese Frau wirklich wunderbar war, hatte ich das Gefühl, heiraten zu müssen, um ein Gentleman zu sein.«

Für Carl bedeutete Heirat einen radikalen Verlust an Freiheit sowie eine Einschränkung der Möglichkeit, er selbst zu sein. Diese Vorstellung ist in unserer Gesellschaft verbreitet.

»Männer setzen das eheliche Leben, den Nestbau, mit einem Verlust an Freiheit gleich«, erklärt Dr. Gerald Epstein. »Sie verstehen nicht, dass es auch in der Ehe Freiheit gibt. Sie glauben nicht, dass Heiraten auch bedeuten kann, frei zu werden. Für sie bedeutet Freiheit, die Partnerin wechseln zu können, und es gibt diese romantische Vorstellung, exotische Orte zu besuchen und frei zu leben.

Für Männer geht Freiheit mit dem Fehlen physischer Zwänge einher, mit dem Gefühl, durch nichts eingeschränkt zu sein. Sie verstehen nicht, dass Heirat ein Weg zur Freiheit ist, weil die Ordnung, die die Ehe bringt, und die Fähigkeit, Opfer zu bringen und mit einer Familie zu teilen, in Wirklichkeit ein Schritt in Richtung einer spirituellen Entwicklung ist.«

Aber für Carl gab es überall Versuchungen, vor allem die Versuchung, die verlorenen Jahre nachzuholen. Für ihn war es zu diesem Zeitpunkt unmöglich, eine Bindung einzugehen, die Stabilität, Selbsterkenntnis, Reife und den Wunsch nach Beständigkeit voraussetzte. Die Midlife-Crisis konfrontierte ihn mit genau den entgegengesetzten Bedürfnissen – dem Wunsch nach zahllosen Erfahrungen, Abenteuern, Entdeckungen, dem Wunsch, einfach Spaß zu haben.

»Ich sah plötzlich eine Möglichkeit, die verlorenen Jahre nachzuholen«, fuhr Carl fort. »Aber meine Freundin stand dem im Weg.«

Viele Männer betrachten ihre Ehefrauen oder andere wichtige Menschen in ihrem Leben als Hindernisse. Das muss nichts mit der Qualität der Beziehung zu tun haben, sondern einfach mit dem Bedürfnis des Mannes, alle Fesseln abzuwerfen und zu einer Zeit in seiner Jugend zurückzukehren, als er kommen und gehen konnte, wie er wollte. In diesem Kontext ist jede langfristige Beziehung hinderlich. Das kann man einerseits als egoistisch ansehen, andererseits aber auch als das Bedürfnis des Mannes, sich neu zu definieren, eine neue Orientierung im Leben zu finden.

»Das alles passierte, obwohl meine Freundin der beste Mensch war, mit dem ich zu dieser Zeit zusammen war«, sagte Carl. »Wir passten so gut zueinander, behandelten einander mit Respekt. Sie war wunderbar, intelligent, aber dennoch musste sie ... eliminiert werden. Sie fing an, von Heirat zu sprechen, wollte einen Termin festlegen. Am Anfang sagte ich einfach nur, ich sei noch nicht bereit dafür. Sie wollte Kinder haben, und ich fing an, mir das vorzustellen, was ich schon hinter mir hatte – ich war verheiratet gewesen und hatte ein Kind. Ich sah eine weitere Phase des Gefangenseins vor mir – und immer wieder tauchte die Frage auf, wann werde ich je Gelegenheit haben zu spielen? Der Jugendliche und das Kind in mir wollten spielen. Sie mussten es einfach tun.«

Die Bedürfnisse mancher Männer sind eindeutig davon bestimmt, dass sie in der Vergangenheit nicht die Chance hatten, bestimmte Entwicklungsphasen zu durchleben. In der Lebensmitte können diese Phasen wieder akut werden und danach verlangen, ausgelebt zu werden. Wenn dieses starke Bedürfnis entsteht, sind rationale Überlegungen bedeutungslos. Der innere Trieb überwiegt alles andere.

»An der Universität war ich derweil von Kindern umgeben«, berichtete Carl weiter. »Sie waren halb so alt wie ich, und die Atmosphäre war frei und stimulierend. Niemand arbeitete, es gab keine Verpflichtungen. Ich nahm das Studium nicht so ernst, ich dachte einfach nur, dass es Spaß machte. Selbst intellektuelle Dinge waren unglaublich anregend. Es war ein guter Zeitpunkt, um wieder zur Schule zu gehen, weil ich es nicht als lästige Aufgabe sah, sondern mich selbst dafür entschieden hatte, dort zu sein.«

Was das Ausleben seiner durch die Midlife-Crisis diktierten Bedürfnisse betraf, war dies eine ideale Atmosphäre für Carl. Er erhielt genau genommen die Gelegenheit, eine Reise in die Vergangenheit anzutreten.

»Meine Freundin hatte schon länger gespürt, dass etwas nicht stimmte, aber dann gab es ein Ereignis, das alles beschleunigte und klar machte. Ich schwärmte für eine junge Asiatin. Wir gingen nach dem Unterricht oft noch in eine Bar und blieben lange. Eines Abends gingen wir in meine Wohnung. Meine Freundin sollte eigentlich nicht zu Hause sein, daher lud ich das andere Mädchen zum Tee ein. Ich legte ägyptische Musik auf, und wir sprachen unter anderem über Orgasmen. Ich erinnere mich, dass ich sagte, der Tod sei der ultimative Orgasmus.

Irgendwann wollte sie gehen, sagte aber, sie wolle vorher noch mein Schlafzimmer sehen. Also ging sie ins Schlafzimmer und rief plötzlich: ›Da ist jemand in deinem Bett!‹ Ich sagte: ›Es ist niemand da.‹ Aber dann sah ich in das Zimmer hinein, und meine Freundin war da, wach, und hatte alles mitgehört.

Ich gab mich ganz cool und verabschiedete mich von dem Mädchen, das schnell ging und etwas durcheinander war. Meine Freundin fragte, weshalb ich diese suggestive Musik aufgelegt und über Orgasmen geredet hätte. Ich sagte, es sei eine ganz normale Unterhaltung gewesen, die mit einem Mann auch nicht anders verlaufen wäre. Aber sie hatte das Gefühl, mir nicht mehr vertrauen zu können. Die Bindung zwischen uns war zerstört.«

Obwohl die andere Frau Carl nicht so viel bedeutete wie seine Freundin, musste die »Schwärmerei« ausgelebt werden. Unbewusst war er in die Pubertät zurückgefallen, und in der Pubertät haben Verpflichtungen und Vertrauen in eine Person oft keine Bedeutung. Das Bedürfnis, zu erforschen und zu experimentieren, kommt an erster Stelle.

»Ein paar Wochen oder Monate später sagte ich meinen Freunden an der Universität, dass ich vorhätte, mit meiner Freundin über unsere Zukunft zu reden. Die anderen Studenten beglückwünschten mich sofort und gingen davon aus, dass ich ihr sagen würde, wir würden nicht heiraten. Sie sagten mir, das Wichtigste sei meine Arbeit – die Malerei. Natürlich dachten sie, die Heirat würde mich von der Kunst entfernen.«

Carl hatte einen ganzen Kreis junger Freunde um sich geschart, die ihn in seinem Bedürfnis, jung, ungebunden, nur seinen idealistischen Träumen vom Malen verpflichtet zu sein und sich durch nichts aufhalten zu lassen, unterstützten.

»Ich bat meine Freundin auszuziehen. Ich war grob und mitleidlos. Ich dachte, es sei schlimmer, es länger hinzuziehen, falsche Versprechungen zu machen und Spiele zu spielen. Ich sagte einfach, dass sie ausziehen solle. Lebwohl. Das war alles. Sie war sehr verstört. Sie war vorher schon beunruhigt gewesen. Sie weinte viel. Sie war in einem richtigen Schockzustand. Wir fuhren übers Wochenende weg, und sie weinte die ganze Zeit.

Ich fügte ihr also diese Qualen zu, hatte aber das Gefühl, dass alles nur zehnmal schlimmer würde, wenn ich nicht diesen radikalen Schnitt vornähme. Sie fand später einen Mann, einen gemeinsamen Freund von uns, den sie wirklich mochte. Sie leben jetzt zusammen und sind wirklich perfekt für einander. Diese so genannte Grausamkeit kann also auch Mitgefühl sein.

Nachdem sie ausgezogen war, hatte ich Gelegenheit, diese schöne neue Welt zu erkunden. Zeitweise ging ich innerhalb einer Woche mit vier verschiedenen Mädchen aus. Aber selbst in einer solchen ungebundenen Atmosphäre gibt es ein Potenzial für Leiden und Verletzungen.

Mit einigen ging ich aus, mit anderen flirtete ich nur. Ich schien an alle Frauen sexuelle Botschaften auszusenden – meine ganze Sexualität erwachte in mir. Ich tat es bewusst. Gefühlsmäßig schien es richtig zu sein, wenn auch etwas dumm, aber ich mochte diese jungen Mädchen, und sie schienen mich zu mögen. In dem Alter, als ich mich so hätte verhalten sollen, war ich so gehemmt gewesen, dass ich es nicht einmal versucht hatte. Es fühlte sich gut an, es jetzt nachzuholen.«

Carl lebte die traumatischen und einsamen Jahre der Vergangenheit noch einmal aus und versuchte, die Defizite von damals auszugleichen. Seine neue Attraktivität bei Frauen gab ihm ein Gefühl von Macht und Potenz und trug dazu bei, Depressionen und Ängste im Zusammenhang mit dem Altern und drohenden Verlusten zu verdrängen.

»Ich kam an einen Punkt, an dem ich mir zutraute, bei jeder Frau Annäherungsversuche zu unternehmen, und ich tat es auch. Mein Appetit und Hunger waren zu groß, um von einer Person befriedigt zu werden, sodass ich anfing, in ›Fächern‹ zu denken. Um Konflikte zu vermeiden und nicht denken zu müssen, dass ich die eine mit der anderen betrog, hatte jede in meinen Gedanken ihr eigenes Fach, in dem sie die Einzige war. So hatte ich nie das Gefühl, jemanden zu hintergehen.«

Es erfordert zwar sehr viel Energie und Anstrengung, ein unbewusstes Bedürfnis auszuleben, aber Menschen können eine Vielzahl rationaler Rechtfertigungen finden, um Schuldgefühle zu vermeiden und sich nicht wirklich klar zu machen, was gerade geschieht.

»Später entdeckten die verschiedenen Frauen, dass es noch andere gab. Es war schwierig für sie. Eine hatte sich sehr in mich verliebt. Ich mochte sie, war aber nicht in sie verliebt. Sie fand heraus, dass ich mit einer berühmten Fotografin zusammen war – die zudem in meinem Alter war. Ich traf mich mit beiden am selben Wochenende. Jede gab mir etwas anderes.

Aber die Fotografin machte Bilder von mir, die in einem Museum im Rahmen einer großen Ausstellung gezeigt wurden, und die andere sah die Bilder und war tief verletzt.«

Es ist offenkundig, dass ein Mann, der im Strudel dieser Bedürfnisse gefangen ist, eine lange Spur von Verletzungen hinterlassen kann. Er verursacht Wunden, die er niemandem wirklich zufügen will, und zeigt Verhaltensweisen, die er wahrscheinlich nicht zeigen würde, wenn ihn diese radikalen Bedürfnisse nicht so fest im Griff hätten.

»Die Frau sagte, sie werde nie darüber hinweg kommen, weil sie das Gefühl gehabt habe, dass ich der Mann ihres Lebens sei, um dann herauszufinden, dass ich mich gleichzeitig mit der Fotografin traf. Sie fühlte sich verraten, weil ihre Gefühle rein und intensiv waren und ich andere Gefühle hegte. Ich weiß jetzt, dass es mir darum ging, verlorene Zeit nachzuholen. Ich sah all diese Frauen als Werkzeuge zur Erfüllung meiner Bedürfnisse. Gleichzeitig schätzte und respektierte ich sie auch, wenn man von der Tatsache absieht, dass ich ihnen verheimlichte, dass es noch andere gab. Manche von ihnen sind immer noch gute Freundinnen von mir, aber die eine, deren Gefühle so sehr verletzt wurden, hat Angst vor mir. Sie hat Angst davor, mit mir zu telefonieren. Sie kann mir nur schreiben. Sie ist 22 oder 23 und tief verletzt, und das belastet mich.«

Jetzt, da Carl diesem Verhaltensmuster nicht mehr so ausgeliefert ist, kann er objektiver und mit einer gewissen Distanz darüber nachdenken und andere Gefühle, wie beispielsweise Mitgefühl, zulassen.

»Wir gingen etwa sechs Monate lang miteinander aus«, erzählte Carl. »Einmal hörte ich, wie sie mich am Telefon als ihren Freund bezeichnete, und das beunruhigte mich. Ich fühlte mich plötzlich eingesperrt. Ich mag die Bezeichnung ›Freund‹ für einen Liebhaber nicht, und ich sah unsere Beziehung auch nicht so. Ich fühlte mich nicht wie ihr Freund.«

Aufgrund seiner Regression war Carls Fähigkeit, die Realität wahrzunehmen, zu diesem Zeitpunkt eingeschränkt. Ein Jugendlicher möchte nicht als Freund eines Mädchens bezeichnet werden und sich nicht in einer Situation eingeengt fühlen. Carl, der seine Jugend nachholte, erkannte nicht, dass es ganz normal war, dass die junge Frau ihn als ihren Freund betrachtete, nachdem sie sechs Monate lang miteinander ausgegangen waren. Seine Wahrnehmung der Realität war beeinträchtigt, solange die intensive Phantasie anhielt.

»Sie wollte eine echte Beziehung, und ich wollte nur spielen. Sie dachte, dass ich nur an ihr interessiert sei. Wir hatten unterschiedliche Vorstellungen von der Beziehung. Ich war nur daran interessiert, die verlorene Zeit wieder aufzuholen.

Ich verabredete mich so oft, dass ich manchmal an den Punkt kam, an dem ich dachte, ich kann nicht mehr. Manchmal fühlte ich mich übersättigt.«

Auf die Frage, ob er sich befriedigt gefühlt habe, antwortete er: »Bis zu einem gewissen Grad. Aber ich weiß nicht, ob ich je ganz damit abschließen kann. Ein großer Teil davon ist erledigt.«

Manche Männer wachen nach ein oder zwei Jahren aus diesem Traum auf. Manche wachen erst auf, wenn sie schon eine neue Ehe eingegangen sind, und sehnen sich danach, zu ihrer ersten Frau und ihrer Familie zurückzukehren. Oft ist es dann zu spät, und es können sich Reue und Selbsthass entwickeln. Es kann viele Konsequenzen geben, mit denen der Mann umgehen muss, wenn er nicht versteht, was mit ihm geschieht, und einfach ausagiert.

Die Midlife-Crisis ist auf viele Arten interpretiert und diskutiert worden. Dr. Selwyn Mills, Gestalttherapeut und humanistischer Therapeut, hat sich ausführlich damit befasst und zieht es vor, sie aus einer etwas anderen Perspektive zu betrachten.

»Midlife-Crisis ist ein komplizierter Begriff«, erklärt er, »und kann viele unterschiedliche Erfahrungen beinhalten. Es kann Burnout, Langeweile, tiefe Enttäuschung über das bisherige Leben sein. Aber ich glaube, man betrachtet die Midlife-Crisis am besten im Kontext von Illusionen. Eine Illusion ist ein Rahmen, mit dessen Hilfe wir uns unser Leben erklären, ein Rahmen, innerhalb dessen wir leben. Sie gibt uns ein Gefühl von Sicherheit, weil es sich um ein Glaubenssystem handelt, dessen wir uns allerdings nicht bewusst sein müssen. Ein Beispiel dafür könnte ein junger Mann sein, der heranwächst und Sportler sein möchte. Sein ganzes Leben kreist um die Vorstellung, Sportler zu sein. Er wird achtzehn, geht an die Universität und fängt an, sich selbst als Arzt oder Anwalt zu sehen, worauf er sich auch vorbereitet. Daraus wird ein neuer Lebensrahmen, eine neue Illusion. Dann will er heiraten, eine Familie haben – eine weitere Illusion, ein weiterer Lebensrahmen. Nehmen wir an, dieser Mann ist jetzt etwa 45 Jahre alt, er war beruflich erfolgreich, er hat Kinder, seine Frau, und ganz plötzlich beginnt er, sich leer zu fühlen. Die Struktur, die er für sich aufgebaut hat, genügt nicht, um seine Ruhelosigkeit unter Kontrolle zu bekommen, also verwandelt sie sich in Depression, Langeweile, Desinteresse an dem, was er tut.

Dieser Mann könnte an einer Karriere arbeiten, aber die Karriere genügt nicht, um ihn ganz auszufüllen, oder vielleicht genügt seine Familie nicht. Ich glaube, hier kommt Religion ins Spiel. Ich glaube, eine Familie, die die Erfahrung von Religion und Gemeinschaft macht, ist reicher. Dieser Bezugsrahmen führt uns durch viele Lebensphasen und lässt uns nicht im Stich.

Aber angesichts der Tatsache, dass Menschen länger leben, ist es gesellschaftlich akzeptiert, mehrere Lebensentwürfe umzusetzen. Es ist einfacher, sich scheiden zu lassen und neue Beziehungen einzugehen. All dies sind Versuchungen, denen wir ausgesetzt sind, wenn einige Illusionen verschwinden, und zwar Versuchungen, neue zu entwickeln.

Aber die Midlife-Crisis muss nicht so ablaufen. Ich glaube, dass keine Krise erforderlich ist, wenn jemand den unvermeidlichen Wechsel von einer Illusion zur nächsten auf harmonische, bewusste Weise vollzieht.

Ich glaube, wenn man durchschaut, was geschieht, wird

einem bewusst, dass das Leben eine Abfolge von Illusionen darstellt, von Rahmen, innerhalb derer man lebt, und dann entwickelt man komplexere Illusionen, die der Realität näher sind und die einem die Möglichkeit geben, kreativ zu sein, sich weiterzuentwickeln und zu *lieben*. Ich lebe in diesem Zustand. Ich weiß, dass alles, was ich tue, eine Illusion ist. Das zerstört nicht den Wert meiner Illusionen, aber ich klammere mich auch nicht an ihnen fest. Wenn ich die potenziell illusorischen Aspekte der Beziehung zwischen mir und einem anderen Menschen verstehe, werden Obsessionen und Phantasien eliminiert.«

Aber wenn die Illusionen die Funktion haben, den Reiz einer romantischen Liebesbeziehung auszumachen, was geschieht dann mit der Liebesbeziehung, wenn die Illusionen wegfallen?

»Wenn die Chemie mit einem neuen Partner stimmt«, erklärt Dr. Mills, »dann können Hochgefühle entstehen, die eine weniger unrealistische Basis haben. Wenn man einem anderen Menschen vertraut und mit ihm fühlt, dann ist es auf einer anderen Ebene schön.«

Wenn die Midlife-Crisis klug gehandhabt wird, kann sie die Lebensqualität erhöhen, Neuanfänge ermöglichen und dem Leben mehr Bedeutung geben. Ein Mann kann sich deutlich weiterentwickeln und Teile von sich entdecken, mit denen er nie zuvor in Berührung gekommen ist.

Wenn er aber einfach davonläuft oder Schuldzuweisungen ausspricht oder alte Strukturen über den Haufen wirft, kann er irreparable Schäden anrichten, die er nicht zu verursachen beabsichtigt. Es ist viel Geduld, Klugheit und Mitgefühl erforderlich, um diese schwierige Zeit durchzustehen.

Empfehlungen

für den Umgang mit Männern, die sich in der Midlife-Crisis befinden.

Für Frauen:

- Machen Sie sich klar, dass dies für einen Mann eine Zeit der Turbulenzen und der Veränderungen ist, die oft nicht zu vermeiden sind.
- Geben Sie ihm Raum, um sich selbst zu entdecken, ohne Schuldgefühle haben zu müssen. Seine Veränderungen und seine Unzufriedenheit bedeuten nicht notwendigerweise, dass er Sie nicht mehr liebt.
- Respektieren Sie sich selbst, so sehr es Ihnen möglich ist. Finden Sie für sich Beschäftigungen, Aktivitäten und Interessen, die Ihr Leben erfüllen, und umgeben Sie sich mit Menschen, die Ihnen schon immer Freude bereitet haben. Ihr Mann ist möglicherweise nicht so verfügbar wie sonst. Interpretieren Sie das nicht als Zurückweisung.
- Seien Sie bereit, an Aspekten der Beziehung zu arbeiten, die schon lange Arbeit erfordern. Jetzt ist mehr denn je der richtige Zeitpunkt, um Verantwortung für Ihren Anteil an Konflikten oder Schwierigkeiten zu übernehmen.
- Wenn alle Bemühungen scheitern und er gehen muss, sollten Sie hart daran arbeiten, es nicht persönlich zu nehmen. Er befindet sich möglicherweise in einem Stadium der Regression oder der veränderten Wirklichkeit, und das bedeutet nicht, dass er Sie nicht mehr liebt oder schätzt. Es bedeutet auch, dass er, wenn all das vorbei ist, möglicherweise zu Ihnen zurückkommen will. Bereiten Sie sich auf diese Möglichkeit vor und auch darauf, mit etwas Neuem zu be-

ginnen. Wie stark ist Ihre Fähigkeit zu verzeihen, wenn die schwierigen Zeiten vorbei sind?

Für Männer:
- Seien Sie sich darüber im Klaren, dass Sie sich in einer natürlichen, wenn auch schmerzlichen Entwicklungsphase Ihres Lebens befinden.
- Denken Sie daran, dass die Turbulenzen und die schmerzlichen Gefühle Sie dazu bringen, sich selbst besser zu verstehen und Ihr Leben neu zu bewerten. Dies ist eine Zeit der Selbsterkundung.
- Während Sie so im Aufruhr sind, ist es am besten, nicht auszuagieren. Entscheidungen, die in dieser Phase getroffen werden, sind oft von Bedürfnissen diktiert, die aus der Vergangenheit kommen. Nehmen Sie sich die Zeit, innezuhalten und zu verstehen, was vor sich geht.
- Werfen Sie nicht alles weg, was Sie bisher aufgebaut haben. Während der Midlife-Crisis kann alles leer und trostlos wirken. Wenn Sie mit dieser Lebensphase richtig umgehen, werden diese negativen Gefühle verschwinden.
- Helfen Sie den wichtigen Menschen in Ihrem Leben zu verstehen, was Sie gerade durchmachen. Geben Sie ihnen nicht die Schuld an Ihren Veränderungen. Die Menschen um Sie herum fühlen sich durch das, was geschieht, möglicherweise beunruhigt und verstört. Wenden Sie sich ihnen zu, und helfen Sie ihnen.

Veränderungen geschehen. Wo ist das Problem?
Eshin (Zen-Schüler)

Der Wiederholungszwang

*Jede Geschichte, die wir nicht verstehen,
sind wir zu wiederholen verurteilt.*
George Santayana

Der Wiederholungszwang ist der Zwang, schmerzliche Beziehungen, Verhaltensweisen, Gedanken oder Situationen zu wiederholen. Obwohl es uns unglücklich macht, haben wir keine andere Wahl, als es zu tun. Dieser Zwang ist ein Dieb, der einen Menschen seiner Vernunft, seiner Chancen zur Weiterentwicklung und seiner Befriedigung beraubt.

Einige Analytiker würden sagen, dass unser ganzes Leben durch Wiederholungszwänge gesteuert wird. Andere sagen, dass der Mensch sich im Laufe seiner Entwicklung vom Zwang befreit. Erkenntnis ist möglich, Veränderungen geschehen, aber nicht ohne Wahrnehmung und Verständnis des Dilemmas, in dem wir uns befinden.

Dieses Problem wird in einer wunderbaren Sufi-Geschichte beschrieben: Mullah Nasruddin kaufte einen Korb voll Chili-Schoten, weil sie so billig waren. Er konnte nicht widerstehen. Er begann sie zu essen. Tränen liefen ihm über die Wangen, seine Zunge brannte, und doch fuhr er fort, sie zu essen. Als einer seiner Schüler ihn nach dem Grund fragte, antwortete er, er warte auf eine süße Schote.

Wie der unglückliche Mullah Nasruddin wartet ein Mann,

der dem Zwang unterliegt, sich mit bitteren Frauen einzulassen, darauf, eine süße zu finden, während ihm Tränen über das Gesicht laufen. Aber solange der Zwang wirksam ist und er bittere Frauen anzieht, sind scharfe Chili-Schoten alles, was er bekommt.

Manche Männer durchleben eine schmerzliche Situation noch einmal, um das Trauma zu überwinden, das sie erlebt haben. Sie wollen sich stark und beherrschend fühlen, statt hilflose Opfer zu sein. Sie haben den nicht unterdrückbaren Wunsch, an den Tatort zurückzukehren oder eine Beziehung mit derselben Art von Frau einzugehen, wie sehr es auch schmerzt.

Der beunruhigendste Aspekt des Wiederholungszwangs besteht darin, dass wir beim Wiederholen von Situationen nie Befriedigung finden (auch wenn wir letztlich die gewünschte Reaktion erhalten). Wir haben immer das Gefühl, uns noch ein weiteres Mal in dieselbe Situation begeben zu müssen.

Manche Männer, die unter einem Wiederholungszwang leiden, haben das Bedürfnis, das Geschehene zu verstehen oder von den Menschen, denen sie Unrecht getan haben, Vergebung zu erhalten. Manche verstricken sich in repetitive Verhaltensweisen, um ihre wahren Bedürfnisse und Wünsche zu überdecken. Andere benutzen den Wiederholungszwang, um sich selbst zu bestrafen oder an der Weiterentwicklung zu hindern. Andere tun es, um sich zu beweisen – um sich selbst zu bestätigen, dass sie doch ein richtiger Mann sind.

Manche Männer, die zwanghaft immer wieder Frauen verlassen, sind so in ihrem Zwang gefangen, dass sie die echte Frau aus Fleisch und Blut, mit der sie gerade zusammen sind, kaum wahrnehmen.

Sobald der Wiederholungszwang als das erkannt wird, was er ist, und eine Auseinandersetzung damit erfolgt, kann ein Mann Ruhe und Erfüllung finden.

Die Ursache des Zwangs

Pete ist ein hoch gewachsener, gut aussehender, erfolgreicher Geschäftsmann. Er ist Katholik, Mitte dreißig und liebt die Abwechslung, die Möglichkeit, neue Dinge zu erforschen. Seine Situation ist sehr komplex; sie beinhaltet viele Aspekte des Wiederholungszwangs – das ursprüngliche Trauma, das ihn auslöste, die Art und Weise, wie eine Abhängigkeit daraus wurde, und seine Nutzung des Huren-Madonnen-Komplexes zur Steuerung des Zwangs. In seinem Fall prägt der Wiederholungszwang jeden Aspekt seines Lebens. Sein Verhalten gegenüber Frauen sieht er unter anderem als eine Folge einiger wichtiger Ereignisse.

»Frauen waren mir immer sehr wichtig«, erklärte Pete. »Es gab wichtige Themen, die mit Frauen zusammenhingen. Auf dem Gymnasium war ich ein unattraktiver Junge. Daher war auch meine Kontaktfähigkeit nicht sehr ausgeprägt. Ich war der Älteste unter meinen Geschwistern und sehr damit beschäftigt, eine eigene Persönlichkeit zu entwickeln. Vor Mädchen hatte ich schreckliche Angst.

Zu allem Überfluss besuchte ich mit vierzehn eine katholische Schule, und als mein Körper zu reifen begann, hatte ich das Gefühl, sehr merkwürdig auszusehen. Es war mir so peinlich, dass ich Mädchen nicht einmal ansehen konnte. Ich fürchtete, wirklich anders zu sein, aber die Mädchen waren neugierig auf mich. Sie ergriffen die Initiative, was ich von Mädchen nicht erwartet hätte. Danach ging ich auf eine katholische Highschool nur für Jungen.«

Pete hatte das Gefühl, dass etwas mit ihm nicht stimmte. Er schämte sich seiner erwachenden Sexualität, und Mädchen kamen ihm ebenfalls befremdlich vor.

»Während meines zweiten Jahres an der Highschool ging ich zum ersten Mal mit einem Mädchen aus, zu dem ich mich hingezogen fühlte. Nachdem wir eine Weile zusammen waren, erkannte sie, dass sie lesbisch war, und verließ mich für ein Mädchen. Das war ein richtiger Schock für mich.«

Pete erhielt von dem Mädchen, das ihn für ein Mädchen verließ, keine Bestätigung seiner Männlichkeit.

»Ich hatte auch eine ziemlich grobe Mutter«, fuhr Pete fort. »Sie wurde oft handgreiflich, und wenn ich mit ihr allein war, war es ganz schön hart. Diese Erinnerungen bleiben einem.

Meine Mutter hatte viele Kinder, und sie dachte, ich sollte ihr Helfer sein. Ich weiß nicht, was sie von mir erwartete. Mein Vater konnte nicht wirklich verhindern, dass sie mich misshandelte, aber seine Anwesenheit milderte es etwas. Meine Geschwister waren nicht so sehr davon betroffen. Sie wurden durch meine Gegenwart geschützt. Aber ich fühlte mich hässlich.«

Wenn ein Junge von seiner Mutter misshandelt wird, hat dies verheerende Auswirkungen auf seine Identität als Mann. Er fühlt sich kastriert, herabgesetzt, ungeliebt und hässlich. Diese Wunden wirken sich später unweigerlich auf seine Beziehungen zu Frauen und auf seine Sexualität aus.

»Als ich schließlich in die Situation kam, Frauen zu verlassen«, berichtete Pete, »empfand ich bereits eine ziemliche Abneigung gegen sie. Mit sechzehn lernte ich eine Frau kennen, die hyperfeministische Ansichten hatte und Männer nicht mochte. Das gab mir einen Einblick in das Denken mancher Frauen. Das war auch kein besonders gutes Gefühl.«

Nachdem er von seiner Mutter solchen Hass erfahren hatte, fing Pete an, Frauen anzuziehen, die Männer ebenfalls nicht mochten.

»Schließlich hatte ich einen Wachstumsschub, und viele Mädchen fühlten sich zu mir hingezogen, aber ich traute keiner von ihnen. Ich traute mich, sie ein bisschen zu küssen, nicht aber Sex zu haben. Ich hatte richtige Angst vor Sex.«

Pete empfand eine tiefe Angst vor seiner Mutter, die verhinderte, dass er einer Frau vertrauen oder Sex mit ihr haben konnte. Er projizierte seine Ängste auf die Frauen, die er traf, und sah sie als gefährlich und hasserfüllt.

»Das erste Mädchen, mit dem ich Sex hatte, hasste ich wirklich. Sie war irritierend und hatte selbst Probleme, war aber sexuell sehr aktiv. Bei ihr konnte ich hinterher aufstehen und gehen. Es war das, was ich gesucht hatte.«

Diese Art der sexuellen Beziehung schloss Intimität und Wärme aus, die Pete für keine Frau empfinden konnte und auch von Frauen nicht erwartete. Pete fühlte sich nur sicher, wenn er eine Frau als Sexualobjekt behandeln konnte und keine weiteren Verpflichtungen ihr gegenüber hatte.

»Also ging ich Beziehungen mit ziemlich extravaganten Frauen ein. Zu diesem Zeitpunkt verfügte ich über gewisse Vorzüge – ich war größer geworden, hatte lange blonde Haare und sah sehr gut aus. Das war Ende der siebziger Jahre, und die Mädchen damals hatten seit ihrem zwölften Lebensjahr Sex gehabt. Hier war ich die zu opfernde Jungfrau. Es machte ihnen Spaß, mich in die Sexualität einzuführen und dann weiterzureichen. Ich hatte zwar eine Freundin, vertraute ihr aber nicht. Ich dachte, dass sie mich früher oder später verlassen würde.«

Petes Erfolg bei den Mädchen, sein gutes Aussehen und seine guten Noten begannen sein Selbstwertgefühl zu stärken. Aber sein tief sitzendes Misstrauen gegenüber Frauen und sich selbst blieb bestehen.

»Ich lebte mit der Angst, dass mich die Mädchen verlassen würden«, fuhr Pete fort. »Ich wollte nicht, dass sie gingen, aber wenn sie es taten, war ich nicht überrascht.«

Diese Angst war eine eindeutige Reproduktion der Verlassenheitsgefühle, die er durch seine Mutter erfahren hatte. Wenn eine Mutter einen Sohn verletzt, kann der emotionale Schaden so groß sein, dass es sehr schwer für ihn ist, darüber hinwegzukommen.

Das Selbstwertgefühl, das Pete entwickelte, basierte nur auf oberflächlichen Aspekten. Tief im Innern rechnete er damit, wie damals von seiner Mutter verlassen und zurückgewiesen zu werden. Der Wiederholungszwang wirkte automatisch und unbewusst.

»Die Frau, die mich schließlich verließ, war diejenige, die ich mehreren anderen vorgezogen hatte, um mit ihr eine feste Beziehung einzugehen. Ich fühlte mich seit jeher stärker zu den etwas distanzierteren Frauen hingezogen.«

Pete fühlte sich zu distanzierten Frauen hingezogen, weil er das Gefühl hatte, dass sie keine emotionalen Forderungen an ihn stellen würden. Wenn die Frau, mit der er zusammen war, distanziert war, konnte er es auch sein. Er musste keine zu große Nähe ertragen.

»Die Frau, für die ich mich entschieden hatte, war exotisch und viel reifer als ich, aber was mich anzog, war die Distanziertheit. Sie wollte zuerst keinen Sex haben, war katholischer als ich. Am Ende verließ sie mich für meinen besten Freund, einen sehr attraktiven Mann von rund zwanzig Jahren. Sie verliebte sich Hals über Kopf in ihn. Ich wusste es in dem Augenblick, als es mit uns vorbei war. Es hatte zwei Jahre gehalten.«

Diese Erfahrungen der Ablehnung nährten Petes wachsenden Zwang, sich und seinen Wert zu beweisen und schließlich Rache zu üben.

»Etwa um diese Zeit lernte ich Carol kennen, mit der ich die bislang längste Beziehung hatte. Sie war intelligent, unsicher und hatte eine starke Präsenz. Sie hatte ein großes Problem mit ihrem Vater und übte zu Hause eine Art Mutterrolle aus. Carol und ich wurden gute Freunde. Ich redete sehr gern mit ihr. Wir sprachen über alles. Es bedeutete mir viel.«

Pete traf eine Frau, die eine ähnliche familiäre Situation wie er erlebt hatte, und statt eine sexuelle Beziehung einzugehen, wurden sie gute Freunde. Ohne die Sexualität konnte er die Freundschaft aufrechterhalten und seinen Respekt vor ihr und vor sich selbst bewahren. Außerdem musste er nicht seinen Zwang auf die Beziehung projizieren und nicht fürchten, dass Carol ihn wie seine Mutter verletzen und verlassen würde.

»Carols beste Freundin ließ sich mit mir ein. Carol war beunruhigt und versuchte, mich im Auge zu behalten. Ich trennte mich von ihrer Freundin, weil ich nicht sicher war, dass ich diese Beziehung wollte. Sie war zu liebenswürdig. Ich wollte keine so liebenswürdige Frau. Ich wollte eine wilde, aufregende Beziehung. Sie war klug und liebenswürdig und hübsch. Nicht das Richtige für mich.«

Wenn der Wiederholungszwang im Spiel ist, kann ein Mann es nicht ertragen, mit einer zusammen zu sein, die anders ist, als er es erwartet. Solange er vom Wiederholungszwang beherrscht wird, kann er nie das bekommen, was er braucht. Das Einzige, was er wieder und wieder bekommen kann, ist die Chance, das ursprüngliche Trauma erneut zu erleben.

Auf die Frage, ob er zwischen Frauen für Sex und Frauen für eine Beziehung unterschied, antwortete Pete: »Ja, auf jeden Fall. Ich wünschte mir, es zusammenführen zu können, aber es funktionierte nie. Carol und ich blieben Freunde. Ich brauchte Carol, weil ich zu dieser Zeit begriff, dass meine Mutter psychisch krank war. Carol war anders; sie war mir wichtig, und ich wollte sie nicht verlieren.

Nachdem ich die Wahrheit über meine Mutter erkannt hatte, beschloss ich, objektiv zu werden und Beziehungen vom Verstand her anzugehen. Ich machte mir die Dinge selbst klar. Ich hörte mir jedes Problem an und betrachtete es aus der Distanz. Ich stellte fest, dass ich in meinem eigenen Leben objektiv sein konnte. Es war eine Erleichterung.«

Hier fängt Pete an, sein Verhalten etwas unter Kontrolle zu bekommen. Die Fähigkeit, sich zu distanzieren, sich die Dinge anzusehen und automatische Reaktionen zu vermeiden, ist ein wichtiger Schritt.

»Aber obwohl ich objektiv war, fing ich an, mit meiner Sexualität zu experimentieren. Ich war mit einer Gruppe Lesben befreundet. Ich war der Typ, auf den sie sich immer verlassen konnten, und war den meisten gegenüber ziemlich väterlich. Sie waren neugierig auf mich, und ich kam besser mit ihnen aus als mit allen anderen Frauen, die es in meinem Leben bisher gegeben hatte.

Für viele aus meinem Bekanntenkreis waren sie überhaupt nicht zu verstehen. Ich hingegen fühlte mich wohl bei ihnen, weil ich keine meiner Regeln auf sie anwenden musste. Ich war bereit, einfach Zeit mit ihnen zu verbringen und zuzuhören – ihre Gedanken und Verhaltensweisen zu begreifen. Frauen sind wirklich anders als Männer. Bei ihnen passiert täglich viel mehr an Veränderungen.

Diese Frauen waren wirklich auch neugierig auf mich. Das Tolle war, dass sie mir etwas über Sex beibrachten. Sie waren nicht besitzergreifend. Wir waren befreundet, hatten aber keine Liebesbeziehung. Ihre Gefühle gehörten ihren Freundinnen. Sie experimentierten eben einfach auch mit mir. Es war eine große Erleichterung.«

Pete fühlte sich mit diesen Frauen sicher, weil sie nicht von ihm verlangten, ein konventioneller Mann zu sein oder ihnen emotional Erfüllung zu geben. Er konnte den Sex genießen und es dabei bewenden lassen.

»Diese Zeit mit diesen Frauen zu verbringen half mir wirklich. Man konnte intim und doch frei sein. Es war sicher. Sie verliebten sich nicht in mich und wollten auch nicht, dass ich mich in sie verliebte.«

Sie verlangten nichts, das Pete nicht geben konnte. Das war eine Erleichterung für ihn, und er fühlte sich nicht so unzulänglich, wie das in einer anspruchsvolleren Beziehung hätte der Fall sein können.

»Diese Frauen vertrauten Männern nicht. Sie verstanden, dass sie mit mir guten Sex haben konnten, sich aber auf nichts weiter einlassen mussten. Nach der Zeit mit ihnen konnte ich meine erste Beziehung eingehen, die sowohl Sex als auch Gefühle beinhaltete. Wir verlobten uns sogar.

Das war die sexuell aktivste Beziehung, die ich in meinem Leben hatte. Sie hielt einige Jahre, und mit Laurie konnte ich Sex und Zuneigung erleben. Es war etwas Neues.

Am Anfang war alles großartig, aber im Lauf der Zeit wurde Laurie irrational. Sie beschimpfte mich, weil ich ihre Erwartungen nicht erfüllt hatte. Ihre Familie bestärkte sie in ihrer Enttäuschung über mich. Sie schrie mich an und demütigte mich. Das war etwas, das ich von meiner Mutter her kannte.«

Obwohl diese Beziehung gut begann, wiederholten sich alte Erinnerungen und Erfahrungen. Tief in seinem Unterbewusstsein zog Pete eine Frau an, die sich wie seine Mutter zu verhalten begann.

Pete wies Frauen, die zu liebevoll waren, die ihm Liebe und Anerkennung gaben, zurück. Er sehnte sich nach der Möglichkeit, die Beziehung zu seiner Mutter zu wiederholen, die irrational war, ihn zurückwies und misshandelte. Er sehnte sich danach, schlecht behandelt zu werden, um die Situation unter Kontrolle zu bekommen. Um dem Schmerz, den er in seinem Leben erfahren hatte, ein Ende setzen zu können.

»Am Ende wurde es zu viel. Ich rief Laurie an, als sie zurück auf dem College war, und sagte ihr, dass es vorbei sei. Ich musste es am Telefon tun, weil ich zu diesem Zeitpunkt schreckliche Angst vor ihr hatte.«

Seine Angst vor Laurie war die Angst vor seiner Mutter, die wieder ins Spiel kam. Wieder versuchte Pete, seiner irrationalen Mutter zu entkommen und sich von ihr zu verabschieden. Aber so einfach war es nicht.

»Laurie kreuzte noch am selben Abend auf, an dem ich sie

angerufen hatte. Ich ging nach unten, und sie rastete richtiggehend aus. Es war Angriff, Verführung und Sex, der fast einer Vergewaltigung gleichkam.«

Es kommt häufig vor, dass Angriffe und Schmerz in einer zwanghaften Beziehung eskalieren. Wie von einer Droge braucht ein Mensch mehr und mehr davon. Für viele ist dieses Verhalten auch sexuell erregend – eine Kombination, die schwer aufzugeben sein kann.

»Am nächsten Tag sagte ich ihr, ich sei schwul – ich versuchte alles, um sie loszuwerden. Ich sagte, es sei mein Fehler, nicht ihrer. Aber sie hörte nicht auf mich.

Ich habe sie nie geschlagen. Ich war zu gut dafür. Man kann von einer Frau halb bewusstlos geschlagen werden, aber sobald man selber ein wenig handgreiflich wird, ist man der Schuldige.

Danach beschloss ich sofort, dass es keine Frauen mehr in meinem Leben geben würde – nur Sex. Ich wollte einfach nur mit sexuell aktiven Menschen zusammen sein, das war alles.«

An diesem Punkt war Sex für Pete eine Droge geworden. Sex hatte zudem auch einen zwanghaften Charakter angenommen. Er würde sich an Laurie, an seiner Mutter und allen anderen Frauen rächen, indem er Sex mit ihnen hatte, ohne etwas dabei für sie zu empfinden. Auf diese Weise schützte er sich selbst.

»Zu dieser Zeit lernte ich Maria kennen, die sehr sympathisch, pflichtbewusst und hübsch war. Ich sagte: ›Ich will das nicht‹. Ich verließ sie beinahe aus Böswilligkeit – um mich zu rächen. Ich wusste, dass ich sie nicht heiraten würde und sagte es ihr. Das tat ihr sehr weh. Sie tat mir ein bisschen leid, aber ich wusste, dass sie einiges einstecken konnte.«

Für Pete wurde Sex zu einer Waffe. Er wollte Macht und Rache. »Ich ließ mich mit vielen Mädchen ein, mit einer nach der anderen. Meistens hatte ich drei Mädchen pro Woche – eine für Mittwoch, eine für Montag und eine für das Wochenende. Es lief richtig gut.«

Sex wurde zur Sucht und hinderte ihn daran, seinen Schmerz zu fühlen oder sich seiner tiefen Einsamkeit zu stellen.

»Dann kam eine Zeit, in der ich mich von Mädchen völlig fern hielt. Ich hatte Angst davor, ein Sex-Junkie zu werden. Also hörte ich damit auf und nahm mir viel Zeit, um alles zu verstehen – auch meine Mutter.«

Wenn er sich nicht diese Auszeit genommen hätte, hätte Pete angesichts seiner zunehmenden Abhängigkeit und Zwanghaftigkeit möglicherweise völlig die Kontrolle verloren. Sein Zwang diente dazu, die Wut aus seiner Kindheit abzuwehren. Aber als seine Sexualität zunehmend unpersönlicher wurde, drang die Wut durch. Sowohl er als auch die Frauen, mit denen er zusammen war, waren weniger sicher. Irgendwie wurde ihm das bewusst.

Petes Fähigkeit, seine sexuellen Aktivitäten vorübergehend einzustellen und sich seines Verhaltens bewusst zu werden, zeugt von seiner Stärke und seinem Wunsch, gesund zu werden und ein Gleichgewicht zu finden. Statt sich mit einer weiteren Frau einzulassen, stellte er sich dem Zwang.

»Nachdem ich eine Weile damit aufgehört hatte, wurde ich ruhiger und nahm mir die Zeit, über alles nachzudenken. Ich sehnte mich zu diesem Zeitpunkt sehr danach, Sex und Gefühle zusammenzubringen. Dann traf ich Andrea, mit der ich die erste Beziehung hatte, in der ich an Heirat dachte.

Die Beziehung mit Andrea dauerte fünf Jahre. Am Anfang

waren wir ständig zusammen. Ich liebte sie wahnsinnig. Wir lebten zweieinhalb Jahre zusammen. Gegen Ende unserer Beziehung betrog ich sie hin und wieder. Sie fühlte sich bedroht und verstand es nicht. Am Ende verließ sie mich.«

Durch sein Verhalten provozierte Pete genau das, wovor er sich fürchtete. Obwohl er Angst davor hatte, Andrea zu verlieren, brachte sein Zwang ihn dazu, ein Verhalten an den Tag zu legen, das sie nicht tolerieren konnte.

Obwohl Pete sich mit seinem Zwang auseinander gesetzt hatte, wirkte er in seinem Innern immer noch weiter. Er konnte nicht ohne eine Frau sein. Wahrscheinlich hätte er sich ohne Frau und ohne sexuelle Aktivität kastriert gefühlt – so wie er sich ursprünglich bei seiner Mutter gefühlt hatte.

»Andrea wollte mich nicht mehr. Ich versuchte bestimmt sechs bis zwölf Monate, sie zurückzugewinnen. Sie zog sich zurück.«

Wenn es in einer Beziehung sehr viele Seitensprünge gibt, wird das grundlegende Band zwischen den Partnern geschwächt und oft völlig zerstört.

»Andrea verstand, was vor sich ging, aber zu diesem Zeitpunkt war es bereits ein Zwang. Für mich war es eine Art Wettbewerb mit diesen Frauen, so als würde ich sagen: ›Du wirst schon sehen, dass ich dich kriege.‹ Es war das Phänomen des Pferdes, dessen Willen man bricht, des Pferdes, das man sich unterwirft. Ich hatte diese Einstellung gegenüber Frauen.«

Petes Beziehungen zu Frauen waren ein Kampf auf Leben und Tod um seine Männlichkeit, ein tiefes Bedürfnis, Macht auszuüben. Aber je mehr er sich auf diesen Kampf einließ, desto weniger hatte er natürlich das Gefühl, die Dinge unter Kontrolle zu haben und letztlich ein erfolgreicher Mann zu sein.

»Nach Andrea waren meine sexuellen Beziehungen liebloser. Aber mit wem ich auch schlief – ich fühlte mich immer unglücklich. Es wurde alles immer schlimmer. Ich hatte das Gefühl, dass sexuelle Techniken charakterliche Schwächen eines Menschen überspielen konnten. Ich konnte besseren Sex haben als die meisten. Ich schlief mit ungefähr 160 Frauen – mein Bedürfnis, geliebt und akzeptiert zu werden, war enorm.

Ich würde nicht sagen, dass ich die meisten Frauen verließ – ich hörte einfach auf, mit ihnen zu schlafen. Ich verließ diese Frauen nicht, weil ich mich nie auf sie eingelassen hatte. Die wenigen Gelegenheiten, bei denen ich Frauen böswillig verließ, um mich besser zu fühlen, ließen mir keine Ruhe, veränderten mich aber auch. Ich gewöhnte mich immer mehr daran, gemein zu sein.«

Auf die Frage, ob ihm Böswilligkeit Stärke verlieh, antwortete Pete: »Ja. Mir war es in meinem Leben fast immer schwer gefallen, Gefühle in Bezug auf andere Menschen zu entwickeln. Sex bot die beste Lernmöglichkeit. Mein Sozialverhalten stammt aus diesen intimen Kontakten. Ich musste Böswilligkeit erlernen. Ich lernte es durch Sex. Das war besser, als nett zu sein.

Manche Leute sagen, du hast viel oberflächlichen Sex gehabt, aber die Wahrheit ist, dass ich nie einen beiläufigen One-Night-Stand hatte. Ich hatte viele Geliebte. Jede von ihnen – mit Ausnahme derjenigen, die ich aktiv verließ – hätte sich gefreut, mir zufällig irgendwo zu begegnen.

Dann lernte ich Rachel, meine Frau, kennen, die physischem Kontakt und Sex sehr ablehnend gegenüberstand. Das war eine Herausforderung und gleichzeitig eine Erleichterung. Ich hatte Angst, für immer sexsüchtig zu sein, und wollte Sex aus meinem Leben verbannen. Ich begriff jedoch nicht, wie weit es gehen würde.«

In seiner Ehe trennte Pete wieder Liebe und Sexualität. Er ging die Ehe ein, um seine Sexualität unter Kontrolle zu bringen, aber sie hatte die gegenteilige Wirkung. Ein Zwang lässt sich durch nichts unter Kontrolle bringen oder verändern, außer durch direkte Arbeit daran. Er hätte den Zwang sorgfältig entwirren und herausfinden müssen, woher die einzelnen Fäden kamen und auf welche Weise sie ihm die Luft abschnürten.

»Es ist einfacher, Sex unter Kontrolle zu bringen, wenn man niemanden in seiner Nähe hat, der einen ständig bedrängt«, sagte Pete. »Meine Frau tut das nicht. Ich bin froh darüber. Und ich liebe sie.«

Aus dieser Aussage spricht das Gefühl, dass Frauen unersättlich sind. Obwohl Pete ihnen das gibt, wovon er glaubt, dass sie es wollen, lehnt ein Teil von ihm dies ab. Tief verborgen unter seinem Draufgängertum befindet sich ein Junge, der schreckliche Angst davor hat, zurückgewiesen und verlassen zu werden, und der sich danach sehnt, seiner Frau zu gefallen.

Pete verwehrt sich die Möglichkeit, das zu bekommen, was er braucht – ein stabiles Verhältnis mit einer Frau, die ihm sowohl emotional als auch sexuell etwas gibt.

Er will es noch nicht. Die Eroberung der Mutter und das ursprüngliche Trauma sind immer noch zu aufregend. Für eine stabile Beziehung müsste er verzeihen und den Versuch aufgeben, die Vergangenheit zu besiegen.

Als man ihn darauf hinwies, es sei doch bedauerlich, dass ein Mann mit einer sehr weit entwickelten Sexualität diese Sexualität völlig aus seiner Ehe ausschließe, meinte Pete: »Ich weiß, dass meine Frau mir sicher ist, weil ich weiß, dass sie keine anderen Männer aufsucht. Ich weiß, dass sie in meine ganze Verrücktheit passt. Ich will zwar eine Frau, die sexuell interessiert ist, aber dann müsste ich immer mit der Möglichkeit leben, dass sie mich für einen anderen verlässt – einen jüngeren oder vielleicht einen besseren Mann.«

Es gibt verschiedene Möglichkeiten, mit einem solchen Fall zu arbeiten. Manche versuchen es mit einer Psychoanalyse, in der sich der Patient langsam der unterdrückten Erinnerungen und der Traumata, die ihm widerfuhren, bewusst wird. Im Laufe der Zeit lässt das Bedürfnis, sich auszuagieren, nach, und der Betreffende kann die verschiedenen abgespaltenen Anteile seiner Persönlichkeit wieder integrieren.

Die Gestalttherapie bietet eine weitere Möglichkeit, dasselbe Ziel zu erreichen. Sie zielt direkt auf die zu Grunde liegende emotionale Erfahrung ab, statt zu viel Zeit mit der intellektuellen Analyse zu verbringen. Dr. Selwyn Mills beschreibt folgendermaßen, wie er mit einem solchen Klienten arbeiten würde: »Nachdem ich ihn über seine Mutter und die Erfahrungen aus seiner Kindheit befragt hätte, würde ich versuchen, ihn mit den Gefühlen in Kontakt zu bringen, die er als Kind hatte, wann immer seine Mutter ihn misshandelte. Da seine ursprünglichen Gefühle verschüttet sind, sucht er jetzt Frauen, die ihn schlecht behandeln. Misshandelte Menschen haben den Wunsch, es diesmal richtig zu machen, den Schmerz zu lindern, indem sie das überwinden, was ihnen als Kind nicht möglich war. Also findet Pete eine Frau, die ihm nicht die Zuwendung gibt, die er braucht.

Was die Therapie angeht, so muss Pete an einen Punkt gelangen, an dem er erkennt, dass ihn das, was er sich von dieser Frau erhofft, nicht glücklich machen wird – dass sich nur seine Suche nach Frauen wiederholt, die ihm keine Erfüllung geben.

Um ihn damit in Kontakt zu bringen, würde ich die Aufmerksamkeit auf seine Körpersprache lenken – wie er spricht oder sitzt. Ich würde die Aufmerksamkeit auf seine Kehle, seinen Tonfall, seine Art, sich zu bewegen, lenken und ihn fragen, was jetzt gerade mit ihm geschieht. Ich würde ständig die Aufmerksamkeit auf seine Körperlichkeit lenken, bis ich ihn dazu zwingen könnte, in sich hineinzugehen und zumindest mit dem physiologischen Schmerz in Berührung zu kommen, den er jetzt empfindet.

Sobald er sich tief genug in seinem Körper befände, in Kontakt mit dem physiologischen Schmerz (vielleicht einem Schmerz in der Brust oder der Kehle), würde ich ihn bitten, diesem Teil seines Körpers eine Stimme zu geben. Diese Stimme würde ihn unweigerlich an einen Ort bringen, von dem er sich durch intellektuelles Verbalisieren entfernt.

Dann würde ich daran arbeiten, seinen früheren Schmerz mit seiner Mutter zurückzuholen und eine Beziehung zu dem herzustellen, was er jetzt durchmacht. Natürlich geschieht all das langsam und vorsichtig, ganz allmählich.

Ich würde ihm nicht zu viel Gelegenheit geben, sich verbal darüber auszulassen, wie wunderbar all diese Frauen sind. All diese Verbalisierung führt nirgendwohin. Sie dient nur als Versteck vor seinem Schmerz.«

Auf die Frage, ob Petes ursprünglicher Schmerz und Zorn verschwinden würden, sobald er damit in Berührung käme, antwortete Dr. Mills: »Nein, das bedeutet es nicht notwendigerweise. Sobald Pete mit den Gefühlen aus seiner Kindheit in

Kontakt käme, würde ihm das helfen, sich selbst ein Elternteil zu sein. Nach der gefühlsmäßigen Erfahrung würden wir einige Interpretationen vornehmen. Ich könnte beispielsweise sagen: ›Ich nehme an, du weißt, dass deine Mutter – so schlimm deine Kindheit war – dir nie das geben wird, wonach du dich auf einer sehr tiefen Ebene sehnst.‹ Sein Verstandes-Ich würde dem zustimmen. Dann würde ich ihm sagen, er solle noch einmal zu der Erfahrung aus seiner Kindheit zurückgehen und diesmal sein erwachsenes Ich mitnehmen – Pete, wie er heute ist, mit den Erkenntnissen, die er heute hat. Ich würde ihn den erwachsenen Pete als Führer für den kleinen Pete mitnehmen lassen. Er würde sich ansehen, was zwischen ihm und seiner Mutter geschah, und diesmal aktiv seine eigene Elternrolle übernehmen. Anschließend würde ich ihm Zeit geben, das auf sich wirken zu lassen.

Nach etwa einer Woche würden wir alle Gefühle im Zusammenhang mit dieser Szene noch einmal durchspielen, und ich würde ihn ermutigen, jetzt als Erwachsener die Verantwortung für seine Gefühle zu übernehmen. Als Erwachsener kann er für sich selbst sorgen. Der kleine Junge konnte das nicht. Pete überlässt jetzt dem kleinen Jungen in sich die Kontrolle und übernimmt nicht als Erwachsener die Verantwortung. Als Erwachsener muss und kann er das tun, was gut für ihn ist. Es geht darum, die verschütteten, fragmentierten Anteile von sich wiederzubeleben, um in seinem jetzigen Leben neue Motivation und neue Handlungsmöglichkeiten zu erhalten.

Bei der Gestalttherapie geht es darum, mit alten, nicht mehr im Zugriff befindlichen Teilen von uns in Berührung zu kommen und sie als Erwachsener wieder zu leben. Man geht in den

Ursache des Zwangs

Körper und gibt dem eine Stimme, was man dort findet. Manchmal nutzen wir Rollenspiele oder interagieren mit der abwesenden, traumatisierenden Figur, indem wir sie auf einen leeren Stuhl setzen. Patienten werden sich alter Handlungsmuster bewusst, die sie zwingen, gegen ihre eigenen gegenwärtigen Interessen zu handeln. Dann ändern wir sie.

Natürlich muss man zuerst einmal feststellen, ob der Betreffende ein reifes Verständnis seines derzeitigen Lebens hat. Man kann nur jemanden, der derzeit stark ist und zumindest einen Teil dessen versteht, was geschieht, dorthin zurückführen. Er muss erkennen, dass er sich derzeit wie ein Kind verhält und als Erwachsener an den Tatort zurückgehen will, um neue Erkenntnisse ins Spiel zu bringen. Wenn der Patient bereit ist mitzumachen, erhält man tolle Ergebnisse.«

Es gibt andere Möglichkeiten, mit dem Wiederholungszwang zu arbeiten. Gruppen, die sich mit Sucht befassen, wie beispielsweise die Anonymen Alkoholiker, haben ihr eigenes System, das ebenfalls sehr gute Ergebnisse bringt.

Welchen Weg ein Mensch auch beschreitet – über einen bestimmten Zeitraum ist eine starke Intervention erforderlich, da es fast unmöglich ist, diese Verhaltensmuster aus eigener Kraft abzulegen. Überwachung ist nötig. Aber die Mühe lohnt sich. Sie ermöglicht nicht nur ein neues Leben, sondern auch die Reise selbst kann faszinierend sein.

Empfehlungen
für den Umgang mit Männern, die unter einem Wiederholungszwang leiden.

Für Frauen:
- Sie müssen vor allem erkennen, dass er krank ist und Sie ihn nicht heilen können.
- Helfen Sie ihm, professionelle Unterstützung zu bekommen.
- Nehmen Sie ebenfalls professionelle Hilfe in Anspruch, falls Sie bei ihm bleiben wollen. Sie haben eine schwierige Zeit vor sich.
- Machen Sie sich klar, dass Sie ihn lieben können, ohne ebenfalls in seine Muster verstrickt zu werden. Liebe bedeutet Annahme und Verständnis. Es bedeutet nicht, Verhaltensweisen zu übernehmen.
- Beschäftigen Sie sich. Leben Sie ein erfülltes Leben. Erlauben Sie sich, Ihren Horizont zu erweitern. Verstehen Sie, warum Sie sich mit ihm eingelassen haben.

Für Männer:
- Wenn Sie dieselbe Situation oder dasselbe Verhalten immer wieder durchleben und dieselben schmerzlichen Ergebnisse erzielen, sollten Sie erkennen, dass Sie einem unbewussten Wiederholungszwang ausgeliefert sind.
- Auch wenn Sie das Gefühl haben, dass das nächste Mal anders sein wird, wird das nicht der Fall sein.
- Wenn Verhalten durch einen Wiederholungszwang motiviert ist, ist es schwierig, daraus zu lernen oder neues Verhalten an den Tag zu legen.
- Nehmen Sie professionelle Hilfe in Anspruch. Es führt nur

zu begrenzten Ergebnissen, wenn Sie mit Freunden oder Angehörigen über Ihr zwanghaftes Verhalten sprechen. Ihre Reaktionen sind durch tiefer liegende Faktoren motiviert, als irgendjemand durchschauen könnte.
- Machen Sie sich klar, dass Sie nicht allein sind. Der Wiederholungszwang ist eine häufige Reaktion auf Traumata und andere schmerzliche Erfahrungen aus der Vergangenheit, die nicht verarbeitet wurden. Wenn Sie bereit sind, die Verantwortung für Ihr Verhalten zu übernehmen und daran zu arbeiten, ist die Prognose gut.

*Die Geschichte ist eine Wiederholung
der falschen Art zu leben.*
Lawrence Dureeli

Der Lockruf des Abenteuers

*Die große Not vor deinen Augen
lässt dich nicht mehr nach den Regeln leben.*
Ummon

In seinem wunderbaren Buch *Eisenhans* spricht Robert Bly von den Abenteurern, den Männern, die Weiterentwicklung, Abwechslung und Abenteuer in ihrem Leben brauchen. Dieses innere Bedürfnis kann bei manchen Männern ausgeprägter sein als bei anderen, aber auf die eine oder andere Weise ist es bei allen vorhanden.

Laut Joseph Campbell war die Suche des Helden – der Drang, Abenteuer und Herausforderungen zu bestehen, über sich hinaus zu wachsen, all das zu werden, wozu ein Mann fähig ist – zu allen Zeiten ein häufiges Thema in der Mythologie. Manche Männer spüren diesen Ruf in Verbindung mit ihrer Arbeit, andere beim Sport, bei tollkühnen physischen Aktivitäten. Andere spüren diesen Ruf in Bezug auf Frauen, die sie als ihre primäre Herausforderung oder als Pforte zu den Mysterien des Lebens ansehen.

Harold, ein sehr redegewandter, warmherziger, humorvoller Mann Ende vierzig, geschäftlich und als Seminarleiter erfolgreich, entwickelt sich ständig weiter, wobei jeder Entwicklungsschritt durch eine andere Frau ausgelöst wurde. Er stammt aus einer Familie, in der er sich als Opfer seiner passiven Mutter und seines gewalttätigen Vaters fühlte, und nahm in einem sehr frühen Alter Beziehungen zu Frauen auf.

»Meine erste wichtige Beziehung hatte ich mit neunzehn. Sie war sechzehn und sehr verletzlich. Ich hatte in dieser Beziehung einige Macht und endlich die Chance, es meinen Eltern heimzuzahlen – leider auf dem Rücken dieses jungen Mädchens. Ich behandelte sie sehr schlecht, so wie sie es mit mir getan hatten. Wir bekamen ein Baby, und eines Tages sah ich das Baby an, das ich liebte, und erkannte, dass ich dieses unschuldige Geschöpf nicht all meinen Ausbrüchen aussetzen durfte. Also ging ich.«

Harold entzog sich dieser Situation aus Mitgefühl für das Kind und aus Angst davor, dass er ihm Schaden zufügen könnte. Er hatte das Gefühl, nicht der Vater sein zu können, den dieser kleine Junge zu jenem Zeitpunkt brauchte. Das quälte ihn über die Jahre sehr; er fühlte sich schuldig und empfand Reue und den Wunsch, mit seinem Sohn zu sprechen. Nach dreißig Jahren war er endlich in der Lage, Kontakt zu ihm aufzunehmen.

»Es war wunderbar, mit ihm zu sprechen. Ich erfuhr, dass es ihm jetzt gut geht. Seine Mutter hatte wieder geheiratet, und es hatte sich alles zum Guten gewendet.

Damals trug ich sehr viel Wut auf meine Eltern in mir, manchmal auch heute noch, aber heute gehe ich anders damit um. Wenn man sich weiterentwickelt, stellt man fest, dass man Wut loslassen oder anders verarbeiten kann. Man projiziert sie nicht auf andere. Jetzt spüre ich sie einfach und sage: ›Oh, da ist noch ein altes Stück Wut.‹ Jetzt weiß ich, dass ein Erwachsener in mir steckt, der verstehen und verzeihen kann. Niemand hat etwas absichtlich getan. Jeder reagierte einfach seine Gefühle ab.«

Viele brauchen sehr lange, um diese Erkenntnis so zu vertiefen, dass sie ihr Verhalten gegenüber anderen beeinflusst und sie aufhören können, Wut auszuagieren. Harold hatte das Glück, dass sein Drang nach Abenteuern ein innerer Ruf war, der ihn dazu veranlasste, in sich hineinzuschauen, alles über sich herauszufinden, zu wachsen, sich zu entwickeln und das Bestmögliche aus sich zu machen. Er folgte diesem Ruf, der ihm letztlich in seinem Leben die Früchte brachte, die er sich immer gewünscht hatte.

»Die nächste längerfristige Beziehung war meine zweite Heirat – mit Gail«, berichtete Harold. »Diese Beziehung brachte Struktur in mein Leben. Wir kannten uns sechs Wochen. Ich wechselte zu dieser Zeit häufig die Partnerinnen, schwängerte zwei Frauen und sehnte mich nach Struktur und Kontrolle. Diese Heirat brachte mir Disziplin.

Als ich Gail heiratete, hatte ich nicht einmal einen Highschool-Abschluss, während sie bereits mehrere Abschlüsse von einer guten Universität hatte. Während unserer Ehe half sie mir, ebenfalls sechs Jahre an einer Spitzenuniversität durchzustehen.

Das war meine Bildungsehe. Wir waren sieben Jahre zusammen. Ich liebte sie, aber was ist Liebe? Ich mochte vieles an ihr. Wir waren intellektuell wunderbar kompatibel. Sie war sehr, sehr intelligent. Sie und ich konnten auf einer sehr tiefgründigen Ebene über Dinge sprechen, und ich genoss es sehr, mich mit ihr zu unterhalten. Das ist jetzt immer noch so, wenn wir uns sehen.

Aber trotz alldem spürte ich doch einen stärkeren Drang, sie zu verlassen, als mir klar war. Sie war sehr negativ und depressiv. Sie hatte eine geringe Selbstachtung und kam aus einer sehr steifen Familie. Ihre Negativität belastete mich, weil ich selbst mit so viel davon aufgewachsen war. Ich glaube, dass ich mit meiner eigenen Negativität genug zu tun hatte – mit ihrer konnte ich nicht auch noch umgehen.«

Hier haben wir wieder den Fall eines Mannes, der die Situation in seiner Ursprungsfamilie reproduzierte. Was immer in der Ursprungsfamilie unerträglich war, kehrt in anderer Form im Leben wieder. Oft heiraten wir, um dem zu entkommen, was wir hatten oder waren. Wir suchen das Gegenteil. Aber echtes Wachstum wird nicht durch Flucht ermöglicht, sondern nur durch das Aufarbeiten der Situation, in der wir uns befinden.

»Irgendwann trennten wir uns«, fuhr Harold fort. »Sie hatte eine Affäre mit einem meiner Freunde. Also trennten wir uns für etwa zwei Monate. Dann waren wir noch einmal zwei Jahre zusammen und setzten unsere Studien fort. Zu diesem Zeitpunkt konnte ich keine Scheidung akzeptieren, weil ich wirklich wollte, dass unsere Ehe funktionierte. Aber wir stritten uns nach wie vor, und dann wurde uns klar, dass es uns getrennt besser gehen würde. Ich würde allein klarkommen. Aber es machte mir Angst. Die Beziehung endete, als wir beide unser Studium beendet hatten. Glücklicherweise hatten wir keine Kinder.

Als wir uns trennten, machte ich eine Therapie und hatte die Möglichkeit, die Trennung auf eine Weise durchzuarbeiten, wie ich es noch nie getan hatte. Ich war bei einem Psychologen der Rankeschen Schule, der Geburtstraumen und Trennungsthemen aufarbeitete. Wir arbeiteten viel im Bereich Trennung, was sehr gut war. Ich brachte alle früheren Trennungen zur Sprache, die ich erlebt hatte. Ich arbeitete an meiner Angst vor der Zukunft, der Wut über die Trennung, meiner Eifersucht wegen ihrer Affäre. Ich arbeitete auch an der Trauer.

Aber von dem Tag an, als ich auszog, habe ich die Scheidung nicht ein einziges Mal bedauert. Ich vergesse nie den ersten Morgen, als ich in meiner neuen Wohnung aufwachte. Ich sagte mir, dass ich nie wieder dieses Theater durchmachen würde. Ich wusste zwar nicht, ob es mit der nächsten Frau besser sein würde, aber es würde anders sein. Ich war bereit für etwas Neues.«

Harold nutzte seine Beziehungen, um sich innerlich weiterzuentwickeln und zu wachsen. Er betrachtete Schmerz und Leiden als etwas, woraus er lernen konnte, und eine Möglichkeit, Teile seines Lebens abzuschließen. Er ging nicht mit Vorwürfen, sondern mit der Bereitschaft, sich der nächsten Herausforderung zu stellen.

Aber trotz innerer Veränderungen und Entwicklungen wiederholte Harold das Muster seiner Ursprungsfamilie. Er zog neurotische Frauen an, um zu lernen, wie er sich auf andere Weise zu ihnen in Bezug setzen konnte, um alle Aspekte der Situation zu verstehen und zu erkennen, wie es funktionieren konnte.

»Die Nächste war Georgia. Sie lehrte mich, tollen Sex zu haben – oh, Mann! Toll – aber es war nicht genug. Sie war wirklich gestört. Sie war so voller Ängste und Kummer, wie ich es noch nie bei einem Menschen erlebt hatte. Aber sie hatte auch ein großes Herz. Ich brachte sie zur Spiritualität. Wenn Georgia geerdet war, war sie wunderbar, aber sie machte mich auch wütend. Sie war die Art von Mensch, der erst recht weitermacht, wenn man ›Stopp‹ sagt. Wenn ich mich zu entspannen versuchte, stellte sie mir all diese komplizierten Fragen. Ich bat sie, damit aufzuhören, aber sie hörte nicht auf. Sie stellte noch drängendere Fragen und wurde wütend, weil ich ihr Grenzen setzte. Sie war so an die Negativität ihrer Kindheit gebunden. Es war schade. Wir stachelten uns gegenseitig an.«

Offensichtlich brauchte Harold gestörte und verstörende Frauen, er hatte geradezu eine Vorliebe für sie. Trotz der Schwierigkeiten, die sich daraus ergaben, fand er sie aufregend und stimulierend. Außerdem konnte er ihre Neurosen als Vorwand dafür nehmen, sie zu verlassen, wenn die Zeit gekommen war. Es schützte ihn vor gesunder Intimität. Es schützte ihn auch in gewisser Weise davor, sich auf seine eigene Neurose konzentrieren zu müssen. Indem man ständig mit einem äußeren Dämon kämpft, kann man vermeiden, Verantwortung zu übernehmen und nach innen zu schauen.

Für manche Paare haben intensiver Zorn und Streit eine sexuelle Qualität. Sie sind eine Art Vorspiel und können einen Liebesakt einleiten. Sie lassen Intimität und Spannung entstehen, wenn auch oft ein Preis dafür zu bezahlen ist.

Auf die Frage, auf welche Weise Georgia und die anderen Frauen seiner Ursprungsfamilie ähnelten, antwortete Harold: »Meine Mutter war sehr depressiv und unterschwellig kritisierend. Ich wünschte mir, dass meine Mutter meinen Vater verlassen und mich vor seinen Ausfällen schützen würde, aber sie blieb und führte ein Leben in Abhängigkeit. Georgia war gesünder als meine Eltern, aber im Hinblick auf Depression, Abhängigkeit und Wut ähnelte sie ihnen auch sehr.

Dies war ein weiterer Versuch, mithilfe einer Frau meine Bedürfnisse zu erfüllen, aber es war auch eine Wiederholung der ursprünglichen Situation. Einige der Frauen, die ich wählte, trugen auch Züge meines Vaters. Es war nicht so einfach.«

Indem er verschiedene Frauen verließ, tat Harold das, was seine Mutter seiner Meinung nach hätte tun sollen – sich aus einer schädlichen Beziehung befreien. Wenn die Frauen, mit denen er zusammen war, anfingen, ihn zu beschimpfen, verkörperten sie für ihn seinen Vater, er wiederum übernahm abwechselnd die Rolle seiner Mutter und die seines Vaters. Wenn er die Negativität in sich aufnahm oder seine Partnerinnen kritisierte, fühlte er sich wie seine Mutter. Wenn er mit Wut reagierte, spielte er die Rolle seines Vaters. Er versuchte, sich aus dem Dilemma zu befreien, indem er die Beziehung beendete, geriet aber bald wieder in eine ähnliche Situation.

Harold hatte keine positiven Vorbilder und probierte verschiedene Frauen aus, von denen er sich erhoffte, sie würden ihm eine neue Möglichkeit eröffnen, sein Leben zu gestalten.

»Es war schwer, über Georgia hinwegzukommen. Ich liebte sie sehr, denn wenn sie nicht negativ und aufdringlich war, war sie liebenswert und witzig, wir lachten viel miteinander. Wir teilten unsere Spiritualität. Deshalb fiel es mir schwer zu gehen. Aber ich wusste, dass ich gehen musste, weil ich wusste, dass sie mich wie kein anderer Mensch zur Gewalttätigkeit provozieren würde. Wir waren insgesamt neun Monate zusammen.«

Harold musste lernen, mit seiner eigenen Negativität und Angst vor dem Ausagieren umzugehen, bevor er eine Beziehung eingehen konnte, die auf festem Boden stand.

»Ich wusste nicht, wie ich mit all den Gefühlen umgehen sollte, die ich in Beziehungen hatte«, berichtete Harold. »Deshalb machte ich zahlreiche Therapien.

Dann traf ich Sondra. Die Liebe, die ich für diese Frau empfand, war wie… Licht. Sie berührte mich wie niemand jemals zuvor. Sie war älter als ich, und ich war auch ganz verrückt nach ihren Kindern. Es waren schöne Kinder.

Zu diesem Zeitpunkt bildete ich mich weiter, hatte mit einem Freund zusammen eine Firma und befand mich in Therapie. Ich war ein ganz anderer Mensch. Sie hatte selbst auch an sich gearbeitet und tat es noch immer. Sie arbeitete in der Werbebranche.

Zwischen uns entstand sofort eine Verbindung. In jeder wichtigen Beziehung, die ich je hatte, war die gegenseitige Anziehung sofort spürbar. Wir fühlten uns wie zwei Magnete zueinander hingezogen und hatten Sex, nachdem wir uns eine Woche kannten.

Sondra und ich hatten dann eine leidenschaftliche Beziehung, die drei Jahre dauerte. Die letzten neun Monate wohnte ich mit ihr zusammen. Aber sobald ich bei ihr einzog, drehte sie durch. Alles veränderte sich. Sie konnte die Intimität nicht ertragen und fing an, ihre Gefühle auszuagieren. Und ich tat dasselbe.«

Der Trennungszeitpunkt nach neun Monaten ist sehr interessant und bedeutsam. Leonard Orr, der Begründer der Rebirthing-Therapie, vertritt die These, dass alle Traumata in Beziehungen vom Geburtstrauma herrühren, dem ursprünglichen Trauma, von der Mutter getrennt zu werden, mit dem unvermeidlichen Schmerz und Verlust. Für Menschen, die vom Geburtstrauma verfolgt werden, ist Liebe mit Schmerz, Wut und Verlust verbunden. Sie versuchen immer wieder, zur Mutter zurückzukehren, werden aber unweigerlich abgeschnitten – wie die Nabelschnur bei der Geburt durchtrennt wird.

Durch Rebirthing-Therapie werden Menschen langsam zum Zeitpunkt der Geburt zurückgeführt, und ihre Assoziationen zu dem, was zwischen ihnen und ihrer Mutter bei der Geburt geschah, verändern sich dadurch. Die Beziehung zum Vater kann zu diesem Zeitpunkt durch seine Anwesenheit oder Abwesenheit bei der Geburt ebenfalls geprägt werden. Für viele Menschen entscheidet sich bei der Geburt, ob Liebe immer mit Schmerz und Verlust verbunden ist. Rebirthing-Therapie hilft ihnen, neue Entscheidungen über Liebe, Beziehungen und ihren eigenen Wert zu treffen. Durch diese Therapieform werden tief sitzende Denkmuster umgekehrt, und Menschen lernen zu fühlen, dass sie Liebe verdienen und dauerhafte Beziehungen zulassen können.

Laut Dr. Orr liegt der Grund für dieses verbreitete Verhaltensmuster darin, dass das ursprüngliche Geburtstrauma aktiviert wird, wenn Beziehungen intimer werden. Manche Männer fühlen sich eingeengt und gefangen, als könnten sie nie wieder entkommen. Das ist einfach eine instinktive Erinnerung daran, wie sich das Baby bei der Geburt gefühlt hat – eingeengt und gefangen, als ob es nie dem Leib der Mutter entkommen könne.

»Von dem Tag an, als ich einzog, war es die Hölle«, berichtete Harold. »Wir müssen uns etwa hundertmal getrennt haben, und schließlich endete es hässlich. Aber als Folge davon begann ich mit einer neuen Art psychologischer Arbeit – der Arbeit mit dem inneren Kind, was mich von dem intellektuellen, psychoanalytischen Modell wegbrachte und mir half, mehr zu experimentieren.«

Harold war entschlossen, sich weiterzuentwickeln, koste es was es wolle, und fand so an jeder Beziehung etwas Positives. Er nutzte jede Trennung, um voranzukommen.

»Ich habe sehr in Abhängigkeit von Frauen gelebt. Sie

waren in vielerlei Hinsicht Mütter für mich. Schließlich gingen Sondra und ich zusammen in Therapie, und sie sagte dem Therapeuten unumwunden, dass sie kein Interesse daran habe, sich noch weiter zu verändern. Ich fragte, ob sie das ernst meine, und sie bejahte.

Der Therapeut fragte mich, wie ich mich dabei fühle. Ob ich so mit ihr leben könne, wie sie jetzt sei. Ich wusste es nicht. Ich verlor den Respekt vor ihr, weil sie sich nicht weiterentwickeln wollte.«

Viele Männer (und auch Frauen) leben mit der tief sitzenden Überzeugung, dass der Partner sich für sie ändern werde oder müsse. Sie können den Menschen nicht so akzeptieren, wie er ist, sondern halten an der Beziehung mit der stillen Hoffnung und Forderung fest, dass der Partner eines Tages zur Erkenntnis gelangen werde. Viele verlieren den Respekt für den anderen beim Warten auf die Veränderung.

Dem liegt ein tiefes Missverständnis zugrunde hinsichtlich dessen, was Respekt bedeutet. Respekt, der auf den Änderungen basiert, die man sich von dem anderen Menschen erhofft, ist kein Respekt. Es ist ein Festhalten an den eigenen Werten, die man vom anderen einfordert.

Um einen Menschen zu respektieren, muss man ihn so, wie er ist, kennen und annehmen. Wenn man zu dieser Art von Respekt nicht in der Lage ist, sollte man am besten gehen.

»In gewisser Weise respektierte ich keine der Frauen, mit denen ich zusammen war«, fuhr Harold fort. »Ich respektierte sie nicht, wenn sie nicht an sich arbeiten wollten, oder ich respektierte nicht die Art, in der sie an sich arbeiteten. Bei Sondra fand ich die Art merkwürdig, in der sie an sich arbeitete. Sie war so wütend auf mich, dass ich wusste, es hatte nichts mit mir zu tun. Aber sie schien darin nicht weiterkommen und Verantwortung übernehmen zu wollen. Das respektierte ich nicht.

Bei den anderen Frauen respektierte ich nicht, wie sie sich in anderer Hinsicht verhielten. Manche gaben etwas für mich auf, aber nicht für sich selbst. Sie praktizierten spirituelle Übungen, wenn ich da war, aber wenn sie allein waren, ließen sie es wieder sein. Die Frau, mit der ich jetzt zusammen bin, befasst sich schon ihr ganzes Leben mit Spiritualität und der Entwicklung ihrer Persönlichkeit. Das respektiere ich sehr. Ich musste mich auch erst einmal selbst lieben und respektieren lernen.

Ein weiteres Problem bei mir und Sondra bestand darin, dass wir beide nicht mit unserem inneren Killer umgehen konnten. Die Frage in allen Beziehungen ist, wie man mit seiner inneren Wut umgeht. Wir konnten das nicht besonders gut.«

Harold spricht von der Wut, als ob es eine reine Kraft sei, wie Stärke, Leben und Schönheit. In gewisser Weise suchte er nach Wut, brauchte sie, genoss es, sie zu beobachten, etwa so, wie jemand den Anblick eines Vulkanausbruchs genießt oder den einer Naturgewalt, mächtig und frei von jeglichen Beschränkungen.

»Sondra versuchte, mich auch zu beherrschen – sie war sehr beherrschend. In gewisser Weise war sie wie mein Vater, indem sie mich einfach nicht in Ruhe ließ. Ich sagte zu ihr: ›Du weißt, dass ich schlechter Laune bin, und du weißt, aus welcher Art von Familie ich komme. Willst du einen Kampf provozieren? Wenn du siehst, dass ich nicht gut drauf bin, warum hältst du dich dann nicht einfach von mir fern? Warum rückst du mir auf die Pelle und fängst an, mit mir zu streiten? Warum forderst du mich so heraus? Lass mich doch einfach allein, bis ich mich wieder beruhigt habe.‹ Aber das konnte sie nicht.

Am Ende wurde mir klar, dass diese Wut zwischen uns ein Ende haben musste. Eines Tages nahm ich meinen Mantel und ging.«

Damit wieder Ruhe und Frieden einkehren konnte und keine Explosionen mehr stattfanden, musste die Beziehung beendet werden. Beide Partner waren hier in ihrer Sucht nach Wut, ihrer Faszination dafür, ihrem Wunsch, sich ihr hinzugeben, gefangen. Von Wut überwältigt zu sein kann sich viel sicherer anfühlen, als sich der Liebe hinzugeben, verletzlich zu werden und Intimität und Vertrauen zu riskieren. Wut ist eine Art Täuschung. Sie bringt ein falsches Gefühl der Stärke und Verbundenheit, zieht aber nur Schmerz und Einsamkeit nach sich.

»Nach der Beziehung mit Sondra empfand ich viel Schmerz, aber ich entwickelte mich weiter. Ich wandte mich Gott stärker zu und betete darum, von dieser Wut befreit zu werden. Ich schloss mich einem spirituellen Meister an und bat Gott um das, was ich brauchte. Ich bat um eine andere Art von Frau. An diesem Punkt fing ich an zu glauben, dass ich alles erschaffen konnte, was ich wollte.

Nach Sondra dachte ich viel darüber nach, was sich bei all diesen Frauen wiederholte. Was brauchte ich wirklich in einer Beziehung? An diesem Punkt hatte ich das Gefühl, dass ich in meinem Herzen und in meinem Leben nur noch Raum für eine weitere Frau hatte. Ich dachte, dass ich das nicht noch einmal durchstehen könne. Mein Herz war zu sehr verletzt. Ich sagte: ›Gott, ich wünsche mir eine wunderbare Frau, und ich wünsche mir etwas Dauerhaftes.‹ Ich betete darum. Und dann lernte ich Alice kennen. Ich glaube wirklich, dass Gott einem gibt, worum man bittet, wenn man vom Grunde seines Herzens darum bittet. Aber man sollte vorsichtig sein mit dem, worum man bittet. Man muss Gott und sich selbst gegenüber sehr klar sein.

Jetzt bin ich mit Alice zusammen. Es ist wunderbar. Das heißt nicht, dass ich mich in einen Engel verwandelt habe. Es gibt auch bei uns ungute Augenblicke. Sie lässt mir manchmal ebenfalls keine Ruhe – aber nicht so sehr, nur an schlechten Tagen.

Ich werde nicht mehr so wütend. Ich bin in vielerlei Hinsicht erwachsen geworden. Alice ist kein hyperneurotischer Mensch. Sie ist kein angstvoller Mensch. Sie ist manchmal geistesabwesend, aber meistens ist sie sehr umgänglich. Das macht es leichter für mich, weil ich nicht so einfach bin. Man braucht einen Menschen, der das lockerer nimmt, denn wenn zwei von meiner Sorte zusammenkommen, gibt es Schwierigkeiten. Sie gibt häufiger nach als ich. Ich sehe jetzt Möglichkeiten des Zusammenlebens, die ich früher nicht kannte. Früher habe ich gesagt: ›So bin ich.‹ Jetzt sage ich: ›Moment mal, wie bin ich in dieser Interaktion? Kommt es aus meinem Herzen oder nicht?‹«

Auf die Bemerkung, dass das nach einer sicheren Atmosphäre für ihn klinge, meinte Harold: »Es ist viel sicherer. Was mir an ihr gefällt, ist auch, dass sie kein Problem damit hat, mir Raum zu geben, und mir fällt es auch nicht so schwer, ihr Raum zu geben.

Als Alice und ich zusammenzogen, sagte sie mir, sie könne nicht damit umgehen. Meine bisherige Erfahrung mit Frauen war so, dass man entweder mit ihnen zusammenlebte oder nicht. Mit den Frauen, mit denen ich mich nur traf, wurde es nie so vertraut. Als sie mir sagte, dass ich gehen solle, dachte ich, es sei vorbei. Dann wurde mir klar, dass sie mich lediglich darum bat, nicht mit ihr zusammenzuleben. Sie sagte nicht, dass sie sich nichts aus mir machte, und ich mochte sie wirklich sehr. Ich wollte sie nicht deswegen verlieren.

Als ich dann wieder eine eigene Wohnung hatte, stellte ich fest, dass es mir wirklich gefiel. Ich dachte, Moment mal, das ist ja interessant. Kann ich ein wirklich intimes, vertrautes Verhältnis haben und muss trotzdem nicht mit dieser Frau zusammenleben? Das ist schön.«

Harold begann, Grenzen zu setzen. Er begann, seinen Wunsch, mit Frauen zu verschmelzen, aufzugeben. Er erlaubte sich, Liebe und gleichzeitig sich selbst zu haben, eine eigenständige Person zu sein. Das ist ein großer Schritt – der Prozess der Individuation, bei dem er durch Liebe mehr wird, nicht weniger. Er kann sowohl mit jemandem zusammen als auch allein sein.

Erich Fromm schreibt darüber in seinem Buch *Die Kunst des Liebens*:

> *Wenn ich mich an einen anderen Menschen binde,*
> *weil ich nicht auf eigenen Füßen stehen kann,*
> *dann kann dieser Mensch ein Lebensretter sein,*
> *aber die Beziehung ist keine Liebesbeziehung.*
> *Paradoxerweise ist die Fähigkeit, allein zu sein,*
> *die Voraussetzung dafür, lieben zu können.*
> *In allen Zeiten und Kulturen war der Mensch*
> *mit derselben Frage konfrontiert: der Frage,*

*wie er Getrenntheit überwinden, Vereinigung erzielen,
über sein eigenes individuelles Leben hinauswachsen
und Einheit finden kann. Die Frage ist immer
dieselbe, denn sie ergibt sich aus der Situation des
Menschen, aus den Bedingungen des Menschseins.
Die Antworten sind bis zu einem gewissen Grad
davon abhängig, welches Maß an Individuation
der Einzelne erreicht hat. Nur in dem Maße,
wie das Kind ein Gefühl der Getrenntheit und
Individualität entwickeln kann, ist es in der Lage,
uneingeschränkt zu lieben.*

Harold war jetzt im Begriff, eine Möglichkeit zu finden, gleichzeitig mit jemandem zusammen und allein zu sein. »Anfangs verbrachten wir zwei Nächte pro Woche miteinander«, fuhr er fort. »Es gefiel mir sehr. Dann kauften wir zusammen ein Haus, ein großes, mit viel Platz für uns beide.

Sonst war mir das Zusammenleben mit einer Frau immer sehr schwer gefallen. Aber diesmal nicht. Wenn einer von uns allein schlafen will, ist das kein Problem. Es muss nichts mit Wut zu tun haben, es heißt einfach nur, dass man in dieser Nacht allein sein will. Das gefällt mir.

Während ich heranwuchs, hatte ich nie Raum für mich. Ich hatte nie ein eigenes Zimmer. Jetzt habe ich beides – Alice und einen Raum für mich, wenn ich es will.«

Auf die Frage, was ihn in einer Beziehung glücklich mache und ihn dort halte, antwortete Harold: »Das erste Wort, das mir dazu einfällt, ist *Respekt*. Für Alice bin ich kein Guru. Das ist eine Erleichterung. Ich hatte wahrscheinlich viel mehr Therapie als sie, aber auch viel mehr Probleme. Ich respektiere auch Alices Arbeit sehr. Sie liebt ihre Arbeit mit Kindern, und sie ist wirklich außergewöhnlich gut in dem, was sie tut.

Das Wichtigste für mich ist Respekt und Liebe und sich Raum zu geben, um einander zu würdigen.«

Das Bedürfnis zu experimentieren

Für Warren, einen sehr vitalen, warmherzigen, lebhaften, liebevollen Mann und erfolgreichen Geschäftsmann, nahm der Drang nach innerem Wachstum und Abenteuern mit Frauen andere Formen an. Er ist jetzt zum fünften Mal verheiratet und wurde immer von dem Bedürfnis getrieben, Intimität und Spaß mit Frauen zu erleben und Neuland zu erforschen.

»Meine Biographie gleicht einem Schachbrett«, erklärte Warren. »Verheiratet, Single, verheiratet, Single. Irgendwie gefiel es mir so. Ich brauchte Abenteuer, konnte nicht viele Jahre ohne sie auskommen.«

Warrens Bedürfnisse im Hinblick auf Frauen waren unterschiedlich, je nachdem, ob er verheiratet oder allein war. »Wenn ich Single bin, tummle ich mich auf dem Spielplatz«, sagte er. »Es macht Spaß, ist voller Leben. Wenn ich verheiratet bin, brauche ich echte Präsenz. Jemanden, der wirklich da sein kann.

Ich hatte nie Angst vor dem Experimentieren. Ich bin froh, dass ich nichts bereue. Jede Frau, die ich je kennen gelernt habe, trug etwas zu dem bei, was ich heute bin.«

Auf die Frage, warum er seine Frauen verlassen habe, antwortete Warren: »Es ist nicht immer so klar, dass es die Männer sind, die die Frauen verlassen, denn manchmal gehen sie, weil sie sich zurückgewiesen fühlen und das nicht ertragen können. Diese Macho-Sache erlaubt es einem Mann nicht zuzugeben, dass er zurückgewiesen wird. In einer Beziehung ist es immer schwer zu erkennen, wer wen verlässt.

Für Männer ist es in unserer Gesellschaft sowohl in finanzieller als auch in kultureller Hinsicht leichter, jemanden zu verlassen, und sie sind auf dem Liebesmarkt länger gefragt als Frauen. Ich glaube, es wäre gut, wenn unsere Kultur weiter entwickelt wäre, wenn in dieser Hinsicht Gleichberechtigung herrschte. Frauen sollten froh sein, wenn ein Mann ginge, weil er es wollte.

Meiner Meinung nach wird das Wesentliche zu diesem Thema in dem Buch *Die Überwindung der Todesfurcht* [von Ernest Becker] gesagt. Er spricht von unserem Bedürfnis, uns wertgeschätzt zu fühlen. Das Bedürfnis nach Anerkennung ist sehr stark. Männer sehnen sich verzweifelt nach der Anerkennung von Frauen – das geht auf die Mutter zurück, es ist uns angeboren.

Das erste Mal heiratete ich sehr jung. Sie war ein süßes, ängstliches Mädchen, das alles getan hätte, um mich zufrieden zu stellen. Das berührte mich auf merkwürdige Weise. Ich glaube nicht, dass es mir wirklich gefiel. Ich sprach mit meinen Freunden darüber. Ich glaube nicht, dass sie es verstanden. Zwei Dinge an ihr störten mich: Zum einen beendete sie alle meine Sätze. Zum anderen konnte ich beispielsweise um halb sechs anrufen und ankündigen, dass ich sechs Kollegen zum Essen mitbringen würde, und dann um sechs heimkommen und einen liebevoll gedeckten Tisch und ein wunderbares Essen vorfinden. Das gefiel mir auch nicht. Meine Freunde hielten mich für verrückt. Sie fragten: ›Deswegen willst du gehen?‹«

Frauen, die einen Mann zu halten versuchen, indem sie alle seine Bedürfnisse und Wünsche erfüllen, werden oft als unwirklich empfunden und stellen keine Herausforderung dar. Sie können auch als implizit fordernd wahrgenommen werden, als würden sie sagen: ›Schau, was ich alles für dich tue, du musst dasselbe für mich tun.‹ Diese Art von Frauen lässt keinen Raum zum Atmen. Statt dankbar zu sein, haben viele Männer das Bedürfnis, Fersengeld zu geben.

»Meine Freunde verstanden es nicht«, fuhr Warren fort. »Meine Frau machte mich fertig. Ich hatte niemanden, an dem ich mich reiben konnte, der sich mit meinem Mist nicht abfand. Ich wollte eine gleichberechtigte Beziehung, einen *echten* Menschen. Männer wollen Partnerschaft. Ich erlebe das jetzt mit meiner Frau – wir streiten uns wie Hund und Katze, aber ich habe keinerlei Zweifel daran, dass sie die Richtige für mich ist.«

Männer wollen nicht, dass selbst unrealistische Forderungen sofort erfüllt werden. Sie wollen die Frau, mit der sie zusammen sind, respektieren und von ihr angeregt werden.

»Am Ende musste ich meine erste Frau verlassen. Es war eine Erleichterung wegzukommen. Das Problem mit meiner zweiten Frau Madeline, die ich sehr liebte, und auch mit meiner dritten Frau war, dass sie nie uneingeschränkt für mich da waren.

Madeline hatte während unserer Ehe eine oder zwei Affären in der Schweiz. Ich wusste zwar zu diesem Zeitpunkt nichts davon, spürte es aber. Ich spürte, dass sie nicht wirklich bei mir war. Ich fühlte mich in der Ehe verlassen, weil ich wusste, dass sie nicht wirklich da sein wollte. Ich erinnere mich besonders an eine Gelegenheit, als wir zusammen einkaufen gingen und ich sagte: ›Lass uns ein paar Äpfel kaufen.‹ Sie antwortete: ›Wir haben Äpfel zu Hause.‹ Es fühlte sich so gut an, weil sie damit anerkannte, dass wir ein gemeinsames Zuhause hatten. Aber die Tatsache, dass das etwas Besonderes war und dass ich mich deswegen so gut fühlte, spiegelte eher das Fehlen eines Zuhauses wider. Es wäre für jeden anderen ganz normal gewesen, so etwas zu sagen, aber nicht für sie.

»Deena, mit der ich etwas später verheiratet war, beschäftigte sich mit anderen Dingen, viel New-Age-Spiritualität. Das sorgte für Distanz zwischen uns, obwohl sie sich sehr bemühte, liebevoll zu sein.

Was immer Madeline und Deena auch sagten oder taten – ich hatte nie das Gefühl, dass sie sich ganz auf mich einließen. Das hat mit diesem Bedürfnis nach Anerkennung zu tun, denn wenn man sich bedingungslos auf einen Menschen einlässt, bringt man damit Wertschätzung zum Ausdruck. Man sagt ihm, dass man den Rest seines Lebens mit ihm verbringen möchte. Man sagt das im Ehegelübde, deshalb sind auch alle anfangs so glücklich.«

Auf die Frage, was ihn dazu bewogen habe, neue Beziehungen anzufangen, antwortete Warren: »Na ja, mich packte die Wanderlust, und das Gras war woanders immer grüner. Aber ich verließ nie eine Frau wegen einer anderen. Manchmal sagten meine Freunde, sie könnten es verstehen, wenn ich wegen einer anderen ginge, aber einfach wegzugehen und niemanden zu haben! Sie gingen davon aus, dass ein Mangel herrschte, aber ich wusste, dass es für Männer nie einen Mangel an Frauen gab.«

Bedürfnis zu experimentieren

Natürlich bewirkte seine tiefe Überzeugung, es gebe viele Frauen für ihn, dass sich viele Frauen zu ihm hingezogen fühlten. Warren ging voller Selbstvertrauen und guter Laune an die Sache heran. Frauen spürten das sofort und reagierten darauf.

»Ich hatte das Gefühl, dass es ein Zeichen von fehlendem Vertrauen wäre, wenn ich wegen einer anderen ging. Ich verließ nie eine Frau wegen einer anderen, und ich hatte nie etwas mit einer anderen Frau, während ich verheiratet war. Es widersprach meinen Prinzipien, so etwas zu tun. Wenn ich aber Single war, tobte ich mich richtig aus. Vielleicht gibt es wirklich diesen grundlegenden animalischen Aspekt, dass Männer gern herumschwirren und von einer zu anderen gehen, während Frauen das Nest bauen.

Verstehen Sie mich nicht falsch: Wenn ich Single war, *liebte* ich es, Single zu sein. Dann hatte ich genug vom Verheiratetsein und der Langeweile, die damit einhergeht. Ganz im Stil von Don Juan hatte jede neue Eroberung ihren Reiz. Noch heute sehne ich mich ein bisschen danach. Wenn meine Frau zu viel um mich herum ist, dann möchte ich wieder frei sein, aber das ist jetzt immer nur von kurzer Dauer. Jetzt bin ich dort, wo ich bin, wirklich zufrieden.«

Auf die Aufforderung hin, mehr über sein Leben als Single zu sprechen, sagte Warren: »Als ich auf eine Anzeige antwortete und ein paar neue Frauen kennen lernte, war das sehr aufregend. Ich hatte das Gefühl, wieder kreativ sein, mich einbringen zu können. Das ist mir sehr wichtig. Ich tue das jetzt in meinem Geschäft, denn jeder, der hereinkommt, gibt mir eine Chance, einen neuen Menschen kennen zu lernen. Es ist ein kreativer Prozess, wirklich mit jemandem zusammen zu sein und ein Gefühl dafür zu bekommen, wer er ist.«

Bei Warren setzte die Möglichkeit, offen und frei zu sein, seine kreativen Kräfte frei. Er fühlte sich in einer Situation, die länger anhielt, eingeengt, aber jede neue Frau inspirierte ihn aufs Neue.

»Es war aufregend, all diese verschiedenen Frauen zu haben. Wahrscheinlich löste jede Frau auch etwas Neues in mir aus. Wenn man einen neuen Menschen kennen lernt, tritt man in eine ganz neue Atmosphäre ein, eine neue Welt. Manchmal lernen wir jemanden kennen und stellen sofort fest, dass uns diese Atmosphäre nicht interessiert – ein anderes Mal tut sie es sehr wohl.

Man tritt wirklich in neue Welten ein, wenn man mit neuen Menschen zusammen ist. Bei mir ist das ein starkes Bedürfnis. Wenn man verheiratet ist, sind der Möglichkeit, im sexuellen Bereich neue Menschen zu erforschen, enge Grenzen gesetzt. Man will seine Ehefrau nicht vor den Kopf stoßen. Ich glaube, dass es sehr grausam ist, seine Frau sexuell zu hintergehen. Ich würde meine Frau lieber verlassen, als so unehrlich zu sein. Aber mein Bruder, von dem ich weiß, dass er seine Frau betrügt und dass er es sogar bei einer meiner Ehefrauen versucht hat, reagiert verächtlich, wenn ich erzähle, dass ich verliebt bin, und meint nur: ›Schon wieder?‹ Das stört mich sehr, weil es meine Art zu leben entwertet. Dabei hintergeht er die ganze Zeit seine eigene Frau.«

Auf die Frage, worin der Unterschied bestehe zwischen den Frauen, mit denen er als Single ausgegangen sei, und den Frauen, die er geheiratet habe, antwortete Warren: »Für mich ist es sehr wichtig, dass sie vollkommen präsent ist.

Bei meiner ersten Heirat war ich sehr jung und handelte unbewusst. Bei der zweiten Heirat hatte ich mich sehr verliebt.

Bei der dritten Heirat hatte ich einfach genug davon, allein zu sein. Sie war sehr hübsch, und ich hörte nicht auf all die Stimmen, die nein sagten, also verstand ich zu diesem Zeitpunkt weniger. Auch bei Deena begriff ich nicht, was vor sich ging. Das zeigt nur, dass Männer nicht immer den Durchblick haben. Besonders wenn sie müde sind, nicht länger einsam sein wollen oder sich irgendwie eingelullt fühlen.

Ich höre immer wieder, dass Menschen nach sechs Wochen heiraten, und das finde ich verrückt. Es dauert so lange, einen Menschen richtig kennen zu lernen, wenn die Phase des Wohlverhaltens vorbei ist. Männer tun das aus verschiedenen Gründen. Dann fangen die Probleme an, und die andere Frau ein paar Häuser weiter sieht viel netter aus, also gehen sie einfach. Und ältere Männer haben es auf jüngere Frauen abgesehen.

Auch meine Ehefrauen wurden immer jünger. Irgendwie war es wie eine dauernde Midlife-Crisis, aber ich nahm mir einfach das, was mich ansprach. Meine jetzige Frau ist etwa zwanzig Jahre jünger als ich. Das hat auch einen sexuellen Aspekt. Zu allen Frauen, die ich heiratete, fühlte ich mich physisch hingezogen. Aber das Problem ist, einen echten Partner in dem Menschen zu finden, mit dem man zusammen ist und der mit einem zusammen sein will. Nach einer Weile ist das Sexuelle nicht mehr so stark. Nach einer Weile wird es sekundär. Es wird eher zu Geborgenheit oder Freundschaft, was auch sehr wichtig ist.

Wenn man auf der Jagd ist und es jemand Neuen gibt, ist sehr viel Leidenschaft im Spiel. Das hat man in einer Ehe nicht. Es ist etwas Schönes – man fühlt sich lebendig, und Männer brauchen das.

Es gibt Tierarten, die das ganze Leben mit demselben Partner verbringen. Pinguine erkennen ihren Partner unter zehntausend ähnlich aussehenden Tieren, aber bei Menschen – da ist es eine gesellschaftliche Konvention, die zur Stabilisierung der Gesellschaft dient, aber nichts mit dem Einzelnen zu tun hat, der viel für die Gesellschaft sublimiert. Wenn er mit seinen inneren Instinkten in Berührung kommt, ist er wie ein Kater auf der Straße.

Es ist ein Opfer, all das aufzugeben, und ich habe das immer wieder gespürt. Ich hatte einen zu starken Drang, rauszugehen und zu experimentieren, einen zu starken Drang, wieder kreativ zu sein. Mit Ausnahme meiner Ehe mit Madeline, bei der mich die Trennung sehr schmerzte, hat mich das Ende meiner Ehen nicht belastet. Ich fühlte mich einfach nur erleichtert, vollkommen erleichtert, dass sie vorbei waren. Darum sage ich nie, dass es mir Leid tut, wenn jemand erzählt, er habe sich scheiden lassen. Ich frage immer, ob es gut oder schlecht sei. Und überraschend viele sagen, es sei gut, aber das würden sie sonst niemandem sagen.

Idealerweise sollte all das auch für Frauen gelten. Meistens sind sie zu besorgt um ihre Sicherheit und wollen Stabilität in einem Zuhause. Aber es gibt jetzt auch schon viele, die es richtig machen und ihre Freiheit genießen. Wenn es da nicht diese Krankheiten gäbe, wären sie gern auch in sexueller Hinsicht frei.«

Für Warren waren sein Single-Leben und seine sexuelle Freiheit lebensspendend, liebevoll und etwas, das ihm ein gutes Gefühl gab. Aus seiner Sicht verließ er diese Frauen nicht, sondern genoss sie in vollen Zügen und zog dann weiter. Er war nie auf der Suche nach einer längerfristigen Bindung, wenn er sich mit ihnen einließ. Die Beziehung war das, was sie war.

Auf die Frage, was ihn eine feste Bindung eingehen lässt und ihm ein gutes Gefühl dabei gibt, antwortete Warren: »Eine Frau muss wirklich eine eigenständige Person sein und nicht ein bedürftiger Blutegel. Damit habe ich Probleme. Ich kann nicht damit umgehen, wenn Frauen von mir abhängig sind. Andererseits würde es mir schwer fallen, eine reiche Frau zu heiraten und von ihr Dinge anzunehmen. So etwas fällt mir nicht leicht.

Von meiner jetzigen Frau fühle ich mich bewundert und anerkannt. Nach einer schwierigen Zeit mit meinem Sohn sagte sie: ›Wie schade, dass er nicht erkennt, wer sein Vater ist.‹ Dieser Satz hat mich sehr beeindruckt, und ich weiß, dass sie das in jeder Hinsicht so empfindet.

Mich vollkommen darauf verlassen zu können, dass sie für mich da ist, gibt mir eine Sicherheit, die ich nicht aufs Spiel setzen würde. Ich nehme sie nicht als etwas Selbstverständliches hin, und ich missbrauche das nicht. In meinen anderen Ehen waren die Frauen abwesend, nicht anwesend.

Das Leben bringt so viele Versuchungen, es ist gut zu wissen, dass sie mir treu und eine echte Partnerin ist. Sie setzt sich ein, genießt es, dafür zu sorgen, dass im Alltag alles funktioniert. Wir arbeiten hart miteinander, und sie genießt es.«

Auf die Frage, ob er sich so auf diese Ehe hätte einlassen können, wenn er nicht zuvor diese Ausbrüche von Kreativität und Freiheit erlebt hätte, antwortete Warren: »Manchmal denke ich, wie es wohl wäre, wieder frei zu sein, aber jetzt stelle ich es mir eher wie eine Belastung vor. Aber damals war es ein sehr reales Bild, und ich denke, das ist es für viele Männer.

Es hat keinen Sinn, die Phantasien zu unterdrücken oder zu verleugnen. Selbst wenn man sie nicht auslebt, sollte man sich besser eingestehen, dass sie da sind. Vielleicht tragen deshalb Seitensprünge zum Erhalt mancher Ehe bei – weil ein Teil dieses Bedürfnisses befriedigt wird.«

Auf die Frage, was ihn dazu bewege zu bleiben, antwortete Warren: »Männer sind in ihrem Leben darauf aus, genährt zu werden. Die männliche Identität ist so zerbrechlich; sie suchen viel Unterstützung von Frauen und können sich daher Frauen gegenüber sehr verletzlich fühlen. Unsere Kultur fördert solche verrückten Dinge.

Ich denke, dass Themen wie Kastration und Herabsetzung mit Vorsicht zu behandeln sind. Ich glaube, dass Menschen tief drinnen nicht schlecht behandelt werden wollen, aber in solchen Situationen bleiben, weil sie so große Angst davor haben, allein zu sein. Sie lassen sich lieber misshandeln, als wegzugehen.

Frauen haben viele Fortschritte gemacht. Wenn ich manchmal zu Hause etwas sage, geht meine Frau auf mich los, um mich daran zu erinnern, dass wir in den Neunzigern leben. Es ist gut, dass sie das tun kann. Manchmal genieße ich es, manchmal ist es auch lästig.

Respekt ist so wichtig für Männer, und Anerkennung, dass sie wirklich für einen da ist. Was ich in erster Linie fühle, ist Freude darüber, am Leben zu sein. Ich koche und esse gern, habe gern Sex und rede gern. Ich bin einfach gern am Leben.«

Empfehlungen

für den Umgang mit Männern, die das Abenteuer ruft.

Für Frauen:

- Seien Sie sich selbst treu. Ändern Sie sich nicht, um ihm zu gefallen. Das funktioniert nicht.
- Machen Sie sich klar, dass es keine Ablehnung Ihrer Person bedeutet, wenn sich dieser Mann ruhelos und gelangweilt fühlt und Raum braucht, um sich weiterzuentwickeln und Neues zu erforschen. Es sind seine kreativen Bedürfnisse, die zum Ausdruck kommen.
- Hören Sie gut zu, wenn ein Mann Sie darum bittet, ihm Raum zu lassen. Diese Männer meinen es ernst. Wenn die Zeit kommt, in der sich die Frau zurückziehen sollte, können sie es nicht ertragen, wenn sie es nicht tut.
- Erwarten Sie nicht, dass er Ihre persönlichen Probleme löst. Suchen Sie gegebenenfalls selbst professionelle Hilfe. Sorgen Sie dafür, dass Sie interessant bleiben und eine Herausforderung für ihn sind. Auch Sie brauchen Abenteuer und Weiterentwicklung.
- Lassen Sie ihn gehen, wenn er zu ruhelos wird und schließlich gehen muss. Sich an ihn zu klammern hat immer die gegenteilige Wirkung.

Für Männer:

- Erkennen Sie die Tatsache an, dass Weiterentwicklung und Abenteuer anregend für Sie sind und dass Sie es brauchen, um sich wohl zu fühlen.
- Wählen Sie eine Partnerin, die Ihre Abenteuerlust respektieren kann und nicht in erster Linie auf Sicherheit bedacht ist.

- Suchen Sie Frauen, die auf positive Weise eine Herausforderung darstellen. Eine Frau, die sich ständig weiterentwickelt, kann eine Quelle ständiger Anregung sein.
- Machen Sie sich klar, dass Männer, die Abenteuer brauchen, durch Veränderung wachsen. Es gibt viele Aspekte des Lebens, die verändert und erneuert werden können. Es muss nicht immer Ihre Partnerin sein. Eine Partnerin gegen eine andere auszutauschen kann eine vorgetäuschte Veränderung sein.
- Das größte Abenteuer besteht darin herauszufinden, wer Sie wirklich sind, und nach Ihren höchsten Werten zu leben. Der Reiz dieser Entdeckung verblasst nie.

Gib, gib unbekümmert.
Wir sind nur Teil eines endlosen Prozesses,
bei dem wir nichts zu gewinnen
oder zu verlieren haben. Nur auszuleben.
Henry Miller

Die andere Frau

Eine Melodie, eine andere Melodie, niemand versteht es.
Nach dem Wolkenbruch in der Nacht
ist das herbstklare Wasser in den Teichen
sehr dunkel und tief.
The Blue Cliff Record

Die Vorstellung, dass Männer »wegen einer anderen Frau« gehen, ist sehr verbreitet. Mitten in einer langjährigen Beziehung, die eintönig geworden ist, tritt eine jüngere, schönere, aufreizendere oder einfach verständnisvollere Frau in ihr Leben und bringt eine Wende um 180 Grad. Viele Menschen glauben, die meisten Männer würden ständig nach etwas Besserem Ausschau halten.

Männer sehen sich zwar gern nach anderen Frauen um, aber das genügt nicht, um sie dazu zu bewegen, ihre Partnerin zu verlassen. Es ist nicht einfach die andere Frau, die eine so magnetische Anziehungskraft ausübt, sondern es sind Faktoren innerhalb der Psyche des Mannes, die ihn schon lange auf die Begegnung mit ihr vorbereitet haben. Männer werden zwar aus unterschiedlichen Gründen ihren Partnerinnen ›entführt‹, aber die meisten haben sich schon vorher danach gesehnt zu gehen. Die neue Frau ist nur ein Katalysator, ein Rettungsboot, das einem sinkenden Schiff zu Hilfe kommt.

Wie Dr. Harriet Field, eine erfahrene Psychologin und

Psychoanalytikerin erklärt: »Ich kann mir nicht vorstellen, dass es tatsächlich dazu kommen würde, wenn eine Beziehung wirklich befriedigend und liebevoll ist und es noch sexuelles Begehren und Kompatibilität oder Wärme gibt. Ich denke, dass etwas gestorben sein muss, damit ein Mann geht. Ein Mann ist dann anfällig dafür, von einer Frau in eine neue Beziehung verführt zu werden, wenn ihm etwas fehlt. Es passiert nicht aus heiterem Himmel. Die neue Frau gibt dem Mann – entweder in der Realität oder in der Phantasie – etwas, das ihm in der anderen Beziehung fehlt.«

Das traf sicherlich auf Max zu, einen schlanken, zurückhaltenden Mann Mitte dreißig, der eine lässige Art und lange Haare hat. Max wuchs in den Südstaaten auf und heiratete mit 22 seine erste Freundin Pam.

»Wir verstanden uns, weil sie mehr aus sich herausging als all jene Frauen aus dem Süden, die ich kennen gelernt hatte«, erzählte Max. »Wir gehörten zum Hippie-Kontingent an einer konservativen Schule und beschlossen alle auszusteigen. Pam und ich zogen nach Jackson, Mississippi. Binnen eines Jahres heirateten wir und zogen dann in eine andere Stadt, in der uns die Uni besser gefiel. Sie lag näher bei New Orleans.

Am Anfang war alles in Ordnung. Wir gingen zur Uni, und Pam machte ihren Abschluss in Erziehungswissenschaften. Ich studierte Sozialpädagogik und Musik und bin seit Jahren in diesem Bereich tätig. Nach ihrem Abschluss fand Pam eine Stelle, und also packten wir zusammen und zogen in diese Stadt. Wir hatten nicht einmal eine Wohnung. Wir warfen einfach alles hinten auf die Ladefläche unseres Pick-up und fuhren los. Das Leben war einfach. Das waren wirklich tolle Jahre.

Nachdem Pam angefangen hatte zu arbeiten, änderte sich das ein wenig. Es war ihr erster Job als Lehrerin. Sie unterrichtete Kinder aus sozial schwachen Familien aus den Innenstadtbezirken, und es war sehr schwierig. Als wir noch beide an der Uni waren, hatten wir eine Art Team gebildet, aber als sie anfing zu arbeiten, verdiente sie mehr Geld, und ihr Arbeitsplatz war auf der anderen Seite der Stadt. Ich musste woanders hin, um meiner Arbeit nachzugehen. Wir hatten weniger Zeit füreinander.

Plötzlich zeigten viele Frauen Interesse an mir, fingen an, mit mir zu flirten. Es überraschte mich – ich war geradezu schockiert. Pam war die einzige Frau, mit der ich je ausgegangen war. Ich mochte diese neue Form der Aufmerksamkeit, aber es passierte eigentlich nichts, bis sich zu Hause die Lage verschlechterte.«

Max' Selbstwertgefühl begann zu leiden, als seine Frau anfing, in einem besser bezahlten Job zu arbeiten und weniger Zeit mit ihm zu verbringen. Die überraschende Aufmerksamkeit, die er plötzlich von anderen Frauen bekam, genoss er nicht nur, sondern begann sie zu brauchen.

»Meine Frau und ich entwickelten uns in unterschiedliche Richtungen. Eines der Dinge, für die wir uns früher interessiert hatten, war Musik. Sie sang wirklich gut und spielte Gitarre. Ich hatte zuerst Musik als Hauptfach belegt, spielte Horn und Trompete. Musik war immer mein Ding. Mein Job war nur dazu da, das Geld zu verdienen, damit ich mit der Musik weitermachen konnte. Besonderes Engagement habe ich jedoch nie dafür gezeigt. Ich denke, es war eine Zeit ohne Verpflichtungen.«

Max wollte den einfachen, freien Lebensstil beibehalten,

den sie beide genossen hatten. Es entlastete ihn und passte zu seiner Persönlichkeit.

»Im Lauf der Zeit stellte sich heraus, dass Pam mehr an einem materialistischen Yuppie-Lebensstil interessiert war. Sie verdiente Geld, es gefiel ihr, und sie wollte mehr davon. Das war ein Schock für mich.«

Pam und Max entwickelten sich in unterschiedliche Richtungen. Die ursprüngliche Vereinbarung, frei und sorglos zu leben, von der sie bei ihrer Heirat ausgegangen waren, galt nicht mehr. Max hatte auf einmal das Gefühl, mit einer Frau verheiratet zu sein, die er kaum kannte und die Forderungen an ihn stellte, die er nicht erfüllen konnte oder wollte.

»Es fing an, nachdem sie zu arbeiten begonnen hatte. Vielleicht war ihr Job wirklich hart für sie – wir sprachen nie wirklich darüber. Plötzlich wollte sie umziehen und in einem spießigen Vorort leben. Das hatte ich nie gewollt.«

Leider und überraschenderweise gab es zwischen ihnen keine Kommunikation über das, was vor sich ging.

»Wir sprachen über andere Dinge, aber nicht über Dinge, die zwischen uns passierten. Manchmal sprachen wir auch über uns, aber nicht tiefgründig, nur über die Dinge, die hin und wieder akut werden. Nicht über die wirklich wichtigen Themen. Einmal gingen wir in eine Paarberatung. Der junge Berater fragte mich, was ich wolle. Ich sagte: ›Ich wünschte, meine Frau würde mir nicht meine Fehler um die Ohren hauen.‹«

Der Ausdruck ›um die Ohren hauen‹ ist sehr bezeichnend. Max fühlte sich schlecht behandelt und niedergemacht, hatte aber aufgrund seiner Erziehung keine Möglichkeit, dies kontinuierlich zum Ausdruck zu bringen, als sich die Situation mit seiner Frau weiterentwickelte.

»In meiner Familie galt: ›Wenn du nichts Nettes zu sagen hast, sag gar nichts.‹ Das heißt, bei uns hieß es immer: ›Oh, hallo, alles bestens.‹«

Auch hier sehen wir wieder, wie familiäre Verhaltensmuster zu Tage treten und ein Eigenleben entwickeln. Obwohl ihn die Lebensweise seiner Herkunftsfamilie nie befriedigt hatte und sein Leben eine Rebellion dagegen darstellte, zeigte er dieselben Verhaltensmuster, die er von daheim kannte, und erwartete sie auch.

»Meine Frau liebte die Kontroverse«, fuhr Max fort. »Wir gewöhnten uns an zu debattieren. Wir setzten uns intellektuell mit Dingen auseinander und vermieden dabei die wirklichen Themen. An einem bestimmten Punkt wurde es richtig gemein, bitter, es fielen sehr unfreundliche Bemerkungen. Das meine ich mit ›um die Ohren hauen‹.

Wir lebten in einem Zustand der Disharmonie, und ich begann zu denken, dass die Sache mit uns möglicherweise nicht ein Leben lang halten würde. Wir waren zu diesem Zeitpunkt seit sechs Jahren zusammen. Sie wollte ein Kind, wollte in einen Vorort ziehen, einen Volvo kaufen, all das. Ich sage nicht, dass es schlecht war, es war nur einfach nicht das, was ich wollte.

Ich dachte, dass es ein schlechter Zeitpunkt sei, um sich auf ein Kind einzulassen, wenn es zwischen uns nicht besonders gut stand. Aber ich fühlte mich auch schuldig. Ich dachte, vielleicht sollte ich tun, was sie wollte, obwohl meine innere Stimme mich davor warnte, etwas zu tun, das ich bedauern würde. Ich hielt mich für egoistisch. In gewisser Weise tue ich das auch heute noch.«

Da er nicht in der Lage war, über ihre unterschiedlichen

Vorstellungen zu sprechen oder sie in Einklang zu bringen, flüchtete sich Max in Selbstbezichtigungen. Seiner Auffassung nach musste einer von beiden sich irren. Es schien nicht möglich, dass beide Partner das Recht hatten, sich in unterschiedliche Richtungen zu entwickeln.

»Pam ging an die Uni zurück, um einen höheren Abschluss in Pädagogik zu machen, und war viel zielorientierter als ich. Zu dieser Zeit lernte ich eine Kollegin namens Beth kennen. Wir fingen an, mittags zusammen essen zu gehen und uns über alles Mögliche zu unterhalten. Sie war ebenfalls verheiratet, war noch sehr jung und hatte ein Kind. Wir tauschten uns über unsere frustrierenden Erfahrungen in unseren Beziehungen aus.«

Wegen der Distanz, die sich zwischen ihm und seiner Frau entwickelte, brauchte Max die gemeinsame Zeit und den Austausch, den er mit dieser neuen Frau erlebte. Mit Beth fühlte er sich nicht mehr so allein. Er fühlte sich begehrt und akzeptiert, etwas, wonach er sich sehr gesehnt hatte.

»Beth war schön und ergriff die Initiative. Die Initiative ging von ihr aus, und es wurde eine intimere Beziehung, eine Affäre, daraus. Ich beschäftigte mich viel mit ihr, war aber ihr gegenüber auch misstrauisch. Ich wusste immer, dass ich benutzt oder manipuliert wurde, und dachte nie, dass ich sie heiraten würde. Eigentlich war Sex der Grund dafür, dass sie mich so im Griff hatte. Sie war dabei sehr aktiv, und das gefiel mir. Ich konnte nicht genug davon bekommen. Es gab mir ein wunderbares Gefühl.

Nach einer Weile wollte sie, dass wir beide daheim auszogen und versuchten, zusammen eine Wohnung zu finden. Ich war hin- und hergerissen, wusste nicht, was ich tun sollte. Ich dachte daran, einfach allein zu leben und zu sehen, wie ich damit zurecht kam – ich war einfach sehr ambivalent.

An Kleinigkeiten erkannte ich, dass ich meine Frau noch liebte. Beispielsweise als sie an einem Tag, als die Straße vereist war, rückwärts gegen irgendwas fuhr und sich die Lippe aufriss. Ich rannte hin und war besorgt. Es ließ mich nicht kalt. Aber ich glaube, zu dem Zeitpunkt war ich schon völlig in Beth verknallt.«

Den meisten Männern fällt es schwer, zwei dauerhafte emotionale Beziehungen aufrechtzuerhalten. Das Gefühl der Zerrissenheit steigert sich normalerweise, bis sie eine Wahl treffen oder auf andere Weise handeln.

»Nach einigen Monaten konnte ich nicht mehr lügen und sagte meiner Frau die Wahrheit. Merkwürdigerweise schien sie nie einen Verdacht gehegt zu haben. Sie hatte nie Fragen gestellt. Als ich ihr davon erzählte, sagte ich, ich würde damit aufhören. Das war die Phase, in der ich zwischen beiden Frauen hin- und hergerissen war. Meine Frau ging sehr gut damit um. Vielleicht hatte sie doch etwas geahnt. Sie sagte, ich solle der anderen einfach sagen, dass ich sie nicht wiedersehen würde. Ich sagte, dass ich es tun würde.

Aber ich sah Beth jeden Tag bei der Arbeit. Ich hätte den Job aufgeben sollen. Aus irgendeinem Grund hatte ich Angst davor, den Job aufzugeben. Ich hätte weggehen und mir eine andere Arbeit suchen sollen. Aber ich tat es nicht. Also versuchte ich aufzuhören, aber die Gefühle kamen wieder, und ich hielt mein Versprechen nicht.

Am schlimmsten war für mich das ständige Hin und Her. Das kann einen verrückt machen. Also besuchte ich Beth zwei Monate lang nicht, aber dann tat ich es doch wieder und beschloss, daheim auszuziehen, weil ich all das hinter dem Rücken meiner Frau tat.«

Das Schwierigste, Belastendste an einer solchen Situation sind meist die Lügen. Es untergräbt die Beziehung, die man zu sich selbst hat, und auch die Beziehung zu dem Belogenen.

»Ich sprach mit Beth darüber, eine Wohnung für uns beide zu mieten. Wir fanden sofort eine, und ein paar Abende später sollten wir den Vertrag unterschreiben. Auf dem Weg dorthin fragte ich mich: ›Was tue ich hier? Wie ist es dazu gekommen?‹ Dann drehte ich mich zu Beth um und sagte, dass ich es nicht tun könne.

Beth fing an, an mir herumzumachen, und ich war ihr hilflos ausgeliefert. Ich sagte nur, dass ich alles tun würde, was sie wollte. Wir fuhren in diesem Augenblick auf der Landstraße.«

Beth hatte ihn offenbar über den Sex unter Kontrolle, aber er wurde auch von der unbewussten Wut gegenüber seiner Frau und dem Gefühl gesteuert, in dieser Beziehung seine Männlichkeit zu verlieren. Beth gab ihm seine Männlichkeit zurück, das Gefühl, begehrenswert und potent zu sein.

»Ich sagte meiner Frau, dass ich mir einige Zeit freinehmen würde. Es war merkwürdig, wir wussten beide, dass etwas Merkwürdiges vor sich ging. Meine Frau tat sogar noch etwas Eigenartiges, bevor ich ging: Ich spielte Gitarre, und sie kam mit einer Heckenschere um die Ecke und zerschnitt mir alle Gitarrensaiten.«

Oberflächlich betrachtet, schien seine Frau mit der Situation gut umzugehen, aber dieser Gewaltakt war eine kaum verhüllte Kastrationsgeste. Dieser Akt symbolisierte auch die Zerstörung von etwas, das Max besonders am Herzen lag: seine Musik. In dieser Ehe hatten sich offenbar eine große Wut und Destruktivität aufgebaut. Der Zorn, über den nicht gesprochen worden war, musste sich früher oder später Bahn brechen.

Auf die Frage nach Gewalt in seiner Ehe antwortete Max: »Es gab eine Situation, in der mich meine Frau schubste und ich sie auch, aber ansonsten gab es zwischen uns keine Gewalttätigkeit. Ich war immer schüchtern und zurückhaltend. Am Anfang war sie gebildeter, klüger und niveauvoller. Aber ich begann, viel zu lesen und mich weiterzuentwickeln, bis ich an einen Punkt kam, an dem ich mehr wusste als sie. Es gab eine Art Konkurrenzkampf. Zuerst hatte sie die Oberhand, aber dann las ich sehr viel und hielt dagegen.

Ich sagte mir immer, dass ich es irgendwann nicht mehr mitmachen würde, dass ich sie bis aufs Messer bekämpfen würde. Sie war großartig darin, bissige Kommentare abzugeben. Sie konnte einen an wunden Punkten treffen. Also entwickelte ich selbst diese Fähigkeit. Wir schrien uns nicht an oder so was, wir sagten uns einfach ganz ruhig gemeine, bösartige Dinge. Besonders glücklich waren wir dabei nicht.«

Offensichtlich lebte Max durch seine Affäre auch die Wut gegenüber seiner Frau aus, indem er sie heimlich entmachtete, wie sie es mit ihm getan hatte.

Auf die Frage, ob er das Gefühl habe, dass der Kampf zwischen ihm und seiner Frau ihn in Beths Arme getrieben habe, antwortete Max: »Ja, aber ich ließ es auch zu. Ich sage mir immer, du hast gelogen und betrogen. Du hättest einfach ehrlich sein sollen. Aber ich hatte zu viel Angst und war zu schwach, um das Richtige zu tun. Ich hatte niemals allein gelebt. Ich hatte Angst davor, es einfach zu tun.

Am Ende mieteten wir diese Wohnung. Ich brachte keine

Sachen hin. Beth brachte ein paar ihrer Sachen hin. Als wir etwa eine Woche dort gewohnt hatten, bekam ich eine schlimme Grippe. Plötzlich erkannte ich, dass ich es schrecklich fand, dort zu sein. Ich fragte mich, wie ich in diese Lage gekommen war. Also sagte ich, ich würde zur Apotheke gehen, rief meine Frau an und sagte ihr, wo ich war. Sie war wütend, kam aber und holte mich da raus.«

Oft verhalten sich Männer so, als sei eine der Frauen, mit denen sie zusammen sind, die gute Mutter, und die andere die böse. Die eine gibt ihnen, was sie wollen, die andere bestraft sie. Gewissermaßen hatte Max den beiden Frauen diese Rollen zugewiesen, bis ihn die Realität einholte – bis er und Beth in eine gemeinsame Wohnung zogen. An diesem Punkt änderte sich alles, und er bat seine Frau, ihn aus dieser Lage zu befreien. Plötzlich wurde sie zur guten Mutter, auf die er sich verlassen konnte.

»Natürlich war Beth geschockt und verletzt. Es wurde nicht besser. Ich war wirklich krank, im Fieberdelirium, und blieb eine Weile der Arbeit fern. Als ich nach einigen Wochen wieder zur Arbeit ging, regte sich Beth zuerst auf, aber schließlich verführte sie mich wieder.

Ich hatte immer noch die Wohnung und die Schlüssel dazu, aber ich hatte beschlossen, diese Sache wirklich zu beenden. Es war im Dezember. Ich beschloss, Silvester mit Beth zu verbringen und dann Schluss zu machen. Ich lebte mit meiner Frau zusammen, aber sie wollte nichts mit mir zu tun haben. Nach ein paar Tagen bat sie mich sogar, wieder in meine Wohnung zu gehen. Sie sagte, sie wolle mich eine Zeit lang nicht in ihrer Nähe haben. Das allein trieb mich wieder zu Beth.«

Seine Frau wusste nicht nur von der Beziehung, sondern sie

trieb ihn auch wieder in Beths Arme. Offensichtlich war auch sie ambivalent hinsichtlich ihrer Ehe, obwohl Max derjenige war, der es ausagierte.

Außereheliche Beziehungen, die über längere Zeit andauern, werden immer von der Interaktion zwischen den Ehepartnern genährt. Meist fühlt einer sich schuldig und nimmt alle Vorwürfe auf sich, ohne sich darüber im Klaren zu sein, dass das, was passiert, durch das Verhaltensmuster beider Partner ausgelöst wurde.

»Meine Frau und ich verbrachten Weihnachten nicht zusammen«, fuhr Max fort. »Aber ich sollte nach Silvester zurückkommen. Alles war geplant. Also kam Beth an Silvester in diese kahle Wohnung. Wir tranken Champagner und liebten uns. Es war ein altmodisches Haus, das zu Einzelwohnungen umgebaut worden war. Es gab innen an den Fenstern keine Vorhänge, nur außen Fensterläden, die wir geschlossen hatten. Aber jeder konnte vorbeikommen und sie wieder öffnen. Am Neujahrstag saßen wir zusammen in dem Raum, als plötzlich die Fensterläden aufflogen. Es war eine schreckliche Szene. Meine Frau starrte herein. Lange stand sie allerdings nicht. Es war eisig kalt. Sie war warm eingepackt und schlug die Scheibe mit der Faust ein. Dann stieg sie durchs Fenster herein und fing an, uns im Zimmer herumzujagen und auf uns einzuschlagen. Beth hatte mehr Angst als ich. Was für ein Start ins neue Jahrzehnt.

Ich zerschnitt meine Füße an den Glasscherben, und irgendwann versuchte sie, auszuholen und mich ins Gesicht zu schlagen. Ich hielt sie fest und schob sie zur Tür. Sie holte wieder aus, und ich duckte mich. Danach kam mir nicht einmal der Gedanke, dass ich es noch einmal mit ihr versuchen könne.«

Am Ende explodierte Pams Wut, und sie fühlte sich dazu berechtigt, sie abzureagieren. Weder ihr noch Max war klar, dass sie dazu beigetragen hatte, diese Szene herbeizuführen – vielleicht, damit sie ihre Gefühle zum Ausdruck bringen und ihn als den Bösen erscheinen lassen konnte.

»Ich hielt mich immer für den Schuldigen«, sagte Max. »Ich belog und hinterging sie, aber manchmal frage ich mich, was sie wohl dachte, wo ich mich an Weihnachten und Silvester aufhalten würde.

Es war merkwürdig. Vielleicht wollte sie es endgültig zu Ende bringen. Später bemerkte sie: ›Du bist nicht mal nach Hause gekommen, nachdem ich an Neujahr weggegangen war‹ – als ob sie wirklich damit gerechnet habe, dass ich nach alldem wieder nach Hause käme.«

Oft erwartet ein verletzter Partner, dass der andere zurückkommt und alles wieder gutmacht, um Verzeihung bittet, seine Fehler eingesteht und zugibt, dass er den anderen braucht. Sie hat bewiesen, wie schlecht er ist, und das gibt ihr in der Beziehung neue Macht, mehr Recht, ihn zu beherrschen und zu bestrafen, ihn dazu zu zwingen, sich an die Regeln zu halten. Das ist die grundlegende Dynamik einer sadomasochistischen Beziehung, in der ein Partner weniger Rechte hat als der andere und ihn deshalb fürchtet.

»Ich dachte nie daran, wieder zurückzugehen«, sagte Max. »Ich hatte Angst. Ich dachte, wenn ich zurückgehe, liegt mein ganzes Zeug sicher draußen auf dem Boden, und sie ruft die Polizei. Aber es stellte sich heraus, dass sie sich tatsächlich gewünscht hatte, ich würde zurückkommen.

Danach trafen wir uns im Rahmen der Scheidung. Ich bekam nie alle meine Sachen zurück. Während der Verhandlungen sagte ich, sie könne alles behalten, alle neuen Möbel und so.«

In diesem Fall war die Affäre mit »der anderen Frau« eindeutig ein Ausdruck des Schmerzes, der Einsamkeit und des Gefühls der Entmännlichung. Bei Beth fühlte Max sich begehrt und erfolgreich. Zu Hause musste er um sein Leben kämpfen.

Nachdem seine Ehe beendet war, veränderte sich seine Beziehung zu Beth. Jetzt, da sie die einzige Frau in seinem Leben war und all seine Bedürfnisse erfüllen musste, legte sich die Verliebtheit, und er sah sie realistischer. »Obwohl sich eine Zuneigung entwickelte, waren wir viel zu unterschiedlich, als dass die Beziehung hätte von Dauer sein können«, berichtete Max.

»Wir waren nicht völlig kompatibel. Ich war etwas gebildeter als sie, obwohl sie von Natur aus sehr intelligent war. Sie war wirklich schlagfertig. Aber wenn es darum ging, ob wir etwas gemeinsam hatten oder auch nur etwas, worüber wir reden konnten, fehlte etwas. Trotzdem entwickelte sich eine gewisse Zärtlichkeit zwischen uns. Mir lag sehr viel an ihr.

Wir waren etwa drei Jahre zusammen und kamen an einen Punkt, an dem sie dachte, wir würden bald heiraten. Es wäre nicht gut gewesen, einfach so weiterzumachen. Diesmal war ich sehr direkt mit ihr. Ich sagte ihr, dass ich erwog, mein ganzes Leben mit ihr zu verbringen, dass ich aber nie allein gelebt hätte. Das war eines der Dinge, die mich beunruhigten. Ich wollte die Erfahrung machen, ganz allein zu sein.

Ich wollte also ausziehen und eine Wohnung in der Nähe finden. Ich war nicht an einer anderen Frau interessiert, versuchte nicht, aus der Beziehung herauszukommen. Ich wusste einfach, dass es besser sein würde, wenn es mir gelang, diese Zeit – sechs bis zwölf Monate – durchzustehen und festzustellen, dass ich nicht von ihr abhängig war.«

Max bat darum, sich die Zeit nehmen zu dürfen, ein stärkeres Gefühl für sich selbst zu entwickeln und die Nachwirkungen seiner ersten Ehe zu verarbeiten. Keine neue Ehe konnte funktionieren oder von Dauer sein, solange er sich nicht unabhängig und innerlich stark fühlte, solange er sich für die neue Ehe nicht aus einer Position der Stärke statt aus einem Gefühl des Mangels heraus entscheiden konnte.

»Beth reagierte darauf traurig und niedergeschlagen, willigte aber ein. Sie schien damit einverstanden zu sein, dass ich auszog, aber wenige Tage nach meinem Auszug gab es einen heftigen Schneesturm. Ich erinnere mich, wie ich bei meiner alten Wohnung vorbeiging, durchs Fenster hineinsah, und da war sie mit einem anderen Mann zusammen.

Das war ein Schock für mich. Ich war verletzt. Sie war wahrscheinlich die ganze Zeit wirklich wütend auf mich.« Auf die Frage, ob er einen Verdacht gehabt habe, antwortete Max: »Nein. Ich schaute nur hinein, weil das Licht an war und niemand die Tür öffnete. Sie war durch den Schnee hinaus an den Stadtrand gegangen, um ihre Mutter zu besuchen. Ich machte mir Sorgen um sie und freute mich auf ihre Rückkehr und ihren Besuch. Also, das Licht war an, und ich klopfte an die Tür. Als niemand öffnete, schaute ich hinein und sah einen Mann, der kein Hemd anhatte.

Später fragte ich sie, warum sie mir nicht einfach gesagt habe, dass sie verletzt und wütend sei. Sie wusste nicht, was sie sagen sollte. Wir blieben in Kontakt, aber ich wollte danach nichts mehr mit ihr zu tun haben.«

Zwischen Max und beiden Frauen fand wirklich zu wenig Kommunikation statt. Statt über alles zu sprechen, reagierte er seine Wut auf seine Frau anderweitig ab, und seine neue Partnerin tat dasselbe mit ihm.

Vom Standpunkt des Karma, des Gesetzes der Ursache und Wirkung, erntet man das, was man gesät hat. Was Max einem Menschen angetan hatte, wurde umgehend ihm angetan.

Diese unbewussten, repetitiven Muster können und müssen unterbrochen werden, indem man die Wahrheit ausspricht, indem man Verständnis und Vergebung zeigt, statt automatisch auf Stimuli zu reagieren und zwanghaft auszuagieren.

Aber Max war nicht so erzogen worden. In seiner Herkunftsfamilie wurde alles ernst genommen. »Man konnte der beste Mensch sein«, berichtete Max. »Aber wenn man nicht an das glaubte, woran sie glaubten, war man unten durch. Sie verurteilen mich jetzt wahrscheinlich absolut. In meiner Familie wurde einfach nie über Gefühle oder Probleme gesprochen. Wenn man traurig war oder Angst hatte, galt man als merkwürdig, und man sprach nie darüber. Das ist bis heute so. Als all das passierte, dachte ich immer, dass sie mich für einen verlogenen Ehebrecher halten. Da kann man sich wirklich verloren und allein fühlen.«

Max projiziert jetzt seine eigenen unguten Gefühle in Bezug auf sich selbst auf seine Familie und geht davon aus, dass sie genauso über ihn denkt wie er selbst. Und obwohl er es vielleicht nicht wollte, hat er doch die Werte seiner Familie verinnerlicht.

»Ich weiß nicht sicher, wie sie über mich denken«, fuhr Max fort. »Denn wir werden wahrscheinlich nie darüber sprechen. Oder überhaupt über irgendwas richtig sprechen.«

Was Max brauchte, war die Möglichkeit zur offenen, ehrlichen Kommunikation, durch die seine Bedürfnisse und sein Verhalten verstanden, statt verurteilt werden konnten. Zuerst fand er das bei Beth, aber als eine sexuelle Beziehung daraus wurde, ließ er sich völlig davon beherrschen, teils aufgrund der Bestätigung und der Fluchtmöglichkeit, die es bot, und teils, weil er nirgendwo anders hingehen konnte. Weil er niemanden hatte, mit dem er die Wahrheit über sich teilen konnte.

Danach zog Max in eine andere Stadt, wo er jetzt allein lebt und einen guten Posten im sozialen Bereich hat. Er ist ein sanfter, sensibler, warmherziger junger Mann, der von sich sagt, dass er sich jetzt dazu bereit fühlt, eine neue Beziehung einzugehen.

Wenn eine nicht genügt

Gary fühlte sich sehr zu Frauen hingezogen. Er ist ein vitaler, sehr gut aussehender und dynamischer 41-jähriger Jude, der als Polizist, Karatelehrer, Dozent, Autor und Pädagoge gearbeitet hat und kürzlich zum orthodoxen Rabbi geweiht wurde.

Bevor er über seine Frauen sprach, war es Gary wichtig zu betonen, dass die Trennung von einer Frau ein sensibles Thema für ihn sei. Er sei immer sehr behutsam damit umgegangen. Er habe niemanden verletzen wollen.

»Zum einen verließ ich Frauen nie einfach«, erklärte Gary. »Ich war immer dankbar für die Zuwendung, die ich erhielt und gab, und wollte niemanden verletzten. Auch wenn ich in einer Beziehung war, von der ich wusste, dass sie nicht funktionieren würde, war ich behutsam. Ehrlichkeit kann brutal sein. Deshalb verhielt ich mich so (und ich denke, dass viele Männer das tun), dass die Frauen mit mir Schluss machten, wenn ich das Gefühl hatte, dass keine dauerhafte Beziehung daraus werden konnte.

Manchmal wussten die Frauen, was vor sich ging, aber trotzdem gab es ihnen das Gefühl, eine gewisse Macht zu haben, sodass sie ihre Würde bewahren konnten. Wenn ich also glaubte, die Beziehung beenden zu müssen, und wusste, dass die Frauen bestimmte Bedürfnisse hatten, sagte ich ihnen einfach, dass ich sie nicht erfüllen konnte. Sie verstanden das. Ich tat das, weil sich bei einer Trennung oft ein Partner sehr schlecht fühlt, als ob etwas mit ihm nicht stimme. Dabei liegt es vielleicht gar nicht an ihm. Zwei Menschen verstehen sich manchmal einfach nicht, oder es ist nicht die richtige Zeit für sie.

Was ich jetzt brauche, ist nicht dasselbe wie vor 20 Jahren. Wenn ich mit Frauen ausgehe, begegnen mir viele Menschen, die sehr schnell verletzt sind, selbst wenn sie viel Geld und Macht haben. Wenn man etwas über sie sagt, sind sie sofort verletzt und defensiv. Wenn man dann tatsächlich eine Beziehung beendet, fühlen sich manche Menschen schrecklich. Ihr Selbstwertgefühl ist sehr labil. Im jüdischen Glauben ist das Verletzen von Gefühlen eines der wichtigsten Themen. Wenn man jemanden verletzt, gilt das als tätlicher Angriff. Nach jüdischem Gesetz ist es ein tätlicher Angriff, wenn man jemanden öffentlich bloßstellt, und man kann entsprechend strafrechtlich verfolgt werden. Das heißt, man kann so viele Rituale einhalten, wie man will, aber wenn man nicht danach lebt, ist es nicht richtig.«

Als sensibler Mensch, der sich über die Gefühle und die

Selbstachtung anderer Menschen Gedanken macht, hatte Gary das Gefühl, in allen seinen Beziehungen viel zu geben und zu empfangen.

»Zuerst hatte ich viele Jahre eine schöne, sexy, spirituell interessierte Frau«, berichtete Gary. »Sie hatte alles, was ein Mann sich nur wünschen kann. Aber ich war nicht bereit dafür. Ich war jung und unsicher. Irgendwann erwachte der Drang, etwas Neues auszuprobieren. Als ich dann ein junger Polizist war, war ich großartig in Form, etwa 1,80 groß, 84 Kilo schwer, mit langen Haaren, abenteuerlustig, auf der Straße unterwegs. Die Mädchen fühlten sich magisch von mir angezogen. Es gab kein Halten. Uniformen üben eine besondere Wirkung auf Frauen aus, besonders wenn man einigermaßen intelligent ist, sich nett unterhalten kann und den Menschen ein gutes Gefühl gibt. Als Polizist hat man eine wichtige gesellschaftliche Position – man steht in der Öffentlichkeit, und Frauen fühlen sich zu Männern in Autoritätspositionen sehr hingezogen, weil sie sich von ihnen Schutz erwarten.

Ich bin mit vielen Frauen mit ganz unterschiedlichem sozioökonomischen Hintergrund ausgegangen – mit Models, Schauspielerinnen, Ärztinnen, Rechtsanwältinnen. Sie wollen alle dasselbe. Viele Frauen haben mir direkt ins Gesicht gesagt, dass sie einzig einen Mann wollen, der sie beschützen, für sie kämpfen und sie in seinen Armen halten kann.«

Auf die Frage, wie er das als Mann empfinde, antwortete Gary: »Manchmal genieße ich es. Manchmal macht es mir wirklich Spaß, für eine Frau zu sorgen, die schön und liebenswert ist, aber manchmal ermüdet es mich auch. Ich dachte immer, dass Männer eine Kreuzung aus Tier und Engel sind. Ich glaube, wir sind in vielerlei Hinsicht sehr animalisch. Wir empfinden Wollust und Verlangen, und zugleich sind wir manchmal auch wie Engel. Wir kommen fast ohne Nahrung und ohne alles aus und streben danach, diese Höhen zu erreichen.«

Auf die Frage, wie sich sein Bedürfnis nach anderen Frauen auf die feste Beziehung auswirkte, die er all die Jahre gehabt hatte, antwortete Gary: »Ich sagte ihr, dass ich nicht wie andere Männer sein wolle. Meine Freunde forderten mich auf zu heiraten. Sie sagten: ›Na, komm schon, Gary, wir haben doch alle Frauen und Kinder.‹ Darauf meinte ich: »Aber es gibt so viele tolle Mädchen, da kommen gerade welche auf uns zu, wie kann man da heiraten?« Ich hatte den Drang, mich mit diesen Mädchen einzulassen, die Erfahrung zu machen, das Leben voll auszukosten. Ich wollte mir das nicht nehmen lassen. Ich sagte, wenn ich verheiratet sei, könne ich zwar dagegen ankämpfen, aber ich wusste, dass ich dann einen ständigen Kampf mit mir würde führen müssen.

Sie meinten: ›Was ist los mit dir? Wir sind alle verheiratet, wir haben Kinder und treffen uns trotzdem mit anderen Frauen. Wir haben auch Freundinnen.‹ Darauf antwortete ich: ›Ich habe eine andere Erziehung. Wenn ich heirate, lege ich mein Gelübde ab, und das war's dann. Sonst brauche ich nicht zu heiraten.‹ Aus diesem Grund war ich damals nicht verheiratet.«

Sosehr ich andere auch durch die Trennung verletzt haben mag – ich war wenigstens nicht verheiratet. Aber die Anziehungskraft, die andere auf mich ausübten, war nicht nur sexuell bedingt – obwohl das sehr wichtig ist. Ich spüre gern meine Energie. Ich trainiere ständig, ich bin gern sportlich aktiv. Ich mag die Energie und die Aufregung. Wenn man jemand

Neuen kennen lernt, gibt es diese Verführung, es ist aufregend, sich zu jemandem hingezogen zu fühlen, sich zu verlieben – ein Hochgefühl.«

Auf die Frage, ob er das Gefühl habe, dass er süchtig danach sei oder dass es einen Ersatz für etwas anderes in seinem Leben darstelle, antwortete Gary: »Klar. Aber sehen Sie, wenn ich kein Polizist gewesen wäre, wäre ich jetzt wahrscheinlich verheiratet. Mir hätten sich nicht so viele Gelegenheiten geboten. Ich war in einer Position, in der Menschen auf mich zukamen und keine Zurückweisung fürchten mussten. Ein Mädchen, das auf mich zukam, musste ebenfalls keine Zurückweisung fürchten, sie konnte aus jedem beliebigen Grund kommen. Wenn sie sah, dass ich darauf einging, umso besser. Ich konnte auch auf andere zugehen, ohne Angst vor Ablehnung zu haben.«

Auf die Frage, wie seine Freundin mit alldem umgegangen sei, antwortete Gary: »Die Frau, mit der ich viele Jahre zusammen war, Susan, war meine beste Freundin, und ich vertraute ihr. Sie tat alles für mich, kümmerte sich um meine Finanzen, alles. Solange ich mit ihr zusammen war, traf ich mich mit keiner anderen. Später begriff ich, dass man jemanden, mit dem man aufgewachsen war und dem man vertraute, nicht ersetzen konnte – auch wenn ich mit anderen ausging. Obwohl die anderen Frauen nett waren, gab es nicht die gegenseitige Verpflichtung und das gemeinsame Ziel, das ich mit ihr hatte.

Susan stellte mir mehrere Male ein Ultimatum. Ich hörte eine Weile damit auf, mich mit anderen Frauen zu treffen, und Susan und ich waren, mit Unterbrechungen, fast zwölf Jahre zusammen. Am Ende sagte ich ihr einfach, dass ich immer noch nicht für die Ehe bereit sei. Sie war verletzt und fragte, wieso wir uns nicht endlich auf eine gemeinsame Zukunft einrichten könnten. Ich antworte ihr, dass ich noch immer nicht damit fertig sei. Ich war ehrlich zu ihr. Ich wollte sie nicht verletzen.

Es lief gut. Ich arbeitete, hatte verschiedene Jobs, war in vielen Bereichen aktiv – Kampfsport, Strafrechtspflege, Sozialarbeit. Ich wurde interviewt, und Artikel wurden über mich geschrieben. Ich erhielt viel Aufmerksamkeit, viele Mädchen riefen mich an. Jeder Artikel war wie eine Kontaktanzeige, weil sie mich fragten, ob ich verheiratet sei, und ich sagte dann nein und erhielt Anrufe von Frauen, Müttern, Großmüttern. Alle wollten mich unter die Haube bringen.

Am Ende ging Susan und zog nach Florida. Am Anfang war ich sehr erleichtert. Ich fuhr sie zum Flughafen. Es tat mir Leid, dass sie so viel weinte, aber ich dachte, sie würde darüber hinwegkommen. Ich fing an, mit anderen Frauen auszugehen. Was ich aber nicht erkannte, war: Solange man Luft atmet, weiß man nicht, wie wunderbar Luft ist – man merkt es erst, wenn man sich den Mund zuhält. Meine beste Freundin war weg, und ich hatte niemanden, mit dem ich mich austauschen konnte.

Die neuen Frauen, mit denen ich ausging, waren nicht die Menschen, denen ich dasselbe Vertrauen entgegenbringen konnte. Es braucht seine Zeit, bis sich das entwickelt, und man braucht auch den richtigen Menschen dazu. Intimität braucht Zeit – sie entsteht nicht in einem Augenblick. Manche Leute sagen, sie hätten von Anfang an das Gefühl gehabt, sich zu kennen, seelenverwandt zu sein. Daran glaube ich nicht. Ich glaube nicht, dass es so schnell geschieht.

Sechs Wochen, nachdem Susan weggegangen war, rief ich

sie an. Sie sagte mir, ich solle nicht anrufen, solange ich nicht meine Meinung geändert habe, was das Heiraten anging. Sie fragte, weshalb ich anrufe, und sagte, sie sei mit jemand Neuem zusammen. Sie hatte innerhalb von drei Wochen jemanden kennen gelernt. Sie hielt ihn für ihren Seelengefährten. Ich konnte es einfach nicht glauben. Ich telefonierte nachmittags um halb fünf mit ihr, und um halb acht saß ich im Flugzeug nach Florida. Ich wollte einfach mit eigenen Augen sehen, was da vor sich ging.

Kaum war ich dort, fragte ich sie am nächsten Abend, ob sie mich heiraten wolle, und sie sagte nein. Sie hatte ihr eigenes Trauma mit mir durchgemacht und hatte jetzt einen anderen. Ich glaube, dass der Mensch, der einem das gibt, was man gerade braucht, derjenige ist, mit dem man am Ende zusammenbleibt. Er gab ihr ein gutes Gefühl und begehrte sie sehr. Sie betrachtete mich als eine schmerzliche Erfahrung.

Ich versuchte während der nächsten Monate, sie zurückzugewinnen. Ich sprach mit Leuten, sprach mit ihr und hätte sie zu diesem Zeitpunkt geheiratet. Der Schmerz war so groß, ich wollte ihn loswerden. Die Narben blieben einige Zeit.«

Gary bejahte, dass er Angst bekommen habe. Und er hatte bemerkt, dass man nach dem Ende einer engen, intimen Beziehung immer feststellt, dass es doch nicht nur eine beiläufige Sache war, auch wenn man es dafür gehalten hatte. Den Männern wird oft erst dann bewusst, was sie an einer Frau hatten, wenn sie sie verlässt. Sie können abhängig werden und es nicht bemerken – bis ihnen die »Droge« genommen wird.

»Ich vermisste viele Frauen, nachdem ich mich nicht mehr mit ihnen traf. Wenn wir jemandem nahe kommen, entsteht eine tiefere Bindung, als uns bewusst ist. Ich war mit Frauen zusammen, die außergewöhnlich schön waren, aber keine Selbstachtung hatten. Ich fühlte mich meistens schlecht, wenn ich ging. Man greift die Energien anderer Menschen auf. Menschen haben viel oder wenig Energie. Wenn man daran gewöhnt ist, diese Energien aufzufangen, ob sie positiv oder negativ sind, braucht man diese Energien weiterhin, egal, was die Menschen durch ihre Energiefelder ausstrahlen. Auch wenn man denkt, es handle sich nur um eine lockere Beziehung, entsteht ein Bedürfnis. Was immer man in sich aufnimmt, auch Nahrung, fängt der Körper an zu brauchen.«

Auf die Frage nach anderen Beziehungen in seinem Leben berichtete Gary: »Dass die meisten meiner Freunde Frauen sind, liegt daran, dass sie sensibel und offen für Gefühle sind. Ich kann mit den meisten Männern nicht über meine Gefühle sprechen, weil sie einen für schwach halten, wenn man es tut. Ich besitze auch eine sehr sensible und religiöse Seite. Es ist schwer, sich mit Männern darüber auszutauschen. Was mir an anderen Frauen wichtig war, war nicht nur die Verliebtheit – ich sehnte mich nach Freundschaft und Vertrautheit. Es ist sicherer, das auf mehrere Menschen zu verteilen, damit man nicht verletzt wird, wenn einer von ihnen geht. Auf diese Weise kann keiner ernsten Schaden anrichten. Wie in einem Kibbuz in Israel, wo mehrere Menschen ein Kind aufziehen. Wenn dem leiblichen Elternteil etwas zustößt, ist das Kind nicht völlig am Boden zerstört.

Natürlich findet in dieser Situation eine Verteilung der wichtigen Bindung statt. Anstelle einer starken Verbindung zu einer Person hat man eine Bindung zur Gruppe. Wenn man so viel Intimität wie manche Männer braucht, kann man es nicht von einem Menschen allein bekommen – aus Angst, die ganze

Die andere Frau

Sache könne in die Hose gehen, und man stehe dann mit leeren Händen da.«

Merkwürdigerweise führt diese Strategie zu genau dem Ergebnis, das vermieden werden soll. Wenn ein Mann sich ständig über mehrere Beziehungen verteilt, erlebt er oft nicht die gewünschte Vertrautheit und fühlt sich letztlich einsam.

Gary wurde gefragt, wie er seine spirituellen Gefühle mit seinen Beziehungen in Einklang bringen konnte. Darauf antwortete er: »Ich glaube, dass Männer polygam sind. Ich glaube, dass es für viele Männer nicht natürlich ist, mit nur einer Frau zusammen zu sein. Ich denke, dass viele Männer eine wirklich liebevolle Beziehung zu mehreren Frauen haben können und das auch brauchen. Es gibt nicht nur den einen richtigen Menschen, weil wir uns ständig weiterentwickeln und verändern. Der richtige Mensch mit achtzehn ist nicht derselbe wie mit zweiunddreißig. Man fühlt sich aus unterschiedlichen Gründen zu unterschiedlichen Frauen hingezogen. Warum muss eine der anderen etwas wegnehmen?«

Auf die Frage, ob er eifersüchtig sei, wenn eine Frau, mit der er zusammen ist, gleichzeitig Beziehungen zu anderen Männern habe, antwortete er: »Sehr eifersüchtig, das ist keine Frage. Ich sehe es so: Der jüdische Glaube erlaubt es glücklicherweise oder unglücklicherweise Männern, mehrere Frauen zu haben, aber nicht umgekehrt. Das war in der Bibel so vorgesehen, wird aber in der Gegenwart von den Rabbinern nicht so gehandhabt, außer in einigen Gruppen. Es gibt spirituelle, aber auch praktische Gründe dafür. Viele Frauen werden das nicht hören wollen, andere vielleicht schon. Manche sind erleichtert darüber, dass eine andere Frau ein wenig den Druck von ihnen nimmt, den Mann befriedigen zu müssen.

Worauf ich hinauswill, ist Folgendes: Wenn man Beziehungen zu mehreren Frauen unterhält, erreicht man in mancher Hinsicht nicht dieselbe Tiefe, aber in anderer Hinsicht sogar mehr. Es kann sogar für eine Ehe hilfreich sein. Bei manchen Männern ist das der Fall, obwohl ich es heutzutage aus religiöser Sicht nicht empfehlen kann.

Wenn zwei Menschen zusammen sind, gehen sie einander nach einer Weile auf die Nerven, wie sehr sie sich auch lieben mögen. Man kann nicht zu demselben Menschen immer nur nett sein. Warum streiten Ehepaare so oft? Weil es schwierig ist, zu demselben Menschen tagein, tagaus freundlich zu sein. Es ist Arbeit. Wenn ein Mann mehrere Frauen haben kann, regt er sich nicht so über eine auf. Er kann über kleinere Dinge hinwegsehen, weil er nicht so viel von einer Frau braucht. Wenn er nicht alles von ihr bekommt, weiß er, dass eine andere verfügbar ist und auf ihn wartet.

Selbst bei Frauen, die sie sehr lieben, geraten Männer auf Abwege. Warum? Ich glaube, Männer brauchen sowohl in sexueller als auch in emotionaler Hinsicht Abwechslung. Außerdem lässt die sexuelle Anziehungskraft nach, wenn man mit einer Frau zusammenlebt und Alltagsdinge, wie beispielsweise das Zähneputzen, mit ihr teilt – das Geheimnisvolle geht verloren. Wenn man mit einer sehr gut aussehenden Frau zusammenlebt, ist sie nach einer Weile oft nicht mehr so anregend. Ich glaube, Männer lieben es einfach, Jäger zu sein. Sie mögen das Geheimnisvolle und das Neue. Ich weiß, dass ich keine Lüge leben will.«

Gary ist nicht nur an spirituellen Dingen interessiert, sondern hält auch religiöse Regeln ein. Auf die Frage, wie er sein Traditionsbewusstsein mit seinen Ansichten über Beziehungen in Einklang bringe, antwortete er: »Da gibt es einen Konflikt. Ich sehe es so: Nach jüdischem Gesetz gibt es das Gesetz, den Geist des Gesetzes und das rabbinische Gesetz. Manche beachten auch all die rabbinischen Traditionen, die sich im Laufe der Jahrhunderte entwickelt haben. Diese können sich sogar untereinander widersprechen.

Beispielsweise wird es nicht gern gesehen, wenn man vor der Ehe sexuelle Beziehungen hat, aber nach dem jüdischen Gesetz hat das Thema Sexualität mit *niddah*, der Menstruation, zu tun. In der Thora heißt es, dass eine Frau während ihrer Periode keinen Sex haben und sich danach einer rituellen Reinigung unterziehen sollte. Danach ist sie für Männer wieder zugänglich. Natürlich will die Gemeinschaft nicht, dass sie vor der Ehe Sex hat. Diese freizügige Haltung wird nicht gern gesehen, aber viele Frauen tun es heutzutage vor der Ehe, und auch viele Männer.

In der Thora steht sowieso nicht, dass man vor der Ehe keinen Sex haben darf. Aber die Rabbiner geben Erlasse zu diesem Thema heraus. Aus meiner Sicht waren diese Erlasse sinnvoll, als Männer noch mit siebzehn, achtzehn, neunzehn Jahren heirateten. Heute funktioniert das nicht mehr. Manche Leute sind heute mit vierzig noch nicht verheiratet. Es gibt heute viele verschiedene kulturelle Aspekte. Es gibt jetzt Menschen, die jung geheiratet haben und inzwischen geschieden sind. Ich habe ein Mädchen Mitte zwanzig kennen gelernt, die schon zweimal verheiratet war. Der jüdische Glaube ist nicht puritanisch. Er sagt, man solle Liebe und Sex innerhalb der Ehe genießen. Man solle das nicht ablehnen. Ein Mann hat sogar eine religiöse Verpflichtung gegenüber seiner Frau, sie sexuell zu befriedigen, bevor er sich selbst Befriedigung verschafft.«

Gary wurde darauf hingewiesen, dass manche Rabbis über Männer, die mit vielen Frauen zusammen sind, sagen, sie seien Versuchungen erlegen – dem Werk des Bösen, das Menschen daran hindere, sich gegen Versuchungen zu wehren.

Gary antwortete darauf: »Wir müssen Triebe haben, müssen die Neigung zum Bösen haben, um existieren zu können.«

Es wurde die These aufgestellt, dass im jüdischen Glauben die Arbeit darin bestehe, die menschlichen Triebe in Richtung Familie, Liebe, Mizwah (Gebote und Verhaltensweisen, die einen Menschen dazu bringen, den Willen Gottes zu befolgen) zu kanalisieren. Vielleicht lasse sich ein Mann, der viele Frauen habe, von seinen Trieben beherrschen, statt sich darum zu bemühen, sie in eine produktive Lebensweise umzuwandeln.

Gary war anderer Meinung. »Ich sehe das anders, denn in der Bibel war Polygamie zulässig. Viele Männer hatten viele Frauen, es kam sehr häufig vor. Seien wir doch ehrlich: Zu allen Zeiten haben Männer ihre Frauen betrogen, obwohl sie sie liebten. Viele Männer sind polygam. In der Bibel wurde es als etwas Selbstverständliches betrachtet und toleriert. Es verstand sich von selbst. Das heißt, die Männer verlassen ihre Frauen nicht für eine andere, sie geben nur einem natürlichen Bedürfnis nach. Im Übrigen sorgten die Männer in der Regel gut für ihre Frauen, wenn sie mehrere hatten.«

Auf die Frage, ob Frauen nicht ebenfalls polygam seien und wie er die Eifersucht sehe, unter der sie litten, antwortete er: »Das Hauptbedürfnis vieler Frauen besteht darin, versorgt zu werden. Viele Frauen sind nicht eifersüchtig. Sie sind froh, wenn ein Mann sich um sie kümmert. Manche Männer wollen mehr Sex, als eine Frau geben kann.«

Zu den Unterschieden hinsichtlich des Sexualtriebs sagte Dr. Gerald Epstein: »Manchmal sind die sexuellen Rhythmen nicht im Einklang. Der Mann braucht sehr viel, und die Frau kann es ihm nicht geben. Der Mann findet keine Erfüllung bei der Frau, oder die Frau findet keine Erfüllung bei ihm. Bestimmte Frauentypen brauchen nicht so viel Sex, sie brauchen viel Raum, während manche Männer täglich Sex oder sogar mehrmals täglich brauchen. Das heißt, der Druck auf die Frau kann so groß werden, dass sie es nicht ertragen kann. Ein solcher Mann ist unbefriedigt und sucht seine Befriedigung woanders. Meist wird die Ehe dadurch beendet oder nimmt ernsten Schaden.

Aber das Leben ist heute auch anders. In früheren Zeiten betrug die mittlere Lebensdauer eines Mannes 21 und die einer Frau 25 Jahre. Es war nicht üblich, dass Ehen vierzig, fünfzig oder sechzig Jahre hielten. Für manche Menschen ist es zu schwierig, diese lange Zeit mit einem Partner durchzuhalten, dann müssen sich die Dinge anderswo entwickeln.«

»Wenn sie heiraten«, fuhr Gary fort, »verlieren Männer das Anrecht darauf, viele unterschiedliche sexuelle Erfahrungen zu machen. Es ist ein großes Opfer. Wahrscheinlich haben sie mehr Vertrautheit und weniger Sex. Wenn man zusammenlebt, ist man müde, sie ist müde, es gibt Streit, und dann hat man keine Lust auf Sex.

Für viele Männer hat Sex dieselbe Bedeutung wie Essen und Trinken. Sie brauchen ihn regelmäßig. Aber wenn man nur mit einem Menschen zusammen ist, bekommt man nicht oft genug Sex. Frauen arbeiten, Männer arbeiten, beide sind müde, einer macht den anderen wütend oder enttäuscht ihn. Es entstehen emotionale Konflikte. Und dann kommen noch

Kinder dazu. All das kann das sexuelle Begehren und die sexuelle Befriedigung dämpfen.

Die meisten Männer, die ich kenne, betrügen ihre Frauen. Wenn Sie wüssten, wie viele verheiratete Männer mir sagen, dass sie mich beneiden. Die meisten fühlen sich nicht befriedigt. Sie wollen nicht einfach nur mehr Sex. Dafür könnten sie zu einer Prostituierten gehen. Sie wollen andere Beziehungen.«

Gary ist Single. »Es ist schwer für mich, aber ich arbeite daran«, erklärt er. »Schließlich will ich ja eine Familie und Kinder.«

Ein Mann wie Gary sehnt sich nach Abenteuer und Unberechenbarkeit im Leben, aber auch nach Stabilität und einer Familie. Das mag nach einem großen Widerspruch klingen, aber Dr. Harriet Field ist der Meinung, dass es in Einklang gebracht werden kann.

»Ich glaube, Männer brauchen genau wie Frauen emotionale Zuwendung«, erklärt Dr. Field. »Sex ist sehr wichtig, aber sie wollen auch die Einstimmung auf den anderen, die Zuwendung und Wertschätzung. Wenn das nicht mehr besteht, können Männer sehr schnell zu einer anderen gehen.

Es stimmt auch, dass sich die Leidenschaft verändert. Wenn sich ein Mensch weiterentwickelt, muss er reif genug sein, um das zu würdigen, was er in einer Ehe hat. Mit zunehmendem Alter verändert sich auch die Sexualität, vieles ändert sich für beide Partner. Man muss in der jeweiligen Phase, in der sich eine Ehe befindet, an ihr arbeiten.

Etwas, das nicht legitimiert ist, wie beispielsweise eine Affäre, birgt auch einen großen Reiz in sich.«

Auf die Frage, wie zwei Menschen eine Liebesbeziehung lebendig und aufregend erhalten können, sagte Dr. Field: »Ich glaube, man muss die Tatsache anerkennen, dass sich zwei Menschen auf lange Sicht mehr geben, als dies in einer neuen Beziehung möglich ist. Vielleicht geben sie sich keine Aufregung, aber dafür etwas anderes. Daran muss man arbeiten. Sie müssen an der Romantik arbeiten und sich Zeit nehmen. Die Menschen sind oft sehr beschäftigt und haben keine Zeit füreinander. Man kann nicht erwarten, dass eine Liebesbeziehung lebendig bleibt, wenn man sich keine Zeit dafür nimmt.«

Wenn ein Mann ein komplexes, reiches Seelenleben wie Gary hat, das viele Bedürfnisse und Sehnsüchte umfasst, dann ist es seine Lebensaufgabe, einen Teppich zu weben, in dem alle Fäden zusammenlaufen. Er muss eine Frau finden, die ihn versteht und akzeptiert und sich zu allen seinen inneren Anteilen in Bezug setzen kann. Er muss seine Bedürfnisse nicht unbedingt ausleben, wenn er verheiratet ist, aber er muss frei und sicher über seine Gedanken, Sehnsüchte und Gefühle kommunizieren können. Er kann nicht in einer Situation ausharren, wenn seine Gefühle verurteilt oder unterdrückt werden.

Empfehlungen

für den Umgang mit Männern, die andere Frauen brauchen.

Für Frauen:

- Erlauben Sie ihm, bei Ihnen all das zu sein, was er ist. Stecken Sie ihn nicht in eine Schublade, und erwarten Sie nicht immer wieder dasselbe Verhalten von ihm.
- Dieser Mann braucht Phantasie, Lebendigkeit und Roman-

tik. Wenn das auch Ihren Bedürfnissen entspricht, sollten Sie Wege finden, ihm so viel wie möglich davon zu geben. Spielen Sie verschiedene Rollen bei ihm. Überraschen Sie ihn mit Ihren zahlreichen Facetten. Organisieren Sie ungewöhnliche Unternehmungen. Aber Sie sollten all das auf keinen Fall nur tun, um ihn zufrieden zu stellen oder zu halten, sondern die Abwechslung und das Ungewöhnliche auch selbst genießen.
- Seien Sie nicht immer verfügbar. Herausforderungen sind ganz besonders nötig. Ein solcher Mann sollte Sie nie als eine Selbstverständlichkeit betrachten.
- Halten Sie das Geheimnis Ihrer Persönlichkeit für Sie beide lebendig. Nichts tötet eine Beziehung wie diese schneller als Routine.
- Fragen Sie sich, ob Sie dem Zusammensein mit dieser Art von Mann gewachsen sind. Seien Sie sich darüber im Klaren, dass er sich möglicherweise Seitensprünge erlauben wird. Können Sie damit leben? Seien Sie ehrlich mit sich selbst.

Für Männer:
- Seien Sie sich darüber im Klaren, dass das Verlangen nach anderen Frauen zu einer Sucht und einer Flucht vor tieferer Intimität werden kann.
- Werden Sie sich über Ihre Überzeugungen in Bezug auf Frauen und Beziehungen im Klaren. Viele Männer glauben, dass sie nicht alles, was sie brauchen, von einem einzigen Menschen bekommen können. Prüfen Sie, ob das wirklich der Fall ist. Ändern Sie diese Überzeugungen, falls Sie es für notwendig halten.

- Das Verlangen nach vielen Frauen kann auch eine Verteidigung gegen die Angst vor Zurückweisung und Verlust sein. Es kann eine Möglichkeit sein, an der Pubertät festzuhalten und nicht erwachsen zu werden. Machen Sie sich klar, welche Funktion dieses Bedürfnis in Ihrem Leben hat.
- Falls Sie sich gefangen fühlen, wenn Sie nur mit einer Frau zusammen sind, und gleichzeitig noch andere haben müssen, sollten Sie auf jeden Fall den Frauen gegenüber ehrlich sein. Betrug und Unehrlichkeit zerstören sowohl Ihre Beziehung zu anderen als auch zu sich selbst.
- Mancher Mann kann einer Frau näher kommen, wenn er ehrlich zu ihr ist und sie ihn akzeptiert, wie er ist. Möglicherweise fühlt er sich dann sogar sicher genug, um andere aufzugeben und ihr zu vertrauen.
- Um von einer Frau vollkommen akzeptiert zu werden, müssen Sie sich zuerst selbst akzeptieren. Hören Sie auf, sich selbst und ihr Verhalten zu verurteilen, und nehmen Sie sich stattdessen die Zeit, um die Dinge zu verstehen.

So viele schöne Frauen und so wenig Zeit.
John Barrymore

Die Suche nach der perfekten Partnerin

*Der kleine Juwel, den jeder will,
ist auf die Straße gefallen.
Manche glauben, es sei westlich von uns,
andere glauben, östlich.*
Kabir

Jeder Mann träumt von der Perfektion, der perfekten Partnerin, die ihm jeden Wunsch von den Augen abliest und seinem Idealbild einer Frau entspricht. Sie ist die perfekte Ergänzung, bringt die besten Saiten in ihm zum Klingen, befreit ihn von Hemmungen. Er ist stolz darauf, mit ihr zusammen zu sein, mit ihr in der Welt gesehen zu werden.

Manche Leute würden sagen, das sei mit der Suche nach dem Heiligen Gral in Gestalt einer Frau vergleichbar. Andere könnten der Meinung sein, dass das Festhalten an diesem Bild eine Verteidigungsstrategie ist, durch die man verhindert, dass eine echte Frau das Herz des Mannes gewinnen kann.

Die Sehnsucht nach der perfekten Partnerin kommt auf unterschiedliche Weise zum Ausdruck und zieht im Leben der betreffenden Männer unterschiedliche Konsequenzen nach sich. Manche Männer sind sich darüber im Klaren, was sie tun. Anderen ist das, was in ihrem Innern vor sich geht, völlig unbewusst.

Hans ist ein großer, dunkelhaariger, sehr gut aussehender

Architekt Ende dreißig, der in Österreich aufgewachsen ist.
»Ich war auf der Suche nach Perfektion«, sagte Hans. »Ich ging nur mit außergewöhnlich schönen Frauen aus – Models, diese Sorte Frauen. Es gab da ein bestimmtes Muster: erste Verliebtheit, ein Zeitraum, in dem es hielt, in meinem Fall zwischen zwei und acht Monaten. Dann gingen sie mir auf die Nerven, und ich verließ sie.

Anfangs war alles in Ordnung. Dann fing ich an, mich zu ärgern. Mir fielen plötzlich kleine Dinge auf, die nicht perfekt waren, ihre Haut, die Art zu sprechen, wirklich oberflächliche, dumme Sachen. Aber von diesem Augenblick an begann ich im Grunde bereits, sie zu verlassen.

Es hatte mit meiner Erwartung zu tun. Wenn man eine so schöne Frau sieht, erwartet man viel mehr, aber man gewöhnt sich bald an die physische Schönheit und sieht sie nicht mehr. Die meisten von ihnen hatten keine echten Werte, die mich interessierten. Sie taten einfach, was gerade angesagt war, und das langweilte mich. Dann machte sich die Enttäuschung bemerkbar.«

Eines der wichtigsten Kennzeichen der perfekten Geliebten ist, dass sie sich der Vorstellung des Mannes zufolge nie verändert. Da sie auf einem Bild, nicht auf der Realität, basiert, können die Wechselfälle des Lebens ihr nichts anhaben. Aber wenn wir ein Bild statt einer Realität suchen, bricht unweigerlich alles zusammen.

»Ein Mann verlässt eine Frau, weil er instinktiv das gewisse Etwas vermisst, das ihm das Gefühl gibt, er könnte etwas Ernsteres vor sich haben als nur ein hübsches Mädchen, mit dem man ins Bett geht«, sagte Hans. »Ein Mann braucht mehr. Diese Art von Frau bedeutet nur Unterhaltung. Wenn einem das klar wird, fühlt man sich deprimiert. Man steht wieder allein da im selben alten Schlamassel.«

Jeder Mann hat seinen eigenen Traum von der perfekten Geliebten. Für manche ist sie schön, sexy, liebt bedingungslos, gibt ihm, was immer er will. Sie widerspricht ihm selten und macht kaum Schwierigkeiten. Sie ist eine wunderbare Trophäe, mit der er sich gern zeigt, und alle Köpfe drehen sich nach ihnen um, um zu sehen, welchen Preis er gewonnen hat. Sie ist hauptsächlich dazu da, ihn zu glorifizieren, seine Männlichkeit und sein sexuelles Draufgängertum zu demonstrieren. Ihre Persönlichkeit ist sekundär. Das heißt, sie ist nicht nur sekundär, sondern oft kommen ihre Persönlichkeit, ihre Ambitionen und ihre Eigenständigkeit der Beziehung ernsthaft in die Quere.

Für andere ist die perfekte Geliebte knallhart und dominierend. Sie provoziert, stimuliert, beschimpft vielleicht sogar. Sie sorgt dafür, dass er sich an die Regeln hält, vielleicht erinnert sie ihn an seine Kindheitserfahrung mit einer strengen Mutter.

Hans beschrieb es so: »Eben war sie noch schön und alles, was ich mir erhoffen konnte, aber plötzlich fing ich an, Fehler zu entdecken. Von diesem Augenblick an war ich weg, auf der Suche nach einer anderen.«

Während Männer sich nach dieser perfekten Geliebten sehnen und auf sie warten, können sie die Frau vor sich, die Frau, mit der sie zu Abend essen, mit der sie schlafen, mit der sie ausgehen, nicht wahrnehmen. Sie ist nur jemand, mit dem sie die Zeit überbrücken, bis die perfekte Geliebte auftaucht. Wenn sie mit einer Frau ausgehen, kann es vorkommen, dass diese Männer ständig den Kopf drehen, um zu sehen, wer als Nächstes durch die Tür kommt.

Wenn Männer eine solche Beziehung beenden, haben sie

möglicherweise nicht einmal das Gefühl, die betreffende Frau zu verlassen, weil sie von Anfang an nicht wirklich mit ihr zusammen waren.

Hans bemerkte dazu: »Es erschien mir fast unvermeidlich, dass ich diese Frauen eine nach der anderen verlassen musste. Damals war es mir unmöglich zu sagen: ›Okay, sie ist vielleicht nicht perfekt, aber sie hat ihre eigenen Qualitäten.‹ Meistens verließ ich die Frauen, verlassen wurde ich selten. Vielleicht weil ich von Anfang an Mädchen auswählte, die mich nicht verlassen würden.«

Frauen wie diese, die die Funktion erfüllen, das Ego des Mannes aufzubauen, werden oft als oberflächlich wahrgenommen – weniger intelligent, abhängiger, keine Bedrohung. Von einer Frau verlassen zu werden ist ein heftiger Schlag für das Ego, und Männer, die Perfektion suchen, schützen sich gewissenhaft davor. Ihre Definition einer perfekten Geliebten beinhaltet immer Eigenschaften, die die Frau daran hindern würden, den Mann zu verlassen.

»Das Merkwürdige ist«, fuhr Hans fort, »dass ich mich immer als Einzelgänger sah, obwohl ich immer Freundinnen hatte. Sobald es mit einer zu Ende war, gab es eine andere, die sie ersetzte. Ich definierte mich über die Frau, mit der ich gerade zusammen war. Junge Männer wissen nicht, wie sie sich sonst definieren sollen. Eine Frau ist wichtig für die männliche Identität.«

Wenn eine Frau als Erweiterung des Mannes, als Teil seiner Identität gesehen wird, dann ist die Suche nach der perfekten Frau in Wirklichkeit die Suche nach Perfektion in sich selbst.

Die männliche Identität kann sehr verletzlich sein. Wenn das Selbstwertgefühl eines Mannes auf Leistung, Erfolg und

Anerkennung durch andere Männer beruht, erfordert dies immer eine Zurschaustellung nach außen. Ob er seine Autos, seine Häuser, seinen beruflichen Status oder die richtige Frau und die Diamanten, die er ihr kauft, zur Schau stellt – all das sind für diesen Mann nur Hilfsmittel, um sich selbst und der Welt zu zeigen, wer er ist.

Ein Mann, dessen Identität auf dieser Art von Grundlage steht, bewegt sich auf dünnem Eis. Nur ein starkes Selbstwertgefühl, das von innen heraus kommt und auf inneren Werten und Selbstachtung basiert, kann allen Anfechtungen des Lebens widerstehen und einen Mann eine stabile Beziehung eingehen lassen.

Gemäß der Jung'schen Psychologie tragen wir alle sowohl männliche als auch weibliche Elemente in uns. Bei einem Mann ist die Anima das archetypische Bild seiner weiblichen Natur, und der Animus ist das archetypische Bild seiner selbst als Mann. Bei der Suche nach der perfekten Geliebten werden diese inneren Bilder aktiviert. Ein Mann sucht eine Frau, die Ausdruck seiner inneren Anima ist – desjenigen weiblichen Aspekts seiner Persönlichkeit, der ihm fehlt. Geht er mit seiner perfekten Partnerin eine Beziehung ein, vervollständigt ihn dies zu einem Ganzen.

Ein Mann, der von der Suche nach der perfekten Partnerin besessen ist, befindet sich in der Gewalt seiner Anima, eines der stärksten Archetypen des kollektiven Unbewussten, und der Bilder, die sie enthält. Statt einen Menschen aus Fleisch und Blut zu suchen, der seine Anfechtungen und Nöte mit ihm durchsteht, sucht er den Heiligen Gral. Da der Heilige Gral auf diese Weise nicht zu gewinnen ist, sind oft Enttäuschung, Depression und Hoffnungslosigkeit die Folge.

Hans fuhr fort: »Am Ende war ich einfach vollkommen gelangweilt. Ich weiß nicht, ob es das Alter war, oder ob ich mir einfach der Dinge bewusster wurde, aber ich wurde auf einmal sehr verletzlich. Ich fand nie Erfüllung, wie viele Frauen ich auch hatte – vielleicht für Augenblicke, aber es hielt nie an. Ich rannte Dingen hinterher, die ich für perfekt hielt, aber nach einer gewissen Zeit wurde es sinnlos. Daher war es schwierig für mich, in einer Beziehung zu bleiben, weil ich einer Vorstellung von Perfektion nachjagte.

Eine bedauernswerte Frau machte das mit mir durch. Am Ende verließ ich sie zum dritten Mal, weil ich dachte, ich müsse mein Leben ändern, und das bedeutete, dass ich auch meine Freundin wechseln musste.

Jetzt weiß ich, dass viele der Urteile, die ich fällte, infantil waren. Natürlich macht den Menschen viel mehr aus als sein Aussehen und sein Verhalten. Das wurde mir bewusst, als ich Jahre später meine Frau kennen lernte. Vielleicht wurde es mir bewusst, weil ich eine Frau kennen lernte, die besser für mich war. Das war etwas völlig anderes als meine vorherigen Beziehungen. Es war ein großes Glück für mich, meine Frau zu treffen, bei der es all das nicht gab. Aber wahrscheinlich musste *ich* mich verändern und weiterentwickeln und all das durchmachen, damit ich einen Menschen wie meine Frau kennen lernen und schätzen konnte.«

Hans musste eine Phase schrecklicher Leere und Depression durchmachen, als er die Oberflächlichkeit und Unwirklichkeit seiner Suche erkannte. Während er nur zu einem Bild eine Beziehung herstellte, war er im Grunde von der Wirklichkeit und dem Reichtum, den sie ihm bieten konnte, losgelöst. Ein Bild bringt nur vorübergehende Befriedigung. Es kann nie Erfüllung bringen – nicht die Art von Erfüllung, die Hans suchte.

Als Hans besser verstand, in welcher Falle er saß, begann ihm klar zu werden, was er in einem echten Menschen suchte. Zu diesem Zeitpunkt stimmte er seine Anima – die durch unbewusste Wünsche und Bilder zum Ausdruck kam – mit der externen Realität, den Anforderungen des Alltags, ab. Zu dieser Erkenntnis gelangte er, als er sich die Menschen, mit denen er zusammen war, näher anzuschauen begann.

»Plötzlich wurde mir klar«, sagte Hans, »dass manche der Frauen ihre Persönlichkeit veränderten, um so zu sein, wie ich sie jeweils haben wollte, um mich zufrieden zu stellen. Wahrscheinlich spürten Sie meine Forderung nach Perfektion. Aber wenn sie es taten, irritierte mich das noch mehr, und ich verlor den Respekt vor ihnen. Ich fühlte mich nie sicher bei diesen Mädchen, die mich zufrieden zu stellen versuchten. Ich begann mich zu fragen, wer sie tief drinnen wirklich waren. Ich wollte den wahren Menschen kennen lernen und erkannte, dass ich das nicht tat und dass keine von ihnen mich tief berührte.«

Auf die Frage, wie er mit seinem wachsenden Bewusstsein umging, antwortete Hans: »Ich fing an, an mir zu arbeiten, ich meditierte, machte lange Spaziergänge und versuchte herauszufinden, was mir im Leben wichtig war.«

Indem er das tat, übernahm Hans die Verantwortung für seine eigene Zufriedenheit, für das Erkennen seines eigenen Kerns, statt die Perfektion nach außen, in das Bild einer Frau zu projizieren.

»Ich erkannte, dass ich verwöhnt war. Ich konnte mir den Luxus gönnen, mich zu amüsieren und mich von nichts wirklich berühren zu lassen. Sobald jemand berührt wird, ändert sich alles. Also arbeitete ich an mir und ließ mich nach und nach so von Menschen berühren, wie sie waren.

Dadurch wurde meine Interaktion mit anderen entspannter. Sie war nicht so reglementiert. Ich genoss es, mich einfach zu unterhalten und mit Freunden zusammen zu sein, ohne all die Erwartungen, wie ich mich ihnen gegenüber verhalten sollte. Verabredungen mit Frauen sind oft gezwungen und verkrampft.

Dort, wo ich lebte, gab es viele kulturelle Stereotypen. Ich fand sie störend, da ich selbst sowohl konservativ als auch zugleich ein Mensch war, der nicht nach den herrschenden Konventionen lebte. Wonach ich stattdessen zu suchen begann, waren Individuen, Menschen, die eigene Prinzipien hatten.«

Hans hatte eine wichtige Phase der psychologischen Entwicklung erreicht. Er befand sich im Prozess der Individuation, des Sich-Herauslösens aus der Menge. Er sah Menschen nicht mehr als generalisierte Objekte, sondern suchte die einzigartigen Individuen, die sie waren – oder nicht waren. Zuvor hatte Hans als Spiegelung seiner Forderung nach Perfektion an sich selbst ein solches Maß an Perfektion von Frauen gefordert. Als er sich selbst erlaubte, mehr Persönlichkeit zu entwickeln und seine eigenen Werte zu finden, suchte er dasselbe auch bei Frauen.

Wenn wir aus jemandem ein Bild machen, tun wir dasselbe auch mit uns selbst. Die Forderungen, die wir an andere stellen, fallen unweigerlich auf uns selbst zurück.

Den Schein wahren

Die Suche nach der perfekten Geliebten kann viele Formen annehmen. Sie kann für jemanden erst nach jahrelanger Ehe zum Bedürfnis werden oder ihn lebenslang begleiten. Männer wie Hans entwickeln sich durch die Suche weiter, entdecken ihr wahres Ich und finden Erfüllung. Andere, wie Dave, weigern sich, das aufzugeben, was sie als den zentralen Inhalt ihres Lebens empfinden.

»Das ist ein wilder Typ«, sagte Mark über Dave. »Er hält jede Sekunde Ausschau nach der perfekten Frau. Meiner Ansicht nach weigert er sich, erwachsen zu werden.«

Dave, ein gut aussehender, sinnlicher, attraktiver Mann Anfang fünfzig, lebt in seinem eigenen Haus auf Long Island, beschützt von zwei wütend bellenden Wachhunden. Dave trägt eine schwarze Lederhose und ein grünes Polohemd, hat langes Haar und duftet nach Rasierwasser. Er wirkt jungenhaft, empfindsam und charmant. Er und sein bester Freund Mark sind unzertrennlich, seit sie sich vor einigen Jahren bei einer Single-Party kennen lernten. Sie wollten das Gespräch über Frauen zu zweit führen.

Als die Wachhunde wild bellten, sagte der ruhige und gut gekleidete Mark entschieden: »Keine Angst vor den bellenden Hunden. Sie sind genauso harmlos wie wir.«

Dave war bereits einmal verheiratet und hatte eine Tochter. Seine Frau, ein Model, verließ die beiden, als die Tochter zehn Jahre alt war, und Dave zog seine Tochter allein auf.

»Meine Exfrau hat kein Herz«, sagte Dave. »Sie hat meine Tochter kaum gesehen, nachdem sie uns verlassen hat. Sie schickt ihr Geld, aber das ist auch schon alles. Sie war kalt. So kalt, aber schön. Schön an der Oberfläche, aber ohne Herz im Innern. Ich konnte es nicht ertragen. Der Sex war großartig, aber das war's auch. Keine Zuneigung, keine Wärme. Aber ich brauche trotzdem immer noch eine schöne Frau.«

Dave sagt, dass er mit seinem Single-Dasein nicht zufrieden ist, aber so viele Klagen von seinen verheirateten Freunden hört, dass er Angst davor hat, es noch einmal zu wagen.

»Ich tue es auf jeden Fall erst, wenn ich die perfekte Frau finde«, meint er. »Alle wollen, dass ich heirate, weil Unglück gern Gesellschaft hat. Aber glauben Sie, dass ich mich festlege wie Mark? Niemals. Ich brauche Leidenschaft und Liebe. Meine perfekte Frau ist irgendwo da draußen. Ohne sie ist mein Leben nichts.«

»Dein Leben ist jetzt nichts«, unterbrach Mark. »Du bist einsam und kannst nicht selbst für dich sorgen. Ich muss mich um dich kümmern, nicht wahr?«

Dave grinste. Marks Bewertung seines Lebens störte ihn nicht.

Auf die Frage nach seiner eigenen zweiten Ehe antwortete Mark: »Es ist eine leidenschaftslose Ehe, und ich bin damit zufrieden. Fühle mich sogar wohl dabei. Ich weiß, was ich erwarten kann. Es gibt keine wilden Hochs und Tiefs. Das ist die perfekte Frau für mich.«

Mark meinte, dass Dave dringend eine Frau brauche – auch wenn er so eine Art habe, Nachbarn und Freunde dazu zu bringen, sich um ihn zu kümmern. Er sei verloren, wenn er nur wegen dieser verrückten Idee allein ausharre.

Dave grinste weiter vor sich hin. »Soll er doch sagen, was er will. Er glaubt, er sei glücklich, aber er kommt ständig vorbei und will meine Geschichten hören, nicht wahr?«

»Nicht aus dem Grund, aus dem du denkst«, wandte Mark ein. »In jedem Alter braucht man Veränderungen, und auch unser Bedürfnis nach Beziehungen ändert sich. Aber nicht für ihn. Aus meiner Sicht ist Dave nicht erwachsen geworden. Das ist pubertär, diese Suche nach der perfekten Frau.«

Dem würden natürlich einige Psychologen zustimmen. Sie würden vielleicht sagen, Dave habe das Bedürfnis, Frauen zu idealisieren, um nie das zu bekommen, was er will. Vielleicht wäre es zu furchteinflößend für ihn, das zu bekommen, was er will. Es könnte sogar eine ödipale Eroberung darstellen, etwas so Wunderbares zu haben wie sein Vater – nämlich die Mutter. Vielleicht betrachtet er es unbewusst als etwas Verbotenes, eine Frau zu finden und zu behalten.

Dr. Robert Berk, Lehranalytiker und Supervisor am Postgraduate Center for Mental Health, sagte zu diesem Fall vom Freud'schen Standpunkt aus: »Beim Sex ist die Kraft der Phantasie enorm. Es ist nicht einmal so sehr das Aussehen des anderen, sondern die Phantasie, die wir von ihm haben. Genau genommen reagieren wir auf unsere eigene Phantasie.

Ein sehr wichtiger Aspekt, den die Psychoanalyse beleuchten kann, ist die Bedeutung der Phantasie im Liebesleben der Menschen, ob es sich nun um bewusste oder unbewusste Phantasien handelt.

Wir wissen nicht genug darüber, was Perfektion für Dave bedeutet, was die tiefere Bedeutung ist. Höchstwahrscheinlich weiß er es selbst nicht einmal. Von der obersten Ebene aus kann man es unmöglich erkennen.

Die Arbeit des Psychoanalytikers besteht darin, das Unbewusste bewusst zu machen. Man sieht sich ein Symptom, eine Vorstellung oder Projektion unter allen Gesichtspunkten an.

Manchmal muss man viele Ebenen interpretieren, bis die Bedeutung klar wird – und die Erleichterung kommt.«

»Ich warte einfach auf eine Frau, die mich umhaut«, erklärte Dave. »Wenn es eine tut, werde ich sie verdammt glücklich machen. Ich werde alles geben, was ich habe. Und das ist viel, das kann ich Ihnen sagen.«

Mit Sicherheit versteht es Dave, gefühlsmäßig sehr offen zu sein und aus sich herauszugehen, was viele Frauen bezaubert hat.

»Meine erste Frau hat mich umgehauen«, sagte er. »Aber dann hat sie mich enttäuscht. Wir haben uns während unserer Ehe zweimal getrennt. Beim ersten Mal wollte ich weg. Die Scheidungspapiere waren schon vorbereitet. Ich erkannte, dass sie nicht der Mensch war, der sie zu sein schien, und dass sie es niemals sein würde. Zu diesem Zeitpunkt waren wir sechs Jahre verheiratet.

Wir hatten eine schöne Wohnung, einen tollen Lebensstil. Ich arbeitete so hart, wie ich konnte, für sie, konnte sie aber nicht glücklich machen, was immer ich auch tat. Sie kaufte viel auf Kreditkarte, und ich ging beinahe bankrott, aber ich konnte sie nicht dazu bewegen, mich zu lieben.«

Als Dave erkannte, dass er ihre Liebe nicht gewinnen konnte, begann er sich unzulänglich zu fühlen. Von da an nahm er auch sie als weniger perfekt wahr.

»Nachdem ich ihr die Scheidungspapiere vorgelegt hatte, begannen die Tränen zu fließen. Also beschloss ich, es noch einmal zu versuchen. Wir waren weitere fünf Jahre zusammen. Aber wie ich schon sagte: Sie war kalt. Kein Händchenhalten, nichts. Wir umarmten oder küssten uns nie. Ich bat sie darum, aber sie konnte es nicht.«

Auf die Frage, weshalb er eine so kalte Frau überhaupt geheiratet habe, antwortete Dave: »Als wir uns kennen lernten, war sie liebevoller, aber ich schaute generell gern Frauen an. Ich sah mir ständig den *Playboy* an. Ich war ständig auf der Suche nach der perfekten Frau. Sie fing an, als Model zu arbeiten, um mir zu zeigen, dass sie so gut wie diese Mädchen aussehen konnte. Obwohl sie das tat, machte es mir immer noch Spaß, Frauen anzuschauen. Ich bin ein Menschensammler. Ich spreche mit Leuten und sehe sie mir an. Ich spreche mit Brückenmautkassierern, Kanalarbeitern. Es ist nicht so, dass ich sie verglich, aber vielleicht doch?«

Unbewusst bewirkte Dave, dass seine Frau dieselbe Unsicherheit fühlte wie er. Durch sein Verhalten löste er einen Machtkampf aus.

»Obwohl sie schön war, war sie unsicher. Außerdem verstand sie sich nicht mit meinen Freunden. Sie hatte mehr und mehr an mir zu beanstanden. Sie wollte, dass ich Anwalt würde, sie wollte immer mehr. Ich hatte drei Jobs: Ich arbeitete als Lehrer, Abendschullehrer und Leiter eines Freizeitprogramms. Und die ganze Zeit wusste ich, dass diese Ehe nichts taugt.

Schließlich war es vorbei, und sie heiratete einen reichen Mann. Ich war auf einmal wieder Single und das mit 35 Jahren.

Komisch, sobald sie aus dem Haus war, kam die Nachbarin, eine Engländerin, herüber und verführte mich. Ich dachte, vielleicht ist das gar nicht so schlecht. Aber ich wollte meine Familie wiederhaben – nicht meine Frau, sondern die Familieneinheit.

Als sie weg war, begann ich meine wahre Philosophie auszuleben: Genieße den Augenblick, vielleicht bist du später nicht mehr da. Tu es einfach jetzt. Hole alles aus dem Augenblick heraus. Verschlinge das Leben. Ich wollte das Leben verschlingen.«

Auf die Frage, ob das auch bedeutet habe, Frauen zu verschlingen, antwortete Dave: »Nicht wirklich. Ich ging eine Beziehung mit einer Frau ein, die drei Jahre hielt. Am Anfang war sie gut zu meiner Tochter, aber als sich herausstellte, dass sie selbst keine Kinder mehr haben konnte, wollte sie mein Kind nicht mehr in ihrer Nähe haben.

Sie heiratete einen anderen, kam aber eine Zeit lang für Sex zurück zu mir. Sie sagte, ich ginge ihr nicht aus dem Kopf. Aber nachdem ich darüber nachgedacht hatte, sagte ich ihr, dass ich es nicht mehr wolle. Schließlich sei sie ja verheiratet.«

»Vergiss nicht über Cynthia zu sprechen«, warf Mark ein. »Sie war eine Frau, auf die du dich hättest einlassen können. Es gab nichts an ihr auszusetzen.«

Dave grinste wieder und schüttelte den Kopf. »Cynthia passte nicht in mein Bild. Mein Gott, wie blöd ich war. Cynthia war eine sehr attraktive, etwas ältere Frau. Eine schöne Lady, die alle zum Lachen und zum Lächeln brachte. Ich wusste sie nicht wirklich zu schätzen. Es war einfach nur Sex von neun Uhr morgens bis um elf Uhr abends. Dann machte sie mir Thunfischsandwiches. Sie war eine entzückende, warme, freundliche, wunderbare Lady, aber ich ließ sie gehen. Sie legte Hunderte von Penny-Stücken von der Treppe bis zu ihrem Badezimmer aus, sie badete mich und tat alles für mich. Es war wunderbar, aber ich wusste es nicht zu schätzen. Sie liebte mich wirklich, und ich war es nicht gewohnt, so geliebt zu werden. Sie forderte nichts.«

Wenn ein Mann Perfektion in einem äußerlichen Bild sucht

Schein wahren

oder in einer Vorstellung davon, wer die Person sein wird, ist es schwer, Perfektion zu akzeptieren, wenn sie in anderer Form auftritt. Es ist schwer, den Wert echter Zuwendung zu erkennen. Es kann auch schwierig sein, Liebe von jemandem anzunehmen, wenn man Urteile über ihn fällt und die Liebe nicht erwidern will. Dave war gut zu ihr, aber es gab immer Bedingungen.

»Ihr Alter störte mich. Ich hatte das Gefühl, dass es nur eine schöne Affäre sei. Ich wusste, dass meine perfekte Geliebte jünger sein musste. Also ließ ich Cynthia gehen und lernte Jane kennen, eine junge Frau von 29 Jahren. Aber ob Sie es glauben oder nicht – ich wusste auch sie nicht zu schätzen. Es war auch mit ihr nicht immer einfach. Jeder denkt, dass es großartig ist, eine jüngere Frau zu haben, aber wenn man älter wird, ist das sexuelle Begehren nicht mehr so stark, und wenn man nicht andere Qualitäten hat, mit denen man eine jüngere Frau befriedigen kann, ist es nicht so einfach. Außerdem wollen sie oft eine Familie gründen.

Und sie hatte einen ziemlich üppigen Hintern. Das störte mich, weil manche Leute sich über sie lustig machten. Sie machten schreckliche Witze, waren grausam. Aber es störte mich. Es macht mir etwas aus, wie andere Leute mich sehen. Es macht mir sehr viel aus.«

Wenn man auf der Suche nach der perfekten Geliebten ist, ist es immer sehr wichtig, dass sie auch in den Augen der anderen perfekt erscheint. Das ist ein weiteres Kennzeichen des Mannes, der sich zur Schau stellt: Er will, dass andere seine Perfektion sehen. Wenn andere Menschen Mängel an ihr erkennen, dann sehen sie auch Mängel an ihm.

»Eine Sache war jedoch großartig bei Jane. Sie legte sich mit mir ins Bett und ließ mich den Sport im Fernsehen anschauen. Sie fragte nicht, ob ich tatsächlich diesen dummen Sport anschauen wolle. Sie mochte es. Sie machte Frühstück, brachte es nach oben, schaute den Sport zusammen mit mir an und kuschelte sich dabei an mich. Ich kann es nicht ertragen, wenn eine Frau sagt, dass ich den blöden Sport ausmachen soll.

Ja, sie mochte es, und das war gut, denn wenn sie mir auf die Nerven gehen, wenn die Musik nicht mehr spielt, dann ist es vorbei. Dann bin ich weg.«

Auf die Frage, wann die Musik nicht mehr für ihn spiele, antwortete Dave: »Das ist ein Dilemma. Die ganze *Playboy*-Kultur erwartet von einer Frau, dass sie perfekt ist. Ich wuchs mit dieser Kultur auf. Ihre Haut sollte samtweich und glatt sein, etwas Besonderes. In meiner Vorstellung waren Frauen etwas Besonderes. Sie gingen nie zur Toilette, sie puderten sich nur die Nase. Das Geheimnis des Weiblichen ist für mich etwas sehr Eindrucksvolles. Aber ich fand keine Frau mit samtweicher Haut.

Einmal sah ich eine Frau beim Tanzen. Ich sagte zu mir, Junge, diese Frau hat samtweiche Haut. Ich wollte meine Hand auf ihr Bein legen und daran entlangfahren. Dieser Wunsch verschwindet nie, wie alt man auch wird. In meiner Phantasie ist die Weiblichkeit, die ich mir wünsche, sehr stark ausgeprägt. Ich will eine feminine Frau.

In mancher Hinsicht ist es heutzutage schwierig, mit Frauen zusammen zu sein. Sie sind defensiv. Sie sind von Männern verletzt worden. Wenn man einen Fehler macht, ist man aus dem Rennen. Wenn man einen Witz macht, den sie nicht mögen, wirft das ein schlechtes Licht auf die ganze Persönlichkeit, und der Abend ist ruiniert. Sobald das passiert, bin ich weg.

Ich kann meine Persönlichkeit nicht unterdrücken oder ändern. Aber viele wollen, dass man genau das tut.«

Mark warf ein, dass es seiner Meinung nach mehr zornige Frauen als zornige Männer gebe. »Wir nennen sie die gehfähigen Verwundeten. Wie kann man auf die Idee kommen, mit einer solchen Frau wieder von vorn anzufangen? Aber verstehen sie mich nicht falsch«, fügte er schnell hinzu. »Dave ist auch ein sehr zorniger Mann. An der Oberfläche ist er kindlich und liebenswert, aber tief in ihm drin hegt er einen Riesenzorn wegen dem, was seine Exfrau ihm angetan hat. Deshalb sucht er nach einer perfekten Frau, von der er genau weiß, dass er sie nicht finden wird. Und während er selbst älter wird, müssen sie jünger werden. Er hat Angst davor, ihnen auch beim Älterwerden zuzusehen.«

Dave stimmte zu. »Ich habe Angst vor dem Altwerden. Ich habe viel Geld für kosmetische Verschönerungen ausgegeben, um mein jugendliches Aussehen zu bewahren. Wenn eine schöne Frau an meinem Arm geht, fühle ich mich besser. Einmal, als ich mit einer traumhaft schönen Frau am Arm zurückkam, fühlte ich mich die ganze Nacht wunderbar. Ich wollte, dass alle meine Freunde es sahen.«

Das ist ein eindeutiges Beispiel für eine Identität, die auf Anerkennung durch andere Männer basiert, wobei kulturelle Werte nie in Frage gestellt werden und nie tiefer nach innen geschaut wird.

Dave fuhrt fort: »Wissen Sie, ich lernte noch eine ältere Frau kennen. Sie war um einiges älter. Manche Männer mögen das. Es ist sexy. Außerdem weiß eine ältere Frau wirklich, was Männern gefällt. Aber der Gedanke, jemanden alt werden zu sehen, ist schmerzlich. Sie werden keine samtweiche und glatte Haut mehr haben – ihre Haut wird faltig sein. Außerdem fühlt man sich von anderen Männern unter Druck gesetzt. Meine Freunde machen mich fertig, wenn sie mich mit einer älteren Frau sehen. Es sagt auch etwas über mich aus. Dass ich nichts Besseres mehr zustande bringe.«

Dave ist das Opfer seiner eigenen schwachen Identität. Er muss perfekt aussehen, um seine perfekte Frau zu finden, um sich selbst respektieren zu können. Und das Bild, das er sucht, kann nicht altern oder sich verändern. Seine gesamte Energie und Lebenskraft muss sich den Gezeiten des Lebens entgegenstemmen. Jedes Jahr, das vergeht, steigert seine Angst, statt Reife und Erfüllung zu bringen.

In der freudschen Psychologie spricht man hier von Narzissmus – dem Phänomen der Selbstverliebtheit. Wenn man den anderen ansieht, sieht man nur in einen Spiegel. Man begegnet möglicherweise sein ganzes Leben lang nie wirklich dem anderen oder erfährt die Realität der Liebe zu einem anderen Menschen.

»Wissen Sie«, fuhr Dave fort, »ich hatte eine wirklich schöne Mutter, und andere Leute machten ständig Bemerkungen darüber. Also sagte ich mir, wenn mein Vater eine so schöne Frau finden konnte, dann kann ich es auch. Ich bin einfach in Schönheit verliebt.«

Dave erlebt vielleicht den ödipalen Kampf, den alle Männer durchmachen und bei dem es darum geht, so gut wie oder besser als der Vater zu sein und eine Frau wie die eigene Mutter zu bekommen. Für viele Männer wird dieser Kampf kompliziert, wenn sie sich nicht erlauben, mit dem Vater zu konkurrieren, oder fürchten, dass es schreckliche Konsequenzen haben könnte, wenn sie je die Frau ihrer Träume finden. Für diese Männer ist es sicherer, sich weiter nach der perfekten Frau zu sehnen, die eine idealisierte Mutter darstellt, die sie nie wirklich haben können.

Derzeit unterhält Dave nicht mit einer Frau, sondern mit seinem Freund Mark eine echte Partnerschaft. Es besteht großes Vertrauen zwischen ihnen, und obwohl Mark verheiratet ist, bezieht auch er seine wahre Unterstützung von Dave.

Darüber sind sich sowohl Dave als auch Mark im Klaren. Dave meinte dazu: »Bei Frauen suche ich das Physische, aber Mark liebe ich, von Mann zu Mann. Wir können miteinander reden, und da ich weder mit ihm schlafe noch sein Essen mache oder seine Kleider wasche, wird es nicht kompliziert. Es ist eine klare Sache und macht Spaß.«

Natürlich werden in einer Primärbeziehung Daves tiefste Bedürfnisse nach Liebe, Fürsorge und sogar Bemutterung aktiviert. Die frühen Erinnerungen und Enttäuschungen sind ebenfalls nicht weit entfernt. Der Traum von der perfekten Geliebten kann dann in seinem Fall die Sehnsucht nach dem perfekten Elternteil widerspiegeln, die jedes Kind hat. Ein solcher Traum kann schwer aufzugeben und ebenso schwer zu erfüllen sein.

Bei Mark sah der Wunsch nach Perfektion anders aus. Er war viel leichter zu erfüllen, weil er, wie Mark es ausdrückte, auf realistische Bedürfnisse bezogen war. In gewisser Weise hatte Mark bereits den Wunsch nach der idealisierten Phantasiemutter aufgegeben. Aber er hatte auch beschlossen, sich mit einer leidenschaftslosen Beziehung zufrieden zu geben, in der er sich sicherer fühlte. Für Mark bestand Perfektion in einer Beziehung aus Sicherheit und Stabilität. Dave und Mark lebten zwei entgegengesetzte Enden des Spektrums aus.

»Schauen Sie«, sagte Mark. »Ich sehe das Ganze von der

praktischen Seite. Ich weiß, was verfügbar ist. Ich weiß, was was ist. Ich halte es für dumm, dass Dave die perfekte Geliebte sucht. Ich suche die Ware, die ich für einen Penny kaufen könnte, deren Wert aber auf hunderttausend Dollar steigen wird. Wenn ich mein ganzes Leben mit dieser Suche zubringen würde, könnte man mich verrückt nennen.«

Dave lachte laut.

»Natürlich besitzt er einen gewissen Glauben, und ich bewundere Glauben. Aber was mich betrifft – ich bin ein Marketingmensch. Ich setzte eine Anzeige in das *New York Magazine* und erhielt 295 Antworten. Dabei ging es mir nicht um die perfekte Frau, sondern um die perfekte Anzeige. Ich schrieb eine Anzeige, auf die Frauen antworten würden. Sie lautete: ›Zuerst habe ich das Haus und das Auto gekauft, und jetzt suche ich die Frau und die zukünftige Familie, um das Haus zu füllen!‹ Ich verstehe was von Marketing.

Ich traf mich mit etwa 290 dieser 295 Frauen. Ich hatte eine Verabredung um zehn, eine um zwölf, eine um zwei und so weiter. Ich traf mich an allen möglichen Orten mit ihnen, aß Trauben im Park, trank Kaffee im Schnellrestaurant, spielte Tennis auf dem Tennisplatz und ging am Meer spazieren. Ich traf die Guten, die Schlechten und die Hässlichen.

Manche lehnten mich ab. Ich lehnte viele ab. Am Ende ging ich mit dreien oder vieren ernsthaft aus. Der wesentliche Grund, weshalb ich mich nicht wieder mit ihnen traf, waren ihre Kinder. Zu diesem Zeitpunkt wollte ich nicht die Kinder anderer Leute, ich wollte meine eigenen.

Nicht das, was man gemeinsam hat, ist wichtig. Die Frage ist, ob man die Unterschiede tolerieren kann. Aber für Dave ist das anders. Ihm geht es um den Reiz der Eroberung.«

»Nenne es, wie du willst«, warf Dave ein. »Wenn die Herausforderung nicht mehr da ist, die Spannung weg ist – was bleibt dann? Die Frage ist, wie man die Herausforderung aufrechterhält, wenn man mit jemandem zusammenlebt. Wie schafft man es, dass die Musik weiterspielt?«

Mark sagte schnell: »Ich glaube nicht, dass man das schafft. Ich glaube, dass sich die Musik ändert. Es ist nicht mehr dieselbe Musik.«

Dave meinte dazu: »Das kann ich nicht akzeptieren. Für mich muss es sexy und romantisch bleiben. Das kann ich nicht aufgeben. In meinen Augen hat Mark aufgegeben.«

»Im Gegenteil«, knurrte Mark, als versuche er, zu einem widerspenstigen Kind durchzudringen. »Ich versuche, mich weiterzuentwickeln. Ich besuche Kurse. Was ich nicht weiß, will ich lernen. Für mich gibt es außer einer Beziehung andere Dinge, die eine Herausforderung darstellen. Für Dave gibt es nur das. Die Frau ist der Mittelpunkt seines Lebens.«

»Das kannst du glauben«, meinte Dave. »Ich liebe Intimität. Die beste Zeit ist für mich die Zeit im Bett, nach dem Sex. Man fühlt sich so frei und kann wirklich miteinander reden. Es ist der Himmel auf Erden. Mark geht in tolle Kurse und lernt, wie er sich verändern kann. Ich dagegen lerne alles, was ich brauche, von Frauen.«

»Wenn Dave einen Kurs belegen würde«, unterbrach ihn Mark, »würde er nicht zuhören. Er würde sich die Frauen ansehen. Das ist in Ordnung, wenn man jung ist. Männer, die auf Frauen attraktiv wirken, können von einem unerschöpflichen Vorrat zehren und umgekehrt. Aber in Daves Alter sieht man immer dieselben Gesichter, wenn man in Nachtclubs geht. Gestern sagte er mir, dass irgendwo ein neuer Club eröffnet werde. Ich sagte, ja, schon, aber stellen sie auch neue Leute her, die dorthin gehen? Nein. Es werden wieder dieselben alten Gesichter sein.

Wissen Sie, was Dave früher gemacht hat? Er ging mit Blind Dates in einen teuren Club. Am Ende des Abends gingen sie auseinander, und er hatte eine hohe Rechnung zu begleichen. Dieser Mann verbringt den Anfang einer Beziehung damit, die Frau auszuführen, ihr Dinge zu kaufen, ihr Dinge zu zeigen, Dinge zu tun. Plötzlich ist sein Konto leer. Jetzt ist die Frau sehr verliebt in ihn, weil sie so viel von ihm bekommt. Dann verbringt er den Rest der Beziehung damit, wieder von ihr loszukommen.«

Dave lachte laut. Auf die Frage, was ihm helfen würde, Frauen nicht zu verlassen, sondern zu bleiben und an der Beziehung zu arbeiten, antwortete er: »Ich mag kein Nörgeln und Jammern. Ich brauche Zeit für mich. Wir brauchen alle Zeit für uns selbst. Eine tolle Frau könnte sich im selben Raum aufhalten, während man selbst liest oder fernsieht, und sie würde etwas anderes tun. Und sie würde es schaffen, dass man Liebe für sie empfindet. Wenn sie vorbeiginge, würde sie einen im Nacken berühren. Diese kleinen Dinge geben mir das Gefühl, dass ich eine Frau liebe und glücklich mit ihr bin. Sie gibt mir das Gefühl, etwas ganz Besonderes zu sein. Dann will ich sie verwöhnen, ihr auch das Gefühl geben, etwas Besonderes zu sein. Ich liebe es, Frauen glücklich zu machen. Die Sexualität einer Frau kann einen Mann wie ein Baby aussehen lassen. Sie kann einen Mann zum Zwerg machen. Ich habe das Gefühl, dass der Erfolg einer Beziehung mehr von der Frau abhängt. Sie kann jeden Mann haben, den sie will, wenn sie es sich in den Kopf setzt. Ihre Weiblichkeit, ihr Sex, ihre Schönheit sind mächtig. Das ist Lebenskraft, und Frauen strahlen diese Lebenskraft aus, die einen Mann wie ein Magnet anzuziehen vermag. Männer können das nicht. Nicht auf dieselbe Weise. Frauen lehren Männer mehr über die Liebe, als Männer Frauen lehren können. Frauen sind stark und schön. Sagen Sie ihnen, dass ich das gesagt habe.«

Mark schnitt eine Grimasse. »Spricht er von einer Beziehung oder einer Verabredung? Für mich klingt es nach einer Verabredung. Er ist noch in der Pubertät. Was bedeuten schon Zauber und Einssein? Auf lange Sicht kommt es darauf nicht an. In einer echten Beziehung gibt es die kleinen Dinge des Alltags. Sie muss einen Salat machen. Er muss den Müll runterbringen.«

Dave ließ sich nicht darauf ein. »Wenn ich eine Frau berühre, muss ein Zauber da sein.«

Mark wurde ungeduldig. »Zauber. Ich glaube, die Selbsterfahrungsbewegung war einer der größten Schwindel, die man Eheberatern und anderen Leuten angetan hat. Sobald diese Themen zur Sprache kommen, wird der Konflikt akut und verstärkt sich. Aber unsere Eltern lebten 50 Jahre lang mit dem Konflikt. Sie zogen nicht mit 50 durch die Clubs, auf der Suche nach irgendeinem Zauber, der ihnen widerfahren sollte.«

Auf die Frage, warum er in seiner Ehe ausharre, antwortete Mark ohne Zögern: »Mein Kind. Ich bin eine Verpflichtung eingegangen. Es ist meine zweite Ehe. Woanders würde ich vielleicht mehr Leidenschaft finden, aber weniger andere Qualitäten. Ich würde vielleicht mehr Intelligenz finden, aber weniger geistige Stabilität. Ich könnte es mit einer Frau zu tun bekommen, deren Unterhalt sehr teuer ist. Um eine Frau zu bekommen, wie Dave sie sich wünscht, vom Typ des *Playboy-*

Models, muss man mindestens 40 000 bis 50 000 Dollar pro Jahr für Kleider, Frisuren, Reisen und so weiter investieren. Dave ist sehr intelligent und nicht oberflächlich. Aber sein Geschmack hat sich seit der Pubertät nicht geändert.«

Dave widersprach. »Manche Menschen bleiben in einer Situation, in der sie unglücklich sind, weil sie zumindest mit dem Unglück vertraut sind. Sie haben immerhin Sicherheit. Sie sind nie allein, müssen nie wieder in einen Club gehen, an einer Bar stehen und sich Rauch ins Gesicht blasen lassen. Mark will, dass ich andere Dinge aufgebe, aber dazu bin ich nicht bereit. Ich gebe die Leidenschaft nicht auf. Ich halte gern im Kino Händchen. Ich mag Petting und Herumspielen. Es ist mir egal, ob ich hundert Jahre alt bin.«

»Ich sehe voraus, dass er noch dieselben Wünsche haben wird, wenn er mal ins Altenheim geht«, meinte Mark. »Aber wenn er weiterhin das tut, was er immer getan hat, wird er immer das bekommen, was er bisher bekommen hat.«

Wenn wir eine Mischung aus Dave und Mark herstellen könnten, würden wir einen Mann erhalten, der einerseits praktisch veranlagt wäre und andererseits auch den Wagemut hätte, spielerisch und romantisch zu sein. Um diese beiden Seiten miteinander zu vereinbaren, dürfte dieser Mann Perfektion nicht als ein unerreichbares Ideal sehen, sondern als etwas, das der Schönheit innewohnt, die ihm begegnet, wenn er im Augenblick lebt, Neues entdeckt, Liebe riskiert und lernt, sich selbst zu respektieren. Alle Arten von Türen würden sich ihm öffnen, und alle Arten neuer Frauen würden ihm begegnen.

Empfehlungen

für den Umgang mit Männern, die auf die perfekte Geliebte warten.

Für Frauen:

- Erkennen Sie es, wenn ein Mann ein Bild sucht, und seien Sie sich darüber im Klaren, dass sie diesem Ideal nie ganz entsprechen werden.
- Seien Sie sich selbst treu. Versuchen Sie nicht zu der Frau zu werden, von der Sie glauben, dass sie ihm gefallen wird. Er wird bemerken, was Sie tun, und weglaufen.
- Seien Sie warm und liebevoll. Berühren Sie ihn sanft. Lehnen Sie seine Phantasien nicht ab.
- Achten Sie ganz besonders auf Ihr Äußeres, wenn er ein Mann ist, der physische Perfektion und Schönheit braucht und Sie sich damit wohl fühlen. Bereiten Sie sich sorgfältig – mit Lotionen, Cremes, verführerischen Parfums – auf das Zusammensein mit ihm vor. Wenn seine Träume in Erfüllung gehen, wird er Sie ebenfalls glücklich machen. Wenn Sie sich dadurch unter Druck gesetzt fühlen oder es Sie stört, sollten Sie sich eingestehen, dass er nicht der Richtige für Sie ist.
- Wenn er ein Mann ist, für den die Meinung anderer Männer sehr wichtig ist, sollten Sie herausfinden, ob Sie dem Bild seiner Bezugsgruppe entsprechen. Falls nicht, sollten Sie sich verabschieden.
- Für manche Männer hat die perfekte Frau eine gefestigte Persönlichkeit, ohne allzu viel Leidenschaft. Finden Sie heraus, wer dieser Mann ist. Sagen Sie adieu, falls Sie seinem Bild nicht entsprechen.

- Denken Sie daran, dass es für jeden den richtigen Partner gibt. Es liegt an Ihnen, den Menschen zu finden, der für *Sie* der Richtige ist.

Für Männer:
- Machen Sie sich bewusst, dass sich alles verändert. Was eben noch perfekt schien, kann im nächsten Augenblick Mängel haben.
- Prüfen Sie Ihre Gefühle in Bezug auf sich selbst. Stellen Sie fest, in welcher Hinsicht Sie sich unzulänglich, fehlerhaft fühlen. Arbeiten Sie direkt an diesen Themen. Ein anderer Mensch kann nie das ergänzen, was Ihnen innerlich fehlt.
- Finden Sie heraus, ob Ihr Wunsch nach Perfektion nur eine Möglichkeit ist, Liebe zu vermeiden. Es ist leichter, sich auf die Fehler als auf die Vorzüge anderer Menschen zu konzentrieren.
- Machen Sie es sich zur Gewohnheit, die Vorzüge der Menschen, die Ihnen Tag für Tag begegnen, herauszufinden. Das beschert Ihnen eine völlig neue Wahrnehmung der Natur anderer Menschen und des Lebens an sich.
- Akzeptieren Sie Ihre eigenen Fehler, verurteilen Sie sich nicht. Je mehr Sie sich selbst lieben und akzeptieren, desto perfekter werden Ihnen andere erscheinen.

Wie merkwürdig, dass Menschen denken,
Lieben sei einfach. Dabei ist es doch schwer,
das richtige Objekt zum Lieben und Geliebtwerden
zu finden. Sie sehen das Problem der Liebe hauptsächlich
darin, geliebt zu werden, statt darin, zu lieben.
Erich Fromm

Machtfragen

*Der vernünftige Mensch passt sich an die Welt an,
der Unvernünftige gibt den Versuch nicht auf,
die Welt an seine Vorstellungen anzupassen.
Deshalb ist jeglicher Fortschritt von den
Unvernünftigen abhängig.*
George Bernard Shaw

Manche Männer können das Bild, das sie sich von einer Frau gemacht hatten, nicht aufgeben. Sie sind entschlossen, die Person zu verändern, mit der sie zusammen sind, die Beziehung nach ihren Vorstellungen zu gestalten. Daraus kann ein Kampf auf Leben und Tod werden, bei dem ihre gesamte Identität auf dem Spiel steht. Wenn sie scheitern, fühlen sie sich machtlos, als ob sie ihre eigene Welt nicht unter Kontrolle hätten.

Oft sind Männer, die Kontrolle ausüben wollen, anfangs sensibel, warm und mitfühlend, sie könnten als Retter bezeichnet werden. Was sie nicht wahrnehmen, ist die Tatsache, dass ihr eigenes Leben und ihr Glück zerstört werden, während sie den Drang verspüren, einen anderen Menschen zu retten. Am Ende müssen sie sich vielleicht sogar nach jemandem umsehen, der sie rettet.

Männer, die gern Kontrolle ausüben, schwimmen gegen den Strom. Unbewusst finden sie Frauen, die ihnen Widerstand leisten, und Beziehungen, die Schwierigkeiten mit sich bringen. Oft entsteht ein Machtkampf. Im Laufe der Zeit kann es für diese Männer in einer solchen Art von Beziehung wichtiger werden, den Kampf zu gewinnen, als in ihrem Leben Gleichgewicht und Glück zu finden. Es fällt ihnen nicht leicht, die problematische Beziehung aufzugeben; sie tun es oft erst, wenn sie einen Zustand der Verzweiflung erreicht haben. Danach gehen sie meist eine weitere schwierige Beziehung ein.

»Wenn ich eine Frau verlasse, kommt das für mich oft völlig überraschend«, sagte Alan, ein charmanter, warmherziger Mann mit langem Haar und sanfter Stimme, der Frauen liebt und mit ihnen gern Beziehungen pflegt. Alan ist ein wirklich fürsorglicher, sehr intelligenter Wissenschaftler Mitte dreißig, der viel zu bieten hat. Er genießt es, mit beiden Händen zu geben, und fordert wenig als Gegenleistung.

Alan war zwar nur einmal verheiratet, hatte aber mehrere intensive, langfristige Beziehungen, die sich für ihn wie eine Ehe anfühlten. Eigentlich stand er der Formalität der Eheschließung, dem Zwang, aus rechtlichen Gründen zu bleiben, immer ablehnend gegenüber. Aber eine der Frauen, mit denen er zusammen war, wollte unbedingt heiraten, sodass er sich darauf einließ. »Es war aus mehreren Gründen ein Fehler«, erklärte Alan.

»Bevor ich heiratete, gab es andere wichtige Frauen für mich«, begann er. »Die erste hieß Tara. Wir lebten etwa ein Jahr in Boston zusammen, und ich war sehr in sie verliebt. Sie hatte etwas Geheimnisvolles. Ich habe immer zwischen meinem Hang zum Rationalen, Wissenschaftlichen und der Neigung zum Mystischen geschwankt und versucht, ein Gleichgewicht zu finden.

»Tara rief mich an, nachdem wir uns im Unterricht kennen gelernt hatten. Sie war ein wildes, wunderbares, erstaunliches Mädchen, ein schwieriges Kind, das von zu Hause weggelaufen war. Ihr Vater, ein Wissenschaftler, hatte als Soldat im Zweiten Weltkrieg ein Auge verloren. Er war ziemlich grausam geworden. So sah sie es jedenfalls. Sie hasste ihn und die rationale, wissenschaftliche Welt. Ich begleitete sie zu verschiedenen esoterischen Gurus, an denen sie interessiert war, war aber etwas skeptisch. Ich ging mit und hörte zu, und wir erlebten miteinander wunderbare Dinge, schliefen im Sommer draußen, machten lange Wanderungen. Ich liebte sie wirklich.«

Alan, selbst ein komplexer Mensch, wählte einen Freigeist, der ihm sehr viel bieten konnte – abgesehen von dem Hass auf das wissenschaftliche Umfeld, in dem er tätig war. Das hätte ihm eine Warnung sein sollen, aber er interpretierte es nicht so.

»Tara ließ sich mehr und mehr mit verschiedenen esoterischen Gruppen ein, und der rationale Anteil meines Wesens bewirkte, dass ich mich davon distanzierte. Ich belegte einen Programmierkurs, weswegen ich nicht mehr viel Zeit für sie hatte.«

Obwohl Alan Tara liebte, hatte er das Gefühl, sich zu verlieren, sofern er sich ganz auf ihre Welt einließ. Also begann er, sich von ihr zu lösen, zu seinen eigenen Interessen zurückzukehren, nach Gleichgewicht und seiner eigenen Identität zu streben. Aber sie konnte die Unterschiede zwischen ihnen beiden nicht tolerieren und ebenso wenig, dass er auf Distanz ging. Somit wurde der Zorn auf ihren Vater reaktiviert.

»Ich begann in ihren Augen ihrem Vater zu ähneln«, meinte

Alan. »Ich erklärte ihr oft, dass ich schließlich nicht ihr Vater sei, dass ich einfach das Bedürfnis hätte, ein Gleichgewicht zu finden, aber sie konnte damit sehr schlecht umgehen. Meine wissenschaftlichen Aktivitäten störten sie sehr. Am Ende lernte sie einen anderen kennen, dem sie sich näher fühlte.«

Wenn Männer gegen den Strom schwimmen, haben sie die natürliche Neigung, Frauen und Beziehungen anzuziehen, die Probleme mit sich bringen. In Alans Beziehung zu Tara tickte von Anfang an eine Zeitbombe. Sie hasste Wissenschaftler, und Alan war Wissenschaftler. Sie war nicht gesund genug, um zwischen ihrem Vater und Alan zu unterscheiden. Vielleicht beruhte die Anziehungskraft unbewusst auf dieser Problematik. Für Alan stellte es sich so dar, dass ihm dieses Hindernis Gelegenheit gab, seine Problemlösungsfähigkeiten einzusetzen, dabei Tara zu retten und sie bei der Überwindung ihres tief sitzenden Hasses auf ihren Vater und Wissenschaftler zu unterstützen.

Zum Thema ungünstiger Paarkonstellationen sagte Dr. Gerald Epstein Folgendes: »Aus meiner Sicht hat die Beendung einer Beziehung durch den Mann mit morphologischen Unterschieden zu tun. Morphologische Unterschiede beziehen sich auf das Lesen von Charakteren anhand von Gesichtstypen. Bestimmte Typen passen gut zusammen, andere nicht. Bei zwei Menschen mit derselben dominanten Persönlichkeit ist die Wahrscheinlichkeit, dass sie zusammenbleiben können, sehr gering. Die Beziehung zwischen zwei Sanguinikern, zwei Cholerikern oder zwei nervösen Typen wird nicht sehr gut funktionieren. Auch bei einem Choleriker und einem Sanguiniker wird es Schwierigkeiten geben. Der Wille des einen wird mit dem Eigensinn des anderen kollidieren. Die unnachgiebige

Natur des einen und die Natur des anderen führen zu einem heftigen Zusammenstoß, und sie werden es auf Dauer unerträglich miteinander finden.«

Im Fall von Alan und Tara gab es möglicherweise grundlegend inkompatible morphologische Unterschiede, die die Situation verschlimmerten. Dr. Epstein beschreibt verschiedene Ausprägungen dieser Unterschiede.

»Manchmal leben zwei Menschen zusammen, von denen keiner als Erster geben kann«, fuhr Dr. Epstein fort. »Sie müssen zuerst vom anderen etwas bekommen, daher können sie keine langfristige Beziehung eingehen und die Bedürfnisse des anderen nicht befriedigen.

Bei dieser Sichtweise wird davon ausgegangen, dass keine Hoffnung auf Veränderung oder Korrektur besteht, da Charakterzüge etwas sehr Grundlegendes sind. Man sollte die Identität eines Menschen nicht in Frage stellen, sondern ihn als das akzeptieren, was er ist.«

Dieses Verständnis seiner Gesichtsmerkmale und der seiner Partnerinnen hätte Alan bei den weiteren Schwierigkeiten, mit denen er zu kämpfen hatte, hilfreich sein können.

»Tara war das Vorspiel zu meiner nächsten Beziehung«, fuhr Alan fort. »Sie hieß Carolyn. Wir lebten zehn Jahre zusammen, waren monogam, all das. Ich würde sagen, das zählt als Ehe.

Carolyn und ich wurden einander von einem gemeinsamen Freund vorgestellt. Wie trafen uns in einer Bar. Sie war sehr selbstbewusst und schlagfertig. Ich fühlte mich etwas verloren, nachdem Tara mich verlassen hatte. Carolyn war Studentin und gerade im Begriff, den ersten Teil ihres Studiums abzuschließen. Wir waren beide wissenschaftlich tätig, was eine

Erleichterung war. Als wir uns kennen lernten, hatten wir beide vor zu promovieren.

Kurz nachdem ich sie kennen gelernt hatte, hatte ich auf der Fahrt aus der Stadt einen Autounfall. Carolyn rief mich an und sagte mir, dass sie von meinem Unfall geträumt habe. Ich war sehr beeindruckt und fuhr zurück, um sie zu sehen.«

Dass Alan so beeindruckt war, hatte vielleicht damit zu tun, dass Carolyn das Wissenschaftliche und das Mystische in sich zu vereinen schien, was er selbst immer angestrebt hatte. Sie war Wissenschaftlerin, hatte aber einen Traum gehabt, in dem sie von seinem Unfall erfahren hatte.

Viele Menschen suchen einen Partner, der die Qualitäten hat, die ihnen selbst fehlen. Sie scheinen zu glauben, dass die Beziehung ihnen das geben wird, was ihnen fehlt, um vollständig zu sein. Meist passiert das Gegenteil. Konkurrenzdenken und Machtkämpfe können die Folge sein, wobei sich ein Partner unzulänglich fühlt und den anderen als Ergänzung zu brauchen scheint.

»Wir bewarben uns bei verschiedenen Universitäten und wurden beide von derselben angenommen – nur von dieser einen. Also gingen wir gemeinsam dorthin. Es war in mancher Hinsicht eine schöne Reise, aber ich bemerkte auch zum ersten Mal eine andere Seite an ihr – echte Wut und Bitterkeit. Wir fuhren per Anhalter, und sie fing Streit mit den Fahrern an. Wirklich heftigen Streit.«

Auch hier erhielt Alan wieder eine Vorwarnung hinsichtlich der Probleme – echte Probleme –, die auf ihn zukommen würden. Aber er ignorierte sie. Unbewusst dienten diese Probleme wohl dazu, ihn enger an sie zu binden, indem sie ihm Gelegenheit gaben, sich als Retter zu betätigen. Alans Identität basierte zu einem großen Teil darauf, eine Frau zu unterstützen, ihr zu helfen und für sie da zu sein.

Dazu Dr. Epstein: »Manche Männer haben das Bedürfnis, andere zu retten. Sie wählen schwierige Frauen und werden für sie zum edlen Ritter. Diese Männer brauchen Frauen, die gerettet werden müssen. Sie befreien sie aus ihrem Zuhause oder einer schwierigen Situation, vielleicht einer schwierigen familiären Situation, und zeigen Stärke. Sobald die Frau befreit ist, bestehen die gegenseitigen Bedürfnisse nicht mehr. Sie wurde gerettet, er war ihr Retter. Er findet sie nicht mehr interessant, sie braucht ihn nicht mehr. Sie sollten ihrer eigenen Wege gehen, aber sie tun es nicht, weil sie dem Mann gegenüber Dankbarkeit und er der Frau gegenüber eine gewisse Loyalität empfindet. Aber sie passen zu diesem Zeitpunkt nicht mehr gut zusammen, weil die Vorstellungen realisiert wurden. Der Mann wird nach anderen Betätigungsfeldern suchen. Er wird die nächste Frau finden wollen, die er retten kann.«

Sosehr er es sich auch wünschte, konnte Alan Carolyn doch nicht aus den schwierigen Situationen retten, in die sie sich ständig hineinmanövrierte. Stattdessen blieb er jahrelang mit ihr zusammen und schwamm gegen den Strom.

»An der Universität waren wir beide im selben Bereich tätig. Ich begann mich mit einem etwas anderen Aspekt der Arbeit zu beschäftigen und bezog sie mit ein, sodass wir schließlich im selben Labor arbeiteten. Sie war von einem starken Konkurrenzdenken beherrscht, und es gab heftigen Streit zwischen ihr und den Professoren. Ich verbrachte viel Zeit damit, zwischen ihnen zu vermitteln, setzte viel Energie ein, um sie miteinander zu versöhnen, weil mir an beiden Seiten sehr viel lag. Später sagte mir ein Freund, es sei dumm gewesen, das zu tun, weil es den Konflikt länger als nötig am Leben erhalten habe. Er verglich es mit einer Bombe, die zu lange nicht gezündet wird. Wenn sie früher explodiert wäre, hätte die Explosion nicht solche Kraft gehabt.«

Alan hatte die perfekte Gelegenheit, Carolyn unermüdlich bei ihren endlosen Problemen zu helfen. Er war entschlossen, die Beziehung zu retten, und verwendete sehr viel Zeit und Energie auf ihre Probleme mit den Professoren. Er hoffte, dass die Probleme gelöst würden und dass sie sich ändern und sich gut fühlen würde.

»Ich steckte unglaublich viel Energie in unsere Beziehung im Labor, investierte aber nicht sehr viel zu Hause. Sie fing an, sich darüber zu beklagen. Ich hatte das Gefühl, dass es auch in anderen Bereichen funktionieren würde, wenn wir die Probleme im Labor lösen könnten. So funktionierte es leider nicht, aber ich weigerte mich, die Hoffnung aufzugeben.«

Je mehr Carolyns Probleme im Labor an Alans Kräften zehrten, desto weniger konnte er ihr natürlich zu Hause geben. Aber er weigerte sich, die Beziehung aufzugeben, weil sein Bild von sich als Mann auf dem Spiel stand. Außerdem ist es wahrscheinlich, dass er den frühkindlichen Wunsch ausagierte, die Probleme in seiner Ursprungsfamilie zu lösen, damit seine Eltern glücklich sein und ihn lieben konnten.

»Irgendwann legten wir uns einen Hund zu«, erzählte Alan. »Ich liebte ihn wahnsinnig und steckte von da an mehr Energie in unser Zuhause.«

Der Hund gab Alan bedingungslose Liebe und Anerkennung, etwas, das er von Carolyn nicht bekam, sosehr er sich auch bemühte. »Zu diesem Zeitpunkt liebte ich den Hund mehr als sie«, sagte Alan, »obwohl ich sie immer noch energisch verteidigte. Ich engagierte mich beruflich sehr, und sie tat das auch. Es gefiel mir sehr, dass wir beide derselben Arbeit nachgingen.«

Viele Männer wünschen sich Teamwork in ihrer Beziehung, eine Frau, die dasselbe tut wie sie, ihren Terminplan nachvollziehen kann und keine Forderungen stellt, die zu Konflikten führen. In dieser Hinsicht hatte Alan das Gefühl, dass er und Carolyn übereinstimmten. Die Beziehung störte seine berufliche Tätigkeit nicht, sondern wertete sie auf.

»Eines Nachts bekam ich um drei Uhr morgens einen Anruf im Labor, wo ich gerade arbeitete. Es war Carolyn. Sie sagte: ›Alan, es ist drei Uhr morgens, und ich habe es satt, allein zu schlafen.‹ Also fuhr ich direkt nach Hause.«

Viele Männer investieren so viel in ihre berufliche Tätigkeit, dass es schwierig oder unmöglich für sie wird, der Frau, mit der sie zusammen sind, genug Zeit, Energie und Aufmerksamkeit zu widmen. Im Vergleich zu ihrer Arbeit erscheint sie ihnen weniger wichtig und befriedigend. Neben dem Streben nach Erfolg kommt ihnen alles andere wie Zeitverschwendung vor. Diese Männer sehen ihr Zuhause als einen Ort der Ruhe und Erholung. Sofern ihre Partnerin nicht in einem ähnlichen Bereich arbeitet, hilft sie ihnen schlichtweg dabei, neue Kräfte für die Arbeit zu schöpfen.

»Es gab auch andere Probleme«, fuhr Alan fort. »Unser Haus hatte eine integrierte Garage. Ich baute mir dort einen eigenen Clubraum aus, den außer mir und dem Hund niemand betreten durfte. Im restlichen Haus bestimmte sie viele Dinge – was wir aßen, wie die Möbel standen, sogar wo wir wohnten. Aber in meinen Clubraum durfte sie nicht hinein.«

Alans Clubraum war ein deutlicher Ausdruck seines Wunsches nach Grenzen, Respekt, Kontrolle, einem Ort, an dem er über alles bestimmen konnte, wo er nachdenken und umorganisieren konnte und nicht auf Carolyns Bedürfnisse, Wünsche, Probleme und Forderungen Rücksicht nehmen musste. Selbst in einer gesunden Beziehung ist es wichtig, dass beide Partner Raum und Zeit für sich allein haben, um mit sich selbst und den Dingen, die ihnen wichtig sind, in Kontakt kommen zu können. Raum und Zeit für sich allein sind geradezu eine Voraussetzung für eine gesunde Beziehung.

»Sie wurde übermächtig«, fuhr Alan fort. »Es störte sie, dass ich innerhalb des Labors an wichtigen Entscheidungen beteiligt war und dass ich damit durchkam, weil ich ein Mann war. Das und die Tatsache, dass ich sie so oft verteidigen und ihre Kämpfe führen musste, begannen wirklich an meinen Kräften zu zehren.«

Alan konnte die schwierigen Aspekte der Beziehung, die Tatsache, dass er den Respekt vor ihr und vor sich selbst verlor, nicht länger vor sich verbergen. Er verlor auch den Glauben daran, dass er in der Lage sein würde, ihre Probleme zu lösen und die Beziehung zu retten.

Wenn sie mit nicht funktionierenden Aspekten einer Beziehung konfrontiert sind, ziehen sich manche Männer von der Frau in die Arbeit zurück, wo sie mehr Erfolg haben und Kontrolle ausüben können. Zuerst hatte Alan die Vorstellung, dass er Carolyns Probleme zum Verschwinden bringen könne, indem er sie unangemessenerweise für sie zu lösen versuchte. Natürlich funktioniert so ein Plan nie. Niemand kann die Probleme eines anderen lösen, auch wenn er es sich noch so sehr wünscht.

Retter bleiben auch dann noch in Beziehungen, wenn sie

schon lange nicht mehr fruchtbar sind. Statt sich weiterzuentwickeln, investieren sie endlos Zeit und Energie in Kämpfe, die nicht zu gewinnen sind. Wenn sie endlich aufgeben, sind viele völlig ausgelaugt.

Auf die Frage, was er an Carolyn geliebt habe, antwortete Alan: »Sie war sehr intelligent und schön. Am Anfang waren ihr Selbstbewusstsein und ihre Schlagfertigkeit interessant. Sie setzte sie nicht immer ein, um sich zu verteidigen. Ihr waren auch andere Dinge wichtig. Aber im Lauf der Zeit richtete sich ihr ganzer Gerechtigkeitssinn auf sich selbst. Die Situation im Labor wurde unerträglich. Ich hoffte, dass die Situation besser würde, nachdem wir promoviert und das Labor verlassen hätten.«

Annie Linden, eine erfahrene NLP-Trainerin, Therapeutin und Autorin von *MindWorks*, sagt zu diesem Thema: »Es gibt heutzutage so viel Verwirrung über Rollen. Lange Zeit waren Rollen festgelegt, und jeder kannte seinen Platz, aber dieser Platz war nicht gut, weil Frauen wie Gegenstände behandelt wurden. Sie wurden nur für ihre Fähigkeit geschätzt, zu nähren und zu umsorgen, nicht für ihre Fähigkeit, zu denken und zu handeln. Von Männern wurde nicht erwartet, dass sie nährten. Als es mehr wirtschaftliche Freiheit, mehr Bildung und mehr Fähigkeit zum Denken gab, sagten Frauen unweigerlich: ›Moment mal, ich will mehr.‹ Aber was blieb den Männern?

Viele Männer fragen sich heute, was ihre Rolle ist. Für viele gilt es immer noch nicht als männlich zu nähren, daher müssen manche diese Seite von sich noch entwickeln. Jetzt gibt es Grenzen statt Mauern zwischen Frauen und Männern. Solange es noch Mauern gab, war es einfacher, weil es klare

Unterscheidungen gab. Jetzt ist es mehr ein Geben und Nehmen, das heißt, von Männern werden mehr Dinge gefordert, an die sie noch nicht gewöhnt sind.

Was man sich in solchen Situationen vor allem klar machen muss, ist die Tatsache, dass jeder Mensch sich so weit wie möglich entwickeln muss und dass es in Ordnung ist, ein eigenständiges Individuum zu sein. Zwei Menschen kommen als eigenständige Individuen zusammen, die sich auf eine gemeinsame Reise, einen Tanz, eingelassen haben.

Erwarten Sie von Ihrem Partner nicht, dass er all Ihre Bedürfnisse und Wünsche erfüllt. Sie müssen ihr eigenes Leben gestalten und an ihren eigenen Problemen arbeiten. Sie können nicht durch den anderen Selbstachtung und Befriedigung erlangen. Sie müssen Freunde haben, Dinge tun, die Sie interessieren, und sich eigenständig entwickeln. Jeder muss sich selbst glücklich machen und sein eigenes Leben gestalten. Auch wenn Sie Ihr Leben mit jemandem teilen, ist das Beziehungsleben nicht Ihr einziges Leben. Sie sind selbst für Ihr Glück verantwortlich.«

Alan erwartete immer noch, Carolyns Glück für sie erschaffen zu können. Er glaubte wirklich, dass alles besser würde, wenn sie das Labor verlassen und auf Reisen gehen würden.

»Aber es wurde nicht besser. Wir reisten ein wenig, und in Paris war es besser, aber nur für ein paar Monate. Dann zogen wir in einen anderen Teil des Landes, wo wir unterschiedliche Jobs hatten. Ob Sie es glauben oder nicht – dort fing dasselbe wieder an: Ich vermittelte in ihren Streitigkeiten.«

In einer Beziehung, in der ein Mann gegen den Strom schwimmt, gibt es immer die Hoffnung, dass das Problem, das er mit seiner Partnerin hat, durch einen Umzug oder durch eine Veränderung anderer Beziehungen verschwinden werde. Aber das negative Muster, dem er zu entkommen versucht, wiederholt sich, wo auch immer sie hingehen. Oft geschieht es viele Male, bevor der Mann bereit ist zu erkennen, dass sich nichts ändern wird, solange die Frau nicht Verantwortung übernimmt und an ihren Problemen arbeitet.

»Es kostete sehr viel Energie. Ich erkannte zu diesem Zeitpunkt, dass die Probleme nicht enden würden, und ich nahm mir vor, nicht für immer so zu leben. Es war wirklich schmerzlich, sie ständig verteidigen und über ihre Beziehungen zu anderen Menschen nachdenken zu müssen. Das Ganze war hoffnungslos.«

Was Alan nicht sah, war seine eigene Anmaßung, seine Überzeugung, dass er durch die Kraft seiner Liebe und seiner Intelligenz Carolyns Welt in Ordnung bringen könne. Als sich bei ihr nichts änderte, war dies ein Schlag für sein Ego, für seine eigene Fähigkeit, sein Ziel zu erreichen. Das ist ein tödliches Muster, das beide Parteien in einer Situation gefangen hält, in der keiner gewinnen kann. Der Mann kann nie mit sich zufrieden sein, und die Frau stellt sich nie ihren eigenen Problemen und lernt nicht, mit ihnen umzugehen.

Es ist oft unerträglich schmerzhaft für einen Menschen zu erkennen, dass er einen anderen nicht heilen kann, sosehr er ihn auch liebt. Alan hatte zwei Beziehungen zu Frauen, die ihren Vater unverhüllt hassten. Es war fast unvermeidlich, dass diese Frauen früher oder später diesen Hass auf den Mann richteten, mit dem sie zusammen waren. Alan musste verstehen, warum er sich zu diesen Frauen hingezogen fühlte; er musste erkennen, dass niemand einen Menschen, der sich in der Gewalt seines persönlichen Dämons befindet, glücklich machen, ein zufriedenes Leben mit ihm führen kann. Jeder Mensch trägt die grundlegende Verantwortung dafür, an sich zu arbeiten.

»Eines Tages«, fuhr Alan fort, »sagte ich ihr, dass ich nicht länger im Schatten ihres Zorns leben könne. Danach gestand sie mir, dass sie manchmal glaubt, beim Blick in den Spiegel zu sehen, wie sich ihr Gesicht in das ihres Vaters verwandelte. Es war schrecklich. Sie hasste ihren Vater. Er war im Zweiten Weltkrieg Bomberpilot gewesen und war voller Bitterkeit darüber, dass er nach seiner Rückkehr von der Gesellschaft nicht besonders gut behandelt worden war. Sie sagte, dass sie, nachdem sie ihr Gesicht zu seinem habe werden sehen, erkannt habe, dass sie die ganze Zeit seine Kämpfe ausgefochten habe.«

Bitterkeit, Wut und Enttäuschung gehen tief. Sie können wie ein Krebsgeschwür über Generationen weitervererbt werden. Wenn ein Kind einen Elternteil liebt, kann das Kind unbewusst, wie durch Osmose, die Schmerzen und Qualen in sich aufnehmen, die der Elternteil durchgemacht hat. Das Kind tut dies in dem Bemühen, den Elternteil zu heilen und von seinem Leiden zu erlösen. Auf diese Weise versucht das Kind auch, einen echten Vater oder eine echte Mutter für sich zu erschaffen. Dieses Muster kann mit dem späteren Bedürfnis, gestörte Partner zu finden und sie zu retten, in Zusammenhang stehen. Diese Kinder werden oft zu Rettern oder suchen selbst nach jemandem, der sie rettet.

Als Alan seine Rolle als Retter aufgab und sich entschloss, nicht mehr von Carolyn abhängig zu sein, traten ihr tief sitzender Selbsthass und ihr Hass auf ihren Vater zutage, den sie bisher bei ihren Arbeitskollegen ausgelebt hatte.

Solange die Menschen nicht ihrer persönlichen Wahrheit ins Auge sehen und daran arbeiten, haben ihre Beziehungen keine Überlebenschance. Der Augenblick, in dem Carolyn sich im Spiegel mit dem Gesicht ihres Vaters sah, war sehr schmerzhaft, aber eine wesentliche Voraussetzung dafür, dass sie die Verantwortung für ihr Verhalten übernehmen und von der Pein erlöst werden konnte, die sie und ihr Vater durchgemacht hatten.

Auf die Frage, ob sie sich danach bemüht habe, sich zu ändern, antwortete Alan: »Ich bin mir nicht sicher. Ihr grundlegendes Verhaltensmuster des Kämpfens und Streitens blieb erhalten. Ich wusste, dass ich sie verlassen musste. Das eigentliche Beenden der Beziehung war ungut, weil ich es tat, indem ich eine neue Beziehung anfing.«

Es passiert häufig, dass Männer sich mit einer anderen Frau einlassen, wenn sie sich in einer langjährigen Beziehung befinden, die zu beenden ihnen schwer fällt. Die neue Liebe kommt ihnen wie ein Rettungsboot vor, das ihnen hilft, das Ufer zu erreichen. Viele haben das Gefühl, dass sie es aus eigener Kraft nicht schaffen. Die Aussicht darauf, allein zu sein und mit Schuldgefühlen oder Reue kämpfen zu müssen, kann unerträglich sein.

Allerdings fühlen sich nur wenige gut dabei, wenn sie sich so verhalten. Die meisten wären froh, wenn es ihnen gelingen würde, die Beziehung auf andere Weise zu beenden.

»Es hatte etwas Feiges an sich«, sagte Alan. »Ich habe selten allein gelebt. Ich war mehrmals hintereinander monogam, habe immer von einer dauerhaften Beziehung zur nächsten gewechselt. In den Monaten dazwischen, wenn es niemanden gab, litt ich meist sehr unter dem Alleinsein. Ich fühlte mich furchtbar einsam.«

Während er sich in einer Beziehung befindet, ist Alan monogam. Er ließ sich erst auf eine Affäre ein, als die Beziehung für ihn effektiv bereits beendet war.

»Am Ende meiner Beziehung zu Carolyn besuchten wir eine öffentliche Veranstaltung in der Stadt, bei der über irgendein Thema diskutiert wurde. Wir beteiligten uns ganz selbstverständlich daran. Eine Woche später, ich war gerade mit dem Fahrrad unterwegs, hielt ein Auto neben mir, in dem eine junge Frau namens Laurie saß. Sie rief mir zu: ›Hey, bin ich froh, Sie zu sehen. Sie haben mich letzte Woche bei der Diskussion ganz schön beeindruckt!‹

Laurie war sehr emotional und sehr intensiv. Sie war Filmemacherin, Performance-Künstlerin und eine sehr schöne Frau. Ich hielt es zu diesem Zeitpunkt für günstig, mich mit einer talentierten, schönen Frau einzulassen, über deren Arbeit ich nichts wusste. Also trafen wir uns und tranken einen Kaffee miteinander.«

Auf die Frage, ob Laurie ihm geholfen habe, aus der Beziehung zu Carolyn herauszukommen, antwortete Alan: »Ja, ich verliebte mich in sie. Ich war einige Monate mit ihr zusammen, bevor ich Carolyn verließ. Einige traumatische Monate. Mein Vater war gerade gestorben, mit meiner Arbeit lief es schlecht. Mein ganzes Leben war schrecklich, und ich wollte alles ändern.«

Auf die Frage, wie er Carolyn dann tatsächlich verlassen habe, antwortete Alan: »Ich litt sehr darunter. Die Erfahrung war ungefähr so, als ob ich mich mit beiden Frauen im Wildwasser befände. Aber zwischen mir und Laurie gab es eine tiefe, leidenschaftliche Wahrheit. Das half mir sehr.

Am Ende sagte ich es Carolyn. Davor gab es eine Phase der

Lügen, des Hin- und Hergehens. Es war, als ob ich sie tausendmal verließ und tausendmal wiederkam.«

Auf die Frage, wie Carolyn damit umging, antwortete Alan: »Es gab Zeiten, in denen sie damit umging wie eine Frau, die um ihren Mann kämpft – ich werde dich verführen, ich werde das sein, was du willst. Es gab Zeiten, in denen ich mich physisch vergewaltigt fühlte, weil sie eine Nähe forderte, die ich nicht wollte.

Eine Situation habe ich ganz besonders in Erinnerung. Es war an einem Ort, den ich sowohl mit Carolyn als auch mit Laurie besucht hatte. Ich war mit Carolyn und dem Hund da, und irgendwann kam der Hund über den Hügel auf uns zugelaufen und trug den blutigen Huf eines Hirsches in der Schnauze. Zu diesem Zeitpunkt machte Laurie gerade einen Film über Tiere, die auf der Straße zu Tode kommen, das Leiden dieser Tiere und das Leid, das man durch die Liebe erfahren kann. Es war ein schöner Film – ich nehme an, dass das Trauma ihrer Erfahrung mit mir so eine Art künstlerischer Motivation für sie war. Als ich den Hund mit dem Hirschhuf sah, kam es mir wie ein Zeichen vor.

Jedenfalls half mir die Bindung zu Laurie, Carolyn zu verlassen. Aber dann passierte wieder dasselbe mit Laurie – wenn auch auf andere Weise.«

Die Tatsache, dass Alan wieder eine ähnliche Beziehung erlebte, zeigt, wie tief die Muster sitzen, nach denen wir leben. Solange wir nicht an ihnen arbeiten, wiederholen wir sie unbewusst, und obwohl wir glauben, in einem anderen Menschen ein Rettungsboot gefunden zu haben, stellen wir oft fest, das wir bald wieder kurz vor dem Ertrinken sind.

»Laurie wollte die Gegend, in der sie lebte, nicht verlassen und nach New York ziehen. Sie liebte die ländliche Umgebung und brauchte sie. Und ich wollte nicht heiraten – niemals. Aber für mich war es wichtig, nach New York zu gehen, und ihr war es wichtig zu heiraten. Also taten wir beide, was wir nicht tun wollten. Wir heirateten und zogen nach New York.«

Wieder folgte Alan dem vertrauten Muster, Gefahren und Schwierigkeiten nicht zu erkennen. Er hatte das Gefühl, dass die Kraft seiner Liebe alle Schwierigkeiten überwinden würde. Diese problematischen Situationen stellten immer noch eine Verlockung für ihn dar.

»Laurie fühlte sich in New York sehr unwohl. Mir war nicht klar gewesen, wie sehr ihre Inspiration von den Bergen und der Wüste abhing. Sie brauchte sie wirklich. Wann immer wir in ihre vertraute Gegend zurückfuhren, wurde sie wieder lebendig. Es ging uns sehr schlecht in der Stadt. Wir wurden beide zunehmend deprimierter.

Wenn ich mit ihr in den Bergen hätte bleiben können, hätten wir die Chance auf ein schönes und interessantes Leben gehabt. Wir hätten beide arbeiten und uns wohl fühlen können.

Aber damals war ich dazu nicht in der Lage. Wir durchlebten drei oder vier sehr harte, traumatische Jahre. Ich fühlte mich schrecklich, so als ob ich sie zerstörte. Laurie kommunizierte leidenschaftlich gern und erzählte mir viele Dinge über mich. Sie sagte alles nur erdenklich Schlechte über mich. Sie regte sich darüber auf, dass ich sie in die Stadt und in diese ganze Situation gebracht hatte.

Ich wünschte, ich hätte mehr auf sie und auch auf mich selbst gehört. Ich fühlte mich in der Ehe gefangen, und sie fühlte sich in der Großstadt gefangen. Außerdem hatten wir nicht zusammengelebt, bevor wir heirateten. Es war sehr viel auf einmal.

Nachdem meine Beziehung zu Laurie beendet war, rief Carolyn nach wie vor an. Aber ich wollte nichts mehr über ihr Leben hören. Ich vertraute ihr nicht, und dasselbe alte Muster wiederholte sich wieder: Sie rief an und fragte mich um Rat.«

Nachdem Laurie gegangen war, machte Alan eine Beziehungspause und arbeitete ernsthaft an sich. Er stellte sich seiner Einsamkeit, seiner Angst vor dem Alleinsein und seinem Bedürfnis, Beziehungen einzugehen, die ihn mit Problemen konfrontierten.

Es ist schmerzhaft, Muster aufzugeben, insbesondere solche, die Teil unserer Identität sind, wie unproduktiv und schädlich sie auch sein mögen. Dennoch tat Alan den großen Schritt und beschloss, seine Rolle als Retter aufzugeben. Er erlaubte sich, eine Weile allein zu sein, seine Angst und Einsamkeit zu erleben und nicht nach Liebe als Schmerzstiller zu suchen.

Jetzt hat er eine wunderbare Beziehung zu einer Frau, die charmant, liebevoll, schön, sehr intelligent und ihm in jeder Hinsicht ebenbürtig ist.

»Ich kann es nicht glauben«, sagte Alan lächelnd. »Wir sind jetzt seit vier Jahren zusammen, und es wird immer schöner. Niemand muss vor irgendetwas gerettet werden. Ich denke, dass ich meine Lektion gelernt habe.«

Ein Weg aus der Falle

Eli ist ein starker, attraktiver, erfolgreicher Mann, der sehr viel gibt. Er schwamm auf andere Weise als Alan gegen den Strom, aber auch bei ihm gab es diesen Unwillen, eine Situation aufzugeben, die schmerzhaft und schädlich für ihn war.

Eli heiratete mit 23 Jahren. Mit dreißig hatte er drei Kinder und arbeitete so hart, dass er nicht wusste, was mit ihm geschehen war.

»Als ich 33 oder 34 war, war ich derart deprimiert, dass ich zu keiner Bewegung mehr fähig war«, berichtete Eli. »Ich liebte auch meine Frau nicht mehr. Ich war Anfang zwanzig, als wir uns kennen lernten. Was wusste ich schon? Mit 34 begann ich eine Therapie, um mein Leben in den Griff zu bekommen. Einen Monat später starb mein Vater, und ich verließ meine Frau und meine drei Kinder.

»Was konnte ich tun? Ich liebte sie nicht. Sehen Sie, mit 22 war ich arrogant genug, um zu sagen, ich bin zwar nicht allzu sehr verliebt, aber ich kriege das trotzdem hin. Ich war ein Baby. Die Hochzeitsvorbereitungen wurden zum beherrschenden Thema, es war wie eine Lawine, sehr schwierig festzulegen, wer wofür bezahlte. Ich hatte Angst, die Lawine aufzuhalten – schließlich war ich noch sehr jung, gerade mit dem College fertig.

Unsere Beziehung bestand darin, dass wir mit Freunden ausgingen, anderen Paaren in derselben Situation. Ich mochte das Umfeld, mochte es, mit Freunden etwas zu unternehmen. Aber mich störte sehr viel an ihr. Ich hatte das Gefühl, ihr nicht vertrauen zu können. Dabei meine ich nicht Treue. Ich kam an einen Punkt, an dem mir das egal war.

Sie war sehr passiv-aggressiv. Sie machte sich vor anderen über mich lustig, wenn ich nichts dagegen unternehmen konnte. Ich wusste, dass sie es aus Zorn tat. Das ist nur ein Beispiel für die Dinge, die mich störten. Ich konnte mich nicht auf sie verlassen. Deswegen hegte ich einen Groll gegen sie. Sie machte mit ein paar Freundinnen einen Laden auf, für Kinderkleidung. Das Geschäft ging bankrott, und sie hatten Schulden. Ich hatte für das Geld mitgebürgt. Das Geld war damals sowieso schon ein Problem, wir kämpften uns von Woche zu Woche. Es machte ihr nichts aus, dass diese neuen Schulden hinzukamen. Ihre Art, mit Problemen umzugehen, bestand darin, einfach davor zu fliehen.«

Offensichtlich fühlte sich Eli in dieser Situation sehr allein. Neben der öffentlichen Demütigung hatte er das Gefühl, dass er niemanden an seiner Seite hatte, der ihm half, mit den Problemen fertig zu werden, die zu diesem Zeitpunkt anstanden.

»Ich war immer der Typ Mensch, der für andere einspringen musste«, fuhr Eli fort. »Es lastete immer alles auf meinen Schultern. Das ist immer noch so, aber es ist okay. Ich kann jetzt damit umgehen. Aber damals war es anders. Ich wusste nicht, was ich tun sollte.

Dann passierte plötzlich etwas. Mir kam es so vor, als würde ich die Chance bekommen, wieder zu leben. Ich verliebte mich. Sie war die Frau eines der Männer in einer Clique, mit der wir oft zusammen waren, und machte gerade ihre eigene Krise durch.

Eines Tages fing ich an, sie mit anderen Augen zu sehen. Ich verhalf ihr zu einem Job in der Firma, in der ich arbeitete, und fing an, mittags mit ihr essen zu gehen. Wir arbeiteten zusammen, aßen zusammen zu Mittag, und sie mochte Leonard

Cohen. Ich mochte Leonard Cohen sehr, während meine Frau es hasste, wenn ich ihn im Auto hörte. Diese Frau, Bonnie, und ich gingen zusammen zu Konzerten, und sie schenkte mir Gedichte. Ich hatte das Gefühl, dass sie die Frau war, die für mich bestimmt war. Es war ziemlich heftig.

Man hat eine solche Sehnsucht nach dem richtigen Partner, nach dem Menschen, der für einen bestimmt ist, besonders wenn man zu lange einsam war, dann kann man nicht nein sagen.

Bonnie und ich verbrachten eine heiße Woche miteinander, während meine Frau mit den Kindern in Florida war. Danach verließen wir unsere Ehepartner. Es war ziemlich schwierig, da wir beide in derselben Clique waren. Unsere Beziehung hielt zwanzig Jahre.

Ich wusste nicht, wie ich mich meiner Frau gegenüber verhalten sollte, also rief ich sie in Florida an und sagte ihr am Telefon, was passiert war. Sie kam umgehend zurück. Ich bin nicht sehr stolz darauf. Ich verließ drei kleine Kinder und meine Frau, die völlig entsetzt war. Ich habe sie oft besucht. Es war sehr schlimm. Ich würde es nicht noch einmal tun. Ich würde nicht gehen. Ich würde das, was ich ihr angetan habe, nicht wieder tun.

Zwölf Jahre der fehlenden Kommunikation und des Ärgers machten es aber unvermeidlich. Zu diesem Zeitpunkt war ich zornig und bitter und hegte einen tiefen Groll gegen meine Frau. Als sie aus Florida zurückkam, blieben wir die ganze Nacht auf. Irgendwann war ich erschöpft und sagte: ›So ist es nun mal. Ich bring mich um, wenn du willst.‹ Sie fragte, was sie tun könne, ob ich bleiben würde, wenn sie in Therapie ginge. Das war das erste Mal, dass sie bereit gewesen wäre, eine Therapie zu machen. Aber es war zu spät. Ich war schon in eine andere Frau verliebt.«

Wenn ein Mann keinen anderen Ausweg sieht, kann eine neue Liebesbeziehung wie eine perfekte Lösung erscheinen. Sie gibt ihm nicht nur Halt, wenn er seine bisherige Partnerin verlässt, sondern in seiner Phantasie gibt ihm die neue Frau auch alles, wonach er sich gesehnt hat. Endlich hat er die Aussicht auf Erfüllung seiner Bedürfnisse. Er ist wie ein Verdurstender in der Wüste, der in der Ferne Wasser sieht. Er kann nicht anders, als darauf zuzugehen, auch wenn es nur eine Fata Morgana ist.

»Bonnie war ein Katalysator. Ich sage Ihnen, was mir durch den Kopf ging: Ich war total in sie verliebt, mein Leben war sehr intensiv, wenn ich mit ihr zusammen war, und ich war nie glücklicher. Bevor es passierte, saß ich herum und fühlte mich gefangen. Ich dachte, ich würde nie glücklich sein, und dann verliebte ich mich plötzlich. Zu diesem Zeitpunkt dachte ich, wenn ich diese Chance nicht ergreife, werde ich für immer in dieser deprimierenden Situation feststecken. Das motivierte mich. Ich dachte, wenn ich es zu diesem Zeitpunkt nicht täte, würde ich es nie tun. Und ich hatte die Chance, mit einer Frau zusammen zu sein, in die ich wahnsinnig verliebt war und die das Gegenteil meiner Frau war.«

Als er darauf hingewiesen wurde, dass sich das anhöre, als ob er keinen anderen Ausweg gesehen habe, stimmte Eli zu. Er sagte: »Es war wie ein Durchbruch, als ob ich an die Wasseroberfläche müsse und ertrinken würde, wenn ich nicht weiterschwämme. Aber versuchen Sie das mal jemandem zu erklären, den Sie am Boden zerstört zurücklassen. Ich sagte meiner Frau, dass ich mein Leben retten müsse, sagte es sogar mit diesen Worten. Ich dachte, die Beziehung zu Bonnie sei so eine Art Rettungsboot, aber in Wirklichkeit war sie ein Anker. Und seitdem versuche ich diesen Anker aus dem Wasser zu ziehen.«

Wenn jemand aus Verzweiflung und aus dem Bedürfnis heraus zu entkommen eine neue Beziehung eingeht, ist es fast unvermeidlich, dass nach der ersten Euphorie dieselben Probleme erneut auftreten.

»Die Beziehung zu Bonnie dauerte sehr lange. Sie war voller Enttäuschungen und auch voller Hochgefühle. Wir unternahmen viel zusammen. Wenn ich geschäftlich nach Hongkong reiste, war sie dabei. Alle großen Dinge, die ich getan habe, habe ich mit ihr getan.

Sie war eine bessere Partnerin, achtete auf sich, zeigte sehr viel Gefühl, war ein bisschen verrückt. Das war die gute Seite.

Ich zog daheim aus. Schließlich zogen wir zusammen, trennten uns wieder, zogen wieder zusammen, trennten uns wieder. Wir lebten dreimal zusammen.« Eli lächelt traurig. »Zwanzig Jahre, aber kein goldener Ring. Keine Heirat. Ich brachte sie nie dazu, sich ganz auf mich einzulassen, wie sehr ich es auch versuchte. Ich habe aber immer noch Kontakt zu ihr.«

Seine Bindung zu Bonnie war tief und dauerhaft. Sie gab während der nächsten zwanzig Jahre auch Anlass zu Kämpfen, großer Enttäuschung und Traurigkeit, da er entschlossen war, dafür zu sorgen, dass diese Beziehung funktionierte, koste es, was es wolle. Er war entschlossen, nicht wieder zu scheitern.

»Ich konnte sie nie ganz für mich gewinnen«, sagte er. »Es gab Zeiten, in denen ich sie geheiratet hätte, aber sie wollte nicht. Es tat sehr weh. Das ist wahrscheinlich der Grund dafür, dass ich in den letzten zwanzig Jahren keine ernsthafte Beziehung zu einer anderen Frau hatte.

Sie konnte sich nicht ganz auf mich einlassen, ich konnte nichts daran ändern. Sie ging mit anderen Männern aus und sagte es mir. Irgendwann wurde mir klar, dass ich nichts tun konnte, und das erstaunte mich. Ich hatte mich wirklich für einen starken Menschen gehalten, der alles erreichen konnte, was er wollte. Aber in dieser Sache konnte ich nichts erreichen. Ich konnte sie nicht dazu bewegen, anders darüber zu denken. Sie schien nicht genügend Vertrauen zu haben.«

Offenbar sah Eli in seiner Unfähigkeit, sie dauerhaft an sich zu binden, eine Herausforderung, seinen Wert unter Beweis zu stellen.

»Ich wollte, dass sie bei mir blieb. Aber es gab noch einen anderen Mann, dem sie zugetan war. Es war sehr schmerzhaft, so schmerzhaft, dass ich schließlich nach Kalifornien zog, als ich sie nach zwanzig Jahren immer noch nicht hatte umstimmen können.

Sie kam nach Kalifornien und wohnte bei mir. Wir verbrachten Weihnachten zusammen, aber zu diesem Zeitpunkt erwartete ich nicht mehr von ihr und wollte auch nicht länger mit ihr zusammen sein.«

Eli kämpfte viele Jahre, bis es ihm gelang, diese Beziehung aufzugeben, nicht mehr gegen den Strom zu schwimmen. Dabei musste er auch seinen Wunsch aufgeben, Macht über sie zu haben, und sein egogesteuertes Interesse daran, dass diese Beziehung funktionierte. Er musste erkennen, dass es ihr Problem war, das er nicht reparieren konnte. Ihr Bedürfnis, sich mit anderen Männern einzulassen und keine dauerhafte Bindung einzugehen, hatte nichts damit zu tun, ob er liebenswert war.

Männer, die – vielleicht aus einer früheren Beziehung –

Schuldgefühle mit sich herumtragen, entscheiden sich manchmal für Beziehungen, die nicht funktionieren können, in denen sie nicht das bekommen, was sie sich wünschen, weil sie sich unbewusst bestrafen wollen. Schuldgefühle und Selbstvorwürfe können dem Erfolg und Glück im Leben eines Menschen sehr im Weg stehen.

»Die Glut der Flamme ging tief«, fuhr Eli fort. »Für mich sind Loyalität und Vertrauen wichtig. Ich vertraute ihr, und sie war ehrlich zu mir. Was immer wir miteinander teilten, war heilig. Selbst in den schlimmsten Zeiten, als ich sie wirklich hasste, hatte ich nie den geringsten Zweifel daran, dass sie nichts von dem, was ich gesagt hatte, je gegen mich verwenden würde, und sie hatte dieses Vertrauen auch. Sie erzählte mir von den Männern, mit denen sie sich traf. Ich wusste über alles Bescheid.«

Man könnte sich die Frage stellen, weshalb Eli das so lange mitmachte, ob er sich nicht unbewusst für das bestrafte, was mit seiner Frau passiert war. Eli musste sich mit der Frage auseinander setzen, was man verdient und was man zu Recht für sich erwarten kann.

»Wir gingen zusammen in Therapie, und es war sehr anstrengend. Ich saß da Woche um Woche, und am Ende wurde mir das Ironische an der Sache bewusst – dass der Therapeut sie gefragt hatte, ob sie mit ihm ausgehen wolle. Er saß da und hörte zu, als wir über diesen unüberwindlichen Konflikt sprachen, und später sagte sie mir, er habe sie gebeten, mit ihm auszugehen. Was für ein Missbrauch seiner Position.

Bonnie lebt jetzt in Virginia. Es gibt keine körperliche Intimität mehr zwischen uns, und die Bindung wird schwächer. Ich interessiere mich jetzt endlich für andere Frauen. Es braucht seine Zeit.«

Vom metaphysischen Standpunkt aus gesehen, könnte man sagen, dass diese Beziehung nicht funktionieren konnte, weil sie auf Schmerzen basierte, die anderen zugefügt wurden. Man könnte auch sagen, dass beide einen hohen Preis bezahlten, dass die Ereignisse, die dem vorausgingen, sie daran hinderten, glücklich zu sein und Erfüllung zu finden.

Eli wendet sich jetzt Neuem zu, versucht, das zu integrieren, was er in seiner langen Beziehung zu Bonnie gelernt hat. »Frauen sind heute interessanter und attraktiver für mich«, sagte er. »Ich habe viel Respekt vor Frauen und mag sie, aber manchmal empfinde ich auch Abneigung. Mich stört die Art von Macht, die Frauen ausüben, mich stört die sexuelle Macht, die sie haben. Das regt mich auf. Denn der Mann ist, biologisch gesehen, der aggressivere Teil, und in sexuellen Beziehungen hat die Frau die Macht, ja oder nein zu sagen, und der Mann muss die Initiative ergreifen und Ablehnung riskieren. Ich verstehe die Probleme der Frauen – was ist, wenn keiner ihnen Gelegenheit gibt, ja oder nein zu sagen? Aber Männer sind die Bedürftigen, und es gefällt mir nicht, bedürftig zu sein. Tut mir leid.«

In seiner unbefriedigenden Beziehung zu Bonnie fühlte sich Eli verzweifelt und bedürftig. Trotzdem weigerte er sich zwanzig Jahre lang, sie aufzugeben und eine andere Frau zu finden, die bereit war, eine dauerhafte Bindung mit ihm einzugehen. Stattdessen war er in einen Machtkampf verstrickt, getrieben von dem Bedürfnis, Kontrolle auszuüben. Als Eli darauf hingewiesen wurde, dass die meisten Frauen Männer als mächtiger und sich selbst als bedürftiger empfinden, lachte er.

»Natürlich haben Frauen Bedürfnisse, die in gewisser Hinsicht sehr offensichtlich sind, aber sie übernehmen oft nicht die Verantwortung für die Macht, die sie haben. In früheren Zeiten, und besonders in den Südstaaten, bestand die Aufgabe der Frauen darin zu lernen, wie man manipuliert. Das war bis vor kurzem so, bis Frauen selbst berufstätig wurden. Früher heirateten sie, weil das die einzige Möglichkeit war, aus dem Haus zu kommen. Das ist nur ein Kommentar dazu, wie schwierig es für Frauen früher war, ein unabhängiges Leben zu führen.

Mir gefällt es besser, wie es jetzt ist. Für mich muss eine Partnerin wirklich eine Partnerin sein. Meine Frau war das nicht. Bonnie und ich trennten uns schließlich in Kalifornien. Ich zog dorthin, weil ich dachte, es sei endgültig vorbei, und es sei besser, wenn ich wegzöge. Aber sie kam etwa ein Jahr, nachdem ich weggezogen war, zu mir. Bis heute glaube ich, dass sie kam, um mit mir zu leben. Damals dachte ich, dass sie für einen kurzen Besuch gekommen sei und dann wieder gehen werde. Als sie dann nicht ging, fragte ich sie, wann sie vorhabe abzureisen. Das verletzte sie. Aber ich hatte zu diesem Zeitpunkt nicht mehr die Absicht, mich darauf einzulassen. Ich wollte mich mit alldem nicht mehr abfinden.

Seitdem bin ich unabhängiger geworden. Ehrlich gesagt, konnte ich keine Beziehung zu einer anderen Frau eingehen, solange Bonnie in der Nähe war. Ich bin mit Frauen ausgegangen, aber eine echte Beziehung scheint mir etwas zu Großes zu sein. Ich habe sehr hart daran gearbeitet, mein Leben in Ordnung zu bringen. Ich hätte nichts gegen eine Beziehung, kann mir aber nicht vorstellen, mit jemandem zusammenzuleben. Ich will nicht mit jemandem zusammenleben. Vielleicht wäre es möglich, getrennte Wohnungen zu behalten und sich manchmal zu treffen. Es ist unkonventionell, aber ich arbeite jetzt zu Hause und liebe es, Raum für mich zu haben.

Manchmal mache ich mir Gedanken darüber, ob ich je wieder eine bedeutsame Beziehung haben werde. Zu anderen Zeiten habe ich das Gefühl, einer solchen Beziehung näher zu sein als je zuvor. Ich erkenne das daran, dass ich manchmal eine Frau anschaue und mir vorstelle, wie es wäre, mit ihr auszugehen. Ich fühle mich einfach eher bereit, mich wieder auf eine Beziehung einzulassen. Vielleicht weil diese andere Sache allmählich in den Hintergrund tritt. Ich hoffe es jedenfalls. Glauben Sie, es kann noch einmal passieren?«

Diese ambivalenten Gefühle im Hinblick auf eine Beziehung sind unvermeidlich, wenn es jemand viele anstrengende Jahre lang nicht geschafft hat, eine für beide Seiten befriedigende Beziehung zu erleben.

Das Alleinsein bietet zwar Sicherheit, aber keine Möglichkeit, die Wärme, Intimität und Liebe zu finden, nach der sich Eli sehnt, solange er nicht bereit ist, wieder einige Schwierigkeiten durchzustehen und um der Beziehung willen Zugeständnisse zu machen. Es ist auch wichtig, die potenzielle Partnerin sorgfältig auszuwählen und frühe Warnsignale nicht zu ignorieren.

Eine reife Herangehensweise an Liebe und Beziehungen schließt Konflikte nicht aus, sondern beinhaltet die Mittel und Wege, mit diesen Konflikten umzugehen, wenn sie auftreten.

Trotz gewisser Befürchtungen macht Eli sich bereit. »Ich glaube, die Wahrscheinlichkeit, noch einmal jemanden zu finden, ist am größten, wenn man sich gut fühlt und das auch ausstrahlt. Wenn man mit Menschen zusammen ist, in deren Gesellschaft man sich wohl fühlt. Dann taucht vielleicht ganz unerwartet der richtige Mensch auf. Wenn man glücklich und zufrieden ist, hat man die besten Chancen.«

Auf die Frage, was er heute anders machen würde, antwortete Eli schnell: »Ich würde früher anfangen, an den Dingen zu arbeiten. Würde es nicht an den Punkt kommen lassen, an dem nichts mehr zu reparieren ist. Denn wenn man erst einmal richtige Bitterkeit empfindet oder im Begriff ist, sich in jemand anderen zu verlieben, ist es zu spät.

Man muss versuchen, über die schmerzhaften Dinge zu sprechen, über die niemand gern spricht. Man muss zugeben, wie verletzlich man ist, solche Dinge eben. Es ist schwer.

Männer haben Angst. Sie glauben, dass in einer Beziehung ihre Würde und Männlichkeit auf dem Spiel steht. Das Selbstwertgefühl als Mann ist für einen Mann wichtig. Frauen sollten Männer nicht erniedrigen oder herabsetzen.

Ein Mann muss sich wie ein Mann fühlen. Er muss das Gefühl haben, dass er ein respektierter, verantwortungsvoller, fähiger Mensch ist und dass eine Frau ihn attraktiv findet. Die Frauen, die wissen, wie sie einen Mann dazu bringen, sich gut zu fühlen, haben bei Männern den größten Erfolg. Ich kenne zwar sehr wenige Beziehungen, die wirklich gut sind, aber ein Freund von mir, der endlich jemanden gefunden hat, sagte: ›Was für ein Glück, dass wir uns gefunden haben, wir finden es einfach wunderschön, zusammen zu sein.‹ Ich beneide ihn darum. Oh, Mann, es wunderschön finden, zusammen zu sein – körperlich und gefühlsmäßig. Und sie haben viel durchgemacht. Diese Frau arbeitet und hat ihm sogar geholfen, seiner Exfrau Alimente zu zahlen, als er seine Arbeit verlor. Sie hielten unter dieser Belastung zusammen. Er hat bald eine neue Stelle gefunden.«

Auf die Frage, was passieren müsse, damit sich ein Mann in einer Beziehung wie ein Mann fühlen könne, antwortete Eli: »Ein Mann muss das Gefühl haben, wichtig zu sein. Für einen

Mann sind es andere Dinge, die ihm dieses Gefühl geben, als für eine Frau. Sein Erfolg ist wichtig. Die Firma, für die er arbeitet, die Beziehungen zu den Kollegen. Frauen wollen sich in erster Linie von den Männern in ihrem Leben geliebt und begehrt fühlen.«

Auf die Frage, wie er sich eine gute Beziehung vorstelle, was ihn in einer Beziehung halten und glücklich machen würde, antwortete Eli: »Es müsste eine Beziehung sein, in der ich Intimität erlebe und in der einer die Bedürfnisse des anderen respektiert, besonders das Bedürfnis nach Zeit für sich allein.

Ich will eine Partnerin in dem Sinne, dass jeder seine eigene Last trägt, aber dennoch für den anderen da ist. Eine Frau, die mir wirklich das Gefühl gibt, lebendig zu sein. Mann, das wäre schön. Ich würde auch Kompromisse dafür eingehen.«

Empfehlungen
für den Umgang mit Männern, die Kontrolle ausüben müssen.

Für Frauen:
- Übernehmen Sie die Verantwortung für Ihre Probleme. Arbeiten Sie hart daran. Überlassen Sie es nicht ihm, sie zu lösen. Suchen Sie nicht nach einem Retter.
- Unterstützen Sie ihn darin, erfolgreich zu sein. Geben Sie ihm ein Gefühl persönlicher Würde.
- Seien Sie eine echte Partnerin. Tragen Sie Ihren Teil der Probleme. Werden Sie ein echtes Team, in jedem Sinn des Wortes.
- Geben Sie ihm Raum, Privatsphäre und das Gefühl, dass Sie zu ihm stehen.

- Teilen Sie seine Interessen, und beziehen Sie ihn in die Dinge ein, für die Sie sich interessieren.
- Ehrlichkeit wird besonders hoch geschätzt.

Für Männer:
- Hören Sie auf, nach einer Frau zu suchen, die Sie retten müssen. Sobald sie gerettet ist, ist Ihre Aufgabe erfüllt.
- Lassen Sie die Frauen in Ihrem Leben ihre Probleme selbst lösen. Benutzen Sie sie nicht als Vorwand dafür, sich nicht Ihren eigenen Problemen zu stellen.
- Bauen Sie Ihre eigene Identität auf. Lernen Sie sich selbst zu schätzen und Ihren Wert nicht daraus abzuleiten, ob sie Macht über eine Frau ausüben können.
- Wenn Sie immer wieder in dieselbe Situation geraten, in der Sie nicht das bekommen, was Sie wollen, und in der es keine Lösung gibt, sollten Sie einen Schritt zurücktreten und sich ehrlich fragen, warum Sie nicht loslassen können, von welcher Angst Sie gesteuert werden. Seien Sie mutig, und arbeiten Sie daran, sobald Sie die Antwort gefunden haben.
- Suchen Sie Herausforderungen, die konstruktiv, nicht destruktiv sind. Manche Herausforderungen geben Ihnen die Möglichkeit, zu gewinnen und sich gleichzeitig weiterzuentwickeln.

Ein Leben, das damit zugebracht wird,
Fehler zu begehen, ist nicht nur ehrenwerter,
sondern auch nützlicher als ein Leben,
das damit zugebracht wird, nichts zu tun.
George Bernard Shaw

Seelische Grausamkeit

*Mutter ist grausam zu mir.
Aber sie ist nur grausam zu mir,
um freundlich zu sein.*
Ronald D. Laing

Viele Männer leiden still unter der seelischen Misshandlung durch ihre Frauen. Da dies in so krassem Widerspruch zu ihrem männlichen Selbstbild und ihrem Bedürfnis nach Stärke steht, wird selten darüber gesprochen. Körperliche oder seelische Grausamkeit führt zu Schamgefühlen und in vielen Fällen zu einer Erwiderung der Grausamkeit.

Viele dieser Männer suchen dominante Frauen. Sie fühlen sich zu starken, kritischen, zornigen oder fordernden Frauen hingezogen; sie brauchen die Herausforderung, die diese Frauen darstellen. Eine Frau, die nachgiebig und fürsorglich ist, kann als schwach und passiv gesehen werden – als ein Mensch ohne große Selbstachtung.

Je grausamer und fordernder die Frauen sind, desto aufregender sind sie, desto großartiger ist es, sie zu erobern. Diese Männer genießen die Herausforderung, Höchstleistungen erbringen zu müssen, um sie zu halten.

Leider sind die Folgen dieser Beziehungen oft destruktiv. Der Zorn fordert von beiden Partnern einen hohen Preis, und der Mann fühlt sich oft seiner Würde beraubt.

Seelische Grausamkeit

Arthur ist ein weltberühmter Tennisspieler. Er ist schlank, hat hellbraunes Haar, große, seelenvolle Augen und ist mit Mitte vierzig immer noch sehr attraktiv. Er ist jetzt in seiner dritten Ehe sehr glücklich, hat aber lange gebraucht, um dorthin zu gelangen und musste unterwegs viel lernen.

»Als ich zum ersten Mal heiratete, war ich 27«, berichtete Arthur, »und in vielen Dingen noch recht unerfahren. Ich hatte keinerlei männliche Selbstverwirklichung durchgemacht. Ich denke, wenn man eine neue Beziehung eingeht, konzentriert man sich auf die Dinge, die einem an dem anderen Menschen gefallen. Aber wenn man mit ihm lebt, muss man den Dingen ins Auge sehen, die einem nicht gefallen. Nach einer Weile verlagert sich der Schwerpunkt, und die Dinge, die einem nicht gefallen, bekommen mehr Gewicht als die Dinge, die einem gefallen.

Meine erste Frau, Tamara, war Schauspielerin, sehr emotional und Alkoholikerin, was mir bei unserer Hochzeit nicht klar war. Ich bin Brite, sehr reserviert und war wirklich nicht in der Lage, in unserer Beziehung mit ihr zurechtzukommen. Je emotionaler und verrückter ihr Verhalten wurde, desto mehr zog ich mich zurück. Was sie natürlich noch verrückter machte.

Schließlich war meine Frau so frustriert, dass sie an einen Punkt kam, an dem sie mich auf den Rücken schlug. Ich kann nicht sagen, dass ich ihr allein die Schuld daran gab. Wahrscheinlich war ich für eine Partnerschaft ebenso wenig geeignet wie sie. Wir verkörperten die entgegengesetzten Enden des Spektrums.«

Viele Männer, denen es schwer fällt, mit ihren Gefühlen in Berührung zu kommen und sie auszudrücken, suchen sich

Seelische Grausamkeit

sehr emotionale, wechselhafte Partnerinnen, die dies an ihrer Stelle tun. Aber für Arthur war Tamaras breites Gefühlsspektrum überwältigend, oft unverständlich. Da er nicht damit umgehen konnte, waren ihre Gefühlsausbrüche für ihn anstrengend und beängstigend. Ihm blieb nur die Möglichkeit, sich zurückzuziehen, was ihre Ausbrüche nur noch verschlimmerte.

»Wir heirateten nach einer kurzen Zeit des Kennenlernens. Mir war nie zuvor eine Frau wie sie begegnet. Sie war sehr in der Welt des Theaters engagiert, und ich hatte nie eine Frau so reden hören wie sie. Sie kannte sich in einem Bereich aus, von dem ich sehr wenig wusste, für den ich mich aber interessierte.

Aus heutiger Sicht gab es Zeichen, die ich damals natürlich nicht in vollem Umfang erkannte. Am Abend vor der Hochzeit kam ihre Mutter zu mir und sagte: ›Weißt du, es ist sehr schwer, mit ihr zusammenzuleben. Bist du dir sicher?‹ Zu ihrer Mutter habe ich immer noch ein gutes Verhältnis.

Tamara und ich lebten fünf Jahre lang zusammen – das heißt, insgesamt dauerte die Beziehung acht Jahre. Irgendwann bezogen wir wieder getrennte Wohnungen und gingen nur mehr miteinander aus, weil das Zusammenleben zu chaotisch geworden war.

Als Mensch mag ich sie immer noch sehr. Ich muss sagen, dass ich wirklich das Gefühl habe, mich in der Beziehung zu ihr weiterentwickelt zu haben. Sie machte mich mit der Psychoanalyse und der ganzen Welt der Selbsterfahrung bekannt. Ich lernte sie in New York kennen, und wir lebten an den unterschiedlichsten Orten – in Kanada, auf den Kanarischen Inseln und in Neuseeland. Wir reisten gemeinsam, da ich an den großen Tennisturnieren teilnahm.

Seelische Grausamkeit

Die Dynamik unserer Beziehung war interessant. Ungefähr zu dem Zeitpunkt, als ich sie kennen lernte, hatte ich die großen Turniere aufgegeben. Sie ermutigte mich am Anfang so sehr, dass ich zurückging und weitermachte. Da sie mich anfangs so sehr unterstützte, spielte ich besser denn je. Durch sie erkannte ich, dass ich mich nie wirklich voll darauf konzentriert hatte.

Bald wurde klar, dass meine erfolgreiche Karriere ein Problem für sie darstellte. Als ich sie kennen lernte, gab sie den Plan auf, Autorin zu werden, und räumte meiner Karriere Vorrang ein. Ich stand kurz davor, im Tennis einen großen Schritt nach vorn zu machen, als sie mir plötzlich ihre Unterstützung entzog. Plötzlich passierte es, dass sie mich mitten in einem wichtigen Spiel im Ausland weinend anrief und sagte: ›Ich sterbe, du musst nach Hause kommen.‹

Es war ein wichtiges Turnier, und ich spielte so gut wie noch nie in meinem Leben. Nach ihrem Anruf verlor ich das Spiel, weil ich nicht mehr alles daransetzte zu gewinnen. Ich konnte es einfach nicht. Das war das einzige Mal, dass das passierte. Anschließend rief ich sie an, und sie sagte, es sei nicht so schlimm, ich müsse nicht heimkommen. Mir wurde klar, dass sie meine Karriere sabotierte.«

Tamara war offenbar ambivalent. Sie wollte Arthur lieben und unterstützen, begann dann aber zu fürchten, dass sie ihn verlieren und allein zurückbleiben könne, wenn er zu erfolgreich würde.

»Ich war es gewohnt, von ihr zu hören, dass sie im Begriff sei zu sterben. Sie weckte mich oft mitten in der Nacht, um mir zu sagen, dass sie einen Herzanfall habe und ins Krankenhaus gebracht werden müsse. Also brachte ich sie ins Krankenhaus, sie wurde untersucht, und es stellte sich heraus, dass sie völlig gesund war. Als sie mich in Frankreich anrief und sagte, sie werde sterben, wusste ich, dass es nicht stimmte, dachte aber, es könne wahr sein, und fühlte mich verpflichtet, nach Hause zu fahren. Schließlich war sie auch für mich da gewesen.

Ich war am Boden zerstört. Ich hatte nie zuvor solche Unterstützung bekommen wie von ihr. Dann entzog sie sie mir, und das war das Ende meiner Tenniskarriere. Ich konnte nicht weitermachen. Als sie mir ihre Unterstützung entzog, brach ich zusammen.«

Nachdem Arthur endlich die Unterstützung und Ermutigung erhalten hatte, die er nie zuvor erfahren hatte, konnte er es nicht ertragen, sie wieder zu verlieren. Ohne jemanden, der ihn anfeuerte, schien seine Karriere sinnlos zu sein.

»Ich war sehr wütend darüber. Ich musste mich zwischen Tennis und ihr entscheiden. Ich hatte das Gefühl, dass sie dasselbe mit mir machte wie ihre Mutter mit ihr: Sie gab ihr enormen Rückhalt, und dann zog sie ihr den Teppich unter den Füßen weg. Da ich nie zuvor solche Unterstützung bekommen hatte, war ich immer sehr dankbar dafür, diese Erfahrung machen zu dürfen. Als Folge davon erreichte ich ein Leistungsniveau, das mir nie zuvor möglich gewesen war.«

Tamara tat Arthur zwanghaft das an, was ihr angetan worden war. Viele Menschen gehen mit frühkindlichen Traumata um, indem sie sich mit dem Aggressor identifizieren und dasselbe einem anderen antun.

Die Erfahrung, Liebe und Unterstützung zu erhalten und sie dann an einem wichtigen Punkt wieder entzogen zu bekommen war für Arthur sehr schmerzhaft. Es erinnerte ihn an das, was er mit seiner Mutter erlebt hatte, die ihm nur das gab, was sie wollte, und nur dann, wenn es ihr passte.

»Ich wuchs hauptsächlich in Südafrika auf, ging in Europa zur Schule und lebte im Nahen Osten. Meine Mutter geht völlig im Tennissport auf. Sie nimmt noch mit 83 an Turnieren teil, hält einen Rekord im Hochsprung und hört sich Kassetten über mentale Härte an. Sie gibt das, was sie geben will, und blendet das aus, was ihr nicht gefällt. Tennis hat eine erstaunlich große Bedeutung für sie. Wie meine erste Frau ist auch sie sehr auf sich selbst bezogen. Ich denke, dass wir alle bestimmte Aspekte voneinander in uns haben.«

Kinder werden durch die Liebe, Aufmerksamkeit und Anerkennung ihrer Eltern darauf vorbereitet, sich den Herausforderungen des Lebens zu stellen. Arthurs Mutter war so mit sich selbst beschäftigt und sein Vater so wenig verfügbar gewesen, dass er sich nach Anerkennung und Unterstützung sehnte, um Leistung bringen zu können. Sie zu bekommen erfüllte ein Bedürfnis, das noch nie zuvor gestillt worden war, und heilte die Wunde aus seiner Kindheit. Als Arthur Liebe und Anerkennung erhielt, war er zu Höchstleistungen fähig. Als sie ihm entzogen wurde, fiel er in die Haltung des Kindes zurück und fühlte sich wertlos, ganz wie zu der Zeit, als er mit einer Mutter aufgewachsen war, für die in erster Linie ihre eigenen Bedürfnisse zählten.

»Irgendwann suchten Tamara und ich uns getrennte Wohnungen und gingen wieder miteinander aus, und ich begab mich in Therapie. Aber wir schafften es nicht. Obwohl es am Anfang wunderschöne Dinge in der Beziehung gegeben hatte, sammelte sich im Lauf der Jahre eine Reihe von Ärgernissen an, von Dingen, die ich ihr nicht verzeihen konnte.

Ich konnte ihr das erste Mal, als sie mich verlassen hatte, nicht verzeihen – als wir auf den Kanarischen Inseln lebten.

Seelische Grausamkeit

Wir waren irgendwie dort gelandet, kannten fast niemanden. Ich wusste auch nicht, wohin sie ging.

Außerdem konnte ich nicht mit ihrer Eifersucht umgehen. Ich wusste, dass ich nicht mit einem solchen Menschen leben konnte. Irgendwann erreichte ich einen Punkt, an dem ich ihr nichts mehr verzeihen konnte.«

Viele Menschen sind sich nicht darüber im Klaren, dass Verzeihen nicht bedeutet, mit dem betreffenden Menschen zusammenleben zu können oder zu sollen, oder dass es gesund wäre, die Beziehung fortzusetzen. Indem man verzeiht, wird die Bindung gelockert, und beide Partner erhalten die Möglichkeit, Wunden heilen zu lassen und sich auf eine Weise Neuem zuzuwenden, die für alle Beteiligten am besten ist.

»Nach dem Ende meiner Ehe hatte ich zwar keine Angst davor, eine neue Beziehung einzugehen«, fuhr Arthur fort, »dachte aber nicht, dass ich mich je wieder würde verlieben können. Ich dachte, das war's dann also. Damals war ich 36.«

Nachdem er auf solche Weise enttäuscht worden war, war Arthurs Angst, sich nie wieder verlieben zu können, eine Art Schutz davor, noch einmal in dieselbe Situation zu geraten. Trotz seiner Ängste sehnte er sich sehr nach einer guten Beziehung und maß glücklicherweise dem Guten, das er erlebt hatte, mehr Bedeutung bei als dem Verlust dieses Guten. Er blieb auch mit seiner Exfrau befreundet, was ihm die Möglichkeit gab, die Bitterkeit allmählich loszulassen und ein neues Verhältnis zu ihr zu entwickeln.

»Und dann verliebte ich mich natürlich wieder«, erzählte Arthur. »In einem Augenblick sagte ich, ich würde mich nicht mehr verlieben, im nächsten Augenblick tat ich es. Die nächste

Frau war fünfzehn Jahre jünger als ich, ein Einzelkind und sehr attraktiv.«

Indem er sich für eine sehr viel jüngere Frau entschied, hatte Arthur das Gefühl, die Dinge mehr unter Kontrolle zu haben, als ob sie ihn mehr brauche als er sie. Außerdem konnte er eine Vaterrolle spielen.

»Auch sie war eine ambitionierte Schauspielerin. Ich weiß noch, wie ich sie ansah und mich fragte, ob ich sie ansprechen solle. Ich wusste, dass es um mich geschehen sein würde, wenn ich es tat. Obwohl sie jünger war, passten wir in vielerlei Hinsicht gut zusammen. Allerdings war sie in vielen Dingen meiner ersten Frau ähnlich.«

Es kommt sehr häufig vor, dass Männer immer wieder dieselbe Frau in verschiedenen Maskierungen heiraten. Trotz oberflächlicher Unterschiede treten dieselben Muster wieder zutage, sofern nicht daran gearbeitet wurde.

»Mir gefiel immer die Vorstellung, verheiratet zu sein«, fuhr Arthur fort. »Obwohl ich gedacht hatte, dass ich mich nie wieder verlieben würde, wusste ich immer, dass ich noch einmal heiraten würde. Ich wusste immer, dass ich Kinder haben wollte. Ich dachte, ich könne eine Frau haben und mit ihr zusammenleben, sie respektieren und ihre Gesellschaft genießen, ohne in sie verliebt zu sein.

Diese neue Frau, Ella, war sehr intelligent und sportlich, und es machte Spaß, mit ihr zusammen zu sein. Ich dachte, dass es mich glücklich machen würde, Kinder mit dieser Frau zu haben. Ich glaube, dass man buchstäblich in dem Augenblick, in dem man jemanden zum ersten Mal sieht, weiß, welche Beziehung man zu ihm haben wird. Als ich ihr zum ersten Mal begegnete, sah ich sie an und erkannte sie sofort.

Dass sie so viel jünger war – ich glaube nicht, dass ich eine Midlife-Crisis hatte, aber ein Teil der Anziehungskraft beruhte darauf, dass sie als Einzelkind gelernt hatte, sich auf sich selbst zu verlassen. In dieser Hinsicht war sie beinahe das Gegenteil meiner ersten Frau. Ich hatte das Gefühl, ihr viel Unterstützung geben zu können, da ich wusste, dass sie mit Beziehungen zu anderen Menschen Probleme hatte. Sie fühlte sich allein fast wohler, und es fiel ihr nicht leicht, sich mitzuteilen.«

All die Schwierigkeiten, die Arthur von Anfang an klar waren, interpretierte er als Stärken statt als Probleme. Sie gaben ihm die Gewissheit, dass er gebraucht würde, dass Ella nicht weglaufen oder so besitzergreifend und fordernd wie seine erste Frau sein würde.

Oft wartet allerdings eine große Überraschung auf uns. Offenkundige Probleme können entgegengesetzte Aspekte verdecken, die im Innern wirksam sind. Arthur hatte erst ein oder zwei Tage vor der Hochzeit die Möglichkeit, das zu erkennen.

»Ich hätte wissen müssen, dass es Probleme geben würde, als sie mich ein oder zwei Tage vor unserer Hochzeit fragte: ›Heißt das, dass wir nicht mehr mit anderen Leuten schlafen?‹ Ich hätte wissen müssen, dass sie nicht genügend Erfahrungen hatte sammeln können. Ich fragte: ›Wie meinst du das?‹ Darauf antwortete sie, dass sie noch nicht zur Monogamie bereit sei. Daher einigten wir uns darauf, eine offene Beziehung zu führen. Ich hatte ein sehr ungutes Gefühl dabei, dachte aber: Okay.«

Das ist auf beiden Seiten eine erstaunliche Entwicklung. Die Unterstützung und Stabilität, die man normalerweise von einer Ehe erwartet, wurde Arthur plötzlich wieder entzogen.

Auch seine Zustimmung zu dieser Vereinbarung ist sehr interessant. Er sagte, er habe gewusst, dass es eine Herausforderung sein werde, dass es aber auch interessant werden könne.

Dr. Robert Berk bemerkte dazu: »Diese Ehe brachte Arthur nur noch mehr Probleme. Er wählte mit seiner Frau eine Kopie seiner Mutter, die ihn ebenfalls im Stich gelassen hatte, und um dieselbe Demütigung wie zuvor zu erleben.

Wenn wir dieselbe Art von Mensch auswählen, ist es, als versuchten wir, das Scheunentor zu schließen, nachdem das Pferd schon weg ist. Wir denken, dass wir dieses Mal triumphieren werden. Also entscheiden wir uns für eine Person, mit der sich das frühkindliche Trauma wiederholt, und es funktioniert nicht. Wir können das Scheunentor nicht schließen, weil wir noch einmal durchleben, wie das Pferd gestohlen wird. Es ist zu spät. Es ist weg.«

Man könnte sagen, dass Situationen, in denen sich ein Mensch seelisch misshandelt fühlt, eine tiefe Anziehungskraft ausüben können. Diese Menschen müssen Schmerz und Leid durchmachen, und jedes Mal, wenn sie es durchmachen, spülen sie ein wenig davon aus ihrem System heraus.

Von einem metaphysischen Standpunkt aus könnte man sagen, dass Menschen Schmerz und Leid erfahren müssen, um für Fehler in diesem oder einem früheren Leben zu bezahlen. Der Schmerz, den sie jetzt erleben, gleicht frühere Handlungen aus und reinigt das Karma, sodass sie in Zukunft andere Entscheidungen in ihrem Leben treffen können.

Arthurs Entscheidung, einer offenen Ehe zuzustimmen, kann noch auf andere Weise interpretiert werden. In dieser Art von Beziehung würde er nicht alle Bedürfnisse seiner Frau erfüllen müssen. Das war möglicherweise eine Erleichterung für ihn.

Seelische Grausamkeit

Er würde auch nicht mit der Eifersucht umgehen müssen, die er bei seiner ersten Frau erlebt hatte.

Man könnte sagen, dass Arthur versuchte, sich als Mensch weiterzuentwickeln, indem er Besitzdenken und Eifersucht überwand. Die Vereinbarung würde ihm ebenfalls die Möglichkeit geben, Erfahrungen mit anderen Frauen zu machen. Die emotionale Bindung zwischen ihm und seiner Frau wäre weniger stark, und das würde ihn davor schützen, noch einmal eine emotional chaotische Beziehung einzugehen.

Möglicherweise strebte Arthur nach einer anderen Art von Liebe, einer Liebe, die beiden Partnern den Raum gab, die zu sein, die sie sein wollten, und das zu tun, was sie tun wollten. Aus dieser Perspektive ist die herkömmliche, konventionelle Sicht einer Beziehung, die Eifersucht und Besitzdenken beinhaltet, möglicherweise gar keine Liebe, sondern eine glorifizierte Form der Abhängigkeit. So gesehen konnten Arthurs neue Entscheidungen dazu führen, dass er bedingungslose Liebe kennen lernte und die Fähigkeit entwickelte, einen Menschen so anzunehmen, wie er oder sie ist.

Auf die Frage, ob er bei dem Gedanken daran Eifersucht gespürt habe, antwortete Arthur: »Es fühlte sich wie eine Herausforderung an. Ich dachte, vielleicht ist es die nächste Herausforderung in meinem Leben, mich damit auseinander zu setzen. In gewisser Weise war es besonders interessant, weil meine erste Frau so eifersüchtig war, dass sie die Anonymen Eifersüchtigen hätte gründen können. Das fühlte sich wie eine Abkehr davon an.«

Auf die Frage, ob ihm bewusst gewesen sei, die Freiheit, die ihm diese Vereinbarung ermöglichte, gewollt zu haben, antwortete Arthur: »In gewisser Weise, ja. Ich fiel von einem Extrem ins andere. Aber ich war von Anfang sehr unsicher. Ich fühlte mich nicht wohl damit. Es brachte eine Distanz zwischen uns, wenn ich mir klar machte, wie unsere Ehe sein würde. Ich fühlte mich nie wohl dabei, wenn sie sich mit anderen Männern traf, aber wenn ich nein gesagt hätte, hätte sie mich vielleicht nicht geheiratet. Ich war 37 und wollte Kinder haben und dachte, dass mir nicht so viele Möglichkeiten blieben.«

Arthurs Zustimmung zu dieser Vereinbarung hing auch damit zusammen, dass er fürchtete, sie zu verlieren. Außerdem hatte er Angst davor, sich nicht mehr zu verlieben. Er fühlte mit zunehmendem Alter ein Nachlassen seiner Kräfte, und sein Selbstwertgefühl war nicht stark genug, um sich entsprechende neue Grenzen zu setzen.

»Wir heirateten, mussten dann aber getrennt leben, weil ich einen Job in New York hatte und sie nach Kalifornien gehen wollte. Ich verbrachte den Sommer in New York und ging im Winter nach Kalifornien, um mit ihr zusammen zu sein. Es war natürlich klar, dass wir in der Zeit, in der wir in Los Angeles zusammenlebten, nicht mit anderen Leuten ausgehen würden – aber das waren nur sechs Monate im Jahr.«

Auf die Frage, ob ihn die Phasen, in denen sie nicht zusammen waren, belastet hätten, antwortete Arthur: »Eigentlich nicht. Ich war zu beschäftigt. Ich leitete einen Club und besuchte eine Schauspielschule und probte jeden Abend. Für mich war das Freiheit. Es ist schon komisch – wir hatten ein Gleichgewicht, und ganz plötzlich wurde das Gleichgewicht gestört, und dann belastete es mich sehr.

Sie sollte mich für ein langes Wochenende besuchen und kam erst einen Tag später. Als ich fragte, wieso sie nicht schon am Freitag gekommen sei, antwortete sie, sie sei mit einem

Seelische Grausamkeit

Mann zelten gewesen. Das war's. Ich drehte durch. Ich muss zumindest die Nummer eins sein. Obwohl ich damit einverstanden gewesen war, dass sie sich mit anderen Männern traf, konnte ich es nicht ertragen, dass sie deswegen einen Tag länger wegblieb. Es fühlte sich an wie eine Wende in unserer Beziehung.«

Die ganze seelische Belastung, die Arthur ertragen und unterdrückt hatte, kam in diesem Augenblick an die Oberfläche. Offensichtlich hatte er sich unbewusst sehr herabgesetzt gefühlt. Dieser zusätzliche Tag mit ihrem Liebhaber ließ alles zum Ausbruch kommen.

»Es war die Erkenntnis, dass sie diesen zusätzlichen Tag mit einem anderen verbracht hatte, statt mich zu besuchen. Es war eine Verletzung, die über das erträgliche Maß hinausging.«

Schließlich hatte Arthur den Punkt erreicht, an dem es ihm zu viel wurde. Er wollte oder brauchte den Schmerz, den er empfand, nicht mehr. Er erkannte, welche Grausamkeit ihm zugefügt worden war, und war bereit, sich zu verteidigen.

Annie Linden, Therapeutin und Paarberaterin und eine der ersten Trainerinnen in neurolinguistischer Programmierung (NLP), wurde gefragt, woran man erkennen könne, dass es genug sei – was einem Menschen helfe, aus einer für ihn schädlichen Situation auszubrechen. Sie antwortete: »Zum einen muss ein Mensch einige starke eigene Werte besitzen. Er muss anhand seiner eigenen inneren Reaktion wissen, was ihm wichtig ist – nicht was für die Gesellschaft wichtig ist. Er muss diese Werte in sich tragen.«

Die männliche Identität vieler Männer ist schwach ausgeprägt. Männer definieren sich über Leistung und Erfolge und die Reaktionen einer Frau. Viele machen sich nicht die Mühe, nach innen zu schauen und ihre eigenen grundlegenden Werte zu entwickeln. Wenn jemand sie überflügelt, können sie sich völlig zerstört fühlen.

»Ein Mensch muss auch ein Gefühl für das haben, was ihm im Leben zusteht«, sagt Annie Linden. »Manche Männer haben das Gefühl, wertlos zu sein und keine Daseinsberechtigung zu haben. Sie sind sich sicher, kein Recht auf Liebe und Glück zu haben. Es ist wichtig, das Gefühl zu entwickeln: *Ich verdiene es, hier zu sein und glücklich zu sein.*

Ein kleiner Anfang könnte es sein, jemandem zu sagen: ›Du hast es verdient, hier zu sein und Liebe und Glück zu erleben. Du musst dich nicht mit seelischer oder körperlicher Grausamkeit abfinden. Dein Leben wird nicht perfekt sein, aber du verdienst es nicht, misshandelt zu werden.‹ Männern wie Arthur muss das gesagt werden.

Wenn ein Mann das große Problem hat, nicht zu wissen, wann es genug ist, gibt es meist einen starken Anteil seiner Persönlichkeit, der sehr von etwas Äußerlichem fixiert ist – von Zustimmung, Erfolg, irgendetwas. Dieser Teil kann nie genug bekommen, denn wenn es von außen kommt, wird es nie genügen. Es ist wie eine Droge, dieses ständige Bedürfnis nach Bestätigung von außen.«

Dies trifft auf Arthur in besonderem Maße zu – er brauchte die Bestätigung durch seine erste Frau sehr, um im Tennis Höchstleistungen bringen zu können. In der beschriebenen Situation mit Ella war er plötzlich furchtbar aufgebracht, weil er das Gefühl hatte, auch die Bestätigung durch seine zweite Frau verloren zu haben, weil sie ihrem Liebhaber den Vorzug gegeben hatte.

»Wenn man vollkommen von der Bestätigung durch andere

Seelische Grausamkeit

abhängig ist, lässt man den Dingen viel zu lange ihren Lauf«, erklärt Annie Linden. »Man hat nichts in sich, das einem sagen könnte, dass man zu lange verletzt wurde.«

Aber als die zweite Frau einen zusätzlichen Tag mit ihrem Liebhaber verbrachte, kam Arthurs Selbstwertgefühl zum Durchbruch. »Wir stritten uns deswegen«, berichtete er. »Ich war sehr wütend auf sie. Ich sagte noch nicht, es sei vorbei. Ich hatte nur instinktiv das Gefühl, dass es genug sei, konnte es ihr aber noch nicht sagen. Stattdessen sagte ich ihr, das dürfe nicht noch einmal passieren.

Sie sagte, sie könne nicht garantieren, dass es nicht noch einmal passieren werde. Sie war egoistisch, ein Einzelkind. Sie ermutigte mich, eine Beziehung mit einer ihrer Freundinnen einzugehen. Ich wollte es nicht wirklich, tat es aber.«

Arthur begann gerade erst den langen, langsamen Weg aus einer für ihn schädlichen Situation. Oft fängt es damit an, dass einem der Schmerz bewusst wird, den man ertragen hat, und dass man das Gefühl hat, nicht noch mehr davon hinnehmen zu können. Dann beginnt man zu kämpfen.

Was für viele den Kampf erschwert, ist die Schwächung ihres Selbstvertrauens und Selbstwertgefühls durch eine Situation, in der sie lange Zeit erniedrigt wurden. Es ist schwer für ein Selbst zu kämpfen, das man nicht wirklich respektiert. Arthur musste jetzt Forderungen an sie stellen. Er konnte seine Forderungen aber noch nicht nachdrücklich genug stellen oder seiner Frau zeigen, wie viel Schmerz er empfand.

Zu diesem Zeitpunkt war er immer noch von der Beziehung abhängig und wollte nicht alles verlieren. Er sah auch nicht die langfristigen Auswirkungen, die diese Beziehung für ihn haben würde.

»Ich akzeptierte es so, wie es war. Ich hatte eine Beziehung mit einer anderen Frau und lernte dann zufällig Heidi, meine dritte Frau, kennen.

Heidi und ich waren in derselben Schauspielklasse. Ich hatte schon im ersten Kurs, den ich besuchte, mit ihr geflirtet. Aber sie hatte nicht wirklich darauf reagiert. Bei der letzten Kurseinheit kam eine andere Frau aus der Klasse zu mir und bat mich, eine Szene mit ihr zu spielen. In diesem Augenblick kam Heidi dazwischen und fragte, ob ich eine Szene mit ihr spielen würde. Ich war begeistert, und so fing es mit uns an.

Als Heidi mich bat, eine Szene mit ihr zu spielen, sagte ich sofort: ›Ich habe das richtige Stück für uns – Der Liebhaber.‹ Wir probten ein paarmal und spielten die Szene in der letzten Unterrichtsstunde. Dann gingen wir alle in eine Kneipe. Heidi und ich saßen nicht einmal nebeneinander. Als sie aufstand, um zu gehen, und sich von allen außer mir verabschiedete, dachte ich, oh, das hat etwas zu bedeuten.

Also rief ich sie am nächsten Tag an. Sie war hocherfreut darüber. Rückblickend weiß ich, dass ich niemals eine offene Ehe hätte aufrechterhalten können. Es war wunderbar, Heidi zu diesem Zeitpunkt kennen zu lernen.«

Wenn jemand erkennt, dass seine Ehe oder Beziehung vorbei ist, aber sich noch nicht dazu durchringen kann, den Partner zu verlassen, öffnet er sich für die Begegnung mit einem neuen Partner, der ihm die Stärke und Unterstützung gibt, die er braucht, um sich zu befreien. Er bekommt dadurch auch Selbstbestätigung und das Gefühl, liebenswert zu sein.

»Ich ging nach Kalifornien zurück. Zufälligerweise hatte Heidi zwei Wochen später beruflich in Los Angeles zu tun – Zufall oder Schicksal. Also ging ich hin und sagte es Ella. Sie regte sich ziemlich auf. Es ist sehr beunruhigend, verlassen zu werden. Es ist, als ob einem gekündigt wird – auch wenn man den Job gar nicht mehr haben will. Es ist eine Zurückweisung, von welcher Seite man die Sache auch betrachtet. Ich glaube nicht, dass es viele Menschen gibt, die gut damit umgehen können.«

In diesem Fall ist es besonders interessant, dass Ella sich nicht darüber im Klaren war, wie viel sie selbst dazu beigetragen hatte, verlassen zu werden. Schließlich hatte sie Arthur sogar aufgefordert, sich mit anderen Frauen einzulassen. Vielleicht hatte sie geglaubt, Arthur gerade durch die offene Ehe zu halten.

»Ella drehte durch, warf mit Sachen um sich, als ich ihr sagte, dass ich sie verlassen würde. Ich hatte definitiv das Gefühl, dass sie sich benahm, als hätte ihr jemand ein Spielzeug weggenommen, und nicht, als sei sie tief verletzt. Ich glaube nicht, dass sie je in mich verliebt war.«

Als die Beziehung schließlich beendet war, konnte Arthur sich eingestehen, dass er sich von ihr nie geliebt oder bestätigt gefühlt hatte, dass er der offenen Ehe aus anderen Bedürfnissen heraus zugestimmt hatte.

»Es tat mir Leid, dass die Dinge so endeten, dass sie Bitterkeit empfand. Wir sind jetzt nicht einmal mehr Freunde, haben überhaupt keinen Kontakt mehr. Aber ich hatte das Gefühl, dass Heidi die perfekte Frau für mich war. Sie war in meinem Alter, und das ganze Konzept der offenen Ehe stammte ohnehin nicht aus meiner Generation.«

Es gibt viele Studien zur offenen Ehe, die zeigen, dass Paare meist dann ihre Beziehung öffnen, wenn es Schwierigkeiten gibt, und dass es die letzte Rettungsmaßnahme vor dem Ende der Beziehung ist. Offene Ehen enden oft in der Scheidung.

Seelische Grausamkeit

»Heidi war in der Werbebranche tätig. Ich ging zu einer ihrer Besprechungen und war sehr beeindruckt davon, wie aggressiv sie sich dort verhielt. Ich habe ihr einmal gesagt, dass sie die härteste Frau sei, die mir je begegnet ist, und dass ich sie deswegen liebe. Das ist eine Stärke, die ich an Menschen wahrnehme, die extrem grausam oder böse sein können. Ich nehme das als Stärke wahr.«

Hier macht Arthur eine explizite Aussage über die Anziehungskraft, die Schmerz auf ihn ausübt.

»Eine harte Frau verletzt mich jetzt nicht mehr. Das war früher so. Ich war sehr, sehr empfindlich und regte mich über alles auf, was andere Leute sagten. Aber nach dem Zusammenleben mit meiner ersten und meiner zweiten Frau kam ich an einen Punkt, an dem ich erkannte, dass es mit ihm oder ihr zu tun hat, wie die Persönlichkeit des anderen geartet ist, nicht mit mir. Ich reagiere zwar manchmal immer noch auf einer bestimmten Ebene, lasse mich aber nicht mehr so davon fertig machen.«

Auf die Frage, ob er Grausamkeit als Stärke wahrnehme, antwortete Arthur: »Ich nehme sie als Stärke in mir selbst wahr. Als ich noch jung war, hatte ich das Gefühl, dass mein Überleben von meiner Stärke abhing, weil mein Vater sehr dominant war. Meine einzige Möglichkeit, mich gegen ihn zu verteidigen, bestand darin, grausam zu sein, was sich in diesem Alter darin äußerte, dass ich mich völlig von ihm zurückzog. Ich hatte keine anderen Mittel, deshalb fühlte sich das wie Stärke an. Jetzt denke ich, dass es grausam ist, sich so zu verschließen.«

Dazu sagte Dr. Gerald Epstein: »Viele Männer empfinden harte, gemeine, kalte Frauen als aufregend, weil sie diese männliche Qualität an ihnen mögen. Es macht sie interessant, schwer zu erobern. Ein Mann, der eine Frau erobern kann, verliert das Interesse. Es kommt häufig vor, dass Männer das Interesse an Frauen verlieren, die sich leicht formen lassen.

Es gibt viele Männer, die Jäger sind. Sie verfolgen ihre Beute, und sobald sie sie gefangen haben, ist es vorbei. Der Reiz des Beutemachens ist dahin. Aber wenn die Beute unerreichbar wird, besteht darin die Herausforderung.

Natürlich müsste eine Frau ganz schön einfallsreich sein, um diese Situation während der gesamten Ehe aufrechtzuerhalten – immer unerreichbar zu bleiben, damit die Ehe funktioniert. Das wäre eine schwierige, anstrengende Aufgabe – sofern es der Frau nicht von Natur aus liegt.«

Glücklicherweise konnte Heidi die richtige Mischung bieten, um die Ehe lebendig und in Form zu halten.

»Ich habe großes Glück gehabt«, meinte Arthur. »Heidi und ich haben jetzt zwei wunderbare Kinder. Ich weiß nicht, was passiert wäre, wenn ich sie zuerst kennen gelernt hätte, weil es so eben nicht war. Ich habe aus beiden Ehen viel gelernt. Von meiner zweiten Frau lernte ich etwas über Ehrlichkeit in einer Beziehung. Sie hatte zwar etwas merkwürdige Vorstellungen, war aber sehr ehrlich, was für mich erstaunlich, ja, geradezu unglaublich war. Von meiner ersten Frau lernte ich, wie man jemanden unterstützt, mit jemandem zusammen ist. Sie lehrte mich so vieles über Selbsterfahrung und das Theater. Ohne diese beiden Frauen wäre ich heute mit Heidi nicht so glücklich.«

Auf die Frage, was ihn in der Beziehung halte, antwortete Arthur: »Nun, ich könnte sagen, dass es anders verlaufen wäre, wenn ich mit den anderen beiden Kinder gehabt hätte.

Seelische Grausamkeit

Kinder bringen eine Verpflichtung mit sich. Meine zweite Frau wollte etwa zehn Jahre lang keine Kinder haben. Heutzutage gibt es ohne Kinder keine Basis für eine Ehe, weil es völlig akzeptabel ist, unverheiratet zusammenzuleben. In meinen Augen ist der einzige Grund für eine Ehe der Wunsch, diese Verpflichtung einzugehen, gemeinsame Kinder zu haben. Die Tatsache, dass wir keine Kinder hatten, war für mich ein Zeichen fehlender Bereitschaft, sich ganz auf den anderen einzulassen.

Es gibt bestimmte Dinge, die ich mag, und wenn es genug davon gibt, wenn der Anteil dieser Dinge groß genug ist, bin ich glücklich. Die physische Anziehungskraft ist wichtig. Für mich bedeutet das, mit jemandem Kinder haben zu wollen. Bestimmte Interessen zu teilen, den Sinn für Humor des anderen zu schätzen, dieselbe Art von Essen zu mögen, bestimmte Aktivitäten, ob es Tanzen oder Skifahren ist. Und sie sollte ein eigenes Leben haben. Ich glaube, es ist wirklich wichtig, dass sie ihr eigenes Leben und eigene Interessen hat. Das muss nicht unbedingt eine berufliche Karriere sein, sondern einfach nur bestimmte Interessengebiete und Aktivitäten, von denen sie mir berichten kann. In diesem Bereich haben viele Frauen Schwierigkeiten. Sobald Kinder da sind, beschränkt sich die Beziehung darauf, und sie werden für den Mann weniger interessant.«

Der Kampf gegen Besitzansprüche und Eifersucht

Paul, ein dunkler, gut aussehender, kräftiger Italiener Anfang dreißig, erlebte seelische Grausamkeit auf andere Weise. Sie war laut und grob, und man konnte ihr nicht entkommen, besonders da seine Frau die Mutter seiner Zwillinge war.

Er berichtete: »Ich lernte Kate, eine schöne dunkelhaarige Frau, auf einer Party kennen, als ich 28 war, und etwa sechs Wochen später war sie mit Zwillingen schwanger. Fünf Monate später heiratete ich sie. Alles passierte innerhalb von sieben Monaten, noch bevor ich die Chance hatte zu begreifen, was vor sich ging.

Nachdem wir geheiratet hatten, zogen wir bei ihrer Mutter ein. Sie stammte aus einer sehr eng verbundenen, konservativen Familie, und ich war noch so eine Art Teenager, der sich in mancher Hinsicht nicht seinem Alter entsprechend verhielt. Am Anfang war ich wirklich glücklich darüber, sie zu haben. Sie war sehr schön, und es sah gut aus, wenn ich mit einem so schönen Mädchen am Arm gesehen wurde.«

Viele Männer haben das Bedürfnis nach einer Frau, die sie vorzeigen können, die sie gut aussehen lässt. Dadurch wird das Selbstvertrauen dieser Männer gestärkt, als würden sie der Welt sagen: »Schaut her, was ich wert bin. Schaut her, wer mich liebt.« Diese Art von Selbstvertrauen ist immer sehr flüchtiger Natur, besonders wenn die Frau, die ein solcher Mann gefunden hat, innen nicht so schön ist wie außen. Dann ist sein Hochgefühl bestenfalls von kurzer Dauer.

»Wir zogen bei der Mutter ein, die ziemlich bösartig war. Außerdem erkannte ich bald, dass Kate sehr unsicher und extrem eifersüchtig war. Die Probleme begannen sofort. Ich durfte bestimmte Sendungen im Fernsehen nicht sehen, wenn Frauen darin vorkamen. Wir machten Urlaub in Florida, und wir konnten nicht an den Strand gehen, weil sie nicht wollte, dass ich all die Mädchen in Tangas sah. Plötzlich wurde mir klar, wie tief ich im Schlamassel saß. Ich konnte mich nicht einmal mit Leuten an der Bar unterhalten.«

Übermächtige Besitzansprüche und Eifersucht sind eine Form der seelischen Grausamkeit. Eifersüchtige Menschen versuchen, ihre Partner gefangen zu halten, und nehmen ihnen damit die Möglichkeit, frei zu leben und ihrer Persönlichkeit Ausdruck zu geben.

»Eines Tages waren wir in einer Bar und tranken etwas. Ich mache das gern einmal die Woche – in eine Bar gehen, rumhängen, mit Leuten reden, mit alten Freunden Erinnerungen austauschen. Also gingen wir in diese Bar, und eine gute Bekannte kam zu mir her und küsste mich auf die Wange. Sie war nie meine Freundin gewesen, nur eine Bekannte. Meine Frau stand in der Ecke, sodass ich mich nicht umdrehen und ihr die Bekannte vorstellen konnte. Das lag an der Form des Raumes. Nach einer Weile ging die Bekannte wieder. Meine Frau drehte sich um und sagte: ›Konntest du sie mir nicht mal vorstellen?‹ Ich verneinte.

Ich ging zur Toilette und kam wieder zurück. Wenn man an Leuten vorbeigeht, lächelt man ihnen ja manchmal zu. Das tat ich, und als ich wieder an meinen Platz zurückkam, schüttete mir meine Frau ihren Drink ins Gesicht.«

Es gibt eine feine Grenze zwischen Freundlichkeit, harmlosem Flirten, und einem Verhalten gegenüber dem anderen Geschlecht, das den Partner verunsichert. Diese Grenze ist von

Paar zu Paar unterschiedlich. Jedes Paar muss selbst herausfinden, wie viele Einschränkungen es hinnehmen und welche Formen der Annäherung an andere Menschen die Beziehung verkraften kann.

»In meinen Augen hatte ich das Mädchen einfach nur freundlich angelächelt, und dann bekam ich den Drink ins Gesicht. Ich fragte meine Frau, was zum Teufel das solle, worauf sie antwortete, dass ich ein verheirateter Mann sei und keine anderen Frauen zu grüßen und zu küssen hätte. Ich sagte: ›Mach mal halblang.‹

Dann gingen wir zum Boardwalk in New Jersey, wo es von jungen, hübschen Mädchen nur so wimmelt. Meine Frau ließ mich keine Sekunde aus den Augen. Wenn ein Mädchen in der Nähe war, von dem sie dachte, dass ich es attraktiv finden könne, starrte sie *mich* die ganze Zeit an, um meine Reaktion zu beobachten. Es war die Hölle.«

Pauls Frau stellte mit ihrer heftigen Eifersucht und ihrem obsessiven, beinahe paranoiden Verhalten unangemessene Forderungen an Paul. Was immer er tat weckte ihr Misstrauen. Er musste seine natürlichen Impulse nicht nur im Zaum halten, sondern völlig verleugnen. In Fällen wie diesem kann alles – Freundlichkeit, Wärme und normale Zuneigung – als sexuelle Annäherung aufgefasst werden. Paul wurde zur Zielscheibe für sämtliche Ängste seiner Frau. Das Ausmaß dieser Besessenheit deutet daraufhin, dass ihre Eifersucht möglicherweise auch eine Abwehr ihrer eigenen sexuellen Wünsche, ihres eigenen Bedürfnisses nach Untreue war oder dass sie Paul dazu bringen wollte, ihre eigenen Wünsche auszuagieren.

»Es war hart, aber ich hielt durch. Ich hatte diese Familie gegründet und wollte, dass sie funktionierte. Ich musste ihr beweisen, dass ich sie liebte und mit ihr zusammen sein wollte. Also kaufte ich ein Haus auf Long Island und hatte einen Job mit Wohnung in Manhattan. Das heißt, ich lebte die Woche über in der Stadt und fuhr am Wochenende zu meiner Familie. Auf diese Weise war zumindest die Zeit mit ihr begrenzt – es war so hart, eine Strafe für mich.«

Einem auf Wahnvorstellungen basierenden System ausgesetzt zu sein ist so, als würde man von einer Springflut hinweggefegt. Menschen, auf die so viel Misstrauen projiziert wird, lassen sich auf einen Kampf um ihre geistige Gesundheit und ihr Leben ein. Es ist auch ein Kampf um ihre Würde und ihr Selbstwertgefühl. Oft erkennen sie nicht, wie gravierend das psychische Problem ihres Partners ist und dass sie nichts tun können, um ihn zu heilen. Obwohl es ein Kampf auf verlorenem Posten war, war Paul entschlossen, die Sache in den Griff zu bekommen.

»Ich habe achtzehn Freunde, die alle meinetwegen gute Miene machten. Sie sagten: ›Hör zu, Paul, sie ist deine Frau, ich komme damit klar, aber sie hat große Probleme.‹«

Auch wenn Freunde einen anderen Standpunkt vertreten und vorschlagen, die Situation von einer anderen Perspektive zu betrachten, und sie die Illusion erschüttern, die sich der misshandelte Partner aufgebaut hat, kann dieser die Wahrheit oft nicht hören. Es kann lange dauern, bis er erkennt, dass der andere psychisch krank ist und er selbst keine Schuld trägt.

»Meine Eltern lebten in Florida«, fuhr Paul fort, »und wir fuhren sie besuchen. Wir saßen alle zusammen in der Wohnung und sahen uns einen Film an, in dem es eine Sexszene gab. Plötzlich hörten wir Türen zuschlagen. Also, wir waren in Florida, im Haus meiner Mutter. Also drehte ich mich um und fragte: ›Ma, was ist los?‹ Dann hörte ich, wie meine Frau sagte: ›Paul, ich möchte sofort mit dir sprechen!‹

Ich sagte: ›Na klar, was ist denn passiert?‹ Ich dachte, es sei irgendwas mit den Kindern. Sie sagte: ›Wie kannst du es wagen, mich zu demütigen, indem du dir Pornographie ansiehst?‹ Ich antwortete: ›Erstens bin ich bei meinen Eltern, und zweitens solltest du mich nicht vor meinen Eltern demütigen!‹

Meine Eltern konnten sie nicht ausstehen. Sie konnten nicht verstehen, wie eine Frau, die so gut aussah, sich so verhalten konnte. Und ich war der Typ Mann, der sie unter seine Fittiche nahm und sich um sie kümmerte.«

Je schlimmer es mit Kate wurde, desto mehr versuchte Paul, sich »um sie zu kümmern«, es in Ordnung zu bringen, ihr zu beweisen, dass er treu war. Er hatte das Gefühl, dass sie Recht behielte, wenn er sie verließ.

Eine große Gefahr in einer solchen Situation besteht darin, den irrationalen Projektionen des eifersüchtigen Partners Glauben zu schenken – allmählich zu denken, dass das, was der andere über einen sagt, der Wahrheit entspricht. Diese Form der psychischen Erkrankung scheint ansteckend zu sein. Das Muster aus Eifersucht und Gegenreaktionen hält den Partner nicht nur gefangen, sondern erschüttert auch seinen eigenen Realitätssinn und sein Selbstwertgefühl.

»Anfangs fuhr ich am Wochenende nach Long Island hinaus. Ich hatte zwei Jobs, um das Haus behalten zu können. Ich bezahlte die Hypothek, die Nebenkosten und gab ihr Haushaltsgeld. Ich war gut zu ihr. Ich wollte von ihr respektiert werden, aber sie sagte nur, dass jeder Familienvater das tun würde, was ich tat.«

Paul arbeitete sehr hart, sehnte sich verzweifelt nach der

Seelische Grausamkeit

Anerkennung und dem Respekt, den er seiner Meinung nach verdiente. Je mehr er Anerkennung brauchte, desto mehr wurde sie ihm vorenthalten. Auf diese Weise ließ Kate ihn am Haken zappeln und lockte ihn weiter.

»Ich sagte ihr: ›Schau, ich brauche Liebe und Zuwendung, ich will, dass du mir sagst, was für ein großartiger Kerl ich bin. Wenn du mit deinen Freundinnen telefonierst, will ich, dass du ihnen sagst, was für einen tollen Mann du hast. Sag ihnen, dass du nicht arbeiten gehen musst. Dass du daheim bleiben und dich um die Kinder kümmern kannst. Du kannst deine Kinder selbst aufziehen, musst sie nicht zur Großmutter oder in eine Tagesstätte bringen.‹

Aber sie gab mir nicht, was ich wollte. Sie weigerte sich, mir Liebe und Zuwendung zu geben. Ich sagte: ›Sag wenigstens danke.‹ Da regte sie sich auf: ›Was meinst du damit? Jeder Mann würde das tun, was du tust. Du bist nichts Besonderes.‹«

Die Beziehung zwischen Paul und Kate war zu einer Beziehung zwischen Sklave und Herrin geworden – zu einer sadomasochistischen Beziehung. Er wurde zum Sklaven, um ihre Liebe zu bekommen, und je mehr er sich ins Zeug legte, desto mehr malträtierte sie ihn.

»Ich fühlte mich wegen der Kinder an sie gebunden. Ich tat alles, was ein Mann tun sollte, und mehr. Es gibt nicht allzu viele Familien, in denen der Ehemann zwei Jobs hat. Heutzutage arbeiten meistens beide. Ich tat alles, was ich konnte, für meine Familie. Konnte ich dafür nicht ein bisschen Respekt erwarten?«

Dieser Schrei nach Respekt und Anerkennung ist ein Schrei nach dem, was Pauls Identität ausmacht. Er hatte seinen Wert

Besitzansprüche und Eifersucht

als Mensch in die Hände seiner Frau gelegt. Es erübrigt sich zu sagen, dass das ein Fehler ist, der katastrophale Folgen nach sich ziehen kann. Jeder Mensch muss die Quelle seiner Identität finden, sodass sie ihm niemals genommen werden kann.

Wie viel Paul auch tat, um seinen Wert unter Beweis zu stellen – Kate konnte seine Liebe für sie nicht anerkennen, weil sie ihm keine Liebe zurückgab. Sie musste ihn als wertlosen Bösewicht, die Ursache all ihres Schmerzes, sehen.

»Ich bettelte: ›Bitte sag mir einfach, dass du mich liebst.‹ Darauf antwortete sie oft, sie könne es mir gerade nicht sagen, weil sie wütend auf mich sei. Ich flehte sie an, sie müsse mir *sagen*, dass sie mich liebe. Dann sagte sie: ›Ja, ich liebe dich.‹ Aber sie liebte mich nicht, und ich wusste es. Wenn man spürt, dass man von jemandem geliebt wird, muss man ihn nicht darum bitten, es zu sagen. Man weiß es einfach.«

Diese Art von Beziehungsmuster kann sexuell oder emotional ausagiert werden. Derjenige, der die Rolle des Sklaven spielt, fühlt sich zunehmend wertlos und hilflos (fast so wie als Kind), und derjenige, der die Rolle des Beherrschenden hat, empfindet ein falsches Machtgefühl. Oft werden die Rollen auch getauscht. Beide agieren Wut aus der Kindheit aus, als sie emotionale Bedürfnisse hatten, mit denen sie nicht umgehen konnten.

»Am Ende machte ich Fehler bei meiner Arbeit«, fuhr Paul fort. »Ich sagte mir, dass ich so nicht weitermachen könne. Ich kaufte ihr ein nagelneues Auto, tat alles, was ich konnte. Es war, als ob ich sie kaufte, statt sie zu lieben. Die einzige Situation, in der sie mich begehrte, war, wenn ich ihr materielle Dinge zeigte.

Sie war am Freitagabend nett zu mir und grausam am Sonntagabend, wenn ich wieder zurückfuhr. Sie sagte nie: ›Paul, du arbeitest zu viel. Wäre es nicht besser, wenn ich mir auch einen Job suchen und mithelfen würde, damit wir mehr Zeit hier draußen als Familie verbringen können?‹ So etwas sagte sie nie.

Was das Fass zum Überlaufen brachte, war ein weiterer Eifersuchtsanfall. Vielleicht erwähnte ich eine Exfreundin oder telefonierte mit Freunden – das war mir nämlich auch nicht erlaubt.

Wir hatten einen heftigen Streit. Gegenüber wohnte ein hübsches Mädchen. Sie kam rüber und sagte hallo – ich unterhielt mich mit ihr. Meine Frau fasste es falsch auf. Wir stritten deswegen. Sie war die Art Frau, die in ein anderes Zimmer ging, wenn ich mit ihr redete. Dann nannte sie mich einen Versager. Diesmal beschimpfte ich sie und nannte sie eine Verrückte. Wir stritten uns furchtbar, ich warf ihr gemeine Dinge an den Kopf, dann ging ich runter und legte mich auf die Couch. Plötzlich hörte ich die Funkstreife kommen. Polizisten standen vor der Tür und sagten, meine Frau habe angerufen, weil ich sie bedrohe. Dabei hatte ich sie nie angefasst.

Sie verlangte, dass ich das Grundstück verließ. Ich sagte, es sei mein Haus, ich würde nicht gehen. Sie unterschrieb eine Anzeige wegen Belästigung. Sie wollten, dass ich ging.

Danach schickte sie mir die Scheidungspapiere, und ich bat sie zurückzukommen. Ich sagte, dass mich nur dieser Eifersuchtsmist störe. Sie sagte, sie sei völlig in Ordnung, nur mit mir stimme etwas nicht. Ich fing an, wirklich zu glauben, dass es vielleicht an mir lag.«

Wenn jemand in diesen Strudel gerät, wird seine Wahrnehmung der Wirklichkeit gestört. Niemand weiß, wer angefan-

Besitzansprüche und Eifersucht

gen und wer etwas beendet hat. Es ist, als ob man in Treibsand stecke.

»Schließlich bat ich meine Freunde um Rat. Sie sagten: ›Paul, nach einer Weile haben wir es mit dir aufgegeben. Denn es war völlig egal, was wir sagten, du bist immer wieder zu dieser Frau zurückgegangen.‹ Ich hatte das Gefühl, von ihr besessen zu sein. In gewisser Weise musste ich mit ihr zusammen sein, weil ich nicht wollte, dass jemand anders sie hatte oder mit ihr zusammen war.«

Er hatte ihre Angst übernommen. Der Gedanke, dass sie mit einem anderen zusammen sein könne, ängstigte und beunruhigte ihn. Das hatte mehr mit einem Verlust der Selbstachtung zu tun als mit dem Wunsch, mit ihr zusammen zu sein. Er fühlte sich zurückgewiesen und als Versager.

Um eine solche Bindung aufgeben zu können, muss eine Veränderung der Wahrnehmung stattfinden. Der Betreffende muss erkennen, dass das Ende der Beziehung kein Verlust, sondern ein Gewinn ist, dass er sein Leben zurückbekommen wird.

»Ich dachte immer wieder darüber nach, was schief gegangen war. Ich bin dieser Typ Mensch, ich kann wütend auf jemanden sein, aber bis ich zur Tür und wieder zurück gegangen bin, entschuldige ich mich, und es ist vorbei.

Aber sie war sehr nachtragend, sie brauchte drei oder vier Tage, bevor sie nachgab. Nach einem Streit konnte ich ins Einkaufszentrum oder in einen Freizeitpark gehen und nicht mehr davon sprechen, mich so verhalten, als ob nichts geschehen sei. Sie konnte das nicht. Sie brauchte länger.

Eines Tages kam ich nach Hause, und es waren keine Schlüssel mehr da. Ich fragte, wo sie seien. Sie antwortete, sie habe sie weggenommen, weil ich in dieser Familie nicht mehr willkommen sei. Ich sagte: ›Was soll das heißen, nicht mehr willkommen? Ich zahle für alles. Plötzlich ist es deine Entscheidung?‹ Statt ruhig über alles zu reden, war sie einfach grausam.

Danach hatte ich keine Schlüssel mehr und war in meinem eigenen Haus nicht mehr willkommen. Wenn ich anrief, um mit den Kindern zu sprechen, sagte sie, ich solle aufhören anzurufen, weil sie mich sonst wegen telefonischer Belästigung anzeigen werde.

Jetzt ist es vorbei. Ich weiß nicht, wie ich reagieren würde, wenn ich sie jetzt noch einmal sehen würde. Deswegen spreche ich nicht einmal mehr mit ihr, und sie ruft auch nicht mal mehr an. Sie ruft nicht einmal an. Aber sie weiß, dass ich anrufen muss, um wegen der Kinder eine Absprache zu treffen. Am meisten belastet es mich, wenn ich mit Freunden ausgehe und kleine Kinder mit ihren Familien sehe.«

An diesem Punkt hatte Paul keine andere Wahl als zu gehen. Nicht einmal um der Kinder willen konnte er bleiben, da der Streit und Kampf nur noch weiter eskalieren konnten. Solange keine professionelle Intervention stattfand, konnte es für alle Beteiligten gefährlich werden, wenn er blieb.

Auf die Frage, was er brauche, um in einer Beziehung zu bleiben, antwortete Paul: »Eine schöne Frau. Statt mit einem mittelmäßig aussehenden Mädchen auszugehen, von dem ich weiß, dass es mich gut behandeln wird, stehe ich gern im Mittelpunkt der Aufmerksamkeit und habe gern ein schönes Mädchen an meiner Seite. Statt die Persönlichkeit einer Frau kennen zu lernen, lege ich Wert auf Äußerlichkeiten, obwohl das nicht funktioniert. Ich gebe gern zu, dass ich dieses Problem habe.«

Woran hier gearbeitet werden muss, ist Pauls Identitätsgefühl, das immer noch schwach und von äußerlicher Bestätigung abhängig ist. Paul muss ein starkes Selbstwertgefühl entwickeln.

»Es gibt Mädchen, die nicht attraktiv sind, die mich dafür bezahlen würden, mit ihnen auszugehen, und früher hätte ich sie nicht gemocht, weil sie nicht attraktiv genug für mich waren. Ich konnte sie nicht meinen Freunden vorführen, um bewundert zu werden. Aber nach einer Weile sieht man auch von außen nicht mehr besonders gut aus, wenn man so grausam ist.

Wenn ich jetzt mit Mädchen zusammen bin, höre ich bei jedem Satz genau hin. Am Anfang war ich hinter allen her, einfach um zu sehen, ob ich noch attraktiv war. Ich wollte sehen, ob noch jemand mit mir ausgehen würde.«

Auf die Frage, ob er sich erniedrigt gefühlt habe, antwortete Paul: »Erniedrigt ist nicht das richtige Wort. Eher zerstört. Jetzt fange ich an, mein Selbstvertrauen zurückzugewinnen, weil ich alle Brücken abgebrochen habe. Ich vermisse sie überhaupt nicht, aber ich vermisse mein Haus und die Kinder.

Was ich Frauen wirklich sagen will, ist Folgendes: Wenn du einen Mann wirklich liebst, zeige es ihm. Lass es ihn wissen. Rede mit ihm. Lass ihn wissen, dass er willkommen ist, dass seine Frau ihn liebt und dass er ihr etwas bedeutet. Das ist alles, was ich brauche. Wenn man jemanden liebt, küsst man ihn auf den Mund, wenn er von der Arbeit heimkommt, und fragt ihn, wie sein Tag war. Man sagt ihm, wie sehr man ihn liebt und interessiert sich für sein Leben. Arbeit sollte nicht nur seine Verantwortung sein, sondern auch seine Freude. Ich liebe es, geliebt zu werden. Ich will von allen geliebt werden. Und ich bekenne mich dazu.

Das habe ich auch der Frau gesagt, mit der ich jetzt ausgehe. Ich sagte, bitte sprich mit mir darüber, wenn es ein Problem gibt. Geh nicht weg, und leg am Telefon nicht einfach auf.

Es geht mir jeden Tag besser. Ich habe es überlebt. Das ist doch immerhin etwas.«

> *Je mehr sich Jack vor Jill fürchtet,*
> *desto mehr fürchtet Jack, sich nicht vor Jill*
> *zu fürchten, weil es sehr gefährlich ist,*
> *keine Angst zu haben, wenn man es mit einem*
> *so gefährlichen Menschen zu tun hat.*
> R. D. Laing

Empfehlungen
für den Umgang mit Männern, die seelische Grausamkeit erlebt haben.

Für Frauen:
- Ein Mann, der seelische Grausamkeit erlitten hat, kann grausames Verhalten bei seiner Partnerin provozieren und umgekehrt. Seien Sie vorsichtig. Wenn Sie feststellen, dass Sie grausames Verhalten an den Tag legen, nehmen Sie sich eine Auszeit, und arbeiten Sie mit einem professionellen Therapeuten an Ihren Gefühlen.
- Versuchen Sie nicht, seine Wunden zu heilen, wenn er professionelle Hilfe braucht. Verzeihen Sie sich, dass sie ihn gewählt haben, und wenden Sie sich etwas Neuem zu.
- Schaffen oder tolerieren Sie nicht ungewöhnliche Lebenssituationen als Reaktion auf ein grundlegendes Ungleichge-

wicht zwischen ihm und Ihnen. Stellen Sie sich den Problemen direkt. Es zahlt sich immer aus.
- Seien Sie sich darüber im Klaren, dass Liebe und Schmerz nicht Synonyme sind. Sie verdienen beide das Beste. Entscheiden Sie sich für Freiheit und Mut. Sie können sich nie irren, wenn Sie sich für Gesundheit entscheiden.
- Unterstützen Sie ihn in seinem Beruf.
- Schützen Sie seine persönliche Würde und sein Selbstwertgefühl.
- Respektieren Sie ihn. Geben Sie ihm Anerkennung für die Dinge, die er für Sie tut.
- Nehmen Sie eine Beratung in Anspruch, wenn Sie eifersüchtig und besitzergreifend sind. Gehen Sie, wenn Sie ihm wirklich nicht vertrauen können. Eine Beziehung ohne Vertrauen kann nur ins Unglück führen.

Für Männer:
- Machen Sie sich klar, dass Liebe und Schmerz nicht dasselbe sind. Sie müssen nicht diesen Preis für die Liebe bezahlen, die Sie bekommen.
- Statt Ihrer Partnerin Vorwürfe zu machen, sollten Sie professionelle Hilfe in Anspruch nehmen, um herauszufinden, weshalb Sie in einer solchen Beziehung sind. Welche Bedürfnisse erfüllt diese Beziehung?
- Arbeiten Sie an Ihrem Selbstwertgefühl. Eine Beziehung, in der seelische Grausamkeit ausgeübt wird, zerstört die Selbstachtung. Konzentrieren Sie sich auf das, was Sie an sich selbst wertvoll finden. Lassen Sie nicht zu, dass die Beziehung Ihr Selbstvertrauen zerstört.
- Legen Sie fest, wie lange Sie bereit sind, destruktives Ver-

halten zu ertragen. Sagen Sie Ihrer Partnerin, dass Sie gehen werden, wenn Sie nicht beide innerhalb dieses Zeitraums professionelle Hilfe bekommen.
- Machen Sie sich klar, auf welche Weise Sie selbst gegenüber anderen, einschließlich Ihrer Partnerin, destruktives Verhalten gezeigt haben. Bitten Sie um Vergebung, und vergeben Sie anderen.

Unterdrückte Homosexualität

*Es gibt einen natürlichen Magnetismus,
durch den für jedes das ausgewählt wird,
was zu ihm gehört.*
Ralph Waldo Emerson

Manche Männer wissen schon in einem sehr frühen Alter, dass sie mit einem Mann zusammen sein wollen. Andere entdecken später, dass sie sich mit einem Partner desselben Geschlechts in der Liebe am freiesten fühlen. Manche Männer entdecken ihre Neigung nach einer Ehe oder einer langjährigen Beziehung zu einer Frau. Für manche kann sich dieser Prozess sehr lange hinziehen.

William und Chuck, die seit sechzehn Jahren ein Paar sind, wollten über ihre Beziehung sprechen. William ist ein warmherziger, lebhafter Mann von siebzig Jahren mit weichen braunen Augen und einem freundlichen Lächeln. Chuck ist ein großer, gut aussehender, blonder College-Professor, der gerade fünfzig wurde. Die zwei machten den Eindruck, sich sehr nahe zu stehen und sich sehr wohl miteinander zu fühlen, als sie anfingen, über ihre Beziehung und ihr Leben davor zu sprechen.

»Unsere Geschichten sind sehr unterschiedlich«, begann William. »Ich war zwanzig Jahre lang verheiratet und hatte einen Sohn. Ich war schon eine Weile in meiner Ehe nicht mehr glücklich. Ich verließ meine Frau, um herauszufinden, wer ich war, nicht, weil ich schwul war. Ich war wahrscheinlich schon immer schwul, hatte es mir aber nicht eingestanden. Ich bin sicher, dass es meine Ehe all die Jahre belastet hat.

Aus heutiger Sicht weiß ich, dass ich immer schwul war. Mit am glücklichsten war ich, wenn ich tanzte. Mit sechzehn belegte ich Modern-Dance-Kurse. Als ich ins Ballett ging (meine Schwester brachte mich dazu, als ich noch sehr jung war), achtete ich immer auf die männlichen Tänzer und war von ihrer Schönheit beeindruckt.«

Auf die Frage, ob es schwer für ihn gewesen sei, all die Jahre mit einer Frau zusammen zu sein, antwortete er: »Ich fühlte mich nie zu Frauen sexuell hingezogen, bis ich meine Frau traf. Vielleicht war es mit ihr anders, weil ich zu diesem Zeitpunkt jemanden brauchte.«

Als William gefragt wurde, ob er sich jetzt, da er mit einem Mann zusammen sei, glücklicher und besser fühle, antwortete er: »Ich kann jetzt viel freier lieben. Ich habe andere Männer getroffen, die sich nicht eingestehen können, dass sie schwul sind. Sie haben geheiratet und erst viel später festgestellt, dass irgendwas nicht stimmt. Ich habe eine ganze Reihe Männer kennen gelernt, die das durchgemacht haben.«

Howard Rossen, ein homosexueller Therapeut, sagt dazu: »Ich stelle mir immer folgende Frage: ›Basiert die Anziehung, die eine Frau auf einen schwulen Mann ausübt, auf gesellschaftlichen oder psychischen Aspekten? Ist es der Wunsch nach Normalität oder die Sehnsucht nach der Mutter?‹ Ein Mann kann eine schöne Frau sehen und sagen: ›Ich will, dass ich sie will. Ich will wie alle anderen sein, meine Eltern nachahmen und meine angestammte Rolle in der Gesellschaft einnehmen.‹ Aber tief im Innern sehnt er sich danach, mit einem

Mann zusammen zu sein. Dadurch entsteht ein schrecklicher innerer Konflikt. Manche Männer verbringen ihr ganzes Leben damit.«

Auf die Frage, wie seine Frau damit umgegangen sei, antwortete William: »Als wir uns trennten, beschlossen wir, dass unser Sohn immer zwei Eltern haben würde, die ihn liebten. Er hatte uns immer beide. Ich hatte immer eine sehr gute, enge Beziehung zu ihm. Ich war eine Zeit lang mit einem Mann zusammen, den meine Frau und mein Sohn kannten, von dem sie aber dachten, dass ich nur mit ihm befreundet sei. Nach der Trennung von ihm war ich sehr verstört und sprach mit meiner Frau darüber. Als sie meinen Zustand mitbekam, sagte sie: ›Das hört sich an, als ob du einen Liebhaber verloren hättest.‹ Ich antwortete, ohne nachzudenken: ›So ist es auch.‹ So habe ich es ihr gesagt. Sie war völlig überrascht und schockiert. Sie fragte: ›Wie kannst du das unserem Sohn antun?‹ Ich antwortete: ›Wie meinst du das? Ich habe ihm doch nichts getan.‹

Nachdem sie meine Homosexualität akzeptiert hatte, sprach sie mit unserem Sohn über Homosexualität und schwule Männer. Einige Zeit später, nachdem ich an mir gearbeitet und ein politisches Bewusstsein entwickelt hatte, hatte ich das Gefühl, etwas sehr Wichtiges vor meinem Sohn zu verbergen. Es kam mir vor, als stünde eine Lüge zwischen uns. Also fing ich an, Sachen herumliegen zu lassen, die er sehen würde. Schließlich sagte ich: ›Hör mal, ich muss dir etwas sagen.‹ Und dann sagte ich ihm, dass ich schwul bin. Er meinte: ›Wenn du so leben willst, ist das okay, aber lass es bloß niemanden wissen.‹ Er war elf. Danach war ich ihm gegenüber ganz offen, und es lief gut. Später fragte ich ihn, wie es ihm mit meiner Homosexualität gehe. Am Anfang hatte er wohl gedacht, dass ich mich verändern würde, aber das war nicht der Fall. Ich war immer noch sein Vater, und ich war immer noch für ihn da. Wir stehen uns bis heute sehr nahe.«

William fürchtete, dass jede Lüge zwischen ihnen – nicht die Tatsache, dass er schwul war – der Beziehung schaden würde. Nachdem sie offen miteinander gesprochen hatten, konnte jeder sein Leben weiterleben und trotzdem dem anderen nahe bleiben. Ein Großteil des Schmerzes, der mit dem schwulen Lebensstil verbunden ist, beruht auf der Scham und der mangelnden Selbstachtung, die viele Männer aufgrund der Ablehnung durch die Gesellschaft empfinden – besonders in der Generation, in der William aufwuchs.

Dazu bemerkt Howard Rossen: »Bei vielen Männern kommen die sexuellen Gefühle sehr früh hervor, und sie fragen sich, was mit ihnen los ist. Sie halten sich für krank und versuchen, es zu unterdrücken. Das Coming-out geschieht in einer bestimmten Umgebung. Wenn ein Mann sich nicht in dieser Umgebung befindet oder wenn sein Bedürfnis nach Normalität zu stark ist, wird er diese Gefühle so lange wie möglich unterdrücken und den heterosexuellen Weg einschlagen.«

Auf die Frage, ob das positiv oder destruktiv für den Mann sei, antwortete Howard Rossen: »Sehr destruktiv, weil er nicht zu seinen wahren Gefühlen stehen kann und im Grunde eine Lüge lebt. Was nicht heißen soll, dass es nicht Männer gibt, die eine enge Freundschaft mit ihrer Ehefrau entwickeln, weil sie sich sehr nahe sind. Aber Sexualität braucht Erregung. Wenn diese Erregung fehlt, wird die Sexualität verkümmern. Der Mann kann die Gefühle durch die Liebe zu den Kindern oder andere Aktivitäten sublimieren, aber irgendwann kommen sie wieder zum Vorschein oder verursachen andere Symptome. Es ist sehr kompliziert. Viele Männer, die das tun, bleiben schließlich eine Weile verheiratet, haben aber nebenher Affären mit Männern. Das fordert auch seinen Preis, sowohl vom Mann als auch von der Frau.«

»Auch wenn ich loszog, um einen Partner zu finden«, erzählte William, »und furchtbare Angst hatte, wenn ich an all den Orten suchte, an denen schwule Männer zusammenkommen, wusste ich, dass es das Richtige war. Ich machte mich nicht sofort auf die Suche. Nachdem ich meine Frau verlassen hatte, lernte ich zuerst eine andere Frau namens Carolyn kennen, in einem Ferienort. Sie suchte nach einem Ehemann, und ohne dass es mir bewusst war, zog sie mich in Erwägung. Sie traf einen anderen und kam dann wieder auf mich zurück. Wir verabredeten uns, hatten Sex, der meinetwegen nicht besonders gut war. Sie fragte mich, was wichtiger sei, Sex oder Freundschaft. Ich sagte: ›Freundschaft‹. Das war vor 25 Jahren. Wir sind immer noch gute Freunde. Ich ging damals noch mit zwei anderen Frauen aus, aber es passierte nicht viel. Ich war mir noch nicht sicher, was ich wirklich wollte.

Es war schwierig für mich, mit Männern zu gehen. Ich traf einen Mann, der seine Ehefrau verlassen hatte und dann eine völlig entfesselte Sexualität erlebte. Ich konnte das nicht. Meine Sexualität war unterdrückt, was einer der Gründe dafür war, dass ich mich als schwuler Mann nicht ausdrücken konnte – obwohl ich aus heutiger Sicht weiß, dass ich mich immer zu Männern hingezogen gefühlt habe.

Als ich Chuck kennen lernte, änderte sich alles. Es war eine vollkommene Beziehung, wunderbar. Wir brauchten beide Zeit, um uns an die neue Beziehung zu gewöhnen. Jetzt sind wir immer noch sehr glücklich.«

Unterdrückte Homosexualität

Als Williams Lebensgefährte Chuck gefragt wurde, wie er sein Coming-out erlebt habe und wie seine Beziehung zu William sei, sagte er stolz, es sei ein gutes Gefühl, dass er und William schon sechzehn Jahre zusammen seien. »Das ist für jede Art von Beziehung eine lange Zeit. Vielleicht funktioniert es deswegen, weil wir nicht zusammenleben. Wir sehen uns während der Woche und an den Wochenenden, fahren im Sommer zusammen in Urlaub und verbringen dann zwei Wochen ausschließlich in Gesellschaft des anderen. Aber ansonsten führen wir ein sehr unterschiedliches Leben und genießen es, getrennte Bereiche zu haben und zusammenzukommen, wenn wir es wollen. Ich empfehle das allen Paaren.«

Chuck erwähnte, dass sie aufgrund des großen Altersunterschiedes ihr Coming-out und das Schwulsein an sich sehr unterschiedlich erlebten. William entdeckte mit 49, dass er schwul war, Chuck mit 29.

»Ich hatte mich nie als schwul gesehen«, berichtete Chuck, »obwohl ich seit meiner frühen Kindheit bestimmte Gefühle gegenüber meinem eigenen Geschlecht hatte. In der High School und am College war es auf jeden Fall so.«

Auf die Frage, ob er mit Frauen ausgegangen sei, antwortete Chuck: »Oh, ja. Ich bin schließlich Amerikaner, oder nicht? Als Amerikaner hat man keine Wahl. Ich ging zu den üblichen Tanzveranstaltungen und hatte immer eine Verabredung. Glücklicherweise wurde kein Sex erwartet. Wenn man es wirklich wollte, ließ es sich arrangieren, aber ich wollte es sicherlich nicht.

Ich war sehr gern mit Mädchen zusammen und bin es immer noch. Ich habe viele Freundinnen, fühlte mich aber nie sexuell zu ihnen hingezogen. Als ich heranwuchs, war ich mir nicht ganz sicher, was sexuelles Begehren eigentlich sei, ging aber davon aus, dass ich es für die falschen Leute empfand. Ich konnte eine gewisse Ähnlichkeit zwischen den Gefühlen, die Männer für Frauen hatten, und meinen Gefühlen für mein eigenes Geschlecht erkennen. Aber ich hatte keine Vorbilder, wusste nicht, was vor sich ging. Auch als ich an einem reinen Männer-College war, wurden immer Mädchen ›importiert‹. Ich hatte immer eine Verabredung für die Party-Wochenenden und all so was.

Es war 1968, die sexuelle Revolution begann gerade, und ich war nicht so gefragt. In meinem letzten Jahr im College verbrachten dann schließlich alle anderen Jungs die Nacht im Wohnheim der Mädchen.«

Auf die Frage, ob er sich unter Druck gesetzt gefühlt habe, eine sexuelle Beziehung zu einer Frau zu haben, antwortete Chuck: »Nun ja, ich nahm meine Rolle als Bürger sehr ernst. Ich wusste, was von mir erwartet wurde, und hatte den ernsthaften Wunsch, das zu erfüllen. Und ich hätte es auch getan, wenn ich gekonnt hätte.«

Das ist ein wichtiger Punkt, über den sich viele Menschen nicht im Klaren sind. Für viele schwule Männer wäre eine heterosexuelle Lebensweise möglicherweise die erste Wahl, wenn sie die Möglichkeit dazu hätten. Es ist schwierig und schmerzhaft, die gesellschaftliche Ausgrenzung und das Gefühl zu ertragen, das oft mit dem Schwulsein verbunden ist, nämlich die eigene Familie enttäuscht zu haben.

»Es ist ein Fehler, den Faktoren, die jemanden dazu bewegen, den einen oder anderen Weg einzuschlagen, bestimmte stereotype Muster zuzuordnen«, erklärt Arlene Litwack, eine Psychoanalytikerin, die mit homosexuellen und heterosexuellen Paaren arbeitet. »Der Grund dafür, dass jemand homosexuell ist, ist sehr kompliziert und lässt sich nicht anhand von Verallgemeinerungen darstellen. Es ist eine falsche Vorstellung, dass es einen einzelnen Grund für Homosexualität gibt – die Gründe sind immer vielfältiger Natur und müssen von Fall zu Fall betrachtet werden.

Am wichtigsten ist es wahrscheinlich, die Gedanken, Erfahrungen und Gefühle zu verstehen, die es einem Mann ermöglichen, eine erfüllendere seelische und körperliche Erfahrung mit einem anderen Mann zu machen.«

»Während meiner Studienzeit lebte ich mehr als zwei Jahre mit einer Frau zusammen«, fuhr Chuck fort. »Rona und ich hatten etwas mehr als ein Jahr eine sehr intensive sexuelle Beziehung.«

Das ist ein weiterer Punkt, hinsichtlich dessen es oft Missverständnisse gibt. Auch wenn ein schwuler Mann in der Lage ist, mit einer Frau Sex zu haben, und es vielleicht sogar eine Zeitlang genießt, entspricht dies nicht seiner wahren Identität. Er lebt nicht im Einklang mit seiner tiefsten inneren Natur.

»Als Rona und ich zusammenzogen, begann der Abstieg in die sexuelle Frustration. Solange wir nur miteinder ausgingen, lief es gut. Ich fühlte mich sexuell nicht besonders zu ihr hingezogen, aber es fühlte sich gut an. Ich liebte sie auch wirklich. Ich empfand sehr viel Zuneigung für sie. Ich fand ihren Körper nie abstoßend, sie erregte mich. Aber zu diesem Zeitpunkt war ich noch nie mit einem Mann zusammen gewesen.

Ich hatte immer die Vorstellung, dass ich mal heiraten und Kinder haben würde, und ich kam ihrer Verwirklichung gefährlich nahe, aber unser Liebesleben begann mehr und mehr, seinen Reiz zu verlieren. Am Ende war es der Arbeitsmarkt, der uns trennte. Nach dem Universitätsabschluss bekamen wir Stellen als Lehrer in verschiedenen Teilen des Landes.

Rona wollte nicht wahrhaben, dass die Beziehung vorüber war, obwohl wir räumlich weit voneinander entfernt waren. Etwa um diese Zeit hatte ich meine erste Erfahrung mit einem Mann, der mich bei einer Dinner-Party verführte.

Ich hatte nicht damit gerechnet, dass so etwas je passieren würde, und als es passierte, eröffnete sich mir eine ganz neue Welt. Ich war schockiert angesichts meiner explosiven Reaktion. Dann musste ich es ihr natürlich erzählen. Sie regte sich sehr auf, weil es das dritte Mal war, dass sie in einen Mann verliebt gewesen war, der sich als schwul herausstellte. Ich hielt das für sehr ungewöhnlich, weil der Wunsch, schwul zu sein, bei den meisten Männern tief verborgen ist. Der Wunsch, in der Gesellschaft akzeptiert zu werden, ist zu stark.«

Es ist interessant, dass diese Frau dreimal die Erfahrung machte, mit Männern zusammen zu sein, die schwul waren. Offenbar zog sie diese Art von Männern an, aber davon abgesehen ist es auch nicht so ungewöhnlich, wie es auf den ersten Blick erscheinen mag. Viele Frauen sind am Boden zerstört, wenn ihnen das passiert. Aber sie sollten sich darüber im Klaren sein, dass es nicht notwendigerweise eine Zurückweisung ihrer Person ist. Oft spürt der Mann einen tieferen, elementaren Drang, den es schon gab, bevor er die Frau kennen lernte.

»Wir waren zu diesem Zeitpunkt in Yale. Dort gab es zwar eine Studentengruppe für Schwule und Lesben, aber ich war noch nicht offen dafür. Ich war nicht frei genug, um mich darauf einzulassen. Ich ging zu dieser Zeit zu keinem ihrer Treffen.

Nach meiner homosexuellen Erfahrung wurde mir klar, dass ich mich mit einem Mann wohler fühlte«, sagte Chuck. »Und letztlich traf das dann auch auf meinen Körper zu. Ich wusste es noch nicht, als ich anfing, mit Rona auszugehen. Ich war bei ihr nicht unbefriedigt, es öffnete mir einfach nur die Augen, als ich zum ersten Mal mit einem Mann zusammen war.

Danach wollte ich mehr mit Männern zusammen sein. Glücklicherweise zog ich nach New York, wo es viele schwule Männer gab. Als ich dort ankam, fiel es mir noch schwer, es zu tun, aber dann fing ich an, aktiv nach schwulen Männern zu suchen, und ich fand sie auch.

Ich trennte mich von Rona erst, als ich mich in einen Mann verliebte, mit dem ich eine feste Beziehung einging. Davor hatten wir noch telefonischen Kontakt. Ich vermisste sie. Sie kam mich an Weihnachten besuchen, und wir verbrachten eine schöne Zeit miteinander. Wir hatten keinen Sex und sprachen nicht darüber. Etwa sechs Wochen später lernte ich einen Mann kennen, mit dem ich in jeder Hinsicht zusammen sein konnte.

Lou war ein unterhaltsamer Mensch und ist es immer noch, er arbeitete am Theater, und ich ließ mich auch darauf ein. Wir waren zwei Jahre lang zusammen. Ich trennte mich von ihm, weil ich auf das Theater eifersüchtig war – er verbrachte all seine Zeit dort. Etwa zwei Jahre danach traf ich William, und seither sind wir zusammen. Und sehr glücklich, möchte ich betonen.«

Obwohl es so aussieht, als hätt Chuck Rona wegen Lou verlassen, war das nicht wirklich so geschehen. In gewisser Weise war sie eine Übergangsbeziehung, bis er den richtigen Menschen fand.

»Ich outete mich gegenüber Rona am Telefon«, erzählte Chuck. »Sie war völlig niedergeschmettert. Wir hatten danach noch hin und wieder Kontakt. Schon bevor ich es ihr sagte, wusste sie, glaube ich, dass aus einer Heirat zwischen uns nie etwas werden würde. Sie hat später geheiratet und bekam zwei Töchter. Wir tauschen auch heute noch manchmal E-Mails aus.

Vor Jahren war es noch viel schwieriger, offen über Sexualität zu sprechen. Die Leute waren leichter schockiert. Jetzt gehen schon die Studenten im ersten Jahr an der Uni sehr offen mit dem um, was sie für ihre Sexualität halten. Ich habe so meine Zweifel deswegen – wenn man mit achtzehn oder neunzehn zu wissen glaubt, dass man das eine oder andere ist. Zu dieser Zeit ist man verschiedene Dinge.

Diese Freiheit, sich offen zu seiner Sexualität zu bekennen, kann auch ein Gefängnis werden, wenn man sich etwa mit 18 für homosexuell erklärt hat und mit 22 feststellt, dass man doch lieber mit Frauen zusammen ist. Was macht man dann?«

Auf die Frage, ob er es schon einmal erlebt habe, dass jemand, der sich für homosexuell gehalten habe, heterosexuell geworden sei, antwortete Chuck: »Ich habe es nie erlebt, dass es in diese Richtung ging. Aber es gibt viele Arten, homosexuell oder heterosexuell zu sein. Manche schwulen Männer wollen nichts mit sehr femininen Schwulen zu tun haben. Manche Schwule sind Bodybuilder und offen schwul, aber auf eine betont maskuline Weise, als Gegensatz zu den femininen Typen. Ich fand die feminine Art, schwul zu sein, immer altmodisch. Sie stammt aus einer Zeit, als das einzige verfügbare Rollenmodell männlich oder weiblich war. Wenn man nicht männlich war, war man extrem weiblich.

Die wahre Frage ist, wie ein Mann schwul sein und damit leben kann. Wie kann ein Mann sich als Mann respektieren und gleichzeitig anerkennen, dass er schwul ist? Er muss kein bestimmtes Verhalten an den Tag legen.«

In Bezug auf diesen Punkt sagt Arlene Litwack: »Nach meiner Erfahrung haben viele Männer durch einen Elternteil keine Bestätigung ihrer männlichen Identität erfahren. Daraus kann das tiefe Bedürfnis entstehen, ein Selbstwertgefühl als geschätzter Mann zu erlangen, das von einer liebevollen, fürsorglichen männlichen Präsenz bestätigt wird.

Wenn wir von der Geschlechtsidentität sprechen, müssen wir uns vor Augen halten, dass Männlichkeit und Weiblichkeit ein Kontinuum darstellen und dass Frauen oder Männer, die in herkömmlichen heterosexuellen Beziehungen einen Partner des anderen Geschlechts wählen, nicht immer bewusst das wählen, wonach es an der Oberfläche aussieht. Viele Menschen wählen Eigenschaften und Charakterzüge, die – obwohl es äußerlich den Anschein einer herkömmlichen heterosexuellen Beziehung hat – auf der unbewussten Ebene Ausdruck einer Sehnsucht nach einem Menschen desselben Geschlechts sind. Das hat damit zu tun, dass wir alle zwei Elternteile unterschiedlichen Geschlechts haben und in der Lage sind, liebevolle, sinnliche Gefühle für beide zu empfinden. Und es auch tun.«

Selbst bei gleichgeschlechtlichen Paaren spielt jeder der beiden Partner zu verschiedenen Zeiten unterschiedliche Rollen, wie es auch bei heterosexuellen Paaren der Fall ist. Es sind unendliche Variationen möglich.

Langsame Entdeckung der Identität

Für Robert, einen sensiblen, erfolgreichen Psychoanalytiker Ende vierzig, war die Erfahrung, eine Frau zu verlassen und sich Männern zuzuwenden, ein langsamer Prozess voller Ambivalenz und Angst.

»Einige meiner schwulen Patienten wissen schon seit ihrem vierten Lebensjahr, dass sie schwul sind«, berichtete Robert. »Bei mir war es nun wirklich nicht so. Ich glaube, dass ich das Bewusstsein meiner Neigung zu Männern abgespalten habe, das heißt, manchmal war es mir bewusst, und manchmal war ich völlig davon überzeugt, dass ich heterosexuell war, heiraten und Kinder haben würde.«

Auf die Frage, ob er sich auch zu Frauen hingezogen gefühlt habe, antwortete Robert: »Ja, das gab es auch immer, daher war ich wohl technisch gesehen bisexuell. Aber da ich von einem bestimmten Zeitpunkt an dann nur noch mit Männern zusammen war, ist es einfacher, mich als schwul zu bezeichnen.«

Auf die Frage, ob er glaube, dass all diese Etiketten einschränkend und verwirrend werden könnten, antwortete Robert: »Ich weiß es nicht. Es scheint schwerer zu sein, bisexuell zu sein als homosexuell. Die meisten Homosexuellen sind gegenüber Menschen, die sich als bisexuell bezeichnen, misstrauisch. Vielleicht ist es bei jungen Leuten heute anders. Aber ich glaube, es ist einfacher, sich für eine Seite zu entscheiden und seine Identität zu kennen.«

Der Vorteil einer offen deklarierten Identität besteht darin, dass Rollen, Erwartungen und Lebenspläne klarer werden. Es werden Grenzen gesetzt. Man ist sich seiner eigenen Person sicher. Aber eine feste, offen deklarierte Identität bringt auch Einschränkungen mit sich. Man kann sich ein Gefängnis ohne Gitterstäbe schaffen, indem man keine Veränderungen zulässt und sich gegen Erfahrungen und Menschen sperrt, die nicht zu der festgelegten Identität passen. Es ist wichtig zu wissen, dass Veränderung die Essenz des Lebens ist.

Im weitesten Sinne sind alle Identitäten fließend und selbst erschaffen. Jeder Mensch enthält das gesamte Universum in sich.

Wie der große Dichter Walt Whitman sagte: »Ich hatte nicht gewusst, dass ich so groß war – ich hatte nicht gewusst, dass ich all das in mir trug.«

»Im Grunde war es so: Während meiner High-School-Zeit ging ich mit Mädchen aus, hatte aber erst auf dem College Sex«, fuhr Robert fort. »Ich weiß nicht einmal, ob ich zu diesem Zeitpunkt Sex gehabt hätte, wenn ich nicht von einer Freundin dazu gedrängt worden wäre.

Am College lernte ich eine Frau namens Jane kennen, zu der ich mich auf freundschaftliche Art hingezogen fühlte. Ich hatte sie gern und begann, mich sexuell zu ihr hingezogen zu fühlen. Ich trennte mich von der anderen Freundin und ließ mich mit Jane ein. Wir fingen an, miteinander zu schlafen, und sie schien die Art Frau zu sein, die ich heiraten wollte und die meiner Familie gefallen würde.

Im letzten College-Jahr lebten wir zusammen und beschlossen, nach New York zu ziehen und zusammen auf die Universität zu gehen. Ihre Eltern setzten uns unter Druck zu heiraten. Zu dieser Zeit war es noch nicht so üblich, unverheiratet zusammenzuleben. Uns fiel auch kein Grund ein, warum wir nicht hätten heiraten sollen. Wir liebten uns, und nicht zu heiraten bedeutete, dass man nicht bereit war, sich ganz auf den anderen einzulassen. Also heirateten wir und feierten eine einfache Hochzeit, die zu uns passte. Ich war sehr glücklich.

Aber während des letzten Jahres am College hatte ich zum ersten Mal Sex mit einem Mann gehabt. Es war während der Erntedankferien, als sie nach Hause fuhr und ich auf dem Campus blieb. Ich ging zu einer Party, betrank mich und hatte Sex mit einem offen schwulen Mann. Aber ich genoss es nicht wirklich und fühlte mich nicht zu ihm hingezogen, sodass ich es als Beweis dafür sah, dass ich nicht schwul war. Ich sagte ihr nie etwas davon, auch keinem anderen Menschen. Für mich war die Sache damit erledigt. Es beantwortete alle Fragen, die ich mir in dieser Hinsicht gestellt hatte.

Jane und ich heirateten, und komischerweise funktionierte die Ehe sehr gut. Wir lebten gut zusammen, hatten ganz normalen Streit, teilten uns die Alltagsaufgaben gut. Unser Liebesleben war nicht so großartig, weil es ihr schwer fiel, Befriedigung zu finden. Aus diesem Grund fing sie mit einer Psychoanalyse an, und ich tat es auch. Wir gingen beide dreimal die Woche zu unserem jeweiligen Analytiker.«

Auf die Frage, ob er glaube, dass durch die Psychoanalyse viele Dinge freigesetzt worden seien, antwortete Robert: »Ja, ich glaube, das war ein Teil davon – und auch, dass mein Vater während dieser Zeit starb. Etwa ein Jahr später starb Janes Vater. Meine Eltern hatte ganz eigene Vorstellungen vom Tod und von Beerdigungen. Meine Mutter bestand darauf, dass es keine Beerdigung gab, sondern nur eine Einäscherung. Es war, als ob es ihn nie gegeben habe. Einfach unter den Teppich gekehrt.

Als ein Jahr später Janes Vater starb und ich einer der Sargträger war, traf mich plötzlich die Erkenntnis, dass mein eigener Vater tot war.«

Der Verlust eines Elternteils bedeutet oft eine empfindliche Störung des seelischen Gleichgewichts. Was immer zwischen dem Kind und dem Elternteil unbeendet geblieben ist, kommt an die Oberfläche. Eine starke Sehnsucht nach Nähe zu seinem Vater äußerte sich bei Robert in Form eines Begehrens für andere Männer.

»Mein Vater war sehr ambivalent«, fuhr Robert fort. »Mir drängt sich der Gedanke auf, dass das auf einer unbewussten Ebene einen Teil der Anziehungskraft ausmachte, die Männer auf mich ausübten. Zu dieser Zeit fiel es mir jedoch schwer, das zu erkennen. In der Rückschau sieht alles ganz anders aus. Ich durchschaue jetzt vieles.«

Wenn Liebe und Nähe zum Vater blockiert wurden, verschwindet die Sehnsucht danach nicht. Sie drückt sich in anderer Form aus. Manche Männer können ohne diese Nähe und Liebe, nach der es sie so sehr verlangt hat, nicht weiterleben. Auch Zorn auf den nicht anwesenden Vater tritt zutage. Dieser Zorn ist auch eine Komponente homosexueller Beziehungen, in denen ein Mann mit einem gleichgeschlechtlichen Partner an diesen Gefühlen zu arbeiten versucht.

»Ich begann mich unbewusst zu meinem Therapeuten hingezogen zu fühlen, der mich bewusst abstieß«, berichtete Robert. »Ich nehme an, ich war ein schwieriger Patient für ihn. Ich fing an, Träume über sexuelle Beziehungen zu Männern zu haben, die ihm ähnelten.«

In diesem Fall wurde der Therapeut zu einem Ersatz für den Vater, dessen Verlust Robert schmerzlich bewusst war. Auf die Frage, ob ihm das Angst gemacht habe, antwortete Robert:

»Wissen Sie, meine Verdrängung funktionierte so gut, dass es mir keine Angst machte. Es hätte mir Angst machen sollen. Zu dieser Zeit funktionierten meine Abwehrmechanismen auch deswegen, weil ich wirklich in meine Frau verliebt war und sehr an ihr hing.

Etwa um diese Zeit gab es in meiner Firma eine Betriebsfeier und in ihrer zugleich auch, sodass ich allein zu meiner ging. Ich betrank mich, und es war wieder ein schwuler Mann da. Am Ende verbrachten wir die Nacht miteinander. Ich fand ihn nicht wirklich attraktiv, hatte aber das starke Bedürfnis, dieses Gefühl zu erforschen.

Als ich nach Hause kam, fühlte ich mich schrecklich, konnte ihr nicht sagen, was passiert war, und hatte dasselbe Gefühl wie beim ersten Mal: ›Gott sei Dank ist das nichts für mich. Was für ein Fehler.‹ Es hatte mir nicht einmal Spaß gemacht.

Mein Therapeut konnte überhaupt nicht damit umgehen. Er wechselte das Thema, wenn ich darauf zu sprechen kam, und sagte, ich hätte Angst vor Frauen, was nicht stimmte. Dann outete sich mein bester Freund, der bis dahin auch mit Frauen ausgegangen war. Ich begleitete ihn auf eine Schwulen-Demo als Unterstützung. Aber das machte einen tiefen Eindruck auf mich. Ich glaube, es wurde zu so einer Art Freigabe.«

Offenbar wurde Robert unbewusst in die Welt schwuler Männer hineingezogen, um seine eigenen unterdrückten und verleugneten Wünsche zu erfüllen. Diese Unterdrückung konnte nicht sehr lange anhalten.

In diesem Sommer verbrachten meine Frau und ich ein Wochenende im Strandhaus eines Freundes. Ich ging hinein, und da war dieser junge Mann – in dem Augenblick, als ich ihn sah, war ich wie vom Blitz getroffen. Ich musste ihn haben. Es war nicht einmal ein sexuelles Bedürfnis, sondern ein romantisches. Ich war sofort total in ihn verliebt.

Unsere Gastgeber hatten die Schlafgelegenheiten so organisiert, dass die Frauen getrennt von den Männern schliefen. Jane schlief mit den Frauen in einem Schlafzimmer und die Männer auf den Sofas im Wohnzimmer.

Am Abend nahmen wir alle ein paar Drinks, und dieser junge Mann, Richard, stand irgendwann einfach auf und ging aus dem Haus an den Strand. Eine Minute später entschuldigte ich mich und ging auch raus, und er wartete da draußen auf mich. Wir hatten uns den ganzen Abend lang mit Blicken gesucht.

Ich hatte mir zurechtgelegt, dass ich sagen würde: ›Ich fühle mich sehr zu dir hingezogen, aber ich bin mit Jane verheiratet. Deshalb kann nichts passieren.‹ Ich ging zu ihm hin und sagte: ›Ich fühle mich sehr zu dir hingezogen.‹ ›Ich auch‹, sagte er, und das war's. Wir verbrachten da draußen die Nacht miteinander und gingen erst bei Sonnenaufgang wieder ins Haus zurück. Anscheinend hatte uns niemand vermisst.

Also war ich jetzt in Richard verliebt, der in einem anderen Bundesstaat aufs College ging. Ich war immer noch mit Jane zusammen, und es hatte den Anschein, als ob sich nach außen hin an unserer Beziehung nichts geändert habe, aber im Innern veränderte sich sehr viel, weil ich dieses Mal den Sex genossen hatte und wirklich in Richard verliebt war. Ich liebte meine Frau deswegen nicht weniger, aber es ließ mich erkennen, dass es eine andere Art von Liebe war.«

Das war ein großer Schritt, weil Robert nicht nur sein sexuelles Begehren für einen Mann in vollem Umfang erlebte, sondern es auch mit romantischen, persönlichen Gefühlen in Verbindung bringen konnte.

Auf die Frage, wie er den Unterschied zwischen seinen Gefühlen für Richard und denen für Jane beschreiben würde, antwortete Robert: »Bei Richard fühlte ich echte Leidenschaft, war völlig hingerissen von ihm, als ob ich sterben müsse, wenn ich ihn nicht haben könnte. Solche Gefühle hatte ich für Jane nie gehabt. In mancher Hinsicht waren meine Gefühle für Jane gesünder, zugänglicher und stabilisierender. Sie basierten auf einer echten Person, die ich wirklich liebte. Meine Gefühle für Richard hatten überhaupt keinen Sinn. Und ein anderes Problem mit ihm war, dass er der unkommunikativste Mensch war, der mir je begegnet war.

Wenn ich mit ihm über mich sprechen wollte, wollte er einfach nur Sex. Auf diese Weise erfuhr ich nie wirklich etwas über ihn. In der Rückschau würde ich sagen, er war wie mein Vater, der auch nie viel redete.«

Dieser junge Mann war nicht nur ein Ersatz für Roberts Vater, sondern, weil er so unkommunikativ war, auch eine perfekte Projektionsfläche für Roberts romantische Phantasien. In gewisser Weise verliebte sich Robert in eine Vision und eine Sehnsucht, die er spürte – nicht in einen echten Menschen. Seine sexuelle Erregung wurde von der Kraft seines Traumes angefacht.

»Ich kannte ihn nie wirklich«, fuhr Robert fort. »Es fühlte sich auf einer Ebene intensiv und real und befriedigend an, aber auf einer anderen sehr unwirklich.

Genau zu dieser Zeit bekam ich einen Anruf, bei dem ich erfuhr, dass der erste Mann, mit dem ich am College Sex gehabt hatte, Selbstmord begangen hatte. Das beunruhigte mich schrecklich – so sehr, dass ich mit Jane darüber sprechen musste. Ich war ihr nahe, sie war einer meiner besten Freunde, sodass ich ihr endlich alles erzählte, was passiert war. Sie war schockiert, entsetzt, angewidert und völlig außerstande, damit umzugehen. Ich glaube, dass sie schrecklich verletzt war, weil alles hinter ihrem Rücken geschehen war und sie nichts davon gewusst hatte. Es hatte immer dieses Geheimnis zwischen uns gestanden. Aus ihrer Sicht war es ein schrecklicher Verrat.«

Auf die Frage, ob er Jane wegen Richard verlassen habe, antwortete Robert: »Das war sehr schmerzlich. Ich wollte Jane nicht verlassen. Ich konnte nicht zu Richard gehen, er würde die nächsten zwei Jahre noch zur Schule gehen. Obwohl ich leidenschaftlich in ihn verliebt war, hatte ich noch genug Verstand, um zu wissen, dass ich ihn eigentlich nicht kannte. Ich konnte mir keine Zukunft mit ihm vorstellen.«

Zu dieser Entwicklung in Roberts Leben sagte Howard Rossen: »Wenn ein Mann eine Frau wegen eines anderen Mannes verlässt, dann tut er es, weil er tief im Innern schon seit einiger Zeit weiß, dass im Mittelpunkt seines Interesses ein Mann steht. Der Dreh- und Angelpunkt seiner sexuellen und emotionalen Befriedigung ist ein anderer Mann, obwohl er Jahre damit zugebracht hat, das – gemäß seinem Wunsch nach Normalität – zu unterdrücken. Zwar gelingt es vielen Menschen, diese Unterdrückung ein Leben lang aufrechtzuerhalten, aber für manche sind dieser Kampf und die tiefere Unzufriedenheit unerträglich. Sie können die Frustration nicht mehr ertragen. Obwohl es mit der Frau auch Befriedigung geben mag, Befriedigung durch die Freundschaft, die der Mann in der Ehe, der Elternschaft und anderen Bereichen erfährt, kann der Schmerz darüber, keine echte sexuelle und emotionale Befriedigung zu erleben, so groß werden, dass der Mann die Beziehung beenden muss.«

»Ich sagte ihr immer wieder, dass ich nicht gehen wolle, dass ich nicht wisse, was los sei. Insgeheim dachte ich, dass ich vielleicht bisexuell sei und über diese Sache hinwegkommen würde. Ich hoffte, sie würde mir erlauben, nebenher Liebhaber zu haben. Wahrscheinlich war es verrückt, das zu denken. Mir war klar, dass es für sie schwer sein würde. Ich wollte wirklich Männer und Frauen, aber sie war klug genug, um zu wissen, dass sie das nicht würde ertragen können. Wir hatten in gewisser Weise eine sehr altmodische, romantische Beziehung. Aus heutiger Sicht sehe ich uns wie Bruder und Schwester, eine Art unschuldiger Liebe. Aber ich hatte damals das Gefühl, dass wir zusammengehörten, und sie so leiden zu sehen und das Gefühl zu haben, dass ich sie betrog und dass ich in ihren Augen ein Monster war, das ihr Leben zerstörte, war furchtbar.

Wir waren drei Jahre verheiratet. Insgesamt waren wir fünf Jahre zusammen. Sie war immer noch in mich verliebt und hing an mir. Als ich schließlich auszog und mir eine eigene Wohnung nahm, half sie mir beim Umzug und beim Streichen der Wohnung. Wir versuchten, Freunde zu bleiben, und hatten noch einige Jahre Kontakt. Aber dann ging es allmählich zu Ende.

Jahre später, bei einem Jahrgangstreffen an unserem früheren College, hörte ich Dinge über sie. Ich suche oft ihren Namen im Telefonbuch. Sie zieht öfter mal innerhalb der Stadt um, aber ihr Name ist immer noch da. Sie hat nicht wieder geheiratet und hat auch ihren Mädchennamen nicht wieder angenommen. Manchmal stelle ich mir vor, dass ich in ihrem Leben der einzige Mann bleiben werde. Einmal trafen wir uns und sprachen darüber und stellten fest, dass wir beide die Verantwortung für die Trennung bei uns selbst gesucht hatten.«

Viele Frauen haben das Gefühl, dass ihre eigene Unzulänglichkeit einen Mann in die Arme eines anderen treibt. Sie haben das Gefühl, dass etwas Grundlegendes mit ihnen als Frau nicht in Ordnung ist.

»Sie hatte das Gefühl, dass es nicht passiert wäre, wenn sie besser oder anders gewesen wäre. Aber das ist sicherlich nicht der Fall. Ich hatte in meinem Leben nur mit zwei Frauen Sex, und beide waren sexuell sehr gehemmt. Daher entwickelte auch ich ein Gefühl der Unzulänglichkeit. Ich hatte das Gefühl, dass es mit diesen Frauen besser gelaufen wäre, wenn ich ein richtiger Mann gewesen wäre.«

Manche Männer können bei einem Mann ungehemmter sein als bei einer Frau. Sie halten Frauen für anständiger und zugeknöpfter, und das erlegt einem Mann in sexueller Hinsicht auch Zwänge auf.

»Bei beiden Frauen hatte ich das Gefühl, dass es in der Beziehung eine strikte Rollenteilung gab. Von mir wurde erwartet, aktiv und aggressiv zu sein, und sie waren passiv. Ich fühlte mich einsam dabei. Ich hasste es. Ich hatte das Gefühl, dass keine von beiden mich wirklich berühren wollte. Ich fühlte mich zum Teil deshalb zu gehemmten Frauen hingezogen, weil ich Ängste hinsichtlich meiner sexuellen Leistungsfähigkeit hatte. Eine sexuell weniger gehemmte Frau hätte auf mich vielleicht bedrohlich gewirkt, weil ich für sie noch mehr Leistung hätte bringen müssen. Sie wäre zu fordernd erschienen, und ich hätte sie nicht befriedigen können.«

Entdeckung der Identität

Ein anderer Grund dafür, dass Männer wegen eines anderen Mannes gehen, besteht darin, dass sie sich bei einem Mann freier, in sexueller Hinsicht weniger beurteilt fühlen.

Howard Rossen drückt es so aus: »Der homosexuelle Lebensstil ist wilder und freier, oft infolge dieser ganzen Außenseitermentalität. Sobald man sich dazu bekennt, ein Außenseiter zu sein, kann man über die Stränge schlagen. Man lebt nicht mehr innerhalb des Normengefüges und hat das Gefühl, alles tun zu können, was man will.

Die Freiheit der homosexuellen Erfahrung, nennen wir es ihren Hedonismus, bedeutet, dass man tun kann, was immer man will. Man wird deswegen nicht verurteilt. Homosexuelle dulden keine Einschränkungen, weil man in der homosexuellen Gesellschaft die Freiheit hat, alle sexuellen Empfindungen und Gefühle zu erforschen.

Für den homosexuellen Mann geht es auch darum, Freiheit und Macht zu erleben. Was viel mit Macht zu tun hat. Das soll nicht heißen, dass die Paarbildung in der homosexuellen Gemeinschaft keine Bedeutung besitzt. Es gibt viele schwule Männer, die wichtige, langfristige und sehr befriedigende Beziehungen haben. Es gibt immer diesen Wunsch nach Paarbildung und Einheit – er ist sehr stark. Das ist eine Schwierigkeit in der homosexuellen Welt: Man hat diese uneingeschränkte sexuelle Freiheit und gleichzeitig den Wunsch nach einer festen Bindung. Ich glaube, das ist ein innerer Konflikt, mit dem jeder schwule Mann zu kämpfen hat.

Auch in der heterosexuellen Welt gibt es einen Konflikt zwischen dem Wunsch nach Freiheit und dem Wunsch nach einer Bindung, nach dem Genährtwerden. Aber in der Hetero-Welt wirft die Gesellschaft ihr Gewicht sehr stark auf der Seite der

Paarbildung und Stabilität in die Waagschale. In der homosexuellen Welt sagt die Gesellschaft – Nimm es dir! Tue, was du willst. Wenn du eine Bindung eingehen willst, ist das eine Entscheidung zwischen dir und deinem Partner.«

Über die homosexuelle Ehe sagt Howard Rossen: »Es ist der Wunsch nach Normalität und Legitimierung. Ein schwuler Mann sagt: ,Wenn die Gesellschaft meine Gefühle und meine Liebe nicht legitimiert, tue ich es selbst. Aber in der homosexuellen Gesellschaft gibt es so viel Freiheit und so viele sexuelle Ausdrucksmöglichkeiten, dass es schwierig ist, nicht in Versuchung geführt zu werden. Andere Männer haben kein Problem damit, sich in eine Beziehung zu drängen. Monogam zu bleiben bereitet mehr Schwierigkeiten.

Homosexuelle Paare, die ein Kind haben, haben bereits eine ähnliche eheliche Bindung aufgebaut wie in einer heterosexuellen Ehe. Man findet bei homosexuellen Paaren mit Kindern weitaus weniger ›außereheliche‹ Beziehungen. Die Unantastbarkeit der Beziehung ist dann sehr wichtig, und sie wollen sie erfahren.«

Auf die Frage, ob er später eine befriedigende langfristige Beziehung zu einem Mann gehabt habe, antwortete Robert: »Die Beziehung zu Richard verebbte schließlich einfach, und ich fing an, mit anderen Leuten auszugehen, lernte schließlich jemanden kennen, der im Begriff war, nach San Francisco zu ziehen. Wir verlebten ein paar wunderschöne Monate zusammen. Ich ging sogar mit ihm nach San Francisco, blieb aber nur ein paar Tage und fuhr dann wieder nach Hause, weil mir bewusst geworden war, dass es nicht funktionieren würde. Das Hauptproblem zwischen uns bestand darin, dass er ebenfalls sexuell gehemmt war. Ich hatte also einen Mann kennen gelernt, der dasselbe Problem hatte wie die Frauen, mit denen ich zusammen gewesen war.«

Das ist ein faszinierendes Beispiel dafür, wie Muster wiederholt werden – unabhängig davon, ob es sich bei der betreffenden Person um einen Mann oder eine Frau handelt. Robert suchte offenbar nach einer Möglichkeit, frei von Hemmungen und Einschränkungen zu sein und uneingeschränkte Liebe zu erfahren.

»Nachdem wir uns getrennt hatten, sehnte ich mich sehr nach einem Partner und einer Beziehung. Es war nie mein Bedürfnis, nur Verabredungen zu haben. Ich wollte wieder heiraten. Es dauerte zwei Jahre. Während dieser Zeit machte ich die verschiedensten Erfahrungen, bis ich jemanden traf, mit dem ich körperlich und seelisch uneingeschränkte Liebe erfahren konnte. Wir sind jetzt seit zwölf Jahren zusammen.«

Robert konnte endlich alle Teile seiner Persönlichkeit akzeptieren, integrieren und sich erarbeiten, sodass er das haben konnte, wonach er sich immer gesehnt hatte.

Zu diesem Thema sagt Arlene Litwack: »Wenn es wirklich ein Kontinuum gibt, dann basiert es auf Sexualität am einen Ende und Liebesfähigkeit am anderen Ende. Manche Menschen, sowohl Männer als auch Frauen, benutzen Sexualität als ein Mittel zur Kontrolle der verschiedensten seelischen Probleme. Ihnen fehlt die Fähigkeit zu einer reiferen, integrierten Liebe.

Wenn man heranreift, entwickelt man die Fähigkeit, sich einem anderen als ganzem Menschen, nicht nur als Lustobjekt, zuzuwenden. In dieser Hinsicht unterscheiden sich diese Männer nicht so sehr von anderen Männern. Die Verknüpfung von Sexualität und Liebe ist ein Zeichen der Fähigkeit, eine langfristige Beziehung aufrechtzuerhalten.

Dass ein Mann eine befriedigende Beziehung zu einer Frau haben und dennoch einen Mann begehren kann, liegt daran, dass die Befriedigung mehr als nur eine physische Erfahrung ist. In der Kindheit entstehen Bedürfnisse aus dem, was einem schmerzlich fehlt, oder aus dem, was man hatte. Wenn ein Mann einen Vater hatte, der sehr distanziert war, kann er eine tiefe Sehnsucht nach dem Mann empfinden. Außerdem ist in unserer Gesellschaft, in der Männer unter dem Druck stehen, dem männlichen Stereotyp zu entsprechen und auf Distanz zu ihren Gefühlen zu gehen, die Wahrscheinlichkeit größer, dass sie Liebe, Zärtlichkeit und Zuwendung bei einem Mann suchen. Dieses Bedürfnis wird dann natürlich sexualisiert.

Bei Heterosexuellen ist es nicht anders. Viele heterosexuelle Männer und Frauen sexualisieren ihr emotionales Bedürfnis nach Gehaltenwerden, Liebe und Nähe. Der Unterschied besteht im Objekt, aber die Bedürfnisse unterscheiden sich nicht so sehr.

Es ist schwer, damit umzugehen, dass ein Mann, der Erfüllung für sein tiefstes, innerstes Selbst sucht, in unserer Gesellschaft als problematisch gesehen und verurteilt wird. Viele Männer, die mit stereotypen Erwartungen aufgewachsen sind, können zwar befriedigende sexuelle Beziehungen oder Liebesbeziehungen zu Frauen haben, haben aber das Gefühl, dass sie in Beziehungen zu Frauen wegen der stereotypen Vorstellungen hinsichtlich männlicher Verhaltensweisen einen Teil von sich verleugnen müssen. Es ist für diese Männer befreiend zu entdecken, wer sie wirklich sind, und stereotype Rollenbilder zu überwinden.«

Auf die Frage, wie er jetzt reagiert, wenn Patienten zu ihm kommen, die mit Bisexualität kämpfen, antwortete Robert:

»Ich sage ihnen, dass sie nicht homosexuell, sondern bisexuell sind.«

Zu der Bemerkung, dass das einem Menschen viel mehr Spielraum und mehr Auswahlmöglichkeiten gebe, meinte Robert: »Es macht es auch schwieriger für sie, beängstigender, weil sie dann nicht nur entscheiden, ob sie John oder Mary lieber mögen, sondern sich für eine ganze Lebensweise und Identität entscheiden. Sie fragen sich, ob sie je mit Mary glücklich sein werden, wenn sie nie wieder einen John haben können, und ob sie je mit John glücklich sein werden, wenn sie nie wieder eine Mary und eine eigene Familie haben können.«

Auf die Frage, ob es für die meisten bisexuellen Männer ein größeres Opfer bedeute, eine Frau aufzugeben als einen Mann, antwortete Robert: »Für meine Patienten trifft das zu. Oft entscheiden sie sich eher für eine Frau, weil das tröstlicher und gesellschaftlich akzeptierter ist. Außerdem gibt es den Wunsch nach einer Familie. Sie wollen all das haben. Das sind echte Bedürfnisse, die berücksichtigt werden müssen.«

Auf die Frage, ob sie in der Lage seien, je über diese Sehnsucht nach einem Mann hinwegzukommen, antwortete Robert: »Ich glaube nicht. Aber die Männer, die zu mir – einem homosexuellen Therapeuten – kommen, kommen bereits mit dieser Prädisposition. Gleichzeitig versuche ich, ihre anderen Gefühle nicht zu vernachlässigen. Es kann sehr schwer für sie sein. Ich habe einen Patienten, der deswegen überhaupt nicht in der Lage ist, eine ernsthafte Beziehung einzugehen, weil er sich nicht wirklich entscheiden kann. In seinem Fall liegt es daran, dass seine Eltern sich scheiden ließen, als er noch sehr jung war, und er immer noch das Bedürfnis hat, beide Eltern zusammen zu haben. Fast so, als ob er froh wäre, wenn er ein

Ehepaar heiraten könnte – eine wiedervereinte Familie. Diese Dinge sind sehr stark.

Wenn wir uns anschauen, welche Entscheidungen Menschen in Bezug auf ihre Sexualität treffen, ist es wichtig zu verstehen, dass sie in Wirklichkeit tiefere, frühkindliche Sehnsüchte nach der Mutter, dem Vater oder beiden ausagieren. Oder nach Familie und Sicherheit.

In meiner Praxis haben viele Männer gesagt, dass sie sich sehr früh dieser sexuellen Präferenz bewusst waren. Manche mögen dagegen gekämpft haben, andere haben sie uneingeschränkt akzeptiert. Das Erstaunliche ist, dass sie es so früh wissen.«

Auf die Frage, was den Männern, die es uneingeschränkt akzeptierten, seiner Meinung nach die Möglichkeit dazu gegeben habe, antwortete er: »Nun, ich denke, es hängt von der eigenen Umgebung ab – sie hatten eine Möglichkeit, es in ihre Identität zu integrieren, ohne in einen Konflikt zu geraten. In manchen Fällen gab es vielleicht eine unbewusste Erlaubnis dazu von den Eltern.«

Auf die Frage, ob man davon ausgehen könne, dass es genetisch bedingt sei, wenn es so früh – mit drei, vier, fünf Jahren – passiere, antwortete Robert: »Manche sagen, die geschlechtliche Identität wird bei einem Kind bis zum Alter von 18 Monaten festgelegt. Alle Experimente von John Muny deuten darauf hin, dass es umgebungsbedingt ist. Das Kind wählt einen Elternteil aus, mit dem es sich besser identifizieren kann.«

Auf die Frage, ob es unwahrscheinlich sei, dass ein homosexueller Mann heterosexuell werden könne, antwortete Robert: »Ich glaube wirklich, dass es – auch in sexueller Hinsicht – viel mehr Fluss gäbe, wenn wir nicht so vielen Zwängen unterworfen wären. Es gäbe mehr Flexibilität, wenn die Menschen ihre Identität nicht so sehr auf ein Etikett gründen würden. Aber wir investieren so viel in Identität. Ich nahm die Identität ›schwul‹ an, obwohl ich wusste, dass es nur ein Teil des Gesamtbildes war. Ich wusste, dass es einfacher war, als bisexuell zu sein.«

Auf die Frage, ob dadurch nicht ein ganzer Teil seiner Persönlichkeit ausgeschlossen werde, antwortete Robert: »Ja und nein. Ich kann immer mit Frauen befreundet sein. In gewisser Weise stehen wir immer vor der Entscheidung, ob wir einem Menschen treu sein wollen. Und falls ja, ob dieser Mensch unsere Bedürfnisse so weitgehend befriedigen wird, dass wir alle anderen Menschen, in deren Gesellschaft wir uns wohl fühlen könnten, aufzugeben bereit sind. Darauf scheint es hinauszulaufen. Kann man eine Entscheidung treffen? Es ist schwer, sich zu entscheiden und alle Alternativen aufzugeben.«

Wer weiß schon, in welche Richtung wir uns in fünf oder zehn Jahren entwickeln werden? Wir wissen nicht, wie wir uns verändern werden und welche Veränderungen der Mensch, mit dem wir zusammen sind, durchmachen wird. Robert stimmte dem zu: »Ja, man will sich weiterentwickeln und will, dass sich auch der Mensch, mit dem man zusammen ist, weiterentwickelt. Man will nicht, dass er sich dabei von einem entfernt, aber das kann passieren.«

Es ist wichtig, sich der Tatsache bewusst zu sein, dass Menschen für eine bestimmte Zeit zusammenkommen können, um bestimmte Dinge zu lernen, und sich dann auseinander entwickeln können. Es ist nicht notwendigerweise ein Fehlschlag, sich in unterschiedliche Richtungen zu entwickeln.

Robert fuhr fort: »Für homosexuelle Paare ist es meistens einfacher, sich zu trennen, da sie normalerweise keine Kinder haben und es nicht so viele gesellschaftliche Zwänge gibt, die sie zusammenhalten. Wenn eine Beziehung zu Ende geht, verstärkt das meist die verinnerlichte Homophobie.

Verinnerlichte Homophobie ist mit allen schlechten Gefühlen verknüpft, die man je in Bezug auf sich selbst hatte. Man muss wirklich daran arbeiten. Wenn eine Beziehung in die Brüche geht, ist das nur ein weiterer Beweis dafür, dass man im Grunde ein schrecklicher Mensch ist. Es ist schwer, sich bewusst zu machen, was wirklich vor sich geht, weil einem das Bild so real erscheint und weil die Gesellschaft einen darin bestärkt. Aber jeder homosexuelle Mann muss verstehen, dass verinnerlichte Homophobie nur eine weitere Form des Selbsthasses ist, den jeder bis zu einem gewissen Grad empfindet. Und aus Selbsthass resultiert nie etwas Gutes.«

Empfehlungen
für den Umgang mit Männern, die sich zu einem anderen Mann hingezogen fühlen.

Für Frauen:
- Nehmen Sie es nicht persönlich, wenn ein Mann schwul ist oder andere Männer braucht. Seine Wahl hat nichts damit zu tun, dass Sie in irgendeiner Weise unzulänglich sind.
- Versuchen Sie nicht, ihn zu ändern. Seine Entscheidungen sind das Ergebnis komplizierter innerer Bedürfnisse. Jede Veränderung, die er durchmacht, muss von ihm selbst kommen.

- Lieben Sie den schwulen Mann um der Liebe, der Intelligenz, der Sensibilität willen, die er zu bieten hat. Drängen Sie nicht danach, mehr zu bekommen. Respektieren Sie, wer er ist – und wer er nicht ist. Vergessen Sie Ihre Phantasien darüber, was möglich sein könnte.

Für Männer:
- Suchen Sie professionelle Unterstützung, wenn Sie sich hinsichtlich Ihrer sexuellen Bedürfnisse in einem Konflikt befinden. Als homosexueller Mann zu leben bringt einen ganz anderen Lebensstil und viele Belastungen mit sich.
- Zu dieser Lebensentscheidung tragen viele Faktoren bei. Analysieren Sie gründlich Ihre Motivation.
- Schädliche Aspekte dieser Situation sind die Lügen, in die Sie sich verstricken können, und der Mangel an Selbstachtung, der sich daraus ergibt.
- Lernen Sie mit allen Menschen, zu denen Sie in einer Beziehung stehen, ehrlich zu kommunizieren. Das wird Ihnen helfen, Ihren Weg zu finden und Selbstachtung zu entwickeln.

Wahre Liebe beurteilt nicht,
weist nicht zurück, stellt keine Forderungen.
Sie erfüllt. Sie bringt Licht in das Leben.
Anonym

Das Streben nach Freiheit

*Denke daran, dass es nur einen Grund gibt,
etwas zu tun. Eine Begegnung mit dem Freund
ist der einzig wahre Lohn.*
Rumi

Jeder Mensch hat eine andere Vorstellung davon, was Freiheit bedeutet. Manche setzen Freiheit mit dem Fehlen von Verpflichtungen gleich, mit der Möglichkeit, spontan und frei von den Fesseln dumpfer Routine zu leben. Für andere bedeutet Freiheit, die Turbulenzen des menschlichen Daseins hinter sich zu lassen, sein Potenzial voll zu entfalten. Es bedeutet die Vereinigung mit der höchsten Wirklichkeit, Auflösung des Ichs und Verschmelzung mit dem größeren Selbst. Es bedeutet eine Befreiung von der Welt der Illusion und aus den Ketten des Begehrens. Es ist die Fähigkeit, einzig und allein in Wahrheit zu leben.

Das letztere Konzept stammt aus den östlichen Religionen und Philosophien, aus der Praxis des Yoga und Zen. Dabei wird versucht, den Schmerz des Getrenntseins durch Vereinigung mit allen Geschöpfen und das innere Erleben des Einsseins zu überwinden. Für manche, die sich auf diesem Pfad befinden, können Beziehungen ein Umweg sein, eine Flucht vor der grundlegenden Wahrheit.

Phil ist ein sehr attraktiver, sanfter, fürsorglicher Anwalt von fünfzig Jahren, der im Immobiliensektor tätig ist und derzeit im Westen lebt. Er wirkt auf Frauen besonders charmant und anziehend und hat immer Beziehungen gehabt. »Ich bin monogam«, sagte Phil. »Und ich denke, dass ich großes Glück hatte. Die Frauen, die ich gekannt habe, waren alle wunderbare, großartige Menschen, mit einem tollen Sinn für Humor und dazu noch sehr attraktiv.

Ich bin mir nicht sicher, ob ich für dieses Buch wirklich geeignet bin, weil ich in den 35 Jahren meiner Beziehungen zu Frauen nur ein- oder zweimal tatsächlich jemanden verlassen habe. In den letzten 25 Jahren haben jeweils die Frauen beschlossen, die Beziehung zu beenden.«

Viele Männer nehmen sich nicht als denjenigen wahr, der eine Frau verlässt oder die Beziehung beendet. Oft ist in den Beziehungen ein Punkt erreicht, an dem bestimmte Veränderungen vorgenommen oder Verpflichtungen eingegangen werden müssen. An diesem Punkt beschließen die Männer oft einfach, nichts zu tun. Sie unternehmen nicht die erforderlichen Schritte. Dann ist die Frau diejenige, die aktiv eine Trennung herbeiführt, obwohl es auf Seiten des Mannes, der durch sein unterlassenes Handeln dafür gesorgt hat, dass die Beziehung nicht weiterbestehen kann, ebenfalls eine stille Entscheidung und eine Aussage gegeben hat.

Auf die Frage, was passiert sei, als seine Beziehungen zu Ende gingen, sprach Phil von einer Frau namens Amber, mit der er etwa zweieinhalb Jahre lang zusammen gewesen war.

»Es war eine sehr gute Beziehung, und ich fühlte mich sehr wohl damit. Ich sah keinen Grund dafür, den nächsten Schritt zu unternehmen, zusammenzuleben, zu heiraten.

Ich stehe der Ehe jetzt viel offener gegenüber als damals.

Zum damaligen Zeitpunkt gab jedenfalls einer meiner Freunde seine Verlobung bekannt. Es war ein Freund, von dem ich gedacht hatte, dass er nie heiraten würde. Wir gehörten zu einer spirituell orientierten Gruppe, in der die Ehe nicht als Endpunkt von allem gesehen wurde. Beziehungen waren nicht um ihrer selbst willen von Bedeutung, sondern als Möglichkeit, die eigene Freiheit zu vertiefen. Ich glaube, es ist wichtig, die Prämisse festzuhalten, dass wir in einer Beziehung große Sicherheit, tiefe Entspannung, Einssein und Intimität suchen. Wenn wir Selbsterkenntnis suchen, warum begeben wir uns dann nicht direkt in den Schoß der Erkenntnis und Freiheit?«

Für Phil lag der Schoß der Erkenntnis und Freiheit im Innern. Er war nicht in den Armen einer Frau zu finden. Auf dem spirituellen Pfad, den Phil eingeschlagen hatte, entfernte er sich von einer tieferen Bindung an eine Partnerin. Auf die Frage, ob seine Werte zu seiner Entscheidung beitrugen, nicht zu heiraten, antworte Phil: »Ich glaube, ja. Die Ehe als Ziel an sich wurde nicht unterstützt. Es galt in gewisser Weise als undifferenziert. Wenn jemand wirklich eine Beziehung wollte, musste er erkennen, was *durch* die Beziehung erreicht werden sollte – tiefe Vereinigung und Sicherheit. Es war das Beste, mit einem gleichgesinnten Partner zusammen zu sein, dessen Ziel ebenfalls Selbsterkenntnis war, sodass die Partner sich gegenseitig bei dieser Arbeit unterstützen konnten.

Die Frauen, mit denen ich mich traf, hatten alle eine sehr ausgeprägte Spiritualität, aber ich glaube nicht, dass sie dieselbe Auffassung von der Ehe hatten. Ich glaube, für sie war die Ehe wichtig, und rückblickend betrachtet war das vielleicht gar nicht so schlecht.«

In Bezug auf dieses Thema sagte Dr. Gerald Epstein vom

westlichen Standpunkt aus Folgendes über Spiritualität und Ehe:

»Frauen sind praktischer veranlagt als Männer. Frauen müssen praktischer sein, weil sie ein Nest bauen – Kinder bekommen und ein Heim einrichten – wollen. Wenn das Zuhause nicht in Ordnung ist, kann auch die Gesellschaft nicht in Ordnung sein. Damit das Zuhause in Ordnung ist, muss es praktisch eingerichtet und versorgt werden.

Weil Frauen dafür sorgen müssen, dass das Zuhause in Ordnung ist, können sie sich nicht so intensiv spekulativen Interessen hingeben wie Männer. Männer müssen sich darüber im Klaren sein, wenn es um Spiritualität geht. Ohne dieses Verständnis wird sich eine Kluft auftun.«

Aus östlicher Perspektive hat Spiritualität nicht notwendigerweise etwas mit Beziehungen oder der Einrichtung eines Zuhauses zu tun. Tatsächlich wird zum Teil eine strenge spirituelle Unterscheidung zwischen denen getroffen, die einen Haushalt führen, und denen, die das Zuhause verlassen haben (Mönche und Nonnen). Es wird davon ausgegangen, dass diejenigen, die das Zuhause verlassen haben, die Freiheit besitzen, alle ihre Energien auf spirituelle Arbeit zu konzentrieren. Aus jüdisch-christlicher Sicht stellen Beziehungen und die Familie an sich die spirituelle Arbeit dar.

Phil kämpfte auf seiner persönlichen Reise mit dem Wunsch nach Freiheit und dem Wunsch nach einer persönlichen Liebesbeziehung.

»Aber kommen wir auf Amber zurück«, fuhr Phil fort. »Als mein Freund sich verlobte, rüttelte mich das wirklich auf, weil die Person, die seine Verlobung bekannt gab, dem spirituellen Lehrer der Gruppe nahe stand.

Streben nach Freiheit

Der spirituelle Lehrer sagte nie jemandem, was er tun oder lassen solle. Er verbreitete seine Lehre, und man hatte die Wahl, sie oder Teile von ihr anzunehmen oder abzulehnen. Es war keine Organisation. Es ging ihm lediglich darum, dass man sich darüber klar werden müsse, was man in einer Beziehung suche. Damit wollte er sagen, dass man das, was man sucht, nie von einer anderen Person bekommen kann, weil man es bereits – unabhängig von Beziehungen – in sich trägt. Er sagte, dass wir das erkennen sollten. Er sagte nicht, dass wir keine Beziehungen haben sollten, sondern dass wir erkennen sollten, was eine Beziehung ist. Wir sollten entdecken, was letztlich die Basis jeder Beziehung ist, und uns nicht dadurch verwirren lassen, dass wir in einer anderen Person danach suchten. Es stand uns frei, einen gleichgesinnten Partner zu finden und gemeinsam mit ihm unsere Freiheit zu realisieren.

Amber kam nach der Bekanntgabe der Verlobung in meinem Büro vorbei und fragte, ob ich davon gehört hätte. Sie lehnte sich über meinen Schreibtisch, lächelte und sagte: ›Wirst du nervös?‹

Ich wurde mehr als nervös. Ich war völlig außer mir. Zwei Wochen später ging ich zu einem Gruppenwochenende und traf dort eine Frau, für die ich etwas empfand.

Es endete damit, dass diese Frau und ich etwas miteinander anfingen. Es war mir bis dahin nie gelungen, mit mehreren Frauen gleichzeitig befreundet zu sein. Und plötzlich befand ich mich in einer Situation, in der ich mein Versprechen gegenüber Amber gebrochen hatte, und das belastete mich.«

Als Mann mit ausgeprägten Wertvorstellungen hatte Phil in Bezug auf diese neue Beziehung ein ungutes Gefühl, und er war sich möglicherweise nicht darüber im Klaren, dass sie dadurch motiviert sein konnte, dass er sich unter Druck gesetzt fühlte, sich langfristig an Amber zu binden. Eine neue Liebe, die plötzlich auftauchte, konnte der perfekte Ausweg sein.

»Ich hatte kein Interesse daran, diese Beziehung nebenher laufen zu lassen oder Amber zu betrügen, und diese andere Frau stellte klar, dass sie sich nicht mit mir treffen würde, solange ich noch mit Amber zusammen war. Am Ende beschloss ich, mich von Amber zu trennen. Es war wahrscheinlich das Härteste, was ich je getan habe.

Eines Nachts beschloss ich, es zu tun, konnte es aber nicht sofort umsetzen. Eine Woche später sagte ich es ihr. Es war einer der schlimmsten Augenblicke meines Lebens. Sehr schmerzhaft. Sie wusste, dass etwas im Busch war. Wir hatten eine sehr gute Beziehung. Sie war eine sehr gute Frau.«

Auf die Frage, ob er denke, dass dies durch die Verlobung seines Freundes und die Angst davor, vielleicht der Nächste zu sein, angeregt worden sein könne, antwortete er: »Ich glaube, das war ein Faktor und eine treibende Kraft.«

Manche Männer haben so große Angst vor einer festen Bindung, vor einer Situation, in der sie sich gefangen oder eingesperrt fühlen könnten, dass sie alle möglichen Gründe – einschließlich einer neuen Liebe – zur Flucht finden, wenn der Zeitpunkt für eine solche Verpflichtung gekommen zu sein scheint. In Phils Fall wurde die Angst vor einer Bindung zu Amber und vor der Ehe auch durch seine spirituelle Beschäftigung und Philosophie geschürt. Wie er sagte, gab es wenig Rückhalt für die Ehe als solche. Möglicherweise hatte er das Gefühl, sich zwischen seiner spirituellen Entwicklung und der Ehe, die für ihn bedeutete, in die Welt zurückgeholt zu werden, entscheiden zu müssen.

»Mit der Frau, die ich bei der Wochenendgruppe kennen gelernt hatte, hatte ich eine Fernbeziehung, die etwa eineinhalb Jahre dauerte. Dann passierte Folgendes: Ich bekam mein Leben nicht auf eine bestimmte Weise in den Griff, und sie verlor im Grunde den Respekt vor mir. Ich verstand, vor welchem Hintergrund sie das tat, bedauerte es aber.

Als sie sagte: ›Ich respektiere dich nicht mehr‹, wusste ich, dass die Beziehung zu Ende war. Ich sagte, dass wir an Trennung denken sollten. Denn wenn der Respekt nicht mehr da ist, ist die Beziehung vorbei.«

Phil ging es nicht darum, sein Leben in einer Weise »in den Griff zu bekommen«, die von Frauen als Voraussetzung für ein Gefühl der Sicherheit bei der Familiengründung gesehen wurde. Daher brauchte und suchte er andere Arten von Beziehungen.

Phil lächelte, als er daran dachte. »Fran, die nächste Frau, mit der ich eine Beziehung einging, war eine energiegeladene, wunderbare Frau, die letztlich auch heiraten wollte. Fran lernte ihren zukünftigen Mann gegen Ende unserer Beziehung kennen. Sie begegnete ihm in einer unserer Trennungsphasen. In meiner Familie machte man schon Witze darüber, dass Frauen nach einer Beziehung mit mir garantiert heirateten.

Fran und ich lebten eine Weile zusammen. Ich habe das Zusammenleben mit ihr als anstrengend in Erinnerung, weil ich es selbst mit jemandem, den ich liebe, schwierig finde, mich zu entspannen, wenn man sich in denselben Räumen aufhält. Ich schätze und brauche Zeit und Raum für mich, um mich meiner spirituellen Tätigkeit widmen zu können.«

Phil wählte Frauen, deren Ziele und Ausrichtungen im Leben sich von seinen grundlegend unterschieden. Davon abgesehen, genoss er die Beziehung zu ihnen, und alle diese Frauen genossen sie ebenfalls, liebten ihn und wollten ihn heiraten.

»Um ehrlich zu sein«, fuhr Phil fort, »hatte ich Angst vor Intimität. Ich fühle mich allein am wohlsten. Aber in den letzten Jahren, als einige meiner engsten alleinstehenden Freunde heirateten, habe ich mir noch einmal genauer angesehen, was vor sich geht. Man kann natürlich sagen: ›Ich erkenne, dass ich in einer Beziehung elementare Sicherheit suche, die bereits in mir selbst existiert.‹ Aber man kann sich auch klar machen, das man das dazu *benutzt*, mit der Angst vor Intimität umzugehen.

Unser spiritueller Lehrer sagte, dass man sich der Angst vor Intimität früher oder später stellen müsse. Man müsse ihr ins Auge sehen, sich dazu bekennen, sie untersuchen und letztlich loslassen. Sie bedeutet eine Einschränkung. Danach hat man die Freiheit, mit jemandem zusammen zu sein oder nicht. Das ist Freiheit.

Aber bei jeder spirituellen Lehre, wie zutreffend sie auch sein mag, liegt es in der Natur des Ichs, sie zur Unterstützung seiner eigenen Tendenzen zu benutzen. Wir sind wirklich gut darin zu verleugnen, und insbesondere die Dinge zu verleugnen, denen wir uns nicht stellen wollen.«

Phil verfügt über ein ungewöhnlich hohes Maß an Selbstwahrnehmung und Ehrlichkeit hinsichtlich aller Aspekte seines Lebens. Außerdem ist er frei von Selbstvorwürfen und Vorwürfen gegenüber anderen. Wenn eine Situation nicht funktioniert, geht er zur nächsten weiter.

»Ich bin jetzt seit drei Jahren wieder in einer Fernbeziehung. In dieser Beziehung haben wir dasselbe Ziel, und ihre Entschlossenheit, ihre Freiheit zu realisieren, war bis vor kurzem sogar größer als meine. Inzwischen ist meine auch gewachsen. Eine Verschiebung ist eingetreten – eine so bedeutende Verschiebung, dass sie nicht ignoriert werden kann.«

Seine Entwicklung hat ihn nicht in Richtung Heirat, sondern tiefer in seine spirituelle Suche geführt. Als er aufgefordert wurde, ausführlicher darüber zu sprechen, sagte Phil: »Es wird als ›Erwachen‹ bezeichnet. Die Bezeichnung ist mir nicht wichtig, aber es gab eine große Verschiebung. Es passierte innerhalb einer Sekunde und war etwas sehr Tiefgreifendes für mich. Es ist sehr subtil, da manche Dinge gleich bleiben und andere vollkommen anders sind.«

Auf die Frage, ob er glaube, dass seine Wünsche verschwunden seien, antwortete Phil: »Ja und nein. Kurz gesagt, fällt es mir leichter, mich daran zu erinnern oder mich damit zu identifizieren, wer ich wirklich bin. Nach der Verschiebung gab es eine ganze Weile eine tiefe Wunschlosigkeit. Jetzt stelle ich fest, dass die Tendenzen noch auftauchen, aber sie verschwinden auch wieder.«

Eines der Hauptziele seiner spirituellen Arbeit besteht darin, einen Zustand der Wunschlosigkeit zu erreichen. Das bedeutet nicht, ein Zombie oder völlig abgestumpft zu werden, sondern sich nicht von Leidenschaften beherrschen zu lassen, das Leben nicht als Reaktion auf diese Leidenschaften zu leben. Man erlebt Leidenschaften einfach, wenn sie auftauchen, und lässt sie dann wieder los. Wenn sie sich aufgelöst haben, entsteht Bewusstheit, Mitgefühl und die wahre Fähigkeit zu lieben.

»Im Augenblick«, fuhr Phil fort, »überprüfe ich gerade meine Gefühle hinsichtlich der Bedeutung von Sex in einer Beziehung. Ich war früher sehr beherrscht von einer Art von James-Bond-Männlichkeit. Was mir an James Bond gefiel, war die Tatsache, dass er bei Frauen immer der Beherrschende zu sein schien. Er war ein Mann, der keine langfristigen Beziehungen einging. Bei allem, was einer Beziehung gleichkommt, muss es gemeinsame Entscheidungen und gegenseitige Rücksichtnahme geben. Sexualität war für mich sehr an mein Selbstbild als Mann geknüpft. Ich glaube, dass ein Teil von dem, was gerade passiert, die Erkenntnis ist, dass meine Sicht meiner eigenen Sexualität wenig oder nichts mit dem zu tun hat, was einen wahren Mann ausmacht.«

Zu Phils Erfahrungen mit Frauen und seiner persönlichen Suche nach seinem wahren Selbst haben viele Faktoren beigetragen. In gewisser Weise wurde er von der Erkenntnis getrieben, dass die Bilder und Motive, die ihn bisher angetrieben haben, von Grund auf unbefriedigend und unwirklich waren.

»Bisher habe ich Sex dazu benutzt, das Gefühl des Getrenntseins zu überwinden. Ich glaube, dass die meisten von uns im Sex das Einssein suchen. Es ist ein so starker Trieb, dieser Wunsch nach Einssein. Er kann sich im Sex verbergen, hinter dem rohen sexuellen Begehren und der Lust. Aber ich denke auch, dass die Gedanken beim Höhepunkt endlich zur Ruhe kommen. Das ist an sich schon eine große Befriedigung. Mein Lehrer hat mich darauf hingewiesen.«

Auf die Frage, ob er im Augenblick Sex brauche oder wolle, antwortete Phil: »Nun, es ändert sich. Wenn es Zuneigung gibt, gibt es früher oder später immer auch Abneigung. Ich muss beides loslassen, um in dieser Hinsicht echte Freiheit zu finden.

Offen gesagt, fühlen sich die meisten meiner Freundinnen

mit ihrer Sexualität sehr wohl. Frauen scheinen Männern in diesem Bereich etwas vorauszuhaben. Da scheint es sehr viel mehr Unbefangenheit oder Akzeptanz zu geben.«

Der Bemerkung, dass dies möglicherweise daran liege, dass Frauen nicht ihre sexuelle Leistungsfähigkeit unter Beweis stellen müssten, stimmte Phil zu.

»Es ist für Männer wirklich schwierig, ständig Leistung zu bringen. Und natürlich wollte ich immer der Beste sein.«

Eine der größten Verlockungen dieser Form der spirituellen Praxis besteht darin, dass der Einzelne an einen Punkt kommt, an dem er keine Leistung mehr bringen muss, um sich zu beweisen. Dass das Gefühl des persönlichen Wertes und der Identität wegfällt. Was folgt, ist eine bedingungslose Annahme des eigenen Selbst und allen Lebens. Es entsteht ein Gefühl der Perfektion, das allein auf der Tatsache beruht, dass man am Leben ist. Wenn das geschieht, gibt es keine anderen Bedürfnisse mehr.

»Ich bekam einmal eine Karte von einem Freund mit einem Zitat von Walt Whitman. Sie machte mich sehr glücklich. Ich behielt sie sehr lange. Das Zitat lautete: ›Ich hatte nicht gewusst, dass ich so viel Gutes in mir trug.‹«

Neben seiner spirituellen Entwicklung und seiner Bewusstseinsverschiebung haben sich bei Phil noch andere Gefühle zusammengebraut.

»In den letzten beiden Jahren habe ich mich einsam gefühlt. Das war früher nie so«, sagte Phil. »Ich beginne jetzt zu erkennen, dass eine vorbehaltlose langfristige Beziehung große Vorteile hat. Ich weiß nicht, was sich in dieser Hinsicht noch tun wird.

Natürlich will ich mich meinem Lehrer gegenüber völlig

verpflichten. Die Verpflichtung gegenüber dem Lehrer ist proportional zur Verpflichtung gegenüber der eigenen Freiheit. Bei mir gab es immer etwas, das mich zurückhielt oder einschränkte. Ich dachte immer, dass ich noch Zeit hätte, mich ganz hinzugeben. Meinem Lehrer oder der Liebe.«

Man kann Phils Geschichte, Gefühle und Erfahrung von unterschiedlichen Standpunkten aus betrachten. Eine psychologische Analyse könnte zu dem Ergebnis führen, dass er sich schuldig fühlte, weil er den Vater (Lehrer) betrog, indem er sich die Mutter (Frau) nahm. Auch die Angst vor der Intimität und Probleme mit Grenzen können näher analysiert werden.

Aber Phils Lebensreise kann und muss auch unter spirituellen Gesichtspunkten betrachtet werden. Seine Suche nach der Wahrheit hat als zweite Kraft in seinem Bewusstsein gedient, durch die seine Gefühle und seine Libido auf ein anderes Ziel ausgerichtet wurden.

Für Menschen im Westen ist es zwar schwer, das zu erreichen, aber es ist vorteilhaft, kein Urteil darüber zu fällen, ob das richtig oder falsch, gut oder schlecht, gesund oder ungesund ist, sondern Phils Erfahrung einfach anzuerkennen und so vollständig wie möglich zu verstehen.

Phil selbst drückte es so aus: »Wenn man auf spiritueller Ebene arbeitet und mit sich selbst ehrlich ist, entstehen früher oder später die verschiedensten Konflikte, denen man sich stellen muss. Es ist eine Sache, Spiritualität zur Unterdrückung von Problemen zu benutzen, und eine andere, Probleme hochkommen zu lassen und sie zu bewältigen.

Bei spirituellen Übungen besteht natürlich die Gefahr, sich selbst zu belügen, die Übung dazu zu benutzen, Gefühle und Bedürfnisse zu unterdrücken. Viele wenden sich der spirituellen Beschäftigung zu, weil sie Probleme haben, an denen sie nicht gearbeitet haben, und sie zu diesem Zeitpunkt nicht daran arbeiten können und darunter leiden. Und das ist in Ordnung. Wenn sie durch die spirituellen Übungen an Stärke gewinnen, können sie sich irgendwann ins Auge sehen. Wenn echte spirituelle Übungen praktiziert werden, kommen diese Dinge hoch und werden aufgearbeitet.«

Den Wunsch nach einer Beziehung aufgeben

Die tiefgreifendsten spirituellen Übungen beinhalten immer den Umgang mit Gefühlen und die Konfrontation mit den wunden Punkten im Leben eines Menschen. Unterschiedliche Praktiken funktionieren auf unterschiedliche Weise, und die Suche nach Freiheit kann viele Konsequenzen haben.

Stuart, ein großer, dunkler, starker und charismatischer Mann Anfang fünfzig, hat sich ebenfalls mit spirituellen Übungen befasst. Aber er ist noch einen Schritt weitergegangen – er hat nicht nur Frauen verlassen, sondern den Wunsch nach einer Primärbeziehung vollkommen aufgegeben.

»Meine Primärbeziehung habe ich mit allem Lebendigen«, erklärte Stuart, »und mit meiner Suche nach der Wahrheit. Ich strebe danach, mit allem eins zu sein.«

Stuart war einer festen Bindung nicht immer abgeneigt. Er heiratete sehr jung. »Ich war blutjung«, sagte er, »und es war fast eine arrangierte Hochzeit. Alles passte zusammen, und damals fühlte es sich an, als ob es das Richtige sei. Wir waren zwei Menschen, die eine hohe Lebensqualität schätzten. Wir sahen beide gut aus, hatten aber sonst nichts zu bieten. Wir heirateten wegen der Sicherheit und des äußeren Scheins, und wir hielten uns an die ungeschriebenen gesellschaftlichen Regeln. Zuerst dachte ich, dass nur ich es aus Bequemlichkeit getan hätte, aber im Lauf der Zeit erkannte ich, dass das auch für sie galt.«

Was als konventionelle Heirat begann, wurde bald sowohl für Stuart als auch für seine Frau zu einem leblosen Konstrukt.

»Jetzt ist mir klar, dass man in einer Beziehung Teil der Phantasie ist, die der Partner in Bezug auf die Realität, die er erschaffen und in der er leben will, entwickelt hat, und dass man darin eine Rolle zu spielen hat. Es kommt mir so vor, als ob eine Beziehung eine Phantasie davon ist, wie ein Mensch sein Leben gestalten will – bis ins kleinste Detail.

Hinzu kommt, dass diese Phantasie größtenteils unausgesprochen bleibt – man hat einfach zu wissen, wie der Traum der Partnerin aussieht, die Wunschvorstellung, die sie seit der Kindheit hinsichtlich des Erwachsenenlebens und der Ehe hat, und man muss wissen, welche Rolle einem selbst als Ehemann dabei zukommt.«

Viele Männer, die jung heiraten, scheinen die Erfahrung zu machen, dass sie in keiner Weise auf das Leben vorbereitet sind, das dann folgt. Sie heiraten aufgrund von Erwartungen, die keinen Bezug zur Realität haben.

»Meine Frau ging keinerlei Aktivitäten außerhalb des Hauses nach, wusste nichts von solchen Dingen und hatte kein Interesse daran. Sie interessierte sich nicht für meinen Beruf und tat nichts, um dem in irgendeiner Weise näher zu kommen. Mein Job bestand darin, aus dem Haus zu gehen und Geld zu verdienen.«

Auf die Frage, was er als Gegenleistung dafür bekam, antwortete Stuart: »Mehr Gelegenheiten, ihr das zu geben, was sie wollte. Sie war nett zu Fremden, aber nicht nett zu mir. Sie tat das, wovon sie glaubte, dass es von ihr erwartet würde – wenn ich nach Hause kam, stand das Abendessen auf dem Tisch. Aber sie wollte nicht mehr über mich wissen.«

Auch diese Entfremdung und Einsamkeit, die Stuart beschreibt, begegnet uns häufig bei Männern, die das Gefühl haben, für die Partnerin eine Rolle zu spielen, statt sich selbst treu zu sein.

»Allmählich entwickelte ich eine Abneigung gegen sie. In den Flitterwochen hörte sie plötzlich auf zu lächeln, nett zu sein. Es war beängstigend, eine so große, plötzliche Veränderung. Sie hörte einfach auf zu schauspielern und wurde böse. Ich wurde wütend und hatte direkt nach den Flitterwochen einen großen Streit mit ihr und ihrer Mutter. Die Mutter wusste, dass ihre Tochter so war, besitzergreifend und eifersüchtig. Sie sagte sogar einen oder zwei Tage vor der Hochzeit etwas in dieser Richtung zu mir. Da schien es natürlich zu spät zu sein.«

Auf die Frage, ob er selbst während der Kennenlernphase etwas davon bemerkt habe, antwortete Stuart: »Vielleicht ein- oder zweimal, aber ich machte mir keine Gedanken darüber. Da wurde diese großartige Hochzeit arrangiert, man kümmerte sich um jedes Detail. Ich war zwanzig und wurde von den Ereignissen überrollt. Mir war nicht klar, dass es keine echte Verbindung zwischen uns gab und dass alles nur oberflächlich war. Ich wusste nicht, dass alles nur eine Illusion war.«

Diese intensive Erfahrung einer falschen Beziehung hinterließ bei Stuart einen tiefen Eindruck und legte den Kurs für seine zukünftigen Handlungen und seine Suche fest.

Wunsch nach Beziehung aufgeben

»Ich glaube, dass sie sich vor unserer Hochzeit so verhielt, als ob sie mich liebte. Ich nehme an, sie wollte, dass ich sie heirate. Aber nach der Hochzeit verhielt sie sich so, als ob sie mich nicht liebte. Ich fühlte mich gefangen und eingesperrt.«

Auf die Frage, ob er sich denken könne, weshalb sie aufgehört habe, ihn zu lieben, antwortete Stuart: »Sobald wir verheiratet waren, übernahm sie die Rolle ihrer Mutter, die ihren Vater ständig anschrie. Es wurde sofort die Ehe ihrer Eltern.«

Hier sehen wir wieder das Muster, dass ein Mensch sich mit dem Verhalten eines Elternteils identifiziert und es fast automatisch übernimmt, sobald er verheiratet ist.

Aus psychoanalytischer Sicht ist die Beziehung der Frau zu ihrem Ehemann nach der Hochzeit nicht notwendigerweise noch romantisch oder sorglos, weil sie jetzt ihre Ursprungsfamilie rekonstruiert. Die Frau kann den Mann als Ersatz für ihren Vater (oder ihre Mutter) sehen und sich selbst als diejenige, die die Rolle der Mutter (des Vaters) übernimmt. Sie kann nach der Hochzeit auch deswegen wie ihre Mutter werden, weil sie nicht die enge Verbindung zu ihr verlieren will. Eine Möglichkeit, jemanden nicht zu verlieren, besteht – auf unbewusster Ebene – darin, sich so wie er zu verhalten. Diese Dynamik kam sehr eindrucksvoll in Stuarts Beziehung zu seiner Frau zum Tragen.

»Nach der Hochzeit hörte ich allmählich gänzlich auf, sie zu begehren«, fuhr Stuart fort. »Ich hasste es, mit jemandem zusammen zu sein, der verschlossen und zornig war, und mied sie weitgehend. Wir blieben dreizehn Jahre verheiratet, und es wurde immer schlimmer. Wir bekamen drei Kinder. Es war ziemlich traurig. Ich brauchte sechs, sieben, acht Jahre, um sie zu verlassen.«

Wenn Kinder geboren werden und man sich ein Leben einrichtet, wird es zunehmend schwieriger auszubrechen.

»Ich wurde sehr apathisch und musste meinen Job verlieren und zwei Jahre arbeitslos herumhängen, bis sich die ganze Sache auflöste. Ich blieb abends sehr lange auf und ging ihr aus dem Weg.«

Stuart war nicht in der Lage, mit den heftigen Gefühlen umzugehen, die er empfand. Ohne die Fähigkeit, das, was passiert, zu verstehen und sich darüber auszutauschen, kann ein Mensch leicht in Depression oder Apathie versinken.

Auf die Frage, was ihn letztlich dazu motiviert habe zu gehen, antwortete Stuart: »Ich fühlte mich, als sei ich schon tot. Ich konnte mir nicht einmal vorstellen, ein Leben zu haben, also dachte ich, ich könne genauso gut auch gehen.«

Für ihn war es eine Art von Tod zu gehen. Aber zu diesem Zeitpunkt hatte er keine andere Wahl. Bleiben war zu schmerzlich. Er hatte das Gefühl, dass er physisch sterben würde, wenn er nicht ausbrach.

In diesem Fall war sein Ausbrechen ein Zeichen von Stärke, ein Versuch, sich den Kräften zu stellen, die ihn zu erdrosseln schienen. Aber Stuart sah es erst später als Stärke.

Seine Familie zu verlassen ist mit so vielen Schuldgefühlen verbunden, dass viele Männer nach der Trennung ebenso sehr leiden wie während ihrer Ehe. Da Schuld meist Strafe nach sich zieht, können die Ehefrauen dieser Männer lange Zeit mit Wut reagieren und den Männern die Strafe geben, nach der sie sich unbewusst sehnen.

»Es brauchte Zeit, das alles zu verstehen und zu lernen, an mir zu arbeiten«, erklärte Stuart. »Obwohl es zu dieser Zeit viele andere Menschen in meinem Leben gab, hatte ich nie das

Bedürfnis, wieder eine Partnerin zu haben. Die meisten Menschen, die ich kennen lernte, waren sehr an einer Beziehung zu mir interessiert, aber ich hatte keinen Wunsch danach. Ich hatte den starken Wunsch, allein und ich selbst zu sein.«

Man könnte sagen, dass das Trauma, das Stuart erlebt hatte, ihn daran hinderte, wieder Vertrauen in eine Beziehung zu haben. Trotz der positiven Erfahrungen, die er später machte, hatte Stuart das Gefühl, in der Beziehung zu einem anderen Menschen nicht er selbst sein zu können.

»Ich lernte eine wichtige Lektion darüber, was es bedeutet, sich der Vorstellung eines anderen Menschen zu unterwerfen«, fuhr Stuart fort. »Ich wollte das nie wieder tun.«

Auf die Frage, ob er sich je eine Beziehung vorgestellt habe, in der jeder dem anderen den Raum geben könne, er selbst zu sein und auf seine eigene Weise an sich zu arbeiten, antwortete er: »Es gab viele Beispiele dafür, aber ich glaubte nie daran. Ich hatte nie das Gefühl, das Bedürfnis eines anderen nach Vervollkommnung erfüllen zu wollen. Ich glaube, ich hatte die Vorstellung, dass Beziehungen nur in der Phantasie existierten. Man sieht eine Beziehung, und sie wirkt perfekt, aber wenn man sie genauer betrachtet, stellt man in neun von zehn Fällen fest, dass es Probleme gibt.

Ich habe auch Beziehungen gesehen, die wirklich schön waren, in denen beide auf ein gemeinsames Ziel hinarbeiteten. Aber meistens gibt es in Beziehungen einen, der die Führung übernimmt. Und der andere geht mehr Kompromisse ein. Einer sieht immer zu dem anderen als Führungsperson auf.

So etwas schmeichelt dem Ego, aber es ist leer. Es bedeutet letztlich nichts. Für mich sind Beziehungen eine Art Zeitvertreib, damit man sich nicht einsam fühlt. Sie werden auch von der Gesellschaft akzeptiert, weil so die Dinge getan und arrangiert werden – gemeinsam geht man ins Kino, hat Abendessen und füllt gemeinsam Steuerformulare aus. Man tut alles auf diese Weise. Als ich verheiratet war, dachte ich beispielsweise nicht über das Kinderkriegen nach, man tat es einfach. Jetzt frage ich, warum denn?

Meiner Ansicht nach sind Beziehungen ein sicherer Hafen. Menschen wünschen sich einen sicheren Hafen mehr, als sie sich wünschen, sie selbst zu sein oder auch nur zu wissen, wer sie sind.«

Auf die Frage, wie es sei, zu jemandem nach Hause zu kommen, mit dem man sein Leben teile, antwortete er: »Ja, die Leute wünschen sich das sehr. Es ist wie eine Notwendigkeit, fast genauso wichtig wie Luft und Nahrung. Aber ich glaube, die meisten Beziehungen schützen einfach nur vor der Einsamkeit. Ich glaube, dass Menschen, die allein leben, das Gefühl haben, dass ihnen etwas fehlt, dass etwas mit ihnen nicht in Ordnung ist, dass sie wertlose Außenseiter sind. Und das ist eine tiefe Überzeugung. In allen Gesellschaften ist es schlecht, wenn man bis zu einem bestimmten Alter nicht verheiratet ist. So wird die Gesellschaft aufrechterhalten. Aber in meinen Augen ist es keine Notwendigkeit.

Ich finde immer, dass die ganze Fürsorge, die Frauen Männern manchmal angedeihen lassen, erstickend sein kann. Ich finde es lästig und unecht. Ich glaube, es macht mich misstrauisch. Ich denke, dass Frauen das Gefühl haben wollen, gebraucht und begehrt zu werden. Manche Leute sagen, man kann nicht mit ihnen leben, und man kann nicht ohne sie leben. Nun, ich kann es. Es ist ganz einfach.«

Stuart braucht enorm viel Raum, um seine eigene Identität

wahrnehmen zu können. Gesten der Wärme und Zuneigung findet er unehrlich, wenn sie auf dem Pflichtgefühl basieren, die Bedürfnisse des anderen zu erfüllen, anstatt ein tatsächlicher Ausdruck der eigenen Empfindungen zu sein.

Man könnte sagen, dass Stuarts Bedürfnis nach Bewegungsfreiheit, Ausdrucks- und Auswahlmöglichkeiten weit mehr Gewicht hat als jeder Vorteil, den ihm eine feste Partnerschaft bringen könnte.

»Aus meiner Sicht muss man in festen Beziehungen um des Friedens willen einen Teil von sich unterdrücken, und zwar auch dann, wenn sehr viel Liebe mit im Spiel ist. Ich bringe nicht gern Opfer. Wir müssen schon genug Kompromisse machen, einfach weil wir am Leben sind. Ich will nicht jemandem erklären müssen, wohin ich gehe oder welche Motive ich habe. Wenn ich irgendwohin will, dann gehe ich einfach. Das Gleiche gilt für ein gemeinsames Bankkonto oder die Notwendigkeit, jemandem Rechenschaft darüber abzulegen, wofür ich Geld ausgebe. Es reicht schon, sich mit seinen eigenen – bewussten und unbewussten – Wünschen auseinander setzen zu müssen. Wenn man mit denen eines anderen umgehen muss, kann einen ihr Gewicht erdrücken. Dann hat man das Gefühl, sie bremsen zu müssen, und das schafft man sowieso nicht.

Ich denke, jeder sollte jemanden finden, der das Spiel auf seine Weise spielen will. Das ist freier Wille. Wenn das Leben vorbei ist, hat man seine Rolle so gespielt, wie man es wollte, und man weiß genau, wie die Erfahrung ist. Sie gehört einem.«

Stuart sieht Beziehungen nicht als einen Pfad zu Gott, zur dienenden Hingabe oder Erleuchtung, sondern als Hindernis – als eine Methode, im Netz und in den Dramen des Lebens gefangen zu werden. Auf die Frage, inwiefern die in Beziehungen verbrachte Zeit verschwendet sei, antwortete er: »Menschen füllen ihre Zeit bis zum Limit mit Urlaub, Beruf, Familie und gesellschaftlichen Verpflichtungen aus, was uns meiner Meinung nach nur davon ablenkt, uns zu fragen, weshalb wir überhaupt auf der Erde sind. Es lenkt uns davon ab, uns bewusst zu machen, dass wir mehr sind als das Sichtbare, als unsere körperliche Gestalt, und davon, von unserer Verbindung zum Bewusstsein zu wissen.

Also lebt man ein Leben voller Kompromisse, macht gute und weniger gute Erfahrungen, man reist und hat Kinder. Ein erfülltes Leben. Alles geht vorbei, und dann wird man alt und stirbt. Und hat vergessen, weshalb man gekommen war. Meiner Meinung nach kommt man auf die Welt, um zu erkennen, wer man ist – ganz und vollkommen. Man braucht für sein Leben keine Geschichte und keine Vereinigungsphantasie. Man braucht nur eine wahre Vereinigung mit dem, der man wirklich ist.«

Die Bemerkung, dass Beziehungen ein Ausdruck der Göttlichkeit, eine Möglichkeit, Gott in einem anderen zu sehen, sein können, kommentierte Stuart: »Ich habe Leute sagen hören, dass das Streben des Einzelnen nach einer Verbindung zu Gott Vorrang vor der Beziehung hat. Manche sagen, die Beziehung sei ihr Pfad zu Gott, und den anderen zu lieben, ihm zu dienen sei alles Ausdruck der Göttlichkeit.

Die Leute können sagen, was sie wollen. Wenn es für sie funktioniert, ist es gut. Meiner Erfahrung nach funktioniert manches davon, wenn zwei Menschen zusammen sind. Ich kenne Beziehungen, in denen die Freiheit des Einzelnen an erster Stelle kommt, und diese Beziehungen sind vollkommen. Ich glaube, das ist sehr schön und sehr selten. Beide entwi-

Wunsch nach Beziehung aufgeben

ckeln sich weiter und bringen Gefühle zum Ausdruck, die von Herzen kommen. Sehr schön.«

Stuart bezeichnet es als »sehr schön«, denkt aber trotzdem, dass diese Art von Beziehung nichts für ihn ist. Manche Psychologen würden sagen, dass Stuart das Gefühl hat, das nicht erreichen zu können, dass ihm ein grundlegendes Vertrauen in andere Menschen fehlt und dass die Überwindung dieses Misstrauens an sich schon eine wertvolle spirituelle Übung ist. Andere könnten die These aufstellen, dass er nie die Kränkung und Wut überwunden hat, die er seiner Frau gegenüber empfand, und dass es jetzt sehr wichtig für ihn wäre, sowohl ihr als auch sich selbst zu verzeihen.

Von einem radikaleren Standpunkt aus könnte man sagen, dass alles, was er erlitten hat, gut war, weil es ihn dazu brachte, nur noch die letzte Wirklichkeit zu suchen.

Auf die Frage, ob er sich einsam fühle, antwortete Stuart: »Ich bin nicht allein, denn ich habe mich selbst. Es ist ein großer Unterschied, ob man sich einsam fühlt und sich davor versteckt oder ob man die Einsamkeit zulässt und sich auf das konzentriert, womit man verbunden ist. Das heißt, ich fühle mich nicht allein, auch wenn ich mich manchmal einsam fühle.

Es hat sich in meinem Leben so ergeben, dass ich wegen all der Depressionen, die ich anfangs erlebte, und meiner falschen Vorstellungen davon, worum es im Leben geht, schließlich dazu kam, zu den Wurzeln vorzudringen. Jetzt bin ich in der Lage, anderen Menschen dabei zu helfen, selbst die Wahrheit zu erkennen.«

Auf die Frage, ob er anderen, seinen Schülern, empfehle, auf Beziehungen zu verzichten, antwortete Stuart: »Ich glaube nicht, dass es meine Aufgabe ist, anderen Menschen zu sagen, was sie tun sollen. Sie tun, was sie tun, und lernen daraus. Auf die eine oder andere Weise hat jeder das, was zum jeweiligen Zeitpunkt perfekt für ihn ist. Zwei Menschen können dieselbe Beziehung erleben, und sie ist für den einen schwierig und für den anderen perfekt, aber letztlich ist sie für beide perfekt. Beide lernen. Es ist einfach eine weitere Erfahrung.«

Auf die Frage, was er mit all den Menschen anfange, die mit ihm leben wollten, antwortete Stuart lächelnd: »Man muss gar nichts tun, man tut einfach nicht, was sie wollen, und dann verschwinden sie irgendwann aus deinem Leben.

Was mich so erstaunt, ist, dass Menschen sich ohne Beziehungen so unvollständig fühlen, dass sie sich ständig danach sehnen und das Gefühl haben, ohne eine Beziehung nicht existieren zu können. Es gab Zeiten in meinem Leben, in denen ich auch eine Beziehung wollte – aber ich sehnte mich nicht so verzweifelt danach.«

Dr. Gerald Epstein, der den spirituellen Pfad des Westens lehrt, erklärt seine Sicht des Zusammenhangs zwischen Spiritualität und Beziehungen folgendermaßen: »Im Westen befinden wir uns auf einem monotheistischen Pfad. Wir haben es mit Zweiheit – einem Liebhaber und einem Geliebten – zu tun. Auf diesem Pfad begegnet man sich durch den anderen und erfährt so die Liebe. Es ist nicht so, als könnten wir nicht ohne eine Beziehung existieren, aber in der Ehe heiraten wir in Wirklichkeit Gott, wir proben für unsere letzte Vereinigung mit Gott.

Im Westen führt der einzige Weg zu Gott durch einen anderen Menschen. Er setzt eine Beziehung zwischen zwei Menschen voraus. Man muss die niedrigere Bedeutung der Zweiheit – Dualität, Teilung – erfahren, dann den Weg zur höheren Zweiheit – der Liebe – finden und von da aus den Sprung zur

Wunsch nach Beziehung aufgeben

Einheit machen, durch die Begegnung und Verschmelzung unseres Willens mit dem göttlichen Willen. Das ist der Weg des Einswerdens. Das ist der Pfad des Monotheismus.«

Beide Pfade sind auf unterschiedliche Weise Gott oder dem Einssein gewidmet. Stuarts Identität und Suche nach dem Einssein ist unabhängig von Beziehungen. Er identifiziert sich direkt mit »dem Ganzen« und fühlt sich dabei gut.

»Ich besitze die Fähigkeit, Menschen dabei zu helfen, zu verstehen, was vor sich geht, und zu den Wurzeln vorzudringen«, sagte Stuart. »Daher habe ich zu vielen Menschen eine tiefe Verbindung. Ich kann zum Kern dessen vordringen, wo sie sich gerade befinden. Sie vertrauen mir und lassen mich an den Dingen teilhaben, in denen sie gerade feststecken. Es entsteht eine sehr tiefe, intime Beziehung, wenn Menschen vollkommen ehrlich sind. Es ist äußerst intim – nein, eigentlich heilig.

All die Jahre, in denen ich mich gefangen und hoffnungslos fühlte und nicht einmal wusste, was ich wollte oder wozu ich da war, brachten mich an den Punkt, an dem ich andere Menschen in diesem Zustand erkenne und weiß, dass diese Situation nicht so sein muss. Und dass alles eine Illusion ist. Sie glauben, sie wären glücklich, wenn sie nur hier oder dort etwas verändern würden – und das ist nicht wahr. Wenn man im Gefängnis ist, ist man im Gefängnis.

Das Einzige, das etwas bedeutet, ist, sich selbst treu zu sein – auch wenn kein anderer einen versteht. Es geht nicht darum, sein Leben so zu gestalten, wie andere es sich vorstellen.

Mein Leben ist jetzt in einem neuen Daseinszustand. Ich habe das Gefühl, dass für mich gesorgt ist. Ich kenne die Wahrheit darüber, wer ich bin. Das ist der Mittelpunkt meiner Wirklichkeit. Wenn Sie sich Ihren Terminkalender von letzter

Woche ansehen, dann ist alles, worauf Sie sich gefreut hatten, jetzt vorbei und nicht mehr real, und jetzt freuen Sie sich auf etwas anderes. Und wenn Sie sich die Terminkalender des letzten Monats oder des letzten Jahres ansehen, dann ist es, als ob Sie ein anderer Mensch waren. Es hat keine Bedeutung. All die Dinge, auf die Sie sich gefreut haben, all die Verabredungen, die Sie hatten, sind nichts. Es bedeutet nichts. Und doch denken wir immer, dass das Nächste, was passieren wird, etwas bedeuten wird.«

Auf die Frage, ob all die Erfahrungen, die er gemacht habe, all die Menschen, die er geliebt und mit denen er sich ausgetauscht habe, ihm geholfen hätten, sich weiterzuentwickeln, und ihn geprägt hätten, antwortete Stuart: »Das Einzige, was man hat, ist die Liebe, die man in einem Augenblick mit jemandem teilen kann. Die Liebe, die man letzte Woche mit jemandem geteilt hat, ist vorbei. Sie ist leer, beendet, nur noch eine Erinnerung. Es ist die Erfahrung der Gegenwart, in der man sie teilen kann. An der Erinnerung festzuhalten und sich auf die Zukunft zu freuen ist eine Phantasie. Aber wenn man in der Gegenwart ist, ist man in einem Raum der Liebe. Was gibt es sonst? Man freut sich nicht auf etwas Bestimmtes, das mit einem bestimmten Menschen passieren soll, um einen glücklich zu machen, und man hält nicht an Dingen aus der Vergangenheit fest, die so schlimm waren, dass man immer noch darauf wartet, einen gerechten Ausgleich dafür zu finden. Das ist für mich die Wirklichkeit. Kein Groll und keine Vorfreude. Und keine Notwendigkeit, etwas zu erreichen. Keine Notwendigkeit, sich an irgendeiner Art von Identität festzuklammern. Identitäten basieren auf Erfolgen, einer weiteren Illusion.

Man macht aus sich eine Person, die eine ganze Liste von Erfolgen, eine Biographie, ein Erinnerungsalbum, vorzuweisen hat. Was bedeutet das? Es ist nur ein Bild. Nur eine Geschichte. Es ist eine Geschichte von allen möglichen Dingen, die wir tun. Lass uns eine Beziehung haben, eine Familie gründen, ein Haus kaufen, mit all diesen Dingen ist man beschäftigt, und über alldem schenkt man der Verbindung zu seinem Selbst und zu Gott keine Beachtung.

Das ist die Quelle direkten Glücks. Aber in unseren Augen wird man erst glücklich sein, wenn man etwas Bestimmtes bekommt. Aber ich frage, woher all dieses Glück kommt, von einem Gegenstand, einer Person oder einem selbst?

Man kann Jahre damit zubringen, nach einem Gegenstand oder einer Person zu streben, aber warum nicht jetzt, und direkt hier, nach Glück streben?«

Abschließend erwähnte Stuart zwei schöne Zitate, die ihm wertvoll sind und die seine Ansichten und seine Suche beschreiben.

Nur wenn man die Wahrheit der Liebe kennt,
die die wahre Natur des Selbst ist, kann der starke,
verschlungene Knoten des Lebens gelöst werden.
Nur wenn man den Gipfel der Liebe erreicht,
erreicht man Befreiung. Das ist das Herz aller
Religionen. Die Erfahrung des Selbst ist nur Liebe,
nur Liebe sehen, nur Liebe hören, nur Liebe fühlen,
nur Liebe schmecken und nur Liebe riechen,
das ist Glückseligkeit.
Sri Ramana Maharishi

> *Erfülle zuerst den Wunsch nach Freiheit,*
> *dann wird es keinen anderen Wunsch mehr geben.*
> *In der Freiheit werden die Dinge, die du begehrt hast,*
> *zu dir kommen, um ihre Wünsche erfüllen zu lassen.*
> *Das ist schwer zu verstehen, aber ich hoffe,*
> *dass es dir gelingt. Weil du wunschlos bist,*
> *wirst du die Wünsche erfüllen, die zu dir kommen.*
> *Der Unterschied besteht darin, dass du dich nicht an*
> *den Wunsch binden wirst. Wie ein Traum werden die*
> *Wünsche, die zu einem freien Menschen kommen,*
> *erfüllt. Dieser Traum ist weder wirklich*
> *noch unwirklich.*
> Sri H. W. L. Poonja

Empfehlungen

für den Umgang mit Männern, die die Freiheit suchen.

Für Frauen:

- Dieser Mann ist auf einer Suche, die nicht notwendigerweise Beziehungen beinhaltet.
- Sofern Sie nicht unabhängig von ihm dasselbe Ziel verfolgen, ist es besser, nur Freunde zu bleiben.

Für Männer:

- Machen Sie sich klar, dass Freiheit viele Gesichter hat und in vielen Formen auftreten kann.
- Für manche kann Freiheit nicht ohne Struktur und scheinbare Begrenzungen entstehen. Struktur dient dazu, Energie und Lebensziele zu fokussieren.

Empfehlungen

- Wenn Sie auf Ihrer Suche nach Freiheit Beziehungen ablehnen, sollten Sie prüfen, ob dieser Wunsch nicht durch seelische Probleme und Enttäuschungen motiviert ist, die nicht aufgearbeitet wurden.
- Was unterdrückt wurde, wird letztlich wieder zum Vorschein kommen, um verstanden und akzeptiert zu werden. Echte spirituelle Praxis muss alle Erfahrungen beinhalten, die das Leben bringt.

Glaubensfragen

*Wie im Gesang der Gesänge ist das Glück
der Harmonie zwischen Mann und Frau
die wahre Parabel auf die Vereinigung
der Seele mit Gott.*
Igeret Hakodesh

Im Leben vieler Männer gibt es einen Zeitpunkt, an dem spirituelle Sehnsüchte in den Vordergrund treten und sie dazu bewegen, ihre Ausrichtung im Leben zu überprüfen. Fragen wie »Wer bin ich?«, »Wohin gehe ich?«, »Was ist der Sinn meines Lebens?« und »Wie lebe ich mein Leben am besten?« bewegen den Menschen tief. Wenn die Antworten auf diese Fragen in einem religiösen Rahmen gesucht werden, strebt dieser Mensch danach, in allen Bereichen seines Lebens das zu tun, was Gott von ihm will. Er setzt Gott immer an die erste Stelle.

Wenn die Religion im Leben eines Mannes an die erste Stelle tritt, ändert sich seine gesamte Orientierung. Was wichtig zu sein schien, hat keine Bedeutung mehr. Eine tiefe Selbsterforschung findet statt, die sich auf alle Beziehungen auswirkt. Auch wenn Gott in der Beziehung bislang nie ein Thema war, wird er jetzt zu einer wichtigen Komponente. Natürlich wollen diese Männer, dass ihre Partnerin daran teilhat. Wenn dies nicht geschieht, beenden manche Männer die Beziehung, weil sie das Gefühl haben, dass sie sie in die falsche Richtung führt.

Für manche wird die Beziehung selbst zur spirituellen Übung, die ihnen die Möglichkeit gibt, den Willen Gottes zu erfüllen.

Zu diesem Thema sagt Dr. Gerald Epstein: »Die Männer kommen an einen kritischen Punkt und müssen eine Entscheidung treffen. Auf der spirituellen Reise bedeutet das im Allgemeinen, dass man für eine Zeit ins Exil geht. Das kann bedeuten, dass man seine vertraute Umgebung verlässt. Es kann bedeuten, dass man die Beziehung zu seiner Frau beendet, um sich auf diese Reise zu begeben, wenn die Frau an dieser Reise nicht teilhat. Wenn ein Mann sich eine neue Ideologie zu Eigen macht, die ihn in eine andere Richtung führt, und die Frau sie für unsinnig hält, dann kann es eine große Erleichterung für die Ehepartnerin sein, wenn ein solcher Mann geht.

Aber die meisten Männer empfinden beim Gedanken an Trennung heftige Schuldgefühle und verzichten lieber auf ihre eigene Reise, um die Ehe intakt zu halten. Andere empfinden so viel Feindseligkeit und Bitterkeit, dass sie nicht in der Lage sind, in der Beziehung zu bleiben, auch wenn sie es versuchen.«

Thom ist ein redegewandter, attraktiver, intelligenter, offener Mann. Er ist ein Beispiel für einen Mann, der eine sehr spirituelle Entwicklung erlebte, aber so lange wie möglich bei seiner Frau blieb, obwohl sie an seiner Suche nicht teilnahm. Er blieb bei ihr und den Kindern wegen der kirchlichen Doktrinen, an denen er festhielt, und weil er niemanden im Stich lassen wollte. In dieser Zeit verließ ihn seine Frau zweimal. Am Ende reichte sie die Scheidung ein, ohne ihm etwas davon zu sagen.

»Meine erste Ehe dauerte insgesamt neunzehneinhalb Jahre«, begann Thom. »Ich heiratete mit achtzehn, ging aufs Abend-

College, meine Frau wurde schwanger, und mit neunzehn war ich Vater. Nach der Geburt unseres ersten Kindes musste sich meine Frau einer größeren Operation unterziehen und war längere Zeit krank. Von da an konnte sie nur noch begrenzt mithelfen. Das änderte meine Einstellung gegenüber vielen Dingen, einschließlich der Ziele und Prioritäten in meinem Leben. Ich musste arbeiten, arbeiten, arbeiten. Sie konnte nicht arbeiten. Zu diesem Zeitpunkt bekamen meine Schwiegereltern zunehmend mehr Einfluss, insbesondere meine Schwiegermutter, die von ihrem Mann getrennt lebte. Später ließen sie sich scheiden.

Ich bin davon überzeugt, dass viele Menschen unbewusst eine negative, sich selbst erfüllende Prophezeiung mit sich herumtragen, von der sie nicht einmal wissen, dass sie sie zu erfüllen versuchen«, sagte Thom. »Meine Frau war ein Beispiel dafür. Aus meiner Sicht arbeitete ich während der neunzehn Jahre unserer Ehe sehr hart daran, eine gute Beziehung zu führen. Aber zeitweise hatte ich den Eindruck, dass sie sich verhielt, als erwarte sie buchstäblich, wie ihre Mutter zu enden, die von ihrem Mann schlecht behandelt worden war. Dagegen kämpfte ich.«

Viele Menschen, die unbewusst dieselben Muster wiederholen wie ihre Eltern, lassen sich nach derselben Zahl von Ehejahren scheiden wie ihre Eltern. Viele haben Angst davor, eine bessere Ehe zu führen als ihre Eltern, mehr Glück und Erfüllung zu finden. Wenn das der Fall ist, fühlen sie sich schuldig, als würden sie die Eltern betrügen oder überflügeln.

»Ich wandte mich während meiner Ehe sehr dem Christentum zu«, fuhr Thom fort, »engagierte mich mehr in der Kirche. Ich ging viele Jahre lang allein mit meinen Kindern in die Kirche, sonntagmorgens, sonntagabends, mittwochabends. Meine Frau konnte nie mitkommen. Ich fing in einer Baptistenkirche an – jetzt bin ich katholisch, habe einen Ehrendoktortitel vom christlichen College und habe mich mit vielen kirchlichen Aktivitäten beschäftigt.

Was unserer Ehe am meisten geschadet hat, war, glaube ich, zum einen die negative, sich selbst erfüllende Prophezeiung meiner Frau und zum anderen die Tatsache, dass sie nicht mit mir zur Kirche ging, nicht mit mir betete. Wenn wir uns zum Essen hinsetzten und ich verlangte, dass wir mit den Kindern ein Dankgebet sprachen, weigerte sie sich. Es lag nicht unbedingt daran, dass sie nicht an Gott glaubte oder nichts vom Beten hielt, sondern daran, dass sie alles gemäß ihren eigenen Vorstellungen tun wollte und nicht bereit war, auf meine Wünsche einzugehen.«

Das ist eine faszinierende und prekäre Situation. Religiöse Rituale können in einer Beziehung leicht in einen Machtkampf ausarten, wenn ein Partner es als eine Methode des anderen ansieht, Macht auszuüben oder den Partner zu verurteilen, wenn er sich nicht an die Regeln hält. Natürlich weckt dies Widerstand, Zorn und das Gefühl, abgelehnt zu werden. Selbst wenn der Partner im Grunde daran teilhaben möchte, können ihn solche Gefühle davon abhalten.

Anfangs gehörten religiöse Rituale nicht zum Alltag von Thoms Ehe. Thom wandte sich im Lauf der Zeit stärker der Religion zu, als er sich mit unerwarteten und schwierigen Problemen konfrontiert sah. Dies stärkte zwar seinen Glauben, aber seine Frau reagierte nicht auf dieselbe Weise. Sein Verhalten kann sie sicherlich als Ausübung von Zwang empfunden haben.

Diese Art von Dilemma ist nicht ungewöhnlich. Wenn sich Partner in unterschiedliche Richtungen entwickeln, führt dies zu einer Spaltung in der Beziehung, insbesondere, wenn Kinder betroffen sind. Wenn das geschieht, ist ein besonders behutsames Vorgehen, Verständnis und möglicherweise sogar professionelle Unterstützung erforderlich.

»Aufgrund meines starken christlichen Glaubens«, fuhr Thom fort, »und der Lehren in der Heiligen Schrift blieb ich in der Ehe. Oft wollte ich gehen, aber ich tat es nie. Dass ich mich schließlich doch von ihr trennte, geschah nur deshalb, weil *sie* die Scheidung einreichte. Ich wollte wirklich mein Bestes tun und brauchte Anleitung und Unterstützung. Wie sehr sich ein Partner auch bemüht, der ideale Ehepartner zu sein – man braucht in der Ehe doch irgendeine Art von Modell, das man anstrebt.«

Aus Unsicherheit darüber, wie es in seiner Beziehung weitergehen solle, wandte sich Thom der Kirche und der Heiligen Schrift zu, als Schwierigkeiten auftraten.

»Ich bin jetzt 48. So viele Menschen in meiner Generation wuchsen mit einem weitgehend abwesenden Vater auf, und wir hatten keine Vorbilder darin, ein guter Ehemann oder Vater zu sein. Mein Engagement in der Kirche hatte sicherlich zum Teil damit zu tun, dass ich dort einige sehr positive Vorbilder fand, was die Rolle des Vaters und Ehemanns betrifft. Das machte sicher einen Teil der Anziehungskraft aus.«

Das ist eine sehr ehrliche Aussage über ein tiefes Bedürfnis, das alle Männer haben: ein ideales Vorbild zu finden, eine Möglichkeit, das zu stillen, was Robert Bly den »Vaterhunger« nennt. Wenn der Vater zu oft abwesend ist, wachsen junge Männer mit einem tiefen Gefühl der Entbehrung auf und sind hinsichtlich ihrer Selbstdefinition und des Verhaltens als Mann, den sie respektieren und zu dem sie aufsehen können, sehr verunsichert. Manche Männer brauchen ein Vorbild, das höhere Werte verkörpert. Robert Bly spricht in diesem Zusammenhang vom »inneren König« oder »segnenden Vater«. Diese Männer brauchen ein männliches Vorbild, von dem sie gesegnet werden und das sie respektieren können. Sie verinnerlichen dann diese Rolle, werden dieselbe Art von Mann und führen ein Leben, das von hohen moralischen Werten geprägt ist.

In gewisser Hinsicht war das die Rolle, die John F. Kennedy und Martin Luther King, für viele in ihrer Generation spielten. Sie waren Männer, die über sich hinauswuchsen und ihr Leben einem höheren Ziel verschrieben. Das war die Art von Männerbild und Vorbild, nach der Thom leben wollte.

»Ich fing mit 26 an, regelmäßig zur Kirche zu gehen. Als Heranwachsender ging ich in eine methodistische Kirche, aber damals war das kein wichtiger Teil meines Lebens. Ich war ein Mensch mit hohen Idealen und Werten, aber Kirchenbesuch war eines dieser Dinge, die man tat, weil die Eltern es so wollten.

Mein regelmäßiger Kirchgang kam für meine Frau sehr unerwartet, und es fiel ihr schwer, sich darauf einzustellen. Ich mache ihr deswegen keinen Vorwurf. Für mich wurde es sehr wichtig. Ich wollte, dass es auch für sie wichtig wurde und dass sie diese Erfahrung mit mir teilte, aber sie war nicht bereit, sich darauf einzulassen.

Es gab viele Reibungsflächen zwischen uns – in der Bibel nennt man das eine ›ungleich gejochte‹ Verbindung. Wenn beispielsweise im Alten Testament ein Jude eine Ägypterin heiratete, konnte es ebenfalls Probleme geben. Ich halte es für extrem wichtig, in einer Ehe gemeinsame Werte zu haben.

Am Ende zog ich aus, nachdem sie ohne vernünftigen Grund die Scheidung eingereicht hatte. Zu diesem Zeitpunkt machte sie mir das Leben sehr schwer, und wir waren unseren Kindern ein schlechtes Vorbild, was sicherlich nicht gut für sie war. Also ging ich in der Absicht, mich wieder mit ihr zu versöhnen, aber am Ende ließen wir uns scheiden.

Ich war etwa zweieinhalb Jahre allein. Dann fing ich an, mit einer Frau auszugehen, mit der es ernster wurde, als plötzlich meine Exfrau wieder auftauchte und Interesse daran zeigte, wieder mit mir zusammenzukommen.«

Das ist ein häufiges Phänomen. Sobald der geschiedene Partner herausfindet, dass der ehemalige Ehepartner im Begriff ist, sich auf eine neue Beziehung einzulassen, zeigt der Betreffende oft Reue und möchte versuchen, die Beziehung noch einmal zu kitten.

»Meine Exfrau überredete mich dazu, mich von der anderen Frau zu trennen und sie noch einmal zu heiraten. Ich tat es, hauptsächlich wegen der Lehren in der Heiligen Schrift und weil ich dachte, wir könnten uns wieder versöhnen. Sie sagte, sie sei jetzt bereit, mit mir in die Kirche zu gehen, und ich dachte, auf lange Sicht sei es besser für unsere Kinder – wenn ich auch nicht vollkommen glücklich darüber war.«

Thom versuchte, sein Leben an der Heiligen Schrift zu orientieren, auch wenn dies seinen persönlichen Gefühlen widersprach.

»Wir waren zwei Jahre verheiratet, und während des ersten Jahres unserer zweiten Ehe fuhr meine Frau mit unserer Tochter nach Kalifornien, um eine Freundin zu besuchen, und blieb den ganzen Sommer über dort. Als sie zurückkam, sagte sie, sie wolle nach Kalifornien ziehen. Wir lebten zu der Zeit in Ohio, und ich hatte eine eigene Firma. Sie sprach immer wieder davon, sodass ich im nächsten Sommer einige Namen von Leuten in Kalifornien in Erfahrung brachte und sagte, okay, ich will meine Ehe erhalten, und ich kann mein Geschäft auch dort wieder etablieren, es ist nicht das Ende der Welt. Also schrieb ich an verschiedene Leute, und im Februar des folgenden Jahres (zwei Jahre nach unserer erneuten Heirat) bekam ich einen Anruf von einem Mann aus San Diego, der einen Beratungsauftrag für mich hatte. Ich sah das als eine Chance an, dort ins Geschäft zu kommen.

Ich fuhr also hin und brachte die Sache in Gang, in der festen Überzeugung, dass sie unser Haus verkaufen und nachkommen würde, wenn es dort gut lief. Ich fuhr also hin, brachte die Sache in Gang und kam etwa sechs Wochen später zurück, fest überzeugt, dass ich es schaffen würde. Ich kam nach Hause, holte mein Auto und fuhr wieder hin.

Ich war etwa zwei oder drei Monate dort. Es war ein sehr angenehmes Umfeld für mich, ich genoss es. Ich schrieb meiner Frau jeden zweiten Tag und schickte ihr alle Schecks. Im September besuchte sie mich – und sagte mir, dass sie nun doch nicht nach Kalifornien ziehen wolle.«

Offenbar war Thoms Frau mehr daran interessiert, sein Leben durcheinander zu bringen, als irgendeine Verpflichtung einzugehen. Es gibt Menschen, denen es Freude macht, den Partner auf Trab zu halten und ihn ständig seine Liebe beweisen zu lassen. Sie selbst sind jedoch nicht zu irgendeiner Form der Rücksichtnahme bereit. Aus christlicher Sicht erlebte Thom eine Prüfung. Geprüft wurde seine Fähigkeit, nicht auf dieselbe Weise zu reagieren, sondern seinen Werten treu zu bleiben.

»Ich hatte Beratungsverträge, die mich bis zum Januar in Kalifornien beschäftigten«, fuhr Thom fort. »Dann reichte sie erneut die Scheidung ein. Ich rief aus Kalifornien an, und sie sagte, sie habe den Scheidungsantrag zurückgezogen. Im Februar kam ich nach Ohio zurück. Als ich dort ankam, erfuhr ich, dass unsere Scheidung seit dem vergangenen Mittwoch rechtskräftig war. Ich hatte nicht einmal gewusst, dass eine Anhörung stattgefunden hatte. Ich fuhr zu meinem Haus, um meine Frau und meine Kinder zu sehen. Sie hatte die Schlösser austauschen lassen. Ich hatte keine Ahnung davon gehabt. Ich wohnte bei einem Pfarrer, den ich kannte, und versuchte die Dinge zu klären. Es stellte sich heraus, dass es ihr nur darum ging, alles zu bekommen, was ich besaß.

Obwohl wir bereits einmal geschieden worden waren, gab es noch einige gemeinsame Besitztümer, die ich beim ersten Mal behalten hatte. Dieses Mal bekam sie alles.«

Thom wurde aufs Äußerste geprüft. Vom karmischen Standpunkt aus könnte man sagen, dass er eine alte Schuld begleichen musste, die er ihr gegenüber noch hatte. Die Frage war, wie er sich jetzt verhalten würde. Würde er sich rächen wollen und sich an der Bitterkeit festklammern, oder würde er die Situation im Geiste der Vergebung akzeptieren? Wenn man das tut, kann man leichter zu etwas Neuem übergehen.

»Ich musste noch einmal ganz von vorn anfangen. Etwa einen Monat später kehrte ich zu der Frau zurück, mit der ich vier Jahre zuvor ausgegangen war und die jetzt meine Frau ist. Lorna, damals eine junge Witwe, hatte in der Zwischenzeit Verabredungen mit einigen Männern gehabt. Als wir wieder zusammenkamen, war es Gottes perfektes Timing – ihr Jüngster schloss gerade die High School ab.

Neun Monate später heirateten wir. Wir führen eine wunderbare Ehe. In der katholischen Kirche nennt man das eine sakramentfeste Ehe. Meine erste Ehe wurde von der Kirche annulliert. Wir waren mit achtzehn von zu Hause weggelaufen, um heimlich zu heiraten.

Aus kirchlicher Sicht ist dies eine erste Ehe. Sie ist so wunderbar, und um ehrlich zu sein – in der Zeit nach meiner ersten Scheidung war ich mit einigen Frauen ausgegangen, von denen es den meisten so schwer fiel, über ihre Probleme aus früheren Ehen hinwegzukommen, dass ich dachte, ich würde keine geschiedene Frau heiraten wollen.

Diese ganze Frage der Scheidung und Wiederverheiratung ist für mich aus biblischer Sicht sehr problematisch. Im Neuen Testament heißt es, dass eine Scheidung unbegründet ist, wenn sie nicht aufgrund eines Ehebruchs eines der Partner vollzogen wird. Man muss beweisen, dass der andere untreu war. Manche Leute halten das für einen dogmatischen Standpunkt. Natürlich sind viele Ehen vom kirchlichen Standpunkt aus keine Ehen nach der Heiligen Schrift.

In manchen Kirchen gilt die Ehe als Sakrament, als Berufung. Das ist auch in der katholischen Kirche so. Man wird zur Ehe berufen. Wenn man an seine Berufung denkt, muss man daran arbeiten. Das heißt, man hat nicht die Möglichkeit, einfach zu gehen, wenn sich die Dinge verändern.«

Von diesem Standpunkt aus ist die Ehe an sich die spirituelle Übung. Das gilt auch für religiöse jüdische Ehen, wo der Ehepartner als Partner gilt, um bei der Erfüllung des göttlichen Willens zu helfen. Keiner kann es ohne den anderen vollbringen. Obwohl die Scheidung im Judentum zulässig ist, ist laut dem Alten Testament ein Mann ohne Frau keine ganze Person, insbesondere da die Frau den Geist Gottes in sich trägt.

»Ich habe das Gefühl, dass Gott mich mit der besten Frau belohnt hat, die ein Mann sich wünschen kann«, fuhr Thom fort. »Ich war meiner ersten Frau treu und tat alles, um mich mit ihr zu versöhnen, weil ich das für das Richtige hielt. Deshalb glaube ich, dass Gott mir die perfekte Frau zum perfekten Zeitpunkt geschenkt hat. Das Timing ist in Beziehungen überaus wichtig.

Rückblickend betrachtet gab es sicherlich Dinge, die ich hätte besser machen können, um meine erste Frau zu unterstützen und sie bedingungslos als den Menschen anzunehmen, der sie war. Ich bin sicher, dass ich das hätte besser machen können. Ich versuche nicht, mich zu verteidigen.«

Wenn wir mit jemandem zusammen sind, der nicht zu uns passt, kann es – aus spiritueller Sicht – sein, dass wir etwas von ihm lernen sollen, dass wir Erfahrungen machen und Prüfungen bestehen müssen, damit wir uns weiterentwickeln und einen geeigneteren Partner, vielleicht einen Seelengefährten, finden können.

Auf die Frage, weshalb seiner Meinung nach so viele Menschen keinen Seelengefährten finden, antwortete Thom: »Weil sie so viele Probleme aus der Vergangenheit nicht gelöst haben. Der richtige Mensch für sie taucht vielleicht auf, aber weil sie die Vergangenheit noch nicht bewältigt haben, erkennen sie es nicht. Sie können es nicht in sich aufnehmen.

Vergebung ist auch ein wichtiger Punkt. Ich musste meiner ersten Frau all das, was sie getan hat, vollkommen vergeben.«

Es ist eine spirituelle und psychologische Wahrheit, dass

man keinen neuen Menschen in sein Leben aufnehmen kann, solange man die Vergangenheit nicht losgelassen und Raum für jemand anderen geschaffen hat. Die anderen Frauen, die Thom kennen lernte, während er Single war, hatten noch nicht verziehen und empfanden deshalb so viel Bitterkeit.

Auf die Frage, was eine Ehe seiner Meinung nach so wunderbar mache, dass er nicht das Bedürfnis habe zu gehen, antwortete Thom: »Zum einen würde ich schon wegen des Sakraments nicht gehen. Aber zum anderen denke ich, dass wir beide wissen, dass der andere nicht gehen wird, und uns deshalb sicher fühlen und dem anderen alles geben können, ohne Angst, dass er uns eines Tages im Stich lassen wird.«

Das ist ein wichtiges Beispiel für die Freiheit, die aus Einschränkungen oder Disziplin erwächst. Obwohl ein Mensch in einer solchen Ehe nicht die Freiheit hat, sich auf andere Beziehungen einzulassen, hat er andere Freiheiten – Freiheit von der Angst, verlassen zu werden, und daher die Freiheit, offener und verletzlicher zu werden, Vertrauen zu entdecken.

»Und wir beten jeden Tag miteinander«, sagte Thom. »Wir beten vor jeder Mahlzeit, und wir gehen zusammen zur Kirche, egal, wo wir sind.«

Thom und Lorna rufen ständig eine höhere Macht um Hilfe bei allen Aspekten ihres gemeinsamen Lebens an. Allein dadurch werden beide sehr entlastet. Sie wissen, dass es einen Höheren gibt, dem sie Rechenschaft schuldig sind, der sie unterstützt und tröstet.

»Beziehungen und Ehen aus spiritueller Sicht zu betrachten hat noch andere Implikationen«, fuhr Thom fort. »Ich glaube zwar, dass Gott den Mann und die Frau gleichberechtigt geschaffen hat, dass er aber natürliche Rollen für Ehefrau und

Ehemann vorgesehen hat und dass es zu Konflikten kommt, wenn man versucht, in der Ehe die falsche Rolle zu übernehmen.

Ich glaube, dass Gott die Frau so geschaffen hat, dass sie Liebe geben und ihrem Mann dienen will, aber der Mann muss auch bereit sein, seiner Frau zu dienen – nicht so egoistisch zu sein. Damit sich keiner ausgenutzt fühlt.«

Die Vorstellung, dass die Frau dem Mann dienen solle, ist heute sehr unpopulär. Aber in allen spirituellen Übungen lernt der Mensch zu geben, zu dienen und das Ego, den kleinen, selbstbezogenen, eigennützigen Aspekt seiner Persönlichkeit, zu reduzieren und aufzulösen. In einer Ehe, die der spirituellen Übung gewidmet ist, wird ganz selbstverständlich einer versuchen, dem anderen zu dienen und sich dadurch auch für Gott zu öffnen.

»Ich glaube, man kann negative Muster durchbrechen. Fange mit dem Gebet an, und gib – wie bei jedem anderen Problem – erst einmal zu, dass es ein Problem ist. Andernfalls können sich diese Muster automatisch wiederholen.

Viele versuchen, Probleme und Verhaltensmuster psychologisch zu durchbrechen, aber nur wenige suchen Hilfe im Gebet. Wenn man Gott Vorrang einräumt, regelt sich alles andere von selbst.

Als wir meine Großmutter mit ihren 102 Jahren nach dem Geheimnis einer langen, glücklichen Ehe befragten, sagte sie: ›Viel Geben und Nehmen, mit dem Schwerpunkt auf Geben.‹«

In einer spirituell orientierten Beziehung liegt der Schwerpunkt nicht notwendigerweise auf den Gefühlen, sondern auf dem *Tun*, darauf, wie viel man gibt, welche Beziehung man zueinander und zu Gott hat.

»In unseren Flitterwochen«, fuhr Thom fort, »fuhren wir ins Heilige Land. Unser Führer war ein Jude. Wir besuchten sowohl die heiligen Stätten der Christen als auch die der Juden. In den Testamenten heißt es, dass ein Mann sein Leben für seine Braut niederlegen soll. Dieses Bild hat man hier von der Ehe. Sein Leben niederzulegen ist ein Opfer dafür, dass die Braut in ihrer strahlenden Schönheit hervortreten kann. Wenn ein Mann bereit ist, sich für seine Braut zu opfern, dann kann sie aufblühen. Dann wird auch er aufblühen, weil sie ihn so sehr lieben wird für das, was er für sie tut. Wenn eine Frau sich so geliebt fühlt, will sie nur noch geben. Ich glaube, so hat Gott es gewollt.

Ich danke Gott für Lorna. Wenn man den wirklich richtigen Partner findet, dann ist das ein Geschenk Gottes. Es folgt Gottes perfektem Zeitplan und ist geradezu die von Gott vorbestimmte Verabredung.«

Thom hat seine kostbare Partnerin gefunden und eine Möglichkeit, mit ihr gemeinsam nach Gott zu streben. Er fühlt sich in der Tat gesegnet.

Ein Zuhause für Gottes Gegenwart erschaffen

In der jüdischen Religion basiert die Ehe zutiefst auf Liebe, aber sowohl die Definition von Liebe als auch der Weg zu ihr unterscheiden sich sehr deutlich von der weltlichen Sicht.

Es heißt, dass man zum Zeitpunkt der Hochzeit nicht notwendigerweise den Höhepunkt seiner Gefühle füreinander erreicht hat, sondern dass die Heirat der Anfang eines Lernprozesses ist. Der Ehepartner lehrt uns zu lieben.

Chassidische Juden wählen ihre Partner nicht selbst aus. Sie streben nicht danach, sich zu verlieben, da sie das für eine Verblendung halten, die nur auf Phantasie basiert. Stattdessen werden die zukünftige Braut und der zukünftige Bräutigam aufgrund ihres Umfeldes, ihrer Ziele und ihrer Glaubensausrichtung ausgewählt und einander vorgestellt.

Bei ihren Begegnungen sprechen sie über ihre Wertvorstellungen und religiösen Praktiken, darüber, wie sie ihren zukünftigen Haushalt zu führen, ihre gemeinsame Zeit zu verbringen und ihre Kinder zu erziehen gedenken. Es ist zwar wichtig herauszufinden, ob eine gewisse gegenseitige Anziehung besteht, aber die potenziellen Partner dürfen sich nicht berühren. Es herrscht die tiefe Überzeugung, dass – sofern alles andere wohl geordnet seinen Lauf nimmt – Gott die Verbindung heiligt und in jeder Hinsicht unterstützt.

Diese Vorgehensweise schützt alle Beteiligten vor Verletzung und Zurückweisung und gebrochenem Herzen. Es wird keine kostbare Zeit und Energie vergeudet, und niemand hinterlässt eine Spur der Traurigkeit.

Heutzutage begegnen Therapeuten vielen Menschen, die Monate brauchen, um sich von Beziehungen zu erholen, und Angst davor haben, es noch einmal zu wagen. Das menschliche Herz ist empfindsam und leicht zu verletzen. Die religiöse Orientierung mancher Juden, Beziehungen betreffend, schützt den Einzelnen davor.

Moshe, ein liebenswürdiger, extrovertierter, offenherziger Rabbi aus Jerusalem heiratete seine zweite Frau im Rahmen eines solchen Arrangements. Mit seiner ersten Frau praktizierte er zwar den Glauben, aber sie war nicht bereit, so weit zu gehen wie er. Als er das Bedürfnis hatte, sich strenger an die

Glaubensregeln zu halten, und die beiden spirituell nicht mehr zusammenpassten, verließ er sie und suchte eine neue Partnerin.

Auf die Frage, wie er seine zweite Frau gefunden habe, antwortete Moshe: »Man ruft den ›unsichtbaren Partner‹ zu sich. Als ich sie zum ersten Mal sah, dachte ich, wenn ich eine Schwester gehabt hätte, hätte ich sie mir so wie sie gewünscht. Sie hatte etwas so Feines, Vertrautes an sich. Ich wusste zuerst sehr wenig von ihr, hatte aber das Gefühl, einer ganz besonderen Frau gegenüberzustehen. Damit hatte ich Recht. Das ist jetzt zwanzig Jahre her, und im Lauf der Zeit sind alle Facetten der wahren Natur meiner Frau an die Oberfläche gekommen. Es war erstaunlich. Ich hatte keine echte Vorstellung davon, wie wunderbar sie war. Ich fühlte nur von dem Augenblick an, als ich sie zum ersten Mal sah, dass sie für mich bestimmt war.

Aber darüber hinaus hatten wir beide den Wunsch, ein Zuhause für Gottes Gegenwart zu schaffen. Wir hatten eine Partnerschaft, aber auch einen unsichtbaren Partner, der sich uns beigesellte. Jeder stille Partner investiert etwas in die Situation, und wenn es schwierig wird, zieht sich der stille Partner nicht zurück, weil zu viel für ihn auf dem Spiel steht.

Mit seinen großen Bemühungen sicherzustellen, dass alles richtig funktionierte, sorgte der stille Partner dafür, dass wir zusammenblieben und glücklich wurden. Und viele Menschen sind dadurch berührt worden, dass sie sich in Gegenwart zweier Menschen befanden, die einander sehr viel bedeuten. Wir leben immer auch für ein höheres Ziel als nur für mein Ding und ihr Ding. Es steht geschrieben, dass Gottes Gegenwart in ihrer Mitte weilt und sie vereint. Wie es in der Thora heißt: ›Wenn er und seine Frau es verdienen, wird die göttliche Gegenwart bei ihnen weilen.‹«

Viele sagen, dass Gott die richtige Person schicken muss. Aber Moshe wartete nicht darauf. Er ging hin und fand sie sofort. Andere suchen nach dem Richtigen, aber er kommt nicht. Oder es kommt der Falsche. Moshe wurde gebeten, das zu erklären.

»Ein Mann, der nach einer Seelengefährtin sucht«, antwortete er, »hofft im Allgemeinen, dass eine Frau das Vakuum ausfüllen wird, das er nicht selbst durch seine Hinwendung zu Gott ausgefüllt hat. Er wird enttäuscht, weil er denkt, die Frau sei die Lösung. Manche Menschen benutzen Kinder auf dieselbe Weise. Das ist der Hauptgrund dafür, dass Männer Frauen und Frauen Männer verlassen. Sie sind von Anfang an nicht wirklich zusammen. Wie lange kann man in einer Situation bleiben, wenn keine echte vereinende Kraft im Spiel ist? Männer glauben, dass eine Beziehung ihre Verbindung zu Gott, die spirituelle Arbeit, ersetzen wird, aber das tut sie natürlich nicht. Beides ist erforderlich.

Was mir auffällt, ist, dass viele Menschen auf der Suche nach einem Seelengefährten eine Beziehung beginnen und daher eine so genaue Vorstellung davon haben, wie dieser Mensch aussehen sollte, dass sie den Menschen, mit dem sie zusammen sind, gar nicht wahrnehmen können. Viele von uns schicken einen von Gott gesandten Menschen weg.

Das Schwierige ist, die Erwartungen aufzugeben und den Menschen anzuschauen, so wie er ist, und ihm zuzuhören. Dann geschieht etwas, das den Verstand und sogar Gefühle übersteigt. Es gibt nichts Großartigeres als zwei Menschen, die für ein gemeinsames Ziel zusammenkommen und einander wegen dieser Chance lieben. Sie lieben das Ziel und einander.«

Bei der jüdischen Glaubenspraxis – Mizwah (von Gott gebotene oder verbotene Worte, Gedanken und Taten) – geht es letztlich darum, Liebe zu erreichen und die Welt zu heilen. Wir sehen, was echte Liebe ist, indem wir erkennen, was sie nicht ist – indem wir falsche Liebe erkennen, die niemals dauerhafte Erfüllung bringt.

»Da ich in der Vergangenheit die Glaubensregeln nicht immer so streng befolgt habe«, fuhr Moshe fort, »hatte ich emotionale Beziehungen zu Frauen. Wenn man zwei Flächen zusammenbringt, Holz und Stahl oder Glas und Holz, braucht man etwas, das beide verbindet. Wenn eine Beziehung auf der Sensibilität und Liebe eines Menschen basiert, dann vereinen sie sich und lieben einander. Aber wenn es keinen stillen Partner gibt, nichts, das über das Persönliche hinausgeht, was gibt es dann?

Nach der jüdischen Tradition stehen Braut und Bräutigam unter einer *Chupah* [einem Hochzeitsbaldachin], einem Zeichen der Heiligkeit, das sie umgibt und erfüllt. Es genügt nicht, einfach nur zusammen zu sein, sondern man muss auch das, was über einem ist, in sich selbst und in die Welt bringen.

Um den richtigen Partner zu empfangen, muss man sein Gefäß vorbereiten. Wenn man zum Beispiel ein kostbares Parfum geschenkt bekommt, will man es ja auch nicht in eine alte Ketchupflasche füllen. Um also einen Seelengefährten zu verdienen, muss man sich reinigen, damit eine Verbindung entstehen kann. Das tut man, indem man sich in Demut übt und den höheren Weg zu seinem eigenen Weg macht. Was für einen Sinn hätte es sonst, jemandem seinen Seelengefährten zu schicken, der von Anbeginn für ihn erschaffen wurde, wenn er nicht bereit dafür wäre?

Also wartet Gott geduldig und hofft, dass der Mensch die Gelegenheit nutzt. Er wartet darauf, eine ewige Beziehung zu senden. Um das aufnehmen zu können, muss man alles Minderwertige loswerden.

Man sollte sich auch keine Gedanken darüber machen, ob man den richtigen Partner noch in diesem Leben findet – nach dem jüdischen Gesetz werden beide Seelengefährten im selben Leben heruntergeschickt. Es gilt, die Tore und die Möglichkeiten offen zu halten. Die Chancen stehen besser, dass jemand in der Nähe ist, als dass es nicht der Fall ist. Wenn wir eine positive Energie ausstrahlen, dann können wir unsere Chance nützen und das Beste aus ihr machen, ohne sie durch Negativität zu beflecken.«

Auf die Bemerkung, dass viele Menschen unter Spiritualität Askese und Opfer verstehen, entgegnete Moshe: »Das Besondere am jüdischen Glauben ist, dass wir physische Geschöpfe sind, Gefühle und sinnliche Bedürfnisse haben, gern Geschäfte machen und dass jeder dieser Aspekte eine Möglichkeit ist, Gott zu dienen. Wenn sich ein Mensch von diesen Aspekten des Lebens zurückzieht und keusch lebt, sich weder in der Geschäftswelt noch in zwischenmenschlichen Beziehungen engagiert, nun ja, dann macht er aus diesen Aspekten des Lebens nicht das Beste. Er kommt rein in die Welt und verlässt sie auch wieder rein. Nichts hat sich verändert. Aber was ist mit der Welt?

Gemäß der jüdischen Lebensweise besteht unsere Verantwortung darin, im Physischen zu existieren und damit zu arbeiten, denn es gibt keinen Ort ohne Gott. Man ist Gott weder auf dem Berggipfel noch im Zölibat noch in anderen Formen der Askese näher. Es gibt keine größere Illusion als zu glauben, dass man Gott näher kommen könne, indem man sich von der Welt distanziert, die er geschaffen hat.«

Wenn Gott als die vereinigende Kraft in einer Beziehung gesehen wird, als derjenige, dem die Beziehung dienen will, dann sind Seele und Ziel aufeinander ausgerichtet.

Wenn man eine Religion praktiziert, ob es nun die jüdische oder christliche oder muslimische ist, dann besteht das Geheimnis darin, jemanden zu finden, der dieselben Glaubensregeln befolgt. Dann wird die Beziehung selbst und das familiäre Umfeld der Ort, an dem spirituelle Praktiken ausgeübt werden. In der jüdischen Tradition ist heute der wahre Tempel das Zuhause, und der Altar ist der Tisch, an dem alle zusammenkommen, um zu beten, zu essen, zu trinken, Segenswünsche auszusprechen und Gott zu danken.

Empfehlungen

für den Umgang mit Männern, für die Gott an erster Stelle kommt.

Für Frauen und Männer:

- Achten Sie von Anfang an darauf, dass Sie dieselben religiösen Praktiken befolgen und dieselben Werte teilen. Gerade in diesem Bereich gilt, dass Sie nicht auf Veränderungen hoffen oder sie herbeizuführen versuchen sollten. Sie haben es mit einer Seele zu tun.
- Diese Ehe wird eine Reise zu Gott sein. Ihr Augenmerk wird nicht darauf liegen, den Partner zu halten, sondern sich die Gegenwart Gottes zu bewahren.

Glaubensfragen

- Beten Sie um Geleit, Segen und die Kraft, auf diesem Weg weiterzugehen.

Ein Schüler des Talmud versteckte sich unter dem Bett seines Lehrers, um zu erfahren, wie der Rabbi und seine Frau sich liebten. Der Rabbi fand ihn dort und forderte ihn auf zu gehen. Der Schüler weigerte sich. Er sagte: »Es ist die Thora und verdient es, studiert zu werden.«
Der Talmud

Die Suche nach dem Paradies

Ich sagte zu dem sehnsuchtsvollen Geschöpf in mir:
Was ist das für ein Fluss, den du überqueren willst?
Kabir

Manche sagen, dass wir vor langer Zeit aus dem Garten Eden vertrieben wurden und dass es keine Hoffnung auf eine Rückkehr dorthin gibt. Andere haben Erfahrungen gemacht, die sich wie eine Rückkehr ins Paradies anfühlten – sie haben einen Seelengefährten gefunden und das Glück der Vereinigung, des Einsseins, der reinen Lebensfreude, erfahren. Diese Menschen verbringen dann oft den Rest ihres Lebens damit, nach einer Wiederholung dieses Gipfelerlebnisses zu suchen. Sie sehnen sich danach, in ihr ursprüngliches Zuhause, in den Garten Eden zurückzukehren.

Manuel, ein schöner, schlanker, intensiver Mann Ende dreißig erzählt von seiner ersten Rückkehr ins Paradies im Alter von elf Jahren und davon, wie diese Erfahrung den Rest seines Lebens beeinflusst hat.

»Als kleiner Junge von elf Jahren fand ich meine Seelengefährtin. Es geschah ganz plötzlich, und ich hatte keinen Zweifel.

Eine Gruppe von Bauernkindern spielte in einem kleinen polnischen Dorf miteinander, und meine Schwester und ich gehörten dazu. Dort gibt es die Sitte, dass man sich am Ostermontag mit Wasser bespritzt. Ich weiß noch, wie ich einige Kinder nass spritzte und plötzlich dieses Mädchen sah. In dieser Minute erkannte ich, dass sie meine Seelengefährtin war. Obwohl wir beide erst elf waren, war mir klar, dass sie die eine war. Es gab keinen Zweifel – es war das einzige Mal, dass ich keinen Zweifel hatte. Es war die reifste Liebesaffäre, die ich je hatte, obwohl ich nie wirklich mit ihr sprach.

Sobald ich dieses Mädchen erkannte, wurde auch allen anderen in der Gruppe klar, dass wir zusammengehörten. Die Kinder wussten, dass wir beide schüchtern waren und nicht viel sprachen. Also stießen sie uns gegeneinander. Ich weiß noch, dass ich ihr nachrannte, bis sie langsamer wurde. Ich wurde auch langsamer. Aber dann lief ich schnell weg, weil ich nicht mit ihr sprechen konnte. Das Ganze musste aus einer gewissen Entfernung stattfinden. Ich erinnere mich, dass ich ihr durch einen Freund Geschenke, zum Beispiel Schokolade, zukommen ließ und sie mir ebenfalls Geschenke schickte.

Dann, bei ihrer ersten Kommunion, kam endlich der Augenblick der Wahrheit. Es war im Frühling, in einer Holzkirche auf dem Lande, und sie war das schönste Mädchen, wie eine Braut. Anschließend lud sie mich zu einer Kommunionsfeier in ihr Haus ein. Ich traute mich nicht hinzugehen. Stattdessen umkreiste ich ihr Haus mit dem Fahrrad, ging aber nicht hinein. Schließlich kam ihre Mutter heraus und bot mir ein Stück Kuchen an. Ich aß den Kuchen und war im Himmel, fast im Paradies. Dieser Zustand hielt zwei oder drei Jahre an.

In all dieser Zeit sprach ich nie mit ihr und war auch nie länger mit ihr zusammen. Meine Schwester fragte mich, ob ich sie liebe, und ich sagte ja. Ich wusste wirklich, dass ich sie liebte.«

Im Paradies sind Worte vielleicht nicht notwendig. Dort

gibt es eine so tiefe Gemeinsamkeit und Vereinigung, dass sich alles von selbst versteht.

»Viele Jahre vergingen, bis ich mir endlich sagte, dass ich sie jetzt suchen müsse. Ich fand heraus, dass sie verheiratet war und mehrere Kinder hatte und dass ihr Mann sehr eifersüchtig war.

Aber ich ging trotzdem zu diesem Haus zurück, zu dem Haus, das ich mit meinem Fahrrad umkreist hatte. Es stellte sich heraus, dass ihre Familie nicht mehr dort wohnte und dass sie mit ihrem Mann in die große Stadt gezogen war. Es gab keine Möglichkeit mehr, sie zu erreichen.«

Diese schöne, mystische Geschichte, die fast wie ein Märchen klingt, erzählt von einer Zeit der Unschuld und Reinheit, in der das Kennenlernen der Geliebten im gewöhnlichen Sinne, wie beispielsweise durch ein Gespräch mit ihr oder einen Besuch in ihrem Haus, nicht notwendig, wünschenswert oder gar erlaubt war. Es bestand die Gefahr, dass gewöhnlicher Kontakt mit ihr die Reinheit, die sie verkörperte, zerstören würde. Die Seelengemeinschaft, die zwischen ihnen bestand, genügte.

Man könnte das eine Phantasie nennen und einwenden, dass es eine Gefahr für die Phantasie bedeutet hätte, wenn er sie kennen gelernt oder mit ihr gesprochen hätte. Man könnte auch sagen, dass wirklich eine seelische Verbindung bestanden hatte, dass Manuel sie auf einer höheren Ebene liebte und erkannte, die keine alltägliche Sprache erforderte.

Als er später als Erwachsener zu ihrem Haus zurückkehrte, hatte er das Paradies verlassen. Er befand sich nicht mehr im selben Zustand der Einfachheit, sondern es war ein Begehren entstanden – er wollte mehr von ihr. Aber sie war natürlich nicht mehr da. Als Junge war Manuel nicht nur durch das Mädchen selbst, sondern durch den seelischen Zustand, in dem er sich befunden hatte, ins Paradies versetzt und auch wieder daraus entfernt worden.

Wir alle tragen tief in uns eine Erinnerung an eine perfekte Liebe, an vollkommene Glückseligkeit, an die Einheit mit Gott oder der Mutter, an einen Zustand, in dem all unsere Bedürfnisse erfüllt wurden, bevor wir sie überhaupt wahrnahmen. Manche mögen das unsere Zeit im Paradies nennen, andere unsere Zeit im Mutterleib. Für den Rest unseres Lebens – unsere Zeit im Exil – sehnen wir uns danach, zu diesem einfachen Zustand des Einsseins und des Glücks zurückzukehren.

Für manche Menschen weckt eine primäre sexuelle Liebesbeziehung diese Sehnsucht. Der tiefe Schmerz, die Enttäuschung und das Gefühl des Getrenntseins, das wir am Ende einer Beziehung empfinden, gleicht der Vertreibung aus dem Paradies. Es ähnelt auch dem Geburtsvorgang, bei dem wir der Einheit mit unserer Mutter entrissen werden.

Bei der Geburt werden wir gewaltsam aus dem Mutterleib ausgestoßen und gezwungen, als unabhängiges Wesen zu leben, das weinen und kämpfen muss, damit seine Bedürfnisse erfüllt werden. Diese Urerfahrung kann für den Rest unseres Lebens als Modell für unsere Beziehungen dienen.

Manche Menschen erleben die Geburt und die Trennung vom Körper der Mutter als eine Verstoßung, ein Im-Stichgelassen-Werden – oder als ein Im-Stich-Lassen. Leonard Orr, der Begründer des Rebirthing, erklärt, dass aller Schmerz, den wir in Liebesbeziehungen erfahren, auf das ursprüngliche Geburtstrauma zurückzuführen ist, bei dem man eine radikale

Trennung von der Mutter erlebt und das Gefühl hat, großen Schmerz verursacht und erlitten zu haben. Liebe und Schmerz sind von da an miteinander verknüpft. Diese Menschen glauben ihr ganzes Leben lang, dass Liebe schmerzhaft ist und immer sein wird.

Manche Menschen, die das Bedürfnis haben, zu ihren Ursprüngen zurückzukehren und dieses Einssein noch einmal zu erleben, versuchen, dies durch religiöse Erfahrungen, Einheit mit Gott zu erreichen. Andere suchen es in der Meditation. Manche Männer fordern dies unbewusst von der Partnerin, die sie lieben. Ihre Beziehungen basieren auf ihrem Bedürfnis nach Vereinigung, Einssein, Rückkehr ins Paradies. Nichts Geringeres wird ihnen genügen.

Für den Rest seines Lebens suchte Manuel bei jeder Frau, die ihm begegnete, bedingungslose Liebe. Er versuchte, dieses intensive Gefühl der Glückseligkeit und des Einsseins wiederzufinden. Mit seiner zweiten Frau Carmella konnte er es für kurze Zeit erleben.

»Carmella war Kolumbianerin, eine sehr schöne, temperamentvolle, manisch-depressive Frau. Zuerst hatten wir nur eine lockere Beziehung. Am besten ging es uns miteinander, wenn wir uns in ihrer manischen Phase sahen – sogar sexuell war es erstaunlich. Aber manchmal veränderte sie sich plötzlich – das konnte binnen einer Nacht geschehen. Plötzlich verströmte sie Negativität. Sie sah mich mit einem kritischen, düsteren Blick an, als sei da ein dunkler Schatten, und ein kalter Wind wehte von ihr herüber. Das erschreckte mich, und ich dachte, dass ich sie nie wiedersehen wolle. Das war besonders beunruhigend, weil sie noch am Tag zuvor unglaublich aufregend gewesen war und ich mich völlig mit ihr hatte vereinigen wollen. Im einen Augenblick liebte ich sie wie verrückt, dann stand plötzlich diese Mauer zwischen uns.«

Dieses Gefühl, verrückt vor Liebe zu sein, ekstatische Rauschzustände zu erleben – und dann plötzlich getrennt von ihr zu sein – fesselte Manuel an diese betörende Frau.

»Obwohl ich mir sagte, dass ich sie nie wiedersehen wollte, trafen wir uns weiter. Ich nehme an, unser Leben bewegte sich in denselben Bahnen. Irgendwann sagte ich ihr, dass ich auf eine Reise durch Europa und Afrika gehen würde, und sie wollte mitkommen, weil sie noch nie eine solche Reise gemacht habe. Später verriet sie mir, dass sie die Chance ihres Lebens ergriffen habe, um mich an sie zu binden. Sie hatte viel Mut dazu gebraucht.«

Die Reise in diese exotischen Länder war der perfekte Hintergrund, um die Realität verändert wahrzunehmen, für ein intensives Gefühl von romantischer Liebe und Vereinigung, nach dem sich beide sehnten. Alle Verbindungen zur Realität des Alltags wurden unterbrochen, sodass sie zu den Gipfelerlebnissen gelangen konnten, die sie sich wünschten.

»Auf dieser Reise verliebten wir uns. Carmella erlebte ein dauerhaftes Hoch, obwohl es auch Zeiten gab, in denen sie sich umzubringen versuchte – zum Beispiel fand ich sie in Neapel auf dem Sims eines Hotelzimmerfensters sitzend, bereit zum Sprung. Aber die meiste Zeit war es sehr schön, und vielleicht ließ die Dramatik dieser plötzlichen Abstürze und Dunkelheit andere Tage umso strahlender erscheinen.«

Das ist eine schockierende und faszinierende Entwicklung. Trotz Carmellas geringem Bezug zur Wirklichkeit und der Selbstmordgefahr – oder vielleicht gerade wegen ihr – nahm die Schönheit ihrer Beziehung noch zu. Manuel erlebte sich mit Carmella wie im Paradies und wurde dann plötzlich in die Hölle verstoßen. Die Umschwünge und die Gefahr, die Ekstase zu verlieren, machten die Zeit im Paradies noch kostbarer. Die Gefahr stellte auch eine zusätzliche Herausforderung dar: Er musste um jeden Preis dafür sorgen, dass die Hochgefühle erhalten blieben.

»Wir waren völlig frei, wir hatten Geld, wir liebten uns. Wir verbrachten die meiste Zeit in der Badewanne und in Hotelzimmern. In Paris liebten wir uns fünfmal am Tag und konnten nicht genug bekommen. Wir waren in die ganze Welt verliebt, aber am meisten ineinander. Es war eine klassische Liebesaffäre. Wir hatten Flügel, wir waren so vereint.

Dann bekam ich plötzlich Depressionen. Nach zwei Monaten dieser Seligkeit erkannte ich, dass es vorüber war. Es passierte eines Tages völlig unerwartet. Ich konnte nicht auf diesem Gipfel bleiben.«

Für kurze Zeit war beiden das kleine Ego und das Gefühl eines separaten Ichs abhanden gekommen. Sie waren miteinander und der Erfahrung der Liebe verschmolzen. In Bezug auf diesen Zustand sagt der Sufi in *The Company of Friends*:

*Nur der Geliebte hat den Schlüssel zur inneren Tür
des Herzens, die die Seele mit Gott verbindet.
Indem er diese Tür öffnet, belebt er das Herz der Herzen
durch seinen Ruf. Wenn wir ja sagen, wenn wir uns
bereitwillig dem Pfad überlassen, öffnen wir uns
innerlich und richten uns auf den Ruf der Liebe aus.
Unsere Zustimmung ist nicht nur ein einzelnes Ja,
ein Ja des Augenblicks, sondern ein Zustand der
Hingabe, der unsere ständige Aufmerksamkeit verlangt.*

Diese Zeit des Hochgefühls und des Einsseins konnte nicht fortgesetzt werden, ohne die Vereinigung nicht nur miteinander, sondern mit »dem Absoluten« zu vollziehen. Wenn wir das nicht tun, sind wir früher oder später gezwungen, das Paradies zu verlassen und als Einzelwesen im Alltagsleben zu stehen. Die Verzweiflung über die Trennung kann sehr groß sein, besonders nachdem man eine so allumfassende Liebe empfunden hat.

»Uns ging auch das Geld aus«, berichtete Manuel weiter. »Wir waren in einem Hoch, und ich wusste, dass ich in Bewegung bleiben musste. Wir waren in Italien, und sie wollte noch bleiben und mehr erkunden. Ich hatte das Gefühl, dass mich etwas einholen würde, wenn ich blieb. Also lief ich weiter vor etwas davon. Vor der Depression. Ich war ständig unterwegs. Deshalb holte mich die Depression nicht ein.«

Manuel hatte seine eigenen Gefühle der Verzweiflung auf eine Kraft außerhalb seiner selbst projiziert, vor der er ständig weglaufen musste. Jede neue Stadt lenkte ihn davon ab, was in seinem Inneren vor sich ging. Natürlich würde ihn irgendwann einmal – wenn sie stark genug wurden – nichts mehr von seinen Gefühlen ablenken können.

»Irgendwann ging uns das Geld aus, und wir mussten an einem Ort bleiben. Jetzt war ich an der Reihe. Ich hatte meine eigene Depression. Zum Teil war es eine Spiegelung ihrer Depression, aber zum Teil war es auch meine, aus der Kindheit.«

Zu diesem Zeitpunkt stellte sich Manuel seinen eigenen Dämonen, seiner persönlichen Konditionierung und seinem Schmerz, den zu betrachten er sich vorher geweigert hatte. Manche fliehen vor der Depression in die Arme der Liebe, glauben, dass sie das davor bewahren wird, ihren inneren Vorgängen ins Auge sehen zu müssen. Aber auf lange Sicht gelingt das nie.

»Während dieser zwei glücklichen Monate mit ihr wurde ich über meine Hemmungen, über alles hinausgehoben und fühlte mich wie im Himmel. Ich erinnere mich, dass ich Wasser aus dem Brunnen in Rom trank und vor Freude auf und ab hüpfte – alles schmeckte wunderbar. Es war eine schöne Zeit. Die Menschen, die uns sahen, sagten, sie hätten noch nie etwas Vergleichbares gesehen – zwei Menschen, die so sehr ineinander verliebt seien.«

Diese Art der Erfahrung der »Liebe als Zustand« muss von der »Liebe als Tun« unterschieden werden, die in vielerlei Hinsicht das genaue Gegenteil ist und voraussetzt, dass wir Augenblick für Augenblick akzeptieren und erkennen, wo wir uns befinden und mit wem wir zusammen sind. »Liebe als Tun« beinhaltet die Fähigkeit, genau da zu sein, wo man ist, das Leben so zu schmecken, wie es ist, und – wie Gott in der Bibel – alles für »gut« zu befinden.

»Nachdem das Glück geendet hatte«, fuhr Manuel fort, »wurde alles grau. Wir gingen nach Paris zurück und wohnten im selben Hotel, in dem wir vorher glücklich gewesen waren, um die Erfahrung zurückzuholen. Aber je mehr man versucht, sie zurückzuholen, desto gezwungener und falscher wird es. Also kehrten wir nach New York zurück, und ich entwickelte diese Vorstellung, dass wir das Glück wiederfinden könnten, indem wir heirateten.«

Wenn Menschen von der ursprünglichen Seligkeit gekostet haben, können sie ihr ganzes Leben mit dem Versuch zubringen, sie zurückzuholen. Aber, wie es im Zen heißt, je mehr man etwas jagt, desto weiter fliegt es weg. Man kann nichts zurückholen oder besitzen. Wir können nur dafür danken und zu einer neuen Erfahrung des Hier und Jetzt aufbrechen.

»Wir heirateten, und es war eine Katastrophe. Wir waren sechs Jahre lang verheiratet, aber nur die Erinnerung an die zwei Monate hielt uns zusammen. Als Menschen verstanden wir uns nicht besonders, wenn es ums Zusammenleben ging und darum, Alltagsprobleme wie das Zahlen der Miete zu bewältigen. Ich brauchte einen Job, wollte mich aber der Bildhauerei widmen und verstand nicht, warum ich als Schreiner arbeiten sollte. Ich konnte nicht einsehen, warum ich auf diese Weise Zeit verschwenden sollte.

Dann kam mir der Gedanke, dass wir ein Kind haben sollten. Meine Frau wurde schwanger, und erst danach erkannten wir, dass wir noch nicht bereit dafür waren. Aber meine Tochter kam zur Welt und gab uns so viel. Es war eine Erleuchtung: Sie öffnete mir die Augen für die Welt. Es war phantastisch. Aber gleichzeitig war der Rest meines Lebens deprimierend. Ich fühlte mich wie im Gefängnis. Es war nicht das, was ich mir vorgestellt hatte oder was ich tun wollte. Und der Lebensstil meiner Frau unterschied sich so stark von meinem. Sie wollte feste Strukturen und sorgte dafür, dass unser Heim perfekt war. Am Anfang legte ich nicht so viel Wert darauf, aber ich nahm viel von ihr an und habe es immer noch in mir. Wir beeinflussten einander sehr.«

Dass sich die beiden ineinander verliebt und etwas erlebt hatten, das sich wie eine Rückkehr ins Paradies anfühlte, bedeutete nicht, dass sie einander oder sich selbst kannten oder die wahre Natur der Liebe verstanden. In gewisser Weise war ihre Erfahrung der Liebe eine Täuschung. Sie brachte nicht Glück, sondern letztlich Verzweiflung und Unzufriedenheit.

Man könnte sagen, dass der Mensch das Paradies verlassen muss, um wahre Liebe zu lernen und so den Weg zurück zu finden. Der eigentliche Prozess der Rückkehr lehrt uns die Wahrheit.

Aber Manuel gierte nach dem Gefühl des Einsseins fast wie nach einer Droge. Der Versuch, das Hochgefühl aufrechtzuerhalten, wurde letzlich zu einer Flucht vor seinen eigenen Gefühlen, seiner Depression. Er wurde zu einer Vermeidung des Alltagslebens. Er beinhaltete die Forderung, dass das Leben anders sein solle. Als Manuel erkannte, dass er sich der Realität stellen musste, wie intensiv seine Hochgefühle auch waren, überfiel ihn die Depression.

»Irgendwann sollten Carmella und ich nach Tunesien reisen, um meinen Vater zu besuchen«, fuhr Manuel fort. »Sie bekam keinen Pass, weil sie Kolumbianerin war, aber ich bekam einen. Ich reiste ab, und statt wie vorgesehen sechs Wochen zu bleiben, blieb ich vier Monate. Ich weiß noch, dass ich sehr glücklich war, weil ich allein gehen konnte, weil ich die ganze Situation hinter mir lassen konnte. Drei Monate lang lebte ich wie ein Single. Es war unglaublich. Nach drei Monaten fing ich an, meine Frau und mein Kind zu vermissen, und wollte wieder zurück.

Als ich zurückkam, waren die Schlösser ausgetauscht. Sie sagte mir, dass sie nicht mehr mit mir leben wolle. Sie hatte jemanden kennen gelernt. Außerdem war sie wütend und fühlte sich gedemütigt. Sie fühlte sich im Stich gelassen und hatte begonnen, ein Single-Leben zu führen.

Als ich zurückkam, traf sie sich abwechselnd mit fünf Männern, um die Zeit wieder wettzumachen, die sie während der Ehe verloren hatte. Ich drehte durch und tat alles, um sie zurückzubekommen. Ich sehnte mich zu diesem Zeitpunkt sehr nach ihr. Ich lernte tanzen und fand Aufnahme in der spanischen Gemeinde. Aber je mehr ich mich bemühte, desto mehr schien sie sich von mir zu entfernen.«

Sobald die Geliebte nicht mehr erreichbar ist, entsteht wieder die Sehnsucht nach ihr. Und das Streben nach dem Paradies beginnt von Neuem.

»Ich tat alles für sie, erduldete sehr viel Demütigung. Ich passte in der Wohnung meiner Frau auf unsere Tochter auf, während sie mit anderen Männern ausging. Ich weiß noch, wie ich in ihrer Wohnung auf und ab tigerte, weil sie erst um fünf Uhr morgens nach Hause kam. Dann kam sie mit einer Blume in der Hand zurück und sagte: ›Alle verlieben sich in mich.‹ Sie sagte das, um mich zu bestrafen. Einmal kam sie erst um neun Uhr morgens zurück. Ich schlief die ganze Nacht nicht.

Ich hätte ihr die Affären mit anderen Männern verzeihen können, wenn sie sich mir emotional wieder zugewandt hätte. Aber das tat sie nicht. Schließlich lernte ich eine andere Frau kennen, begann mich für sie zu interessieren und löste mich langsam von meiner Frau. Es dauerte acht Monate. Ich merkte, dass meine Frau mir umso näher kam, je mehr ich mich von ihr löste. Aber es war zu spät, denn ich hatte mich schon auf die andere Frau eingelassen. Als ich meiner Frau davon erzählte, war sie schockiert. Sie hatte erwartet, dass ich zu ihr zurückkommen würde. Aber sie hatte mir keine Hoffnung gemacht, keine Zeichen gegeben.«

Die beiden vollführten einen Tanz der Wut, Verletzung und Demütigung. Ähnliches hatten sie beide wahrscheinlich als Kinder erlebt, als sie die Enttäuschung erfuhren, von den Eltern getrennt zu sein und keine bedingungslose Liebe zu bekommen.

Ekstatische Liebe, die nicht darauf basiert, dass einer den anderen wirklich kennt, kann sich schnell in Wut verwandeln, wenn Bedürfnisse nicht erfüllt werden. Dann gibt es wenig Mitgefühl oder die Wahrnehmung, dass der Partner tatsächlich ein separates Individuum ist.

Manche sagen, es sei unmöglich, in unseren ursprünglichen Zustand zurückzukehren und bedingungsloses Glück und Einssein zu erfahren. Andere entwickeln Techniken, neben Gebet und Meditation, durch die eine solche Rückkehr ermöglicht wird.

Bei dem von Leonard Orr entwickelten Rebirthing-Prozess kehrt der Einzelne mit Hilfe spezieller Atemtechniken zum Zeitpunkt seiner Geburt zurück und setzt den Schmerz, das Trauma und die negativen Überzeugungen frei, die damals in Bezug auf die eigene Person, die Mutter und die Liebe an sich bei ihm entstanden sind. Dabei ersetzt er bewusst seine negativen Erfahrungen durch positive Erfahrungen und Überzeugungen seiner Wahl. Er kann dann seiner Mutter und sich selbst verzeihen, Frauen Vertrauen schenken, verletzlich werden und lernen, Liebe zu geben und zu empfangen. Dann kann er die Erfüllung finden, die er sucht. Das ist ein Prozess, der Zeit, Mut und Engagement erfordert und zu sehr guten Ergebnissen führt.

Manuel fuhr fort: »Ich habe das Gefühl, *die Frau* in meinem Leben immer noch nicht gefunden zu haben. Ich halte immer Ausschau nach diesem Menschen, der Seelengefährtin.«

Manuel sucht immer noch nach einer Frau, mit der er eine Beziehung haben könnte, in der alle Anteile seiner Persönlich-

Suche nach dem Paradies

keit lebendig würden, sodass er sich sicher und verbunden fühlen könnte. Im Augenblick hängt das für ihn noch von diesem anderen Menschen ab – der besonderen Frau, nach der er sich sehnt.

Manche würden sagen, dass Manuel sein Ziel mit verschiedenen Frauen erreichen kann, wenn er reif und dafür bereit ist, während andere davon überzeugt sind, dass der Seelengefährte existiert und dass sich alles verändert, wenn wir unseren Seelengefährten finden. Wenn uns unser Seelengefährte in diesem Leben begegnet, ist das ein sehr wertvolles Geschenk.

Nach der Lehre von Edgar Cayce machen wir oft sehr viele schmerzliche Erfahrungen in Beziehungen, bevor wir unserem Seelengefährten begegnen. Wir müssen nämlich bestimmte Lektionen lernen, die uns auf die Begegnung mit dem uns vorbestimmten Menschen vorbereiten. Aber selbst wenn der Seelengefährte dann kommt, verläuft nicht immer alles ganz reibungslos. Oft gibt es noch persönliche Probleme, die aufgearbeitet werden müssen. Die Liebe und Verbundenheit, die wir mit dem Seelengefährten erleben, gibt uns die Kraft, diese Arbeit zu leisten.

Eine Gefahr besteht darin zu glauben, dass ein Leben in beständiger Glückseligkeit beginnt, sobald wir unseren Seelengefährten kennen gelernt haben, dass wir der Realität des anderen Menschen nicht mehr ins Auge sehen müssen. Selbst wenn wir dem perfekten Seelengefährten begegnen, bleibt das menschliche Bedürfnis bestehen, klar zu kommunizieren und sich mit Dingen auseinander zu setzen, sich mit praktischen Alltagsdingen zu befassen. Manchmal wächst dieses Bedürfnis, wenn unsere Gefühle für den anderen stärker werden.

Auf die Frage, ob er und Carmella je an ihrer Beziehung gearbeitet hätten, antwortete Manuel: »Nein, die Liebe kam als eine Gnade und verschwand wieder. Wir wussten nicht, wie wir sie zurückholen konnten. Wir hofften, dass sie uns einfach wieder geschenkt würde. Wie holt man sie zurück? Ich weiß es nicht.«

Man könnte sagen, dass zwei Menschen eine Gnade widerfährt, dass sie einen Vorgeschmack des Himmels erhalten, um sich weiterentwickeln zu können. Dann müssen sie lernen, miteinander zu sprechen, einander zu verzeihen und vielleicht sogar einige persönliche Bedürfnisse und Sehnsüchte aufzugeben. Wie nahe sich zwei Menschen auch auf spiritueller Ebene sein mögen – sie müssen dennoch die Unterschiede zwischen sich erkennen und respektieren.

»Wir hatten diesen Idealzustand einer perfekten Vereinigung«, sagte Manuel, »und er kam aus dem Nichts. Wir brachten ihn nicht hervor, er entstand ohne unser Zutun. Aber dann wussten wir nicht, was wir als Nächstes tun sollten, und fürchteten uns vor den grauen Augenblicken, die folgten.«

Echte Liebe besteht darin, alle Augenblicke zu akzeptieren, sich nicht an die schönen zu klammern oder die dunklen oder grauen Momente zu fürchten.

Wenn wir alles so nehmen können, wie es kommt, und Dankbarkeit dafür zu empfinden vermögen, erreichen wir den Zustand, den Ummon, der große Zen-Meister, mit den Worten »Jeder Tag ist ein guter Tag« beschreibt.

Einmal wöchentlich im Paradies

Victor spricht von einer Beziehung, die für ihn den Garten Eden darstellt. Er erlebt Glückseligkeit jedoch nicht aufgrund einer unauflöslichen Vereinigung, sondern dank seiner Fähigkeit, eine Frau und eine Situation so zu akzeptieren, wie sie ist.

»Andrea und ich lernten uns auf die übliche Weise kennen und mochten uns sofort. Damals konnte ich nicht ahnen, dass sich unsere Beziehung zu einem der schönsten und beglückendsten Aspekte meines Lebens entwickeln würde. Sie dauert nun schon acht Jahre.

Andrea und ich sehen uns einmal pro Woche, jeden Mittwochabend für vier Stunden. Das ist alles. Sobald sie zur Tür hereinkommt, umarmen wir uns lange, und sie sagt immer: ›Oh, du bist so stark.‹ Sie sagt jede Woche dasselbe. Es ist ein Ritual. Dann zieht sie ihren Mantel aus und kommt herein, und ich habe ein schönes Essen vorbereitet. Wir setzen uns und sprechen über die Woche, was in ihrer und meiner Familie passiert ist. Keiner von uns hat etwas mit der Familie des anderen zu tun, es gibt keine Verpflichtungen. Wir wissen, was der andere diese Woche mit wem zu erledigen hat, aber für uns sind das Phantomgestalten.

Im Mittelpunkt stehen wirklich wir beide. Wir sind beide geschieden, und unsere Kinder sind Teil einer anderen Welt, sie stehen nicht im Vordergrund. Vier Stunden pro Woche stehen wir im Vordergrund. Das geht jetzt seit fast acht Jahren, und die Freude darüber ist nicht geringer geworden.«

Auf die Frage, ob er das Gefühl habe, dass diese Beziehung eine Phantasiebeziehung sei, antwortete Victor: »Ich nenne es eine konstruktive Phantasie, die auf der Realität basiert, weil wir beide uns zu einer festen Zeit an einem bestimmten Ort treffen, wissen, was wir tun, und unser eigenes Leben leben. Wir erleben immer wunderbare Stunden miteinander. Es hat nie eine Begegnung gegeben, bei der etwas Verletzendes gesagt wurde. Wie gesagt: Es ist einfach, weil es zwar Verpflichtungen, Konflikte, Wahlmöglichkeiten, unterschiedliche Loyalitäten oder Forderungen gibt – aber nicht während dieser vier Stunden.

Meine Zeit mit ihr ist eine ganz eigene Erfahrung. Sie hat mit dem Rest meines Lebens nichts zu tun. Wenn ich ein unglücklicher Mann wäre, wäre ich in dem Augenblick, in dem sie mich verlässt, wieder unglücklich. Aber das bin ich nicht. Es gibt so viele andere Dinge, die ich mit Freunden und anderen Leuten gerne tue. Wenn sie gegangen ist, habe ich immer noch mich.«

Auf die Frage, ob er sie an den anderen Tagen der Woche vermisse oder Eifersucht empfinde, wenn sie mit einem anderen Mann zusammen sei, antwortete Victor: »Nein, und sie auch nicht. Ich frage sie nie, was sie am Wochenende getan hat, es sei denn, sie erzählt es freiwillig, und sie fragt mich nicht, was ich gemacht habe. Manchmal sagt sie: ›Am Samstag habe ich diese wunderbare Oper gesehen.‹ Kommt es mir in den Sinn, zu fragen, mit wem sie dort war, wieso ich nicht dabei war? Wenn das geschieht, sage ich mir: ›Hör auf damit.‹

Sie erzählt mir von ihrer schönen Erfahrung, und ich genieße es, ihre Freude zu sehen.

Jedes Mal ist es wieder neu und anders zwischen uns. Sie sagt, das sei es, was sie an mir liebe. Ich sage nie zweimal dasselbe, koche immer wieder etwas anderes, habe auf sexuellem Gebiet immer wieder eine neue Idee. Es ist unglaublich.

Einmal besuchte mich meine Schwester für eine Woche. Meine Schwester ist eine nette Frau, aber sie ist sehr konventionell, und es gab schon immer eine Spannung zwischen uns, weil sie mich zwar bewundert, aber ganz anders empfindet als ich. Tief im Innern akzeptiert sie mich nicht.

Meine Schwester fragte mich also ständig, wie es Andrea gehe. Sie hat sie nur ein- oder zweimal gesehen, aber sie fragt jedes Mal, ob ich mich immer noch mittwochabends mit ihr treffe, ob wir je miteinander ausgehen und wie ihre Familie ist. Natürlich kennt sie die Antworten.

Schließlich sagte ich zu meiner Schwester: ›Ich sag dir mal was. Versuche nicht zu urteilen und hör einfach zu, was ich dir zu sagen habe.‹ Ich versuchte, ihr die Dinge zu erklären. ›Sobald Andrea zur Tür hereinkommt, ist es wunderbar. Wir umarmen uns, lieben uns, sprechen über die Woche. Um zehn Uhr begleite ich sie zu ihrem Auto und spreche erst in der Woche darauf wieder mit ihr.‹

Meine Schwester glaubt, es liegt daran, dass ich sie nur einmal pro Woche sehe und dass jeder dazu in der Lage ist. Aber das ist nicht wahr. Ich kenne Menschen, die sich nur ein paarmal pro Woche sehen und sich hassen, sich Vorwürfe machen: ›Dir liegt nichts an mir, weil du nicht anrufst.‹ Die Menschen stellen ständig mehr Forderungen, wollen mehr über den anderen wissen, sind besitzergreifend, wollen alle Arten von Plänen machen. Das Schöne an unserer Beziehung ist, dass wir das nicht tun. Die Beziehung muss zu nichts führen. Jede Begegnung ist vollkommen und wunderbar. Jede Begegnung ist anders.

Ich empfinde wegen der Tatsache, dass ich sie nicht öfter sehen kann, keine Bitterkeit. Das liegt daran, dass wir vollkommen ehrlich miteinander waren. Ein Teil dieser Ehrlichkeit besteht darin, den anderen nicht zu drängen, Dinge preiszugeben, die er aus irgendeinem Grund für sich behalten will.

Ich habe nicht den Wunsch, ein falsches Spiel mit ihr zu spielen oder hinter ihrem Rücken Dinge über sie herauszufinden. Es ist sehr gut, so wie es ist. Ich weiß nicht, was in fünf Jahren sein wird. Wer weiß das schon? Ich hätte gern mehr, aber jedes Mal, wenn ich mehr verlange, setzt sie mir Widerstand entgegen, und ich respektiere diesen Widerstand. Das heißt nicht, dass ich gern heiraten würde, aber ich würde sie gern am Wochenende sehen. Aber es geht nicht. Das ist okay. Ich kann am Wochenende andere Leute sehen. Es beeinträchtigt nicht meine Gefühle für sie oder unsere gemeinsame Zeit. Meine Schwester und auch andere Menschen scheinen nicht begreifen zu können, wovon ich rede.

Es ist eine gute Beziehung, weil wir beide die Fähigkeit besitzen, im Augenblick zu leben. Das ist eine seltene Fähigkeit, keinem Groll nachzuhängen, nicht eifersüchtig zu sein, die Privatsphäre anderer zu akzeptieren, auch der Menschen, die uns am nächsten stehen. Es bedeutet auch, dass die eigene Zufriedenheit nicht von der anderen Person abhängig ist. Ich kann sie nur genießen, weil ich mit mir selbst zufrieden bin. Ich brauche sie nicht, um mich vollständig zu fühlen.«

Victor hat auf seine eigene Weise ein Modell für sein Paradies geschaffen, einen Ort, an dem er bedingungslose Liebe erfahren kann, weil er die Dinge so akzeptiert, wie sie sind.

»Die Probleme in Beziehungen kommen oft daher, dass Menschen nicht dankbar sein können für das, was sie haben«, fuhr Victor fort. »Sie sehen nicht das, was ist, sondern nur das, was nicht ist.«

Damit in einer Beziehung eine Rückkehr zum Paradies stattfinden kann, müssen die Partner den Schatz würdigen, den sie besitzen, statt ständig nach der verbotenen Frucht zu hungern.

»Obwohl Andrea und ich keine gewöhnliche Beziehung haben, weiß ich, wer sie ist, und ich liebe diese Person. Ich liebe es, dass sie Freude an der Natur hat – sie kann etwas anschauen und völlig in diesem Anblick versinken. Und sie weiß Musik sehr zu schätzen – etwas, das auch ich liebe. Ich will nicht, dass sie jemand anderer ist. Es gibt nichts, was ich mir wünschen könnte, das sie nicht schon wäre.«

In der Geschichte vom Garten Eden verbietet Gott Adam, vom Baum der Erkenntnis zu essen und somit die Fähigkeit zu erlangen, über Gut und Böse zu urteilen. Im Garten Eden gibt es keine Urteile, nur Bejahung und Freude an der Schönheit, die für uns geschaffen wurde.

»Wenn Andrea mir morgen sagen würde, dass sie mich zwar wirklich liebe, aber vorhabe, nach Kalifornien zu ziehen und mich nie wiederzusehen, wenn sie die Beziehung auf ehrliche Weise beenden würde, wäre ich tagelang sehr traurig. Nicht monatelang oder jahrelang. Tagelang – denn in mir würde nichts zerplatzen, keine Seifenblase. Es wäre eine natürliche Trennung. Ich wäre nicht mit Betrug, Täuschung oder Lügen konfrontiert, was schmerzhaft sein könnte. Ehrlichkeit verursacht nie Schmerz.

Meine Freunde sagen: ›Wenn du sie verlieren würdest, ginge es dir schlecht.‹ Aber ich sage, dass das nicht wahr ist. Vielleicht würde ich jemand anderen finden, vielleicht auch nicht. Aber ich würde mich nie mit etwas zufrieden geben, das mir keine Freude bereitet, denn das Leben selbst bereitet mir Freude. Ich akzeptiere es, wie es ist. Ich nehme es hin und lasse es wieder los. Ich bin immer mit dem großen Geheimnis in Berührung, und mein Herz kann alles umfassen.«

Victor hat das Paradies gefunden, indem er – wie es der Sufi beschrieb – zu jedem Aspekt des Lebens ja sagt.

Man könnte sagen, dass diese Beziehung auf einer Phantasie und auf der Bejahung extrem einschränkender Bedingungen beruht. Aber Victor akzeptiert, dass Andrea nur begrenzte Zeit und Zuwendung zu geben bereit ist. Er macht sich selbst oder ihr deswegen keine Vorwürfe, sondern akzeptiert das, was sie haben.

Victors Bereitschaft, das, was Andrea geben kann, zu akzeptieren, es zu genießen und dankbar dafür zu sein, ist sehr ungewöhnlich. Man könnte es bedingungslose Liebe nennen. Das bedeutet allerdings nicht, dass Victor Brosamen akzeptiert. Wie Andrea weiß, lebt er ein erfülltes Leben. Er hat Umgang mit anderen Menschen, und er sucht eine Beziehung, in der er mehr geben und empfangen kann, mit jemandem, der eben dazu bereit ist.

Empfehlungen
für den Umgang mit Männern, die das Paradies suchen.

Für Frauen:
- Das Paradies findet man durch bedingungslose Annahme und Liebe, echte Kommunikation und Anerkennung der Unterschiede und Ähnlichkeiten.
- Verwechseln Sie Glückseligkeit nicht mit der Erlaubnis, im Paradies zu bleiben. Glückseligkeit ist ein Zustand, der nicht anhält. Auf ihn folgt häufig Depression.

- Um im Paradies bleiben zu können, müssen wir das kleine, fordernde, beurteilende Selbst aufgeben. Wir müssen bereit sein, das Leben so, wie es ist, wahrzunehmen, zu schmecken und zu würdigen und es für gut zu befinden.

> *Wisse, dass du den Geliebten findest,*
> *wenn du dich zu verlieren lernst.*
> *Es gibt kein anderes Geheimnis zu entdecken,*
> *und mehr als das ist mir nicht bekannt.*
> Al-Anasri

Das Umkehrverfahren

Während ich dieses Buch zusammenstellte, entdeckte ich eine unglaubliche Methode, um die richtige Beziehung zu finden. Diese Methode bewahrt Männer und Frauen davor, endlose Monate – vielleicht Jahre – in Schmerz und Verwirrung nach Liebe zu suchen. Diese Methode kann nutzen, wer immer eine dauerhafte Beziehung sucht und bereit ist, etwas dafür zu tun, um das Beste für sich selbst zu erreichen. Ich nenne sie »Das Umkehrverfahren«.

Vorteile des Umkehrverfahrens

Das Umkehrverfahren führt einen Menschen aus der Welt der Phantasie, des inneren Aufruhrs und der Zurückweisung in eine Welt des Gleichmuts und der Nächstenliebe, in der man alle Menschen so respektieren und schätzen kann, wie sie sind. Es ist eine phantastische Methode, wenn man ernsthaft eine Beziehung eingehen will, aus der echte Liebe werden kann.

Wenn wir eine Beziehung eingehen, sind die meisten von uns automatisch in Träumen, Wunschvorstellungen, Sehnsüchten und festgelegten Verhaltensmustern gefangen, über die wir keine Kontrolle haben. Anfangs ist es uns möglich, eine Phase überwältigender Glücksgefühle zu erleben, in der wir glauben, den einen gefunden zu haben, der unser Leben vollkommen macht. (Wenn diese Phase vorüber ist, sind wir oft deprimiert, machen dem Partner Vorwürfe, versuchen zu fliehen oder fügen der Beziehung oder uns selbst Schaden zu.)

In der frühen Phase der Glücksgefühle ist es sehr schwierig, wenn nicht unmöglich, den Tatsachen ins Auge zu sehen. Aber diese Tatsachen zu ignorieren fordert später einen hohen Preis.

Das Umkehrverfahren bereitet dieser destruktiven und enttäuschenden Abfolge von Ereignissen ein Ende.

Wenn es Ihnen ernst damit ist, einen Partner für eine dauerhafte Beziehung zu finden und diese Beziehung auf einem sicheren Fundament aufzubauen, ist dieses Verfahren in vielerlei Hinsicht unerlässlich. Mit seiner Hilfe können Sie schnell Menschen und Situationen aussortieren, die für Sie ungeeignet sind, die Sie in das Reich der Phantasie katapultieren und letztlich nirgends hinführen – oder irgendwo hinführen, wo Sie nicht sein wollen.

Das Umkehrverfahren schützt und leitet Sie; es gibt Ihnen die Möglichkeit, die Dinge mit einer gewissen Distanz zu betrachten, was Sie sonst – besonders während der aufregenden Anfangsphase einer Beziehung – alleine nur schwer erreichen können.

Der Ablauf des Umkehrverfahrens

Dieses Verfahren umfasst mehrere Schritte. Ich werde sie ausführlich beschreiben, und dabei werden Sie feststellen, dass sie sich ganz natürlich aus den Geschichten, Kapiteln und Schlussfolgerungen dieses Buches ergeben. Zum besseren Verständnis dieses Verfahrens empfiehlt es sich, alle Kapitel dieses Buches langsam und sorgfältig zu lesen. Jede einzelne Geschichte trägt dazu bei, uns die Fehler, die wir in der Liebe begehen, klarer zu machen.

Schritt 1: Klären Sie Ihre Prioritäten und Präferenzen. Überlegen Sie sich, worauf Sie großen Wert legen und worauf Sie verzichten können.

Erkennen und respektieren Sie, was Sie in einer Beziehung brauchen und was Sie nicht ertragen können. Wenn ein anderer Mensch diese Kriterien nicht erfüllt, sollten Sie ihm keine Vorwürfe machen, sondern einfach wissen, dass er nicht der Richtige für *Sie* ist. Achten Sie auf Ihre Bedürfnisse, und sagen Sie auf sanfte Weise nein zu einer unpassenden Situation, bevor sie sich verfestigt.

Seien Sie sich darüber im Klaren, dass wahrscheinlich kein Mensch alle Eigenschaften besitzen wird, die Sie sich wünschen. Welche Qualitäten sind unbedingt erforderlich? Auf welche können Sie verzichten? Denken Sie sorgfältig und ehrlich darüber nach.

Erstellen Sie eine Liste von Eigenschaften und Merkmalen – von solchen, die Sie als unerlässlich für eine gute Beziehung betrachten, solchen, die Sie nicht ertragen können, und solchen, die keinen Unterschied machen. Einige Beispiele für Eigenschaften oder Merkmale: Geduld, Zuverlässigkeit, Spontaneität, Verspieltheit, Flexibilität, die Fähigkeit, die Versorgerrolle zu übernehmen, religiöses Engagement, Traditionsbewusstsein, Gesprächigkeit, Nachdenklichkeit, Besitzdenken, Sinnlichkeit, Eifersucht, Bereitschaft zur Monogamie, Humor.

Betrachten Sie jetzt die einzelnen Listeneinträge, und bewerten Sie Ihre Wichtigkeit. Handelt es sich um eine Eigenschaft, die Sie in einer Beziehung unbedingt haben müssen (oder die Ihr Partner besitzen muss)? Ist es eine Eigenschaft, die Sie nicht lange ertragen könnten? Ist es eine Eigenschaft, die Sie neutral bewerten? Notieren Sie Ihre Einstufung neben jedem einzelnen Listenpunkt.

Beobachten Sie sich selbst in Beziehungen, und halten Sie die Liste auf dem Laufenden. Vielleicht glauben Sie etwas Bestimmtes zu brauchen, stellen aber fest, dass es in Ihren Beziehungen derzeit nicht vorhanden ist und Ihnen auch nicht fehlt. Achten Sie darauf, was Sie in Beziehungen wirklich stört. Seien Sie ehrlich bei der Auflistung dieser Eigenschaften. Es ist schön, in einem beständigen Prozess die Wahrheit über sich selbst zu entdecken und anzuerkennen.

Das heißt nicht, dass Sie sich im Lauf der Zeit nicht verändern oder weiterentwickeln werden. Es bedeutet, dass Sie zu Beginn einer Beziehung wissen, wer Sie sind – und wer Sie nicht sind. Sie können eine Beziehung nicht darauf gründen, wer Sie sich zu sein wünschen oder wer Ihr Partner sein könnte. Es ist das Beste, den Ist-Zustand als Ausgangspunkt zu nehmen und von dort aus weiterzugehen.

Viele Beziehungen, die wunderbar hätten sein können, wurden wegen kleiner Differenzen aufgegeben, die sich auf lange Sicht möglicherweise als unbedeutend erwiesen hätten. Nehmen Sie sich Zeit für Ihre Liste wichtiger Eigenschaften. Denken Sie oft darüber nach, und aktualisieren Sie sie. Machen Sie sich klar, was wichtig für Sie ist, und konzentrieren Sie sich darauf.

Schritt 2: Unterscheiden Sie zwischen falscher und echter Liebe. In der Wüste stillt eine Fata Morgana nicht Ihren Durst.

In unserer Sehnsucht nach Liebe und Verbundenheit halten wir uns an allen Formen falscher Liebe fest, die sich als echte Liebe maskieren. Formen falscher Liebe sind beispielsweise Abhängigkeit und Macht.

Wenn Sie einem potenziell geeigneten Partner begegnen, sollten Sie – statt zu flirten oder ihn beeindrucken zu wollen – wirklich auf die Person achten, die Ihnen gegenübersteht. Wie sehen die Pläne dieses Menschen aus? Was will er oder sie von Ihnen? Dass angenehme Gefühle aufkommen, heißt noch nicht, dass ein tragfähiges Fundament für die Liebe existiert.

Stellen Sie sich folgende Fragen: Sollen Sie dem anderen zur Stärkung seines Selbstwertgefühls dienen? Sind Sie jemand, mit dem er sich gern in der Öffentlichkeit zeigen würde? Würden Sie ihm Sicherheit geben? Hat dieser Mensch eine Vorstellung davon, wer Sie sind, oder sucht er den Geist einer früheren Liebe? Tun Sie Folgendes, um diese Fragen beantworten zu können:

Fragen Sie den Betreffenden nach früheren Beziehungen. Hören Sie genau zu, was er darüber sagt.
Wenn wir jemanden kennen lernen und die Chemie stimmt, nehmen wir uns selten die Zeit herauszufinden, wer er wirklich ist.

Tun Sie es. Fragen Sie nach früheren Beziehungen. Finden Sie heraus, wie lange die Beziehungen dauerten und wie der Mensch war, mit dem der Betreffende eine längere Beziehung hatte. Fragen Sie, was ihm an dieser früheren Beziehung am meisten gefiel und was Schwierigkeiten bereitete. War er derjenige, der die Beziehung beendet hat? Falls ja, weshalb? Hören Sie genau hin, was er Ihnen sagt. In Ihrer Beziehung mit ihm werden sehr wahrscheinlich ähnliche Muster auftreten.

Sucht er nach Eigenschaften, die Sie von Natur aus besitzen? Werden Sie sich ändern müssen, um zu ihm zu passen? Wird er sich ändern müssen, um Ihnen zu gefallen? Die irrtümliche Vorstellung, dass man sich einem anderen zuliebe ändern kann, wenn man einander nur genug liebt, ist weit verbreitet. Natürlich kann es gewisse Veränderungen geben, aber grundlegende Eigenschaften und Verhaltensmuster ändern sich selten.

Respektieren Sie den anderen und das, was er zu sagen hat. Schweigen Sie, und hören Sie ihm zu.
Die meisten Menschen reden gern über sich selbst, wenn jemand Interesse zeigt. Fragen Sie nach den Eltern, Beziehungen zu Geschwistern und der Ehe der Eltern. Viele Menschen reproduzieren die Beziehungen, mit denen sie aufwuchsen. Finden Sie bei Menschen, die aus schwierigen Verhältnissen stammen, heraus, in welchem Maße sie an sich gearbeitet haben. Haben sie eine Beratung in Anspruch genommen oder sich einer Therapie unterzogen? Sind sie bereit, es jetzt zu tun? Sind sie sich der Tatsache bewusst, dass sie Probleme mit sich herumtragen, die aufgearbeitet werden müssen?

Berücksichtigen Sie die Tatsache, dass Beziehungsmuster schwer abzulegen sind.
Beziehungsmuster reproduzieren sich automatisch immer wieder. Deshalb ist es wichtig festzustellen, über wie viel Selbst-

wahrnehmung der andere verfügt. Gibt er zu, manchmal Fehler gemacht zu haben?

Am Anfang werden diese Fragen Ihre romantischen Phantasien im Keim ersticken. Das mag wie ein Verzicht auf romantische Phantasien erscheinen, in Wahrheit ist er aber ein Gewinn. Er eröffnet Ihnen die Chance, den *wahren* Menschen kennen zu lernen, statt später auf schmerzliche Weise Illusionen aufgeben zu müssen und mit einem Menschen verbunden zu sein, den Sie kaum kennen und der möglicherweise nicht zu Ihnen passt.

Schritt 3: Lassen Sie Ihre eigenen Bilder dieser Person und Ihre Wünsche beiseite, halten Sie sich mit Urteilen zurück, und hören Sie wirklich zu.

Wenn Sie das Umkehrverfahren anwenden, ist es Ihre Aufgabe, nicht Ihre Wünsche auf den anderen zu projizieren, sondern herauszufinden, wer er ist. Wenn Sie auf seine Antworten freudig oder enttäuscht reagieren, kann er sich beurteilt fühlen, verstummen oder etwas anderes sagen, als er ursprünglich vorhatte.

Verzichten Sie darauf, das, was der andere sagt, zu kommentieren. Sagen Sie nicht, dass Sie sich wünschten, er wäre anders. Zu diesem Zeitpunkt sollten Sie einfach zuhören. Wenn Sie Fragen stellen und den anderen daraufhin beurteilen, spürt er es und spricht nicht mehr offen. (Das heißt nicht, dass Sie nicht entscheiden sollten, ob er der Richtige für Sie ist. Es heißt einfach nur, dass Sie nicht über Ihr Gegenüber zu Gericht sitzen sollten.)

Umkehrverfahren

Ihre Aufgabe ist es lediglich zu verstehen, welche Vorgeschichte der andere im Hinblick auf Liebesbeziehungen hat, was er jetzt wirklich will und wie das zu Ihnen passt. Dieser Mensch könnte perfekt zu jemand anderem passen, aber nicht zu Ihnen.

Die meisten Menschen sagen gleich zu Anfang, wer sie sind und was man von ihnen zu erwarten hat, aber oft schenkt man dem keine Beachtung. Zeichen und Signale werden automatisch ignoriert.

Beim Umkehrverfahren kehren wir diesen Vorgang um und schenken allem, was wir sehen und hören, volle Aufmerksamkeit. Indem man auf seine Phantasievorstellung verzichtet, entdeckt man endlich eine wahre Person, zu der man eine liebevolle Verbindung knüpfen kann.

Schritt 4: Versuchen Sie sich nicht vorzustellen, dass Sie oder die andere Person sich ändern könnten. Passen Sie beide zusammen, so wie Sie jetzt sind?

Viele Beziehungen beginnen mit der Hoffnung oder der Überzeugung, dass wir den anderen oder uns selbst ändern können, um besser füreinander geeignet zu sein. Immer wieder hören wir Menschen klagen, dass der Partner ihnen zuliebe sein Verhalten ändern würde, um sie glücklich zu machen – wenn er sie wirklich liebte. Die Tatsache, dass sich der Partner nicht ändert, ist in ihren Augen ein Beweis für mangelnde Liebe.

Das ist ein großer Fehler. Wir passen uns zwar im Laufe einer langfristigen Beziehung ständig an den Partner an, aber eine Liebe, die auf Unzufriedenheit über grundlegende Eigenschaften des anderen basiert, steht auf einem wackeligen Fundament. Der Partner wird es spüren und sich ständig unzulänglich fühlen, als ob man ihn nie wirklich gewollt habe. In einer solchen Situation leiden beide.

Es erfordert Mut und Klugheit, die Wahrheit zu akzeptieren. Ihr Unvermögen, mit bestimmten Eigenschaften zu leben, bedeutet nicht, dass der Mensch, der diese Eigenschaften aufweist, schlecht ist. Es bedeutet nur, dass Sie nicht gut zueinander passen. Denken Sie daran, dass es vielleicht jemanden gibt, der einen Partner mit genau den Eigenschaften sucht, die Sie stören.

Schritt 5: Lügen Sie nicht, und lassen Sie nicht zu, dass Sie belogen werden.

Am Anfang lügen viele Menschen oder übertreiben hinsichtlich ihrer Person. Sie erzeugen einen falschen Eindruck und akzeptieren falsche Eindrücke, die für sie erzeugt werden. Sie akzeptieren endlose Übertreibungen und Lügen von der Person, in die sie sich verliebt haben. Früher oder später kommt die Wahrheit ans Licht. Wenn Gefühle im Spiel sind, ist es besser, wenn dies früher geschieht.

Sie können es vermeiden, belogen zu werden, indem Sie selbst bestimmen, was Ihnen wichtig ist. Achten Sie auf die Lebenswirklichkeit der anderen Person. Lernen Sie Ihre gegenseitigen Freunde und Angehörigen kennen, besuchen Sie den anderen nach Möglichkeit an seinem Arbeitsplatz. Stellen Sie Fragen, was aktuell im Leben dieses Menschen vor sich geht, und vergleichen Sie seine Antworten mit den Tatsachen.

Es ist erstaunlich, wie viele Menschen freudig ihr eigenes Urteilsvermögen und ihre Wahrnehmung aufgeben, um eine Liebe am Leben zu erhalten. Phantasien können verführerisch sein. Aber Lügen, Spiele und Übertreibungen wurzeln in dem Gefühl, man selbst oder der andere sei nicht gut genug.

Wehren Sie sich gegen diese Illusion. Sie sind liebenswert, so wie Sie sind. Wir sind alle liebenswert, so wie wir sind. Wir müssen uns nur so präsentieren, wie wir wirklich sind und jemanden finden, der das will, was wir zu geben haben. Andernfalls verbiegen und verrenken wir uns, um an jemandem festzuhalten, den wir ohnehin nie zufrieden stellen werden. Jahrelange Erfahrungen dieser Art können das Selbstwertgefühl stark beschädigen. Warum nicht von Anfang an verhindern, dass das geschieht?

Schritt 6: Nehmen Sie sich so viel Zeit, wie Sie brauchen. Finden Sie alles heraus, was Sie wissen müssen, bevor Sie sich auf eine Beziehung einlassen.

Wenn sich zwei Menschen finden, haben sie oft das Bedürfnis, sich sehr schnell nahe zu kommen, sich Hals über Kopf zu verlieben. Geben Sie diesem Drang nicht nach. Es braucht wirklich Zeit, jemanden kennen zu lernen. Eine Persönlichkeit entfaltet sich langsam. Lassen Sie sich nicht unter Druck setzen, und setzen Sie niemals den anderen unter Druck.

Drängen Sie den anderen nicht, mehr zu tun oder zu sagen, als der Betreffende zu tun oder zu sagen bereit ist. Nutzen Sie Ihre gemeinsame Zeit, um Aktivitäten nachzugehen, die Sie beide mögen und die Ihnen Gelegenheit geben, anhand seines

Verhaltens und seiner Reaktionen mehr über den anderen zu erfahren.

Lassen Sie sich nicht auf Aktivitäten oder Versprechungen ein, bei denen Sie noch kein gutes Gefühl haben. Willigen Sie niemals ein, weil Sie fürchten, den anderen zu verlieren. Wenn Sie ihn verlieren, weil Sie mit seinem Zeitplan nicht zurechtkommen, dann sollten Sie ihn getrost gehen lassen. Er wäre ohnehin nicht der Richtige für Sie. Der Richtige respektiert Ihren Rhythmus ebenso, wie Sie den seinen respektieren. Der richtige Partner versteht, dass Geduld in einer Beziehung sehr wichtig ist.

Schritt 7: Ergründen Sie Ihre eigenen Wunschvorstellungen: Was fordern Sie von dem anderen, was projizieren Sie auf ihn? Wie hat sich der Wiederholungszwang in Ihrem Leben ausgewirkt? Stoppen Sie ihn in dem Augenblick, in dem er sich bemerkbar macht.

So wichtig es ist, den anderen wirklich zu kennen, so wichtig ist es auch, sich selbst zu kennen. Um uneingeschränkt lieben zu können, müssen wir uns über das, was wir mitbringen, im Klaren sein – über das Gute und das Schlechte.

Wir haben alle unbewusste Phantasien, Bilder, Zwänge und Sehnsüchte, die verhindern können, dass wir jemanden als guten Partner erkennen, wenn er uns begegnet. Es kann zudem unser Verhalten derart beeinflussen, dass wir gehen, obwohl wir bleiben sollten, und bleiben, obwohl es Zeit wäre zu gehen.

Werden Sie sich Ihrer selbst bewusst. Übernehmen Sie die

Verantwortung für das, was Sie steuert, und für die Art von Beziehung, die Sie aufbauen wollen. Überlassen Sie es nicht dem Zufall. Konzentrieren Sie sich auf den Lebensstil, die Werte, Ziele und Qualitäten, die Sie anstreben. Gehen Sie bewusst damit um, wenn Sie einem potenziellen Partner begegnen (wie oben beschrieben), und sehen Sie sich wirklich genau an, ob dieser Mensch derjenige ist, mit dem Sie es schaffen könnten. Die »Chemie« muss nicht immer von Anfang an da sein. Sie kann sich entwickeln, wenn man den anderen wirklich respektiert und sich in seiner Gegenwart sicher und akzeptiert fühlt. Auch hierfür ist Geduld erforderlich.

Schritt 8: Seien Sie sich darüber im Klaren, dass Liebe auf Wahrheit und Erkenntnis basiert. Sie verlangt Achtsamkeit und Fürsorge. Danken Sie für all das, was Sie empfangen haben und jetzt empfangen. Konzentrieren Sie sich auf diese Geschenke, und scheuen Sie sich nicht, sich zu öffnen und nicht nur zu empfangen.

Wir können niemals einen Partner anziehen, der mehr im Gleichgewicht ist als wir. Wenn Sie sich eine erfülltere Liebesbeziehung wünschen, müssen Sie ein erfüllterer Mensch werden. Wenn Sie sich einen großzügigeren Partner wünschen, müssen Sie selbst großzügiger werden. Geben Sie kindische Gewohnheiten und Forderungen auf. Seien Sie bereit, über sich selbst hinauszuwachsen, um den anderen glücklich zu machen.

Nehmen Sie die wunderbare Gewohnheit an, jeden Tag für das, was Sie empfangen haben und gerade empfangen, zu danken. Das gibt Ihnen die Möglichkeit, sich nicht auf das Negative, sondern auf den Reichtum und das Gute in Ihrem Leben zu konzentrieren. Es kann hilfreich sein, alles, was Sie Tag für Tag empfangen, in einem kleinen Notizbuch festzuhalten. Wenn Sie das sorgfältig tun, werden Sie über das Ergebnis staunen. Was Sie an Geschenken erhalten, nimmt kein Ende.

Wenn wir das Gefühl haben, empfangen zu haben und zu empfangen, ist es nur natürlich, dass wir etwas zurückgeben wollen. Allein dadurch entstehen wunderbare Bedingungen. Das Geben macht Sie nicht nur glücklich und attraktiv, sondern Ihnen wird auch unweigerlich umso mehr zuteil, je mehr Sie anderen geben. Innerhalb kurzer Zeit haben Sie eine erfüllende Liebesbeziehung mit dem Leben selbst.

Bitten Sie eine höhere Macht um Hilfe, wenn Sie wollen. Erkennen Sie, dass sich all die Phantasien, Versuchungen und Fehlschläge des Lebens in Luft auflösen, wenn der Unsichtbare Partner erscheint.

Gib die Vorstellungen von dir selbst
und vom anderen auf.
Sieh, wer vor dir steht.
Genau hier.
Eshin (Zen-Schüler)

Epilog:
Mut zu einer neuen Liebe

*Die Welt ist ein Mutterleib, kein Grab,
ein Ort, an dem alles hervorgebracht
und zum Leben erweckt wird.*
Henry Miller

So wie wir lernen müssen, Abschied zu nehmen, müssen wir auch lernen, zu etwas Neuem aufzubrechen. Wir müssen lernen, zu anderen, zu neuen Möglichkeiten, zu uns selbst ja zu sagen.

Abschiednehmen ist etwas Natürliches. Wir alle erleben es ständig, dass wir verlassen und verlassen werden. Trennung, Veränderung, Verlust und Neugeburt sind Teil des Universums. Wenn wir das erkennen und das Verlassenwerden nicht als schmerzliche Zurückweisung empfinden, können wir uns mühelos neuen Menschen und Situationen öffnen.

Die meisten von uns leben dieses unglaubliche Leben im Halbschlaf. Sie gehen wie im Traum umher. Was für eine Verschwendung! Das Leben und die Menschen darin sind wunderbare Geschenke, die die meisten von uns Tag für Tag zurückweisen. Warum weigern wir uns ständig, all das anzunehmen, das uns angeboten wird?

Wir setzen uns selbst Grenzen, weil wir so sehr an unseren Vorstellungen festhalten – von dem, was das Leben uns bringen »sollte«, was wir erwarten und fordern, was wir für das

Epilog

Richtige für uns halten (was es aber möglicherweise nicht ist). Das hindert uns daran, uns auf gesunde und ganz einfache Weise in einen geeigneten Menschen zu verlieben – was unser natürliches Recht ist.

Viele von uns leben wie undankbare Gäste beim wunderbaren Festmahl des Lebens. Statt es von Herzen zu genießen, machen wir uns Gedanken darüber, dass es nicht ewig vorhalten könnte. Wir kritisieren das Essen. Wir wollen bestimmte Gerichte, andere nicht. Oder wir stopfen uns mit dem falschen Essen voll und wundern uns anschließend darüber, dass uns schlecht wird.

Viele Menschen verbringen ihre gesamte Zeit beim Festmahl damit, die anderen Gäste zu kritisieren. Sie haben keine Vorstellung davon, wer ihr Gastgeber ist oder weshalb sie überhaupt eingeladen wurden. Die meiste Zeit denken sie überhaupt nicht daran, sich für die Einladung zu diesem üppigen Mahl zu bedanken.

Manchen ist es völlig gleichgültig, was sie auf der Party tun. Sie sind einfach nur entsetzt, wenn das Essen zur Neige geht. Anderen ist das Essen egal – sie wollen einfach nur die anderen Gäste drangsalieren. Sie geben sich der Illusion hin, dass es ihre eigene Party sei, und erkennen nicht, dass alle Gäste dasselbe Recht haben, da zu sein.

Manche verweigern das Essen ganz, schmollen stattdessen lieber in der Ecke und warten auf das Ende des Festes.

Sich für das zu bedanken, was man hat, ist eine Möglichkeit, nach dem Gastgeber zu suchen und herauszufinden, weshalb man eingeladen worden ist. Wenn wir danken, entdecken wir, dass jeder Gast auf dem Festmahl eine wertvolle Person ist und etwas Einzigartiges zu geben hat. Wenn wir Dank sagen, erinnern wir uns auch daran, dass unsere Zeit auf Erden begrenzt ist. Es ist töricht, sie mit Ärger und Vorwürfen zu verschwenden.

Uneingeschränkte Liebe erfordert Mut und Glauben. Wir hören sehr viel über den Glauben, aber wie kann er in unserem Leben Wirklichkeit werden? Man trifft selten einen Menschen mit echtem Glauben an das Leben, an andere, an sich selbst. Solche Menschen sind oft viele Male gestürzt. Sie haben einfach gelernt, wieder aufzustehen.

In Beziehungen ist es – wie bei allem anderen auch – in Ordnung hinzufallen. Wir können immer wieder aufstehen. Glauben erfordert die Bereitschaft, trotz allem, was uns geschehen ist, trotz aller Unsicherheit im Hinblick auf die Zukunft, mutig unseren Weg zu gehen. Es bedeutet, uns selbst, Gott und dem Universum zu vertrauen und achtsam und bewusst zu bleiben.

Es ist schmerzlich, zu verlassen oder verlassen zu werden, aber alles, das eine Form hat, muss sich verändern. Eine andere Möglichkeit gibt es nicht. Je mehr wir lernen, uns selbst und den anderen zu lieben und zu akzeptieren, desto mehr wird uns vom Universum geschenkt. Und desto besser wird jede Beziehung.

Der Pflaumenbaum bei meiner Hütte,
es war nicht zu ändern,
er blühte.
Shiki

Bibliographie

Brill, A. A. (Hrsg.): *The Basic Writings of Sigmund Freud.* Modern Library, New York 1938.

Bly, Robert: *Eisenhans.* Droemer Knaur, München 1993.

Bly, Robert (Hrsg.): *The Kabir Books.* Beacon Press, Boston, MA 1977.

Cleary, Thomas (Übers.): *The Blue Cliff Record.* Shambhala, Boston, MA 1992.

DeLaszlo, Violet Staub (Hrsg.): *The Basic Writings of C. G. Jung.* Modern Library, New York 1959.

Dogen Zenji : *Shobogenzo. Die Schatzkammer der Erkenntnis des wahren Dharma.* Theseus Verlag, Zürich 1999.

Eliot, T. S.: *Gesammelte Gedichte.* Suhrkamp, Frankfurt a. M. 1988.

Emerson, Ralph Waldo: *Self Reliance.* Funk and Wagnalls, Jamaica Plain, MA 1975.

Epstein, Gerald: *Healing Into Immortality.* Acmi Press, Hanson, MA 2000.

Fromm, Erich: *Die Kunst des Lebens.* Ullstein, Berlin 2003.

Ginsburgh, Rabbi Yitzchak: *The Covenant Marriage.* Gal Einai Publications, Jerusalem 1990.

Johnson, Robert: *Der Mann. Die Frau. Auf dem Weg zur ihrem Selbst.* Droemer Knaur, München 1987.

Johnson, Robert: *Traumvorstellung Liebe.* Droemer Knaur, München 1987.

Jung, C. G.: *Aspects of the Masculine.* Bollingen Series, Princeton University Press, Princeton 1989.

Laing, R. D.: *Knoten.* Rowohlt, Reinbek b. Hamburg 1986.

Lewis, Zenrin/Ummon: *The Book of The Zen Grove.* Zen Sangha Press, Jacksonville, FL 1996

Linden, Anne: *MindWorks.* Andrews McMeel Publishing, Kansas City, MO 1997.

Miller, Henry: *Wisdom of the Heart.* New Directions, New York 1960.

Perls, Frederick S.: *The Gestalt Approach and Eye Witness to Therapy.* Science and Behavior Books, Los Altos, CA 1973.

Poonja, Sri H. W. L.: *Der Gesang des Seins.* Hugendubel, München 1997.

Rumi, Jelaluddin: *Delicious Laughter.* Maypop Books, Athens, Georgia 1990.

Talmud: *Tractates.* Soncino Press, London 1965.

Empfohlene Lektüre

Orr, Leonard und Halbig, Konrad: *Das Rebirthingbuch*. Koha Verlag, Burgrain 1996.

Ray, Sondra: *Was Liebe vermag. Eine bessere Partnerschaft führen*. Peter Erd Verlag, München 1997.

Vaughn-Lee, Llewellyn: *Transformationen des Herzens*. Fischer Taschenbuchverlag, Frankfurt a. Main 1999.

Danksagung

Ich möchte mich für die Liebe und Unterstützung meiner wunderbaren Kinder Melissa, Joshua, Adam, Taisan und Abram und ihres Vaters Gerry bedanken. Ich danke auch meinem Bruder Danny, der mich immer wieder ermutigt, weiterzumachen, meiner Schwester Leah, meiner schönen Mutter Mildred, möge sie in Frieden ruhen, meinem Vater Lou, Dr. Robert Berk, meinen wunderbaren Lektoren Sheila Curry und John Duff von Perigee Books sowie allen Gesprächspartnern, die etwas zu diesem Buch beigetragen haben – den befragten Männern und den Experten. Ohne ihre Beiträge wäre dieses Buch nicht zustande gekommen.

Register

Abenteuer 168
Abhängigkeit 12, 36, 176, 295
Ablehnung 153, 322
Abschiednehmen 435
Abwechslung 22, 219
Abwegige Verhaltensweisen 99
Abwehrmechanismen 335
Akzeptanz 77, 97
Ambivalente Gefühle 281
Änderungsillusion 81
Anerkennung 192
Angst 203, 282
Angst vor Älterwerden 128, 243
Angst vor Intimität 357
Angst vor Verlassenwerden 20
Angst vor Zurückweisung 20
Anima 231
Anima-Attacke 115
Animus 231
Archetypische Rollen 32
Ausagieren von Gefühlen 111

Außenseiter 368
Außereheliche Beziehungen 195

Becker, Ernst 184
Bedeutung von Religion 378
Bedingungslose Annahme 360
Bedingungslose Liebe 109, 403, 437
Bedürfnis nach Aufregung 130
Bedürfnis nach Bestätigung 298
Befreiung 85, 116
Begehren 401
Beratung 92
Berk, Robert 37, 61, 113, 237, 294
Besitz- und Konkurrenzdenken 104
Besitzdenken 295, 305
Besitzergreifende Frauen 24
Bezugsrahmen 143
Bindung zur Gruppe 217
Bindungsangst 11, 355
Biologische Uhr 73

Bisexualität 331, 344
Bly, Robert 168, 382

Campbell, Joseph 168
Cayce, Edgar 412
Charakterzüge 257
Course in Miracles 84

Demütigung 156, 273, 410
Depression 406
Destruktivität 203
Distanz 96, 152, 200
Dominante Frauen 285
Don Juan 50, 187
Druck 130, 325, 430
Dualität und Einswerden 372
Durchbrechen von Mustern 390

Edle Ritter 259
Ehe als Sakrament 387
Ehe in der jüdischen Religion 390
Ehrlichkeit 417
Eifersucht 218, 291, 295, 305
Eingesperrtsein 12
Einheit mit Gott 403
Einsamkeit 364
Einssein 350, 402
Ekstatische Liebe 411
Emotionale Bedürfnisse 66
Entfremdung 364

Entmännlichung 207
Enttäuschungen 43
Entwicklungsstörung 48
Entzauberung 39
Epstein, Gerald 38, 50, 63, 127, 222, 256, 352
Erfahrung der Gegenwart 374
Erfüllung 232
Ermutigung 289
Erniedrigung 299
Erwartungen 97, 394
Experimentieren 183

Falsche Liebe 425
Familiäre Verhaltensmuster 199
Familiendynamik 92, 102
Familiengeschichte 21
Familientherapie 102
Festhalten 30
Festhalten an Werten 177
Field, Harriet 43, 195
Fixierung auf materielle Werte 58, 62
Flucht 14, 355
Flucht in neue Beziehung 276
Flucht vor Verantwortung 26
Frauen als Trophäen 51, 229
Freiheit 12
Freiheit durch Disziplin 389
Freiheitsdrang 22, 134

Freiheitsstreben 350
Freud, Sigmund 13, 115, 237
Freundschaften 133
Fromm, Erich 49, 181
Frühere Beziehungen 109

Geben und Nehmen 72, 264
Gebet 390
Geburtstrauma 171, 175, 402
Gefangenschaft 306
Gefühl der Machtlosigkeit 84
Gefühl des Ausgenutztwerdens 11
Gefühl des Ausgeschlossenseins 72
Gefühl des Versagens 83
Gefühlsausbrüche 287
Gehemmte Frauen 340
Gemeinsame Ziele 367
Geschlechtsidentität 330, 346
Gesellschaftliche Ausgrenzung 322
Gestalttherapie 14, 142, 162
Glaubensfragen 378
Glaubenssystem 66, 142
Gleichberechtigung 184
Gleichgewicht der Macht 103
Glück 375, 402
Gnade 413

Hedonismus 341
Heirat als Verpflichtung 78
Herausforderung 285, 295
Hochgefühle 115, 214, 409
Homophobie 348
Homosexualität 319
Homosexuelle Ehe 342

Idealisierung 37, 115, 237
Identifikation mit dem System 63, 74
Illusionen 142, 308
Individuation 181, 234
Innenschau 126
Innere Bilder 231
Innere Frau 32
Innere Leere 61, 66, 82, 96, 232
Innere Natur 326
Innerer Konflikt 321
Innerer König 383
Innerer Mann 32
Innerer Ruf 170
Integration und Autonomie 89
Intimität 30, 48, 173, 215

Jäger 303
Johnson, Robert 19, 31, 45
Jung, Carl Gustav 32, 115, 126, 231

Kalte Frauen 302
Karma 115, 119, 209, 294

Kastrationsangst 61
Katalysator 195, 275
Katharsis 118
Keller, Jeffrey 67
Kinder 96, 304
Kinderwunsch 81, 408
Kirchliche Doktrinen 379
Kollektives Unbewusstes 32, 115, 231
Kommunikation 209, 274
Konditionierung 406
Konkurrenzkampf 203
Kontrolle 12, 159, 253, 279
Konventionen 234
Körpersprache 163
Kosmische Erfahrung 45
Kreatives Schaffen 57
Kritik 14
Kulturbedingte Verhaltensmuster 59
Kulturelle Aspekte 220
Kulturelle Stereotypen 234

Lebensbejahende Haltung 418
Lebensentwürfe 143
Leidenschaft 111, 189
Liebe als Illusion 42
Liebe als Tun 407
Liebe als Zustand 407
Liebesentzug 82, 289
Linden, Annie 263, 297
Litwack, Arlene 325
Loslassen 22, 92, 118, 398

Loyalität 88, 93
Lügen 24, 202, 322

Machoverhalten 19, 37
Machtkampf 88, 253, 279, 381
Machtverlust 94
Mangelnde Eigenständigkeit 24
Mangelndes Selbstwertgefühl 37
Mangelndes Vertrauen 18
Manipulation 280
Männliche Identität 38, 94, 230, 297, 330
Männliche Rolle 17
Meditation 403
Midlife-Crisis 126
Mills, Selwyn 11, 142
Misshandlung 150, 156
Misstrauen 152
Mizwah 221 395
Monogamie 22
Morphologische Unterschiede 256
Mutterbeziehung 15, 76, 83, 92, 115, 156
Mutterrolle 365

Nachholen von Entwicklungsphasen 136
Nähe 152
Narzissmus 244
Natürliche Rollen 389

Negativität 171
Neuorientierung 136, 144
NLP 263, 297

Ödipaler Kampf 13, 237, 244
Offene Ehe 24, 294, 301
Opferbereitschaft 53
Orr, Leonard 175, 402, 411

Partnerschaft 185, 245
Persönlichkeitsanteile 111
Pfad zu Gott 369
Pflichtgefühl 18, 25
Phantasiegeliebte 35 ff.
Phantasien 24
Playboy-Kultur 242
Polygamie 218, 221, 293
Primärbeziehung 362
Projektion 233, 337, 406
Prüfung 385
Psychisch labile Partner 111
Psychoanalyse 162, 237

Rachegefühle 30, 153
Raum für eigenes Leben 55, 180
Raum zur Entfaltung 22, 133
Rebirthing 175, 402, 411
Regression 127, 141
Reinheit 401
Reise des Helden 13
Reiz der Eroberung 246

Religiöse Erfahrung 45, 116
Religiöse Rituale 381
Reproduktion von Kindheitserfahrungen 16, 71, 80, 84, 152, 171
Respekt 177, 182, 192
Retter 266
Rivalität mit Vater 13
Rollen 263
Rollenkonflikt 36
Rollenmodelle 103, 329, 363
Rollenspiele 165
Romantische Liebe 45
Rossen, Howard 320, 338
Rücksichtnahme 385
Rückzug 18, 21

Sadomasochistische Beziehungen 66, 206, 310
Schamgefühle 285, 322
Scheidung im Christentum 387
Scheidung im Judentum 388
Schicksal 119
Schmerz 84, 403
Schuldgefühle 18, 25, 36, 99, 127, 278, 366, 379
Schuldzuweisungen 144
Schwaches Selbstwertgefühl 75
Schwiegereltern 88

Seelengefährte 388, 399
Seelische Grausamkeit 285
Segnender Vater 383
Sehnsucht nach Anerkennung 46
Seitensprünge 159
Selbstachtung 64, 89
Selbstbezichtigungen 200
Selbsterkenntnis 352
Selbsthass 348
Selbstprüfung 127
Selbstwertgefühl 152, 211, 231, 299
Selbstzweifel 126
Sexualität 48, 157, 322, 359
Sexualität und Kontrolle 343
Sexualobjekt 151
Sexualtrieb 222
Sexuelle Frustration 326
Sich selbst erfüllende Prophezeiung 380
Sicherer Hafen 368
Sicherheit 72
Soziales Umfeld 27
Spiritualität und Ehe 352
Spirituelle Erfahrung 57
Spirituelle Reise 127
Spirituelle Übung 387
Statussymbole 72
Strafe 80, 148, 366
Streben nach Erfolg 261
Suche nach dem Paradies 399

Suche nach Perfektion 41, 227
Sündenbock 103

Täuschung 24
Thora 220
Timing von Beziehungen 70
Trauer 118
Traumata 48, 148, 289
Trennung 211
Trennungsangst 93
Treue sich selbst gegenüber 373
Trieb 136, 221

Übergangsbeziehung 328
Übermächtige Mutter 13
Umgebung 111
Umkehrverfahren 421
Unabhängige Frauen 73
Unangemessene Forderungen 307
Ungünstige Paarkonstellationen 256
Unschuld 401
Unterdrückte Gefühle 123
Unterdrückte Wünsche 335
Unterlassenes Handeln 351
Unterschiedliche Lebensphasen 132
Unterstützung 289
Unterwerfung 19
Unzufriedene Frauen 58, 64

Unzulänglichkeit 36
Ursprungsfamilie 89, 260

Vaterbeziehung 114
Vaterhunger 382
Vaterrolle 292, 365
Veränderung 332
Veränderung des Partners 101
Verantwortung 164, 264
Vereinnahmung 94
Verführung 214
Vergebung 84, 120, 148, 388
Vergleiche 109
Verlorene Jugend 127
Verlust 99
Verlust eines Elternteils 334
Vermeidung des Alltagslebens 409
Verpflichtung 11, 78, 304
Versagensangst 64
Verschlingen 61
Versöhnung 384
Versorgerrolle 58, 221
Versuchungen 221
Verteidigungs- und Kompensationsstrategien 19, 227

Vertrauen 121, 215
Verweigerung von Anerkennung 66
Vorbilder 99, 174, 325, 382

Wachtraumtherapie 38
Wahrnehmungsveränderung 313
Warnsignale 91, 97, 258
Weiterentwicklung 172
Wiederholungszwang 147, 209, 269
Wunsch nach Normalität 320
Wunschvorstellungen 431
Wut 84, 178, 203

Yoga 350

Zeitlich begrenzte Beziehungen 28
Zen 350
Zerrissenheit 94, 201
Zurschaustellung 231
Zurückweisung 13, 20, 301
Zustand der Einfachheit 401
Zwang 22, 148, 381
Zwanghafte Beziehungen 167